AF622161

कहानी

विचारधारा और यथार्थ

21वीं सदी की चुनौतियाँ एवं कथा-संवेदना

कहानी

विचारधारा और यथार्थ

21वीं सदी की चुनौतियाँ एवं कथा-संवेदना

वैभव सिंह

वाणी प्रकाशन

वाणी प्रकाशन
4695, 21-ए, दरियागंज, नयी दिल्ली 110 002

फ़ोन : +91 11 23273167 फ़ैक्स : +91 11 23275710

शाखाएँ

अशोक राजपथ, पटना 800 004, बिहार

कॉफ़ी हाउस कैम्पस, महात्मा गांधी मार्ग, इलाहाबाद 211 001, उत्तर प्रदेश

महात्मा गांधी अन्तरराष्ट्रीय हिन्दी विश्वविद्यालय, वर्धा 442 001, महाराष्ट्र

सुल्तानिया रोड, मोतिया पार्क, भोपाल 462 001, मध्य प्रदेश

www.vaniprakashan.com
marketing@vaniprakashan.in
sales@vaniprakashan.in

KAHANI : VICHARDHARA AUR YATHARTH
by Vaibhav Singh

ISBN : 978-93-88684-98-9
Criticism

© वैभव सिंह

प्रथम संस्करण 2020

मूल्य : ₹ 595

इस पुस्तक के किसी भी अंश को किसी भी माध्यम में प्रयोग करने के लिए प्रकाशक से लिखित अनुमति लेना अनिवार्य है।

सिटी प्रेस, दिल्ली-110 095 में मुद्रित

वाणी प्रकाशन का लोगो मक़बूल फ़िदा हुसेन की कूची से

अपने आदरणीय शिक्षकों

श्री केदारनाथ सिंह (दिवंगत)

तथा

डॉक्टर वीरभारत तलवार को

सादर

अनुक्रम

कहानी : विचार और अवधारणा

कहानियाँ : नयी दृष्टि का अन्वेषण

आधुनिक हिन्दी कहानी लोककथा, प्रचारात्मक दन्त कथाओं, महाकाव्यात्मक कथा और तिलिस्म–फ़ंतासी की कथा संरचना से बहुत दूर चली आयी है। वह यथार्थ को लगातार खोज रही है, उसे कलात्मक रूपों में गढ़ रही है, उसके विभिन्न पक्षों को ग्रहण करने का प्रयास कर रही है। उसकी भ्रामक एकरूपता को भंग भी कर रही है। जैसे एक धुँधलापन हो और कहानी उस धुँधलेपन का सामना अपनी पैनी–भेदक दृष्टि से कर रही हो। जैसे किसी के ऐनक पर बार–बार बारिश की बूँद गिरे और वह उसे पोंछने के लिए रूमाल ढूँढ़ रहा हो। या जैसे अँधेरे में कोई उदास धुन जो पास कहीं आलोक होने का विश्वास पैदा करे।

कहानी की भाषा, दृष्टि, शिल्प तथा संरचना में आने वाले विभिन्न परिवर्तनों पर विगत लगभग सौ वर्षों से विभिन्न पीढ़ियों के कथाकार और आलोचक अपने–अपने ढंग से विचार करते रहे हैं। विचारशीलता की इस लम्बी परम्परा से कहानी की विधा समृद्ध हुई है। वर्तमान में कहानी अब उन लोगों की सोहबत में अधिक है जिन्हें विमर्श करने वाला या विभिन्न सामाजिक विषयों को लेकर प्रतिरोध व आलोचना व्यक्त करने वाला माना जाता है। समाज में आधुनिकतावाद तथा उस आधुनिकतावाद की आलोचना करने वाले सिद्धान्तों ने दमित परम्परा, उपेक्षित ज्ञान, हाशिये के जीवन, निम्नवर्गीय जीवनप्रसंग, वैकल्पिक दृष्टि, सबॉल्टर्न चेतना, परिधि के सत्य आदि विषयों को उठाया है और आधुनिक कथाएँ इनके साथ किसी–न–किसी स्तर पर सम्बद्ध हैं। आधुनिकता की आलोचना तथा आधुनिकता विरोधी प्रवृत्तियों के ख़िलाफ़ आधुनिकता को प्रतिष्ठित करना, ये दोनों चीजें कथाओं में एक संग उपस्थित हैं। कहानी भारत के सांस्कृतिक वैविध्य का विश्वसनीय दर्पण बनी है। रोलाँ बार्थ के शब्दों में कहें तो साहित्यिक

रचनाएँ 'संस्कृति के अनगिनत केन्द्रों' की उपज होती हैं। हिन्दी कथाएँ भी संस्कृति के अनगिनत केन्द्रों का दर्पण बनती रही हैं।

भारत जैसे देश की नियति किसी औपनिवेशिक इतिहास से सदा के लिए बँध–सी गयी है। इसीलिए स्वतन्त्रता के बाद राष्ट्र भी विभिन्न क़िस्म की अच्छी–बुरी बहसों, विमर्शों व विचारों के केन्द्र में रहा है। बीसवीं सदी की जटिल ऐतिहासिक प्रक्रिया में देश के नदी–पहाड़, वृक्ष–झाड़ियाँ, जानवर–पक्षी, फल–बूटियाँ, त्योहार–तमाशे, गीत–संगीत, उपासना स्थल, रंग और कलाएँ, नक़्शा व अन्तरिक्ष जगत तक राष्ट्रीय भावनाओं का हिस्सा बना दिये गये। देश की हर चीज़ पर राष्ट्र की छाप डाल दी गयी। कहानी उन राष्ट्रीय भावनाओं से निरपेक्ष नहीं रह सकती थी इसलिए कहानियाँ भी भारत जैसे तीसरी दुनिया के देशों में उपन्यास की तरह, फ्रेडरिक जेमसन के शब्दों में, आंशिक स्तर पर राष्ट्रीय प्रतीक कथा (नेशनल एलीगरी) की भूमिका निभाती रही हैं। एक समानान्तर सच यह भी है कि किसी राष्ट्र की संरचना में कई भावनात्मक कथन, कथाएँ, फ़ंतासी, कल्पनाएँ और कोमल आशाएँ उपस्थित होती हैं। ये सारी चीज़ें राष्ट्र के संघर्षों को दिखाने के अलावा उसकी राष्ट्रीय विफलताओं व देशज क्रूरताओं को सफलतापूर्वक ढँकने का कार्य भी करती हैं। राष्ट्र के विकास और राष्ट्र की स्वीकृति के बहुत सारे पक्षों का विश्लेषण राष्ट्रीय संरचना में मौजूद कल्पनाओं के जाल को छिन्न–भिन्न करते हुए सम्भव होता है। आधुनिक कहानियों ने सम्भवतः इसमें काफ़ी मदद की है। उन्होंने निजी जीवन प्रसंगों और स्थानीय जीवन बिम्बों के माध्यम से आधुनिक राष्ट्र की विफलता, छद्म, स्वार्थ–गठबन्धनों तथा वादाख़िलाफ़ी, महानता के मिथ को उनके गुप्त कक्षों से बाहर निकालकर हमारी आँखों के सामने लाकर खड़ा कर दिया। किसी राष्ट्र के भीतर बहुत सारी कृत्रिम संरचनाएँ भी सक्रिय रहती हैं। कृत्रिम वस्तुओं व विचारों के भार से सहज प्राकृतिक जीवन दब–सा जाता है। सत्य भी बहुत कृत्रिम, उत्पादित और उपभोग्य वस्तु का रूप ग्रहण कर लेता है। इसीलिए कथाओं की एक सामाजिक भूमिका कृत्रिम सत्य को शाश्वत सत्य की तरह पेश करने की प्रवृत्ति का साहसपूर्वक सामना करना रहा है। राजनीति, बाज़ार, धर्म और व्यवस्थाएँ आदि सभी चीज़ें कृत्रिमताओं के ज़रिये शाश्वत व सनातन के बोध को तैयार करने के कौशल पर टिकी हैं। उदाहरणस्वरूप धर्म का निर्माण प्रतीकों, दिलचस्प कथाओं, साज–सज्जा की रंगीन वस्तुओं, कलाकारी से भरपूर स्थापत्य–शिल्प के माध्यम से होता

है। धर्म की सफलता इस बात में होती है कि धर्म का निर्माण करने वाली इन अत्यन्त कृत्रिम वस्तुओं की कृत्रिमता उजागर न हो। इनके माध्यम से जिस प्रकार की भावनाएँ और विश्वास जन्मे हैं, वे बहुत भव्य व अक्षुण्ण प्रतीत हों। किसी घोर तर्कवादी के अलावा अन्य किसी को यह आभास तक न हो कि जो शक्तिशाली–आध्यात्मिक भावना उत्पन्न की जा रही है, उसकी नींव में सावधानी से कृत्रिम चीज़ों की इंजीनियरिंग यानी जोड़तोड़ वाला तन्त्र मौजूद है। इसी बिन्दु पर कथा में यथार्थवाद की रचनात्मक और विखण्डनात्मक भूमिका के महत्त्व का पता चलता है। कहानियों में यथार्थवाद का मतलब यथार्थ को उलट–पलटकर देखने, उसके धागों को उधेड़ने–सिलने, पुर्जों को खोलने–कसने की स्वतन्त्रता है। हिन्दी कहानी की विकास यात्रा भारतीय साहित्य में यथार्थवाद के विकास के साथ आरम्भ हुई थी। पश्चिम में जब यथार्थवाद लगभग समाप्ति की कगार पर था, हिन्दी में वह तेज़ी से विकसित हो रहा था। इसी यथार्थवादी शैली के बल पर कहानीकार का काम यह दिखाना है कि ईश्वर, व्यवस्था या शासकों की सारी फ़ौज के बावजूद दुनिया को बेहतर बनाने की अधिकांश परियोजनाएँ विफल साबित हो चुकी हैं। स्पेन के महान कलाकार सल्वादोर डाली ने कभी एक साक्षात्कार में कहा था–'ईश्वर ने अनेक निष्फल प्रयास किये हैं और वह हमेशा ग़लतियाँ करता है।' ईश्वर की गलतियों के साथ ईश्वर के नाम पर होने वाली गलतियों ने भी कथ्य, विषयवस्तु और सरोकार को संरचनात्मक आधार प्रदान किया है। इसलिए कहानी में यथार्थ की चिन्ता वहीं तक सार्थक है, जहाँ तक वह यथार्थ के गठन, विविध कृत्रिमताओं तथा वास्तविकता का निर्माण करने वाले व परिवर्तनशीलता के नियमों से बँधे तत्त्वों के बारे में हमारी समझ को पैना करे।

कहानी ने अत्यन्त निजी क्षणों व निजी जीवनानुभवों को जी रहे पाठक को महसूस कराया है कि वह समाज के साथ, वास्तविक के स्तर पर जितना जुड़ता है, उससे कई गुना कल्पना के स्तर पर जुड़ा रह सकता है। कल्पना का आकाश वास्तविक संसार से आकार में कई गुना बड़ा हो जाता है। पिछले कुछ दशकों में जैसा समाज बना है, उसमें कल्पनाओं को बहुत आत्मकेन्द्रित व आत्मोन्मुख कर दिया गया है। इसलिए कथा का रचनात्मक दायित्व उस कल्पना को स्वस्थ समाजोन्मुखता प्रदान करना है। यह तो हम जानते ही हैं कि मनुष्य को जितने वास्तविक सम्बन्धों की ज़रूरत होती है, उससे कहीं अधिक काल्पनिक सम्बन्धों की

ज़रूरत पड़ती है। मनुष्य के भीतर की भावनात्मक बेचैनियाँ, चिन्ताएँ और व्यथाएँ वास्तविक सम्बन्धों के सहारे सन्तुष्ट या शान्त नहीं हो सकती हैं। वह उन काल्पनिक सम्बन्धों के भीतर भी जीता है, जो वास्तविकता में बदल जाने की सम्भावना तो जगाते हैं, पर मुख्यतः काल्पनिक सम्बन्धों के रूप में उसकी चेतना को सहारा प्रदान करते हैं। यानी कहानियाँ हमें वास्तविकता के काल्पनिक रूपों और कल्पनाओं के वास्तविक पक्षों के निकट लाती हैं। इसीलिए हिन्दी कहानियों के सैकड़ों पात्र हमारे यथार्थ को कल्पनापूर्ण तथा कल्पनाओं को यथार्थपरक बनाते हैं। लहना सिंह, बड़े भाई साहब, हामिद, घीसू–माधव, मधूलिका, चौधरी पीरबक्श, गनी मियां, लतिका, मिस पाल, लक्ष्मी, मदन, गोधन और मुनरी, हिरामन और हीराबाई, हंसा और सुशीला, रजुआ, मालती, लक्ष्मी, गजधर बाबू, जगपति और चन्दा, विमली, डॉ. वाकणकर आदि सैकड़ों कथापात्र जैसे हमारे ही पड़ोस का हिस्सा हैं। हम कभी भी उनका हालचाल पूछने जा सकते हैं, उन्हें अपने घर बुला सकते हैं। उन्होंने हिन्दी कथा–साहित्य का नागरिक बनकर पाठकों की संवेदनशीलता को अपने ही मूल परिवेश से नये ढंग से जोड़ा है। साथ ही उसकी कल्पनाओं को सीमित आत्मोन्मुख दायरों, स्वार्थी जड़ता, आलस और अहंग्रस्तता की दलदली ज़मीन से बाहर निकलने में सहायता की है।

हिन्दी के गम्भीर व उच्चकोटि के कथा–साहित्य को बीसवीं सदी के विभिन्न चरणों में समाज के प्रति युगानुकूल दृष्टि भी विकसित करनी पड़ी है। वह इसलिए क्योंकि सृजन प्रक्रिया में कलाकार को अपने चरित्रों की भावाभिव्यक्तियों के बारे में ख़ास तरह से सतर्क रहना पड़ता है। अगर वह अपने चरित्र को बहुत गहरी भावनाएँ व्यक्त करता दिखा रहा है, तो उसे ध्यान रखना होगा कि उन भावनाओं के केन्द्र में जीवन का कोई उदात्त लक्ष्य या विचार भी हो। ऐसा न हो कि भावनाएँ तो बहुत तीव्र हों लेकिन भावनाओं के केन्द्र में मौजूद कोई विचार या लक्ष्य बहुत सामान्य या क्षुद्र कोटि का हो। बहुत–सी कहानियों की विफलता का कारण यह होता है कि उनमें चरित्रों की तीव्र भावनाओं का चित्रण किसी गहरी विचार–दृष्टि के बग़ैर होता है। यह पुरानी आदर्शोन्मुखता या भावुकता का स्मरण नहीं है, बल्कि युग के मूलभूत मानवीय लक्ष्यों के प्रति सजगता का मसला है। भावनाओं की गहराई केवल भावनाओं की तीव्रता या उसकी नाटकीयता से प्रमाणित नहीं होती, बल्कि भावनाओं का सम्बन्ध जिस विचार अथवा

लक्ष्य से होता है, उनके माध्यम से प्रभावशाली ढंग से व्यक्त होती है। कहानी लिखने की प्रक्रिया मन में उठने वाली कहानी लेखन सम्बन्धी कई प्रेरणाओं को सुधारने, संशोधित करने, उसे रिवाइज करने तथा कभी–कभी तो पूरी तरह निरस्त करने पर टिकी होती है। लेकिन अब अभिव्यक्ति या लेखन की स्वतन्त्रता के नाम पर हर चीज़ को कह देने, परोस देने तथा व्यक्त करने के प्रति उदारता अधिक प्रकट की जाती है। उदारता का ढोंग समझदारी की कमी को ढँकने के लिए किया जाता है। इसीलिए कई समकालीन कथाएँ हमें 'रफ़ ड्राफ्ट' जैसी लगती हैं। एक सर्जक का मस्तिष्क प्रयोगशाला जैसा होता है जहाँ वह निरन्तर नये विचारों, पुनर्विचारों, विश्लेषणों, विवेचनों और निष्कर्षों को पैदा करता है। उसे दिमाग़ में एक स्टोर–रूम भी तैयार करना चाहिए जहाँ वह अपने अधपके, लगभग अनिश्चित विचारों का संग्रहण कर सके, ताकि आवश्यकता पड़ने पर उनका प्रयोग हो सके। अगर न भी प्रयोग हो सके तो कम–से–कम अपने ही त्रुटिपूर्ण, विफल या फिर असंगत विचारों के रूप में उन्हें कभी–कभार देखने के लिए उस 'स्टोर–रूम' में दाख़िल हो सके और उन पर मुस्करा सके। यह कभी अच्छा विकल्प नहीं है कि वह अपने ही विचारों व सम्बन्धित रचनाधर्मिता को उनके अधपकेपन या अनिश्चय के साथ व्यक्त कर उनसे छुटकारा पाने का प्रयास करे। अधपके या अनिश्चय से भरे विचार अपनी अभिव्यक्ति में नितान्त विफल होते हैं, और सफल अभिव्यक्ति की सम्भावना को बाधित कर सकते हैं। इस सत्य को उपेक्षित करने के कारण हिन्दी की अधिकांश पत्रिकाएँ अब कहानी छापने के नाम पर लिखित शब्दों के 'डंपिंग ग्राउंड' में बदलती जा रही हैं।

अभिव्यक्ति की कला पर ध्यान न देने का सम्बन्ध वास्तविकता को ठीक से न परखने से भी हो सकता है क्योंकि अभिव्यक्ति की कला कोई दैवीय–अतीन्द्रिय गुण नहीं है बल्कि उसे समाज की संचित कला–परम्पराओं से सीखा जाता है। जिसने पूरी ईमानदारी से यथार्थ के प्रति सजग होना सीखा है, वह कला के प्रति भी सजग होना सीख लेता है। यथार्थ के प्रति सजगता केवल अपने विचारों को व्यक्त करने से नहीं बल्कि विभिन्न विचार–दृष्टियों से संवाद करने के कौशल पर निर्भर होती है। अफ्रीकी–अमेरिकी अश्वेत लेखिका टोनी मॉरिसन ने एलिजा शैपल से बातचीत में कहा था–'हर किसी की तरह मेरी अनुभूति भी मेरे पूर्वाग्रहों और विश्वासों से बनी है, पर मैं विषय की संश्लिष्टता और वैविध्य को

जानने के लिए उत्सुक रहती हूँ।' इस प्रकार दुनिया के महानतम लेखकों के आत्म–साक्षात्कारों को पढ़कर पता चलता है कि 'विषय की संश्लिष्टता और वैविध्य को समझना' रचनाकार के लिए प्रमुख हो जाता है। इसके अभाव में लेखक अपने अनुभवों को सीमित दृष्टिकोण से देखने के कारण अपनी ही रचना को कमज़ोर बना लेता है। जैसे कि वह किसी स्त्री के साथ गुज़ारे गये समय को कई दृष्टियों से देख सकता है या किसी गाँव की समस्या को भी विभिन्न प्रकार के नज़रिये से देख सकता है। मनुष्य अपनी जीवन प्रक्रिया में अपने अनुभवों को अर्जित करने की पूरी प्रक्रिया और अनुभव–सम्पदा के प्रति विभिन्न क़िस्म के दृष्टिकोणों का प्रयोग करता है। कभी वह अपने पुराने अनुभवों को नये दृष्टिकोण व ज्ञान के आलोक में परखता है और उन अनुभवों से कुछ नये अनुभव प्राप्त करता है, तो कभी वह अपने नवीन अनुभवों को पुराने ज्ञान–दृष्टिकोण की रोशनी में विश्लेषित करता चलता है और उन नवीन अनुभवों से ख़ास क़िस्म की शिक्षा या अनुभूतियों को उत्पन्न करता है। इस प्रकार नये अनुभव बनाम पुरातन दृष्टिकोण तथा पुराने अनुभव बनाम नवीन दृष्टिकोण के युग्म निरन्तर निर्मित होते रहते हैं और इन्सान की जीवन प्रक्रिया तथा रचना प्रक्रिया को प्रभावित करते रहते हैं। अपने अनुभवों को नयी दृष्टि से तथा कई बार परस्पर विरोधी दृष्टियों से देखने का धैर्य अगर कमज़ोर पड़ता है तो कहानी भी कमज़ोर पड़ जाती है।

आधुनिकता के आगमन के साथ कहानी की बहुत सारी लोक परम्पराएँ व लोकस्मृतियों का विलोपन हो गया है। साहित्य पर वैज्ञानिक दृष्टि अपनाने का दबाव बढ़ा और वह यथार्थवाद की यान्त्रिक स्वीकृति के रूप में जब आया तो उसने साहित्य की परिधि को सीमित किया। इसकी प्रतिक्रिया में लोकसाहित्य के बहुत सारे तत्त्वों, जादुई यथार्थवाद के प्रयोग, फ़ंतासी आदि के प्रति लेखकों ने आकर्षण को महसूस किया है। लेखक का काम केवल वैज्ञानिक, प्रत्यक्ष या ऊपर–ऊपर तैरती दिख रही ठोस वास्तविकता से नहीं चल सकता है। वैज्ञानिक सत्य के साथ–साथ अपने तरल, भावपूर्ण व आत्मबोध से भरे अनुभवों की दुनिया से निकली अन्तर्दृष्टि भी उसकी शक्ति है। वैज्ञानिक–वस्तुगत सत्य और अन्तर्दृष्टिपूर्ण सत्य के सम्बन्धों पर इसलिए विचार करते रहना चाहिए क्योंकि ये दोनों ही सत्य मनुष्य के जीवन को प्रभावित करते हैं और परस्पर विरोध के स्थान पर बहुत सारे क्षेत्रों में इनके मध्य पूरक सम्बन्ध हो सकते हैं। जीवन के बुनियादी सत्य,

जिन्हें वैज्ञानिक–वस्तुगत सत्य कह सकते हैं, उन्हें पुष्ट करने के लिए जब अन्तर्दृष्टिपूर्ण सत्य का उपयोग किया जाता है तब वैज्ञानिक–वस्तुगत सत्य के साथ–साथ अन्तर्दृष्टिपूर्ण सत्य को भी शक्ति व स्वीकृति प्राप्त होती है, तथा वस्तुगत सत्य को शक्ति मिलती है। जब ये परस्पर अलग होने लगते हैं तब वैज्ञानिक–वस्तुगत सत्य सृजनात्मकता के गुण से रहित ठस, निर्जीव और निस्पन्द होने लगता है जबकि अन्तर्दृष्टि रहस्य व अस्पष्टता में उलझकर अपनी सामाजिक उपयोगिता को क्षरित करने लगती है। हर कथाकार जानता है कि प्रत्यक्ष जगत यथार्थ को व्यक्त नहीं करता है बल्कि यथार्थ को छिपाने का काम करता है। प्रत्यक्ष जगत से प्रभावित न होने, उसे अन्तिम न मानने और उसकी जकड़न से मुक्त रहने से कहानी में भी यथार्थ की प्राप्ति की बेहतर सम्भावनाएँ निहित होती हैं। इस प्रकार सत्य को अर्जित करने की इन्हीं दोनों प्रक्रियाओं पर कहानी निर्भर होती है जिसमें एक ओर वैज्ञानिक दृष्टि का प्रयोग होता है तो दूसरी ओर लेखक का विशिष्ट अन्तःकरण होता है जो हर अनुभव सत्य को अपने तरीक़े से ग्रहण कर उसे कहानी में व्यक्त करता है। कहानी केवल निजी भावबोध व सामाजिकता के बीच का सन्तुलन नहीं है बल्कि कहानी वैज्ञानिक–वस्तुवादी दृष्टि तथा विशिष्ट अन्तःकरण के बीच का सन्तुलन भी है।

समकालीन कहानियों का पाठक पहले के पाठक की तुलना में अधिक सामाजिक व चौकन्ना हुआ है। उसके लिए 'रीडिंग' का मतलब अब अपनी ही सामाजिक स्थिति, विचार व भावना को पुष्ट करना हो चुका है। कहानी के समाजशास्त्र, अस्मितावाद या जनवाद ने कथा पढ़ने की पूरी प्रक्रिया के बारे में जो सैद्धान्तिक बहसें की हैं, उनके केन्द्र में वह पाठक है जो कथा भी केवल अपने स्वार्थ के लिए पढ़ता है। सरल स्वभाव वाला पढ़ाकू, आदर्शवादी, अस्मिता के बोध व अस्मिता के बोझ से मुक्त पाठक इन बहसों से बाहर चला गया है। पाठक को अब केवल यह नहीं बताया जाता कि अच्छा लेखन या अच्छा लेखक कौन है। बहुत सारी अतिवादी, डिसज्वाइंटेड, दुराग्रही बहसें यह भी तय करती हैं कि 'अच्छा पाठक' कौन हो सकता है और इसलिए वे कहानी का स्वरूप तय करने के साथ–साथ पाठक को ख़ास ढंग से सोचने–समझने के लिए मजबूर करती हैं। आज लेखक से अधिक पाठक को नियन्त्रित व प्रभावित करने की विश्वव्यापी चेष्टाएँ ठीक उसी प्रकार से चल रही हैं, जैसे संचार माध्यमों के ज़रिये

दर्शकों–श्रोताओं को नियन्त्रित करने का बेहद अश्लील–फूहड़ अभियान हर तरफ़ चलता दिख रहा है। अपनी मर्ज़ी से जिस पाठक को गढ़ा जाता हैं, उसी के लिए किसी कृति या कथा के अर्थों को भी डिब्बाबन्द माल की तरह तैयार किया जाता है। इस प्रकार जो बहस कभी रोलांबार्थ के निबन्ध 'लेखक की मृत्यु' से आरम्भ हुई थी जिसमें कहा गया था कि किसी कृति को केवल उसके लेखक के दृष्टिकोण से नहीं समझना चाहिए, वही बहस अब इस सदी में दूसरे छोर पर पहुँच गयी है। लेखक की मृत्यु के बाद आलोचक, सिद्धान्तकार या अस्मिता विमर्श के पुरोहितों ने मोर्चा सँभाल लिया है। कृति के टीकाकार, भाष्य तैयार करने वालों का नया वर्ग विकसित हो गया है। लेखक का शव एक कोने में पड़ा है और कृति की अर्थ सम्बन्धी बहुलता से परिचित कराने के नाम पर विमर्शों के पुरोहित मनचाही व्याख्याएँ करने के लिए स्वतन्त्र हो चुके हैं। व्याख्याएँ कम हैं, अबूझ–रहस्यमय मन्त्र पढ़ने की शैली में शोर–शराबा ज़्यादा होता दिखता है। लेखक की मृत्यु का दावा पाठकों से अधिक समीक्षकों–व्याख्याकारों को सशक्त बनाने में काम आया है। पाठक कहानी को पढ़ता कम है, कहानी के उपलब्ध अर्थों का उपभोक्ता अधिक बनता जा रहा है। कहानी के उपलब्ध विमर्शवादी अर्थों ने कहानी के समानान्तर शक्ति अर्जित कर ली है। लगभग मान लिया गया है कि अब एकान्त में बैठा ऐसा स्वप्नदर्शी पाठक समाप्तप्राय है जिसका मन निष्कपट था और वह कहानी पढ़कर इस संसार में अपने ही पुनर्जन्म का अनुभव करता था। अब क़स्बाई जीवन में क़ैद पाठक भी नहीं बचा है जो कहानी के माध्यम से विस्तृत–व्यापक संसार को जानने का मोह रखता है। इसलिए कहानी से अधिक कहानी के बहुलतावादी पाठ बचे हैं। या कहानी इसीलिए पढ़ी जाती है ताकि कहानी की सत्ता को नकारकर एक गहरा अकादमिक सिरदर्द पैदा करने वाली बौद्धिक–वैचारिक टीका तैयार की जा सके।

पाठक की स्थिति पर विचार करते हुए हम यह भी देखते हैं कि आधुनिक जीवन ने मनुष्य को अपने ही व्यक्तित्व को विभाजित करने के लिए मजबूर किया है। कथा के पाठकों का व्यक्तित्व भी बहुत टूटा है, खण्डित हुआ है, विभाजित हुआ है। आज नये प्रकार की गुलामी के युग में व्यक्तित्व के इस विभाजन को मनोवैज्ञानिक संकट मानने के स्थान पर मनोवैज्ञानिक निदान के रूप में प्रस्तुत किया जा सकता है जिसमें मनुष्य अपने मन के अन्दर के तनाव व विकलता से बाहर निकल आता

है। इसमें मनुष्य अपने व्यक्तित्व के एक हिस्से को मशीनी आचरण करने वाले हिस्से के रूप में विकसित करता है। दूसरे हिस्से को वह मानवीय अनुभव, अनुभूति तथा भावनाओं को जीने के लिए इस्तेमाल करता है। वह मशीनी हिस्से से सामाजिक जीवन की औपचारिकताओं को बहुत संवेदनहीन तरीक़ों से निभाता है और मानवीय हिस्से का प्रयोग वह अपनी मनुष्यता को अभिव्यक्त करने या उसे महसूस करने के लिए करता है। वह व्यक्तित्व के मानवीय हिस्से की सुरक्षा के लिए व्यक्तित्व के मशीनी हिस्से की मदद लेता रहता है। मशीनी हिस्से के माध्यम से वह सारे संसाधन भी जुटाता है जिनके बल पर वह व्यक्तित्व के मानवीय हिस्से को पतित, जर्जर या क्षरित होने से बचा सके। इस प्रकार बाहरी परिस्थितियों ने मनुष्य को अपने ही व्यक्तित्व तथा दिलोदिमाग़ के सावधानियों से भरे प्रयोग के लिए लम्बे समय तक इस प्रकार उकसाया है कि मनुष्य अब व्यक्तित्व को एकीकृत, समग्र या अखण्ड इकाई के तौर पर न देखकर विविधतापूर्ण संरचना के रूप में विकसित करता है। व्यक्तित्व से विविधतापूर्ण काम लेने का प्रयास करता है। इन स्थितियों की झलक आज की कहानियों पर भी है। कहानी अगर एक ओर इन्सान पर मशीनी जीवन के दबाव को चित्रित करती हैं तो दूसरी ओर उसकी मानवीय संवेदना को व्यक्त करना भी उसकी ज़िम्मेदारी है। उसकी सुखद और आरामदेह दुनिया के अभाव ही नहीं बल्कि सुख व आराम की झूठी छवियों के विरुद्ध आख्यान रचना भी उसी का काम है। कहानी का काम यह दिखाना भी हो गया है कि देश के व्यापक विकास के कारण मानवीय चेतना पर अनेक क़िस्म के दबाव बढ़े हैं। उसमें एक यह भी है कि वह विकास, तरक्की, प्रगति, खुदहाली के लिए चल रहे प्रयासों के रजिस्टर में जल्द–से–जल्द अपना नाम दर्ज कराये और अपनी प्रतिभा तथा जागरूकता को प्रमाणित कर दे। पर मनुष्य के ऊपर अपेक्षाओं का दबाव उन अपेक्षाओं को पूरा करने की मनोवैज्ञानिक तैयारी के साथ सामंजस्य नहीं स्थापित कर पाता है। किसी भी प्रकार के मनोवैज्ञानिक पूर्वाभ्यास या मनोवैज्ञानिक तैयारी के बग़ैर ही मनुष्य को जीवन के सर्वाधिक निर्मम, क्रूर तथा कठोर लक्ष्यों के प्रति समर्पित हो जाने के लिए विवश किया जाता है। संजय कुन्दन की कहानी 'कोई है' में बड़ी कम्पनी में काम करने वाला मैनेजर चरित्र अपनी नौकरी बचाने के लिए मज़दूरों के कपड़ों पर चिप लगाने का सुझाव मालिक को देना चाहता है। इसलिए ताकि उनकी कम्पनी विरोधी तथा मालिक

विरोधी बातों को रिकॉर्ड किया जा सके। पर दूसरों की जासूसी करने वाला भयाक्रान्त इन्सान अन्त में स्वयं की जासूसी किये जाने की आशंकाओं से मन–ही–मन लहूलुहान होने लगता है। ऐसी गहरी आशंकाएँ सताती हैं कि लगता है कोई उसके बेडरूम में झाँक रहा है। पत्नी जब नाइटी का हुक खोलने लगती है तो उसे डाँट देता है क्योंकि भय है कि कहीं कोई यहाँ भी उस पर निगाह तो नहीं रख रहा है। उसके अपने भीतर पल रहा मानवता विरोधी विचार उसकी अपनी मनःस्थिति को विकृत कर देता है। हर तरफ़ उसे षड्यन्त्र, विरोध, बिखराव तथा उखाड़ने–पछाड़ने का खेल नज़र आता है। समकालीन कहानियों ने जितने बड़े पैमाने पर भय को व्यक्त किया है, शायद पहले कभी नहीं किया होगा। अधिकांश कहानियाँ किसी भय से आरम्भ होती हैं, भय पर ख़त्म होती हैं। उदय प्रकाश की कहानी 'तिरिछ' की तरह जिसमें हर ओर एक ज़हरीले लिजार्ड का भय है। वह ज़हरीला सरीसृप स्वप्न में आता है और भय उत्पन्न करता है। किसी को यह भी भरोसा नहीं है कि वह दूसरे को ठीक–ठीक बता भी सकेगा कि उसके मन में कौन–सा भय आकर बैठ गया है। मृत्यु, दुःस्वप्न, दुर्घटना और धोखा कहानी की हर पंक्ति में है और कहानी में पंक्ति–दर–पंक्ति पाठक के मन में अनायास तनाव पैदा होता रहता है। कथाचरित्रों का भय समाज में व्याप्त भय का दर्पण बन गया है। यह ऐसा समाज है जिसमें भयग्रस्त रहने का संस्कार निर्मित हो जाने के बाद मनुष्य भय के बग़ैर अपने जीवन की कल्पना करना भूल चुका है। उसे वर्तमान में कोई भय नहीं होता है तो वह अतीत से भय को उधार ले लेता है। या फिर भविष्य से कहता है कि मुझे थोड़ा भय प्रदान कर दो ताकि मैं अपने वर्तमान को भय के बोझ से कुचल सकूँ, दबा सकूँ और इस प्रकार भयग्रस्त रहने की अपनी इच्छा को पूरा कर सकूँ। पिछले तीस साल की कहानियाँ मूलतः मनुष्य के द्वारा विभिन्न प्रकार के भय और चारों तरफ़ से उसे घेरने वाले मूर्त–अमूर्त, अबूझ आतंक का सामना करने की कहानियाँ ही हैं। स्वाभाविक निडरता को स्वाभाविक भयाक्रान्तता ने विस्थापित कर दिया है।

इस अर्थ में आज की कहानी दुरभिसन्धि, सत्ता, निजीकरण व निजी संस्थानों की असीमित ताक़त के बीच मनुष्य के विश्रृंखलित, भयग्रस्त और बिखरते जीवन के बहुत पास आती है और उसे कथानक में प्रतिबिम्बित करती है। नयी सुविधाओं और सर्वव्यापी तकनीक के कारण सामान्य जनजीवन में राज्य की दख़ल भी बढ़ी है और इसलिए कहानियों में

आतंकवाद, सुरक्षा, राज्य प्रायोजित हिंसा–दमन या राज्य के अवसरों का लाभ न उठाने की पीड़ा नज़र आती है। वर्तमान में बहुत सारी कथाएँ राज्य–प्रशासन के अतिरेकपूर्ण हस्तक्षेप पर लिखी जा रही हैं। वह भी कथित भूमण्डलीकरण के उस दौर में जब माना जाता है कि समाज में राज्य की भूमिका घट रही है और निजीकरण बढ़ रहा है। पर कथित निजीकरण ने नागरिकता के समूचे बोध को नुकसान पहुँचाया है और वह अब बड़ी शक्तियों की तुलना में कमज़ोर पड़ता चला गया है। इन स्थितियों पर रचित कथाओं में अनुभव व दृष्टि के विभिन्न प्रकार के भेद भी उपस्थित हैं। इनमें जो महत्त्वपूर्ण अन्तर है, लोकेशन व वर्ग के अनुसार, उसे भी आसानी से पहचाना जा सकता है। जैसे कि कहानीकार आशुतोष की कहानी 'उम्र पैंतालीस बतलायी गयी थी' में दलित युवक बाल्मीकी व उसके जैसे ही अन्य वंचित जाति के छात्रों को स्थानीय शक्तिशाली जातियाँ स्कूलों में ही विफल करती हैं। उन्हें इस तरह पढ़ाया जाता है कि पाँचवें दर्जे से आगे न बढ़ सकें। इस स्थानीय शिक्षा–व्यवस्था का काम देश में आरम्भिक शिक्षा स्तर पर ही लोगों की पढ़ाई छुड़वाना अधिक है। कहानी में जो छात्र मेधावीपन के कारण आगे पढ़ने की महत्त्वाकांक्षा रखते हैं, उन चौदह से अठारह साल के किशोरों व युवाओं की आयु उनके स्कूल के फॉर्म में सैंतीस से पैंतालीस साल दर्ज करा दी जाती है ताकि वे सरकारी नौकरी कर गाँव की अगड़ी जातियों के लिए चुनौती न प्रस्तुत कर सकें। इन कहानियों में ऊपरी स्तर पर दूर बैठा राज्य–प्रशासन ठीक है, पर जाति–वर्ण के गोरखधन्धों में डूबे स्थानीय जीवन के कुचक्रों को खलनायक बताकर प्रस्तुत किया जाता है। दूसरी ओर चन्दन पाण्डे की कहानी 'भूलना' है जिसमें घर–परिवार व मोहल्ले का जीवन ठीक है। केवल ऊपर का राज्य व प्रशासन सड़–गलकर क्रूर–कट्टर हो गया है। आमजन केवल उसके अमानवीय चेहरे से ही परिचित हैं। वह क़ानून लागू कम कराता है, क़ानून का निरंकुश उपयोग अधिक कर रहा है। इस सीमा तकविकृत हो चुका है कि किसी के जीवन को समुन्नत या सार्थक बनाना तो दूर, अच्छे–ख़ासे स्वस्थ–खुदहाल लोगों को बीमार–विकलांग बना रहा है। इस प्रकार कहीं सरकार व तन्त्र से आशा है तो कहीं गहरी निराशा। इस रूप में आज की समकालीन कथाएँ, जो जीवन में राज्य के बढ़ते हस्तक्षेप के बीच उपजी हैं, उन्होंने राज्य व व्यक्ति के सम्बन्धों के बारे में कई कोण व दृष्टियों से विचार करने के लिए पाठकों

को प्रेरित किया है। ये कथाएँ भारत के विशिष्ट जटिल यथार्थ का आईना हैं जिसमें परम्परा तथा आधुनिकता के संकट एक साथ चले आये हैं। एक ओर यह आशंका है कि पारम्परिक सामाजिक व्यवस्था से जुड़े उसके दुःखों–कष्टों की वापसी होगी, तो दूसरी ओर उसे लगता है कि आधुनिकता की विफलता से जो अराजकता उत्पन्न होगी, उसके दुःखों को सहने लायक उसे ख़ुद को बनाना होगा। कहानियाँ जैसे लगातार समाज के इसी वैचारिक तापमान से जम रही हैं, पिघल रही हैं, फैल रही हैं।

अक्सर यह कहा जाता है कि आज की कहानी में विचारशीलता बहुत अधिक है। वह किसी विचार को केन्द्र में रखकर लिखी जाती है और कहानी के स्थान पर लोग विचार को समझने का प्रयास करते हैं। इसका ठोस सामाजिक कारण यह है कि भारत के वंचित व उपेक्षित वर्ग के लिए विचारशीलता आज भी आत्मरक्षा का हथियार है। उसे अमूर्त भाव या छायाओं के स्थान पर ठोस विचार और उस पर टिके संघर्षों की आवश्यकता है। धन, सामाजिक शक्ति, सम्पन्नता या सुरक्षा से रहित व्यक्ति विचारशीलता को विकसित करता है। वह विचार के ज़रिये आत्मरक्षा करता है। अपनी हिफ़ाज़त करने के लिए वह विचारशीलता में सामाजिक हितों को शामिल करता है ताकि वह सामाजिक हितों की पहचान का दावा प्रस्तुत कर आत्मरक्षा के अधिक इन्तज़ाम कर सके। ऐसे में कहानियाँ अगर वैचारिकता के ज़रिये आत्मरक्षा की चिन्ता में लिखी जा रही हैं तो वे मनुष्य के द्वारा अपनी ही संस्कृति की आलोचना कर स्वाधीन हो जाने की छटपटाहट को भी व्यक्त करती हैं। मनुष्य का जन्म किसी संस्कृति के भीतर ही होता है और उसका पालन–पोषण भी संस्कृति के भीतर होता है। पर वह संस्कृति की सीमाओं से परिचित होकर अपने ही सांस्कृतिक पालन–पोषण व सांस्कृतिक पहचान के प्रति एक बुद्धिवादी आलोचना को भी विकसित कर सकता है। साहित्य यदि मनुष्य की इस क्षमता का विकास नहीं करता है, तो वह मनुष्य ही नहीं बल्कि समाज के समूल विकास को बाधित करता है। व्यक्ति के सुख–दुःख का निजी आयाम होता है, साथ ही उसका एक सार्वभौमिक–राष्ट्रीय आयाम भी हो सकता है। जिस प्रकार खेतिहर समाज में मनुष्य के सुख–दुःख उसके समाज की परम्परा, प्रकृति व आर्थिक संरचना में निहित थे, उसी प्रकार आधुनिक–औद्योगिक समाज में उसके कष्ट व मानसिक पीड़ाएँ भी विभिन्न प्रकार की नयी क़िस्म की संस्थाओं के उदय, उन संस्थाओं की कार्यप्रणाली तथा उनके भीतर के

कामकाज सम्बन्धी वातावरण पर निर्भर होती हैं। कहानी ने निजी दुःखों के राष्ट्रीय–सार्वभौमिक आयामों के बारे में पाठकों को शिक्षित किया है और वह उसकी सार्थकता का आधार है। पर इसी में एक सावधानी भी कथाकार तथा कथा के आलोचकों से अपेक्षित होती है। कहानी में मनुष्य के संकटों को व्यापक वैचारिक सन्दर्भ में प्रस्तुत करते हुए भी कथाकार को सजग रहना पड़ता है। मनुष्य के बहुत सारे संकट किसी सामाजिक त्रासदी तथा विडम्बना की उपज होते हैं और उन संकटों की व्याख्या किसी बड़े वैचारिक सन्दर्भ या विचारधारा के धरातल पर करके ही उन संकटों के जन्म, प्रभाव तथा परिणति की व्यापकता को समझा जा सकता है। जबकि मनुष्य के कई अन्य संकट उसके स्वभावगत अवगुण–दोष, उसकी निजी दुर्बलता आदि से प्रेरित होते हैं और किसी बड़े मूल्य या विचार के सन्दर्भ में उनकी व्याख्या का प्रयास करने से उन मूल्यों–विचारों का ही सम्मान घटता है तथा वे संकट उस भव्य वैचारिक सन्दर्भ के योग्य नहीं नहीं रहते हैं, जिसके आधार पर वे अपनी व्याख्या किये जाने की माँग करते हैं। इसलिए मनुष्य के संकट जब किसी वैचारिक व्याख्या की तरफ़ अपना झुकाव प्रकट करते हैं या वे स्वयं को किन्हीं बड़े सन्दर्भों की तरफ़ ले जाने की माँग करते हैं तब यह देखना चाहिए कि वे जिन सन्दर्भ या वैचारिक व्याख्या की माँग कर रहे हैं, वे सचमुच उसके अनुकूल हैं या प्रतिकूल है। मनुष्य की महान त्रासदी या नियति से निकला संकट और मनुष्य की क्षुद्र प्रवृत्तियों से उपजा संकट एक ही प्रतिमान या एक ही तराजू पर तौले जाने लायक नहीं होते हैं।

वर्तमान भारतीय परिवेश में लेखक को ऐसे समाज की कहानी लिखनी है जिसने आधुनिकता की भारी क़ीमत चुकायी है, पर आधुनिकता के सर्वश्रेष्ठ रूपों से लगातार वंचित किया गया है। यहाँ ऐसी संस्थाएँ ठीक से नहीं खड़ी की जा सकीं जो आधुनिक चेतना, आधुनिकता व आधुनिक भावबोध का सुनियोजित ढंग से विकास करती रह सकें। एक अर्थ में समकालीन कहानी आधुनिकता के अभाव और आधुनिकता की विकृति, दोनों को ही प्रकट करती है। पंकज मित्र की कहानी 'क्विज़ मास्टर' की तरह, जिसमें छोटे शहर के एक क्विज़ मास्टर की नियति के माध्यम से पूरे भारतीय शहरी जीवन की सीमा, तनाव, जड़ता व कुण्ठा को चित्रित कर दिया गया है। कहानी में छोटा–सा शहर हैं जहाँ अधकचरी आधुनिकता, अशिक्षित क़िस्म के वातावरण व प्रदर्शनपूर्ण जीवन–शैली ने

हर प्रतिभाशाली व्यक्ति के जीवन का गला घोंट दिया है। कोयले का कारोबार करना और शिक्षा का धन्धा करना एक ही जैसा काम माना जाता है। पारम्परिक समाज के लोकतान्त्रिक समाज में रूपान्तरण की प्रक्रिया बहुत सारे विनाश, छद्म नेतृत्व वर्ग के उदय, राजनीतिक अपराध, नारों–वायदों तथा बुरी नीतियों के दुःखद दौर से गुज़रने के बग़ैर सम्भव नहीं होती है। समाज का यह अधिकार होता है कि उसने आधुनिक होने के लिए जो क़ीमत चुकायी है, उसके बदले में उसे ढंग की आधुनिकता व लोकतन्त्र प्राप्त हो जाये। पर कई बार भारत जैसे कुछ समाज आधुनिक या लोकतान्त्रिक होने की भारी क़ीमत तो चुकाते हैं पर अपने लक्ष्यों को प्राप्त करने में विफल हो जाते हैं। उनसे जिस चीज़ की क़ीमत वसूली जाती है, उसे ही या तो प्रदान नहीं किया जाता या फिर उसके मिलावटी व घटिया रूप देकर उसे टरका दिया जाता है। कहानी ने इसी परम्परा में आधुनिकता के साथ–साथ सभ्यता के बहुत सारे नक़ली दावों से दो–दो हाथ करने की कोशिशें की हैं जो उसकी सार्थकता और ख़ूबसूरती को नयीं ऊँचाइयाँ प्रदान करती हैं।

वर्तमान में कहानियाँ अन्तर्विरोधी आधुनिकता के जिस बिन्दु पर खड़ी हैं, उसी के साथ वे आधुनिकता से पनपी और फैली हुई संवेदनहीनता व हिंसा से घिरी हुई हैं। सभ्यताएँ अपने सभ्यता सम्बन्धी सारे दावों के बावजूद हिंसा का न केवल संस्थानीकरण करती हैं बल्कि संस्थानों के भीतर से हिंसा की वकालत के नये–नये तर्क भी गढ़े जाते हैं। इससे सभ्यता और हिंसा को केवल एक–दूसरे का विरोधी नहीं बल्कि एक–दूसरे का पूरक सिद्ध करना आसान हो जाता है। अपराध व विकार को मुख्य धारा का यथार्थ बताने का प्रयास भी इसी का विस्तार है। समाज में कुछ भी भव्य नहीं रह जाता है। कुछ भव्य, सुन्दर, महान दिखे तो उस पर सन्देह होता है। बीसवीं सदी की कथाओं ने सबसे पहले इस प्रकार के सन्देह को जन्म दिया था। पर बड़ी त्रासदियों पर लिखी कथाओं को छोड़ दें तो अधिकांश कहानियाँ जीवन सौन्दर्य को कहीं से खोज लाती थीं। जीवन की टूटन व अवसाद में भी संघर्ष का हौसला रखना सौन्दर्य पैदा करता था। आवारागर्दी, लापरवाही या रोमांटिक अलगाव के सहारे चीज़ों से जूझने का हौसला बचा हुआ था। पर बीसवीं सदी के अन्तिम दशक से लेकर 21वीं सदी के वर्तमान तक की कथाओं में जैसे हर तरफ़ संघर्ष ही संघर्ष है, विरोध ही विरोध है, पीड़ा ही पीड़ा है। रोमांटिक आवारागर्दी,

लोक सौन्दर्य और मानव स्वभाव की सरलता को भी कथा ने खो दिया है। अप्रत्याशित घटनाएँ ही हर ओर घटित होती हैं तथा भव्य चीज़ें या निर्दोष भावनाएँ कहीं दिख जाती हैं तो आश्चर्य होता है। स्पेनिश कथाकार ग्रैब्रिएल गार्सिया मार्केस की कहानी 'स्लीपिंग ब्यूटी' में हवाई जहाज़ में अकस्मात मिली सुन्दर स्त्री के प्रति तीव्र आकर्षण महसूस कर रहा चरित्र सोचता है–'वह हर काम बड़े सलीक़े से करती, जिसमें एक भव्यता थी, मानो जन्म से लेकर अभी तक उसके साथ कुछ भी अप्रत्याशित न घटा हो।' यथार्थ के प्रति इस दृष्टि–परिवर्तन का कारण अन्य माध्यमों के प्रभाव में छिपा है। कहानी या कला की तुलना में वे माध्यम ही यथार्थ–बोध को तेज़ी से, अधिक निर्णायक ढंग से गढ़ते हैं। समाज में उपस्थित अपराध तथा विकार अपने घटित होने के क्षण में कालबद्ध होते हैं और वे प्रायः सामान्य जीवन में अन्य चीज़ों की तरह नश्वर होते हैं। पर आधुनिक संचार माध्यमों ने अपराध तथा विकार को निरन्तर हमारी चेतना व स्मृति का अंग बनाकर उन्हें अधिक स्थायी तथा अमर बनाने में योगदान दिया है। इसलिए कहानियाँ भी अपराध–कथा की तरह लिखी जाने लगीं। बहुत–सी दलित–स्त्री कहानियों में उत्पीड़नकारी पितृसत्ता व वर्णव्यवस्था की सहज आलोचना है जो हमारी लोकतान्त्रिक चेतना का विकास करती हैं। पर कई विमर्शवादी कहानियाँ अपराध कथाओं के बाज़ार के अनुरूप केवल अपराध के ब्योरों की तरह लिखी जाती हैं। यानी, संचार माध्यमों ने मानव चेतना व स्मृति को खुली पड़ी ज़मीन के रूप में देखा है जिस पर लगातार आक्रमण कर उसे जीतते चले जाना है। सभ्यताओं का हिंसा से और हिंसा का कथित सभ्याचरण से यह लगाव कहानी के लिए हमेशा चौंकाने वाला सत्य रहा है। हिंसा के सूक्ष्म, चालाक रूपों ने बहुत सारी स्वतन्त्रता को कुण्ठित कर दिया है और जो मनुष्य स्वतन्त्र होने चला था, वह अचानक से फिर कठपुतली बना दिया गया है। वह बेहद आत्मघाती ढंग से लोकतन्त्र के विनाश में अपनी स्वतन्त्रता देखने लगा है। मिलान कुंदेरा की कहानी 'मैं...एक पीड़ित ईश्वर' का नैरेटर सोचता है–'इस दुनिया में दो क़िस्म के लोग आपको मिलेंगे–ज़िन्दगी के सृष्टा और ज़िन्दगी की कठपुतलियाँ। वे लोग जो ज़िन्दगी में अपने स्वप्नों, कल्पनाओं और योजनाओं को ज़िन्दगी में मूर्तिमान करते हैं और वे दूसरे जो इन लोगों के हाथों में यन्त्रमात्र हैं।' पर जीवन के इस फ़लसफ़े को लिखने के बाद वह यह भी कहता है–'छोटे, विनयशील सत्य मुझे अच्छे लगते हैं। या संक्षिप्त

सत्य–आडम्बरहीन और चलते–फिरते।' यानी व्यक्ति की सारी विवशता, उसके कठपुतली होने की नियति को अस्वीकार करने के लिए ज़रूरी है कि उससे जुड़ी छोटी, आडम्बरहीन सचाइयों के बारे में लेखक लिखे। छोटे, अनदेखे, साधारण व रोज़ाना के सत्य के बीच मनुष्य को खोजना होता है। वहीं पर उसके निकट जाने का अवसर मिलता है, वरना हम केवल मनुष्य के ऊपर शासन करने वाली चीज़ों पर ध्यान देते हैं, लेकिन उस छोटे–मामूली सच को नहीं देख पाते हैं, जहाँ मनुष्य अपनी नियति व जीवन से लड़ता है और उसे अर्थ भी प्रदान करता है। डिस्ट्रिक्ट गज़ेटियर जिन घटनाओं या उनसे जुड़ी कथाओं के बारे में कभी जानकारी नहीं देंगे, वे साहित्य में व्यक्त होंगी।

पर इन सब सचाइयों के बावजूद कहानी के आगे क्या हम कोई स्पष्ट लक्ष्य रख सकते हैं? क्या हम पूरे विश्वास के साथ कह सकते हैं कि कहानी अपने पूरे शिल्पगत आकार के साथ किसी ख़ास कथानक सम्बन्धी लक्ष्य का पीछा करने के लिए मजबूर है? लक्ष्य जब अधिक ठोस, वास्तविक और स्पष्ट होते हैं तब 'रचनात्मक मस्तिष्क' उनके प्रति ख़ास तरह के ठण्डेपन, ऊब व बोरियत का अनुभव करता है। ऐसे में अपने लिए अधिक वायवी व अस्पष्ट लक्ष्य चुन लेता है जो उसकी कल्पना को पल्लवित और सींचने का काम करे तथा उसे निरन्तर वास्तविकता से विद्रोह करने के लिए प्रेरित करते रह सकें। इसलिए कहानी के आगे विषय या कथावस्तु सम्बन्धी लक्ष्यों की सूची पेश करना स्वयं कहानी व कहानीकार की स्वतन्त्रता को कुण्ठित करना है। कहानीकार के पास आधुनिक, मानवतावादी दृष्टि हो सकती है, पर हम उसे किसी ख़ास सामाजिक लक्ष्य के लिए समर्पित होते अगर देखना चाहते हैं, तो वह माँग–पत्र तैयार करने वालों की समस्या है, कहानीकार की समस्या नहीं है। इसी प्रकार, कहानी बहुत सोद्देश्य होने के लिए जब यथार्थ को चित्रित करने के स्थान पर केवल उस पर मनचाहे निष्कर्ष थोपती है, तो वह अविश्वसनीय हो जाती है। सोद्देश्यता का 'फंडामेंटलिज़्म' कहानी की भाषा को असम्प्रेषणीय बनाता है। वह इसलिए क्योंकि कथा–भाषा के पास सम्प्रेषित करने के लिए जो भाव या विचार होते हैं, वही सन्दिग्ध हो जाते हैं। अत्यधिक सोद्देश्यता का आग्रह कहानी–कला का निर्वाह कर सकता है, पर वह जिस विचार को आरोपित करता है उसी विचार की तार्किकता के प्रति लापरवाह हो सकता है। जैसे कहानीकार कथा–चरित्र को इसलिए निर्मित

करे ताकि अन्त में किसी उत्साहवर्धक सुखान्त को प्रस्तुत कर सके। इस फार्मूले में बहने के कारण सुखान्त स्थिति तो पैदा हो जाती है, पर कहानी यथार्थवादी प्रतिमानों पर कमज़ोर प्रतीत होती है। जैसे वन्दना राग की कहानी 'त्वचा' है जिसमें बराक ओबामा के जीत जाने से भारत में काली रंगत वाले लोगों का उत्साह दिखाकर अच्छी–ख़ासी मार्मिक कहानी को लगभग नष्ट कर दिया गया। जो कहानी बहुत मार्मिक ढंग से 1857 की घटना, स्थानीय लोगों पर अत्याचार व साम्राज्यवादी उत्पीड़न का आख्यान प्रस्तुत करती है, वह वर्तमान जीवन में एक आशावादी सूत्र देने की चेष्टा में कमज़ोर हो जाती है। कहानीकार ने अमेरिका की नस्लभेद की समस्या को जस–का–तस उठाकर भारतीय समाज पर आरोपित कर दिया। ऐसी स्थिति से बचने के लिए कहानी को अख़बार, सूचना, जानकारी, आँकड़े या नक़ली आशावाद आदि से ऊपर उठना होता है। उसे यथार्थ को अपनी विधागत कसौटियों पर चित्रित करना होता है और कथानक के भीतर के तनाव, विडम्बना, त्रासदी व जीवनोत्साह को बारीकी से बुनना पड़ता है।

कहानी–कला, कहानी के शिल्प, सांकेतिकता, सूक्ष्मता, शब्द चयन व वातावरण के चित्रण को लेकर कहानी की आलोचना करने की परम्परा पहले जैसी सशक्त नहीं रह गयी हैं। कहानी में परम्परा की चिन्ता शिल्प और अन्तर्वस्तु दोनों स्तर पर दुर्लभ हो गयी हैं। ऐसा लगता है कि कहानी के पास भविष्य का कोई सुनिश्चित नक़्शा है नहीं और परम्परा में वह वापस लौट नहीं सकती। कहानी का अपनी ही परम्परा से कैसा सम्बन्ध हो, इस पर विचार अलग से होना चाहिए इसलिए भी क्योंकि साधारण मनुष्य हो या कलाकार, वह परम्परा के बारे में बहुत भोहग्रस्त या रोमांटिक विचारों से ग्रस्त रहता है और उस परम्परा में अपनी वापसी और सुरक्षा ढूँढ़ता है जिस परम्परा का स्वयं ही भौतिक आधार क्षरित हो चुका है। जिस परम्परा में वह अपने अस्तित्व की खोज और सुरक्षा की गारंटी चाहता है, वह परम्परा ख़ुद अपने अस्तित्व को लेकर भयानक अनिश्चितता और अस्थिरता की शिकार हो चुकी होती है। अपने अस्तित्व के लिए लड़ रही परम्परा मनुष्य के अस्तित्व को सार्थकता प्रदान करने में अक्षम हो चुकी होती है। शायद इस कारण अब कोई कला या साहित्य में परम्परा को जीवित करने का पहले जैसा विश्वास नहीं रखता है। इस कारण कहानी के पारम्परिक कलापक्ष का ह्रास कोई नोटिस योग्य बात नहीं लगती है। कहानी को कहानी से बाहर के किसी लक्ष्य से तुरत–फुरत जोड़ने का भी यह नतीजा

हो सकता है, पर सम्भवतः इसके कारण भी व्यापक सामाजिक परिवर्तनों में निहित हैं। कहानी–कला का ह्रास समाज में कलाओं के व्यापक ह्रास से अलग नहीं है। कहानी की कला के प्रति अगम्भीर दिखना भले किसी को क्रान्तिकारी रवैया या प्रगतिशीलता लगे पर वास्तव में यह समाज में कलाओं के प्रति सजगता के व्यापक ह्रास का परिणाम है। कलाओं के बारे में स्वस्थ बोध उत्पन्न करना अब कलाकारों का अधिकार क्षेत्र नहीं रह गया है। हर चीज़ की प्रतिकृति तैयार होने, कला का व्यवसायीकरण व उसके बिकाऊपन पर अधिक बल ने कलाओं को दिशाहीन बनाया है। कलाओं के जनकेन्द्रित उत्पादन के कारण 'कलाओं की अनूठी भव्यता' खोने पर वाल्टर बेंजामिन ने अपने निबन्ध 'द वर्क ऑफ़ आर्ट इन द एज ऑफ़ मैकेनिकल रीप्रोडक्शन' में विस्तार से लिखा था।

आधुनिक समाज में कलाओं की दिशाहीनता इस बात से भी प्रकट होती है कि वहाँ अक्सर ही हर मनुष्य को मनोरंजनपूर्ण कला प्रदान करने के नाम पर कलाओं में मनुष्य को गरिमाहीन तरीक़ों से व्यक्त करने की चेष्टाएँ होती हैं। गरिमाहीनता के कारण मानव आकृतियाँ बहुत पाशविक, अश्लील या जुगुप्सा पैदा करने का काम करने लगती हैं। कला के नाम पर जिस मनुष्य को मानवीय सार्थकता तथा मानवीय गरिमा से मुक्त कर नंगे, भौंडे, हिंसक व लालची रूप में पेश किया जाता है, वह मनुष्य अपनी अन्तिम परिणति में कला के प्रति भी विरक्ति पैदा कर सकता है। सफल कथाकार वह नहीं है जो गरिमाच्युत, पीले, बीमारी मानवीय चेहरे दिखाये बल्कि वह है जो गरिमा व स्वतन्त्रता खो देने की बाहरी–भीतरी स्थितियों को कहानी में उभार दे। मनुष्य की गरिमा तथा स्वतन्त्रता को उत्तेजनाओं के कारोबार पर टिकी समकालीन संस्कृति ने भी क्षति पहुँचायी है। उसने मनुष्य को सुन्न, भावहीन और विचारहीन बनाया है और इस यथार्थ से टकराए बिना कोई कहानी न तो बाज़ार की आलोचना कर सकती है, न पूँजी के सर्वशक्तिमान होते जाने की। उत्तेजनाओं को आसानी से घटाया–बढ़ाया जाता है, उसने कारोबार की शक्ल ग्रहण कर ली है। मन में विभिन्न प्रकार की उत्तेजनाओं को जन्म देकर उन उत्तेजनाओं की पूर्ति के लिए साधन बटोरने वाले के मन में यह भावना भी पैदा हो सकती है कि वह जीवन को अधिक स्वीकार कर रहा है। इसलिए क्योंकि वह अपनी मानसिक–शारीरिक उत्तेजनाओं के आधार पर अपने फ़ैसले ले रहा है। पर कई बार सच ठीक इसका उलटा होता है। उत्तेजनाओं के दबाव

को महसूस करना व उनकी सन्तुष्टि को प्राथमिकता प्रदान करना वास्तव में जीवन का नकार होता है। यह जीवन में वास्तविक सन्तुष्टि अर्जित करने की अक्षमता से उत्पन्न हो सकता है। उत्तेजनाओं में बह रहा इन्सान जीवन को नकारने के दुर्भाग्य को अनदेखा कर देता है। जिन उत्तेजनाओं मेंजीवन के अधिक–से–अधिक स्वीकार को देखा जाता है, उसके भीतर जीवन के प्रति नकार, हताशा व कुण्ठा की भावनाएँ छिपी होती हैं। अधिक उत्तेजनाओं से घिरा इन्सान अन्ततः संवेदनहीन होता जाता है। योगेन्द्र आहूजा की कहानी 'खाना' में एक हिन्दी पत्रकार है, भोजन समीक्षक है। वह लगातार नये स्वाद, नये व्यंजनों, नयी–नयी रेसिपी के लिए महँगे रेस्तराँ में जाता है और उनके बारे में लिखता है। पर वास्तविकता यह है कि उसकी जीभ अब स्वाद लेने लायक ही नहीं बची है और यह राज या तो उसकी पत्नी जानती है, या उसका डॉक्टर। जो इन्सान रोज़ नये–नये स्वादों की उत्तेजनाओं का उपभोग करता है, वही एक दिन अपने डॉक्टर के सामने स्वीकारोक्ति में कहता है–'मुझे स्वाद नहीं आता। पिछले तकरीबन पन्द्रह सालों से...किसी भी खाने, किसी भी चीज़ में।' कथानायक एक फेमस फूड रिव्युअर है और जब किसी बड़े होटल में जाता है तो असीम ऐश्वर्य से भरे वातावरण में उसके सामने अनगिनत खाद्य वस्तुएँ परोसी जाती हैं। वह बरसों तक बेहतरीन, स्वर्गिक, दिव्य और अद्वितीय जैसे पन्द्रह–बीस शब्दों के सहारे उनकी समीक्षाएँ लिखता रहता है। उसका एक दोस्त है जो महानगर छोड़कर, स्वैच्छिक ग़रीबी स्वीकार कर, छोटी जगह पर संस्था बनाकर लोगों के बीच काम करता है। वह उन लोगों के बीच है जिनके ईश्वर भी भूखे–प्यासे, एनीमियाग्रस्त, परेशान हैं और सूनी आँखों से ताकते रहते हैं। कथानायक उसे पत्र लिखकर जब अपने दुःख व संवेदनशीलता का उल्लेख करता है तो जवाबी पत्र में उसका ही दोस्त कहता है–'ऐसा वर्गांतरण के दौरान होता है। बीच के वक्फ़े में पुराने वर्ग की याद पूरी तरह उस वर्ग का नहीं होने देती जिसे अपनाने जा रहे हो। तुम्हारे मामले में यह वक्फ़ा कुछ ज़्यादा लम्बा हो गया है, बस इतनी–सी बात है। अपनी ग़रीबी की याद और हम जैसों का ख़याल तुम्हारे ज़ेहन (या हलक) में अभी तक अटका है और वही खानों का स्वाद नहीं लेने देता है।' कहानी में सारी उत्तेजनाओं, भव्य स्वाद–संस्कृति, अन्तरराष्ट्रीय पकवानों के बीच फँसे मध्यवर्गीय व्यक्ति की विडम्बना पर केवल आँसू टपकाकर और रो–धोकर काम नहीं चलाया जाता है। बहुत स्पष्ट होकर, बिना लाग–

लपेट के यह भी बता दिया जाता है कि स्वाद व उत्तेजना का पूरा व्यवसाय वर्ग की धारणा पर टिका है। जो इसके भीतर नहीं समा पा रहा है, या इससे परेशानी महसूस कर रहा है, वह केवल वर्गांतरण की विकट समस्या का शिकार है। वह पुराने वर्ग की विपन्नता को न भूल पाने के कारण अचानक किसी विस्फोट की तरह सामने आये ऐन्द्रिक सुखों को ग्रहण नहीं कर पाता है। शेखर जोशी ने 'बदबू' कहानी लिखी थी, तो वह यह चित्रित कर रहे थे कि कैसे मनुष्य ग़रीब मज़दूरों की कार्यशैली में पूरी तरह समाते जाने के बाद अपनी इन्द्रियों की शक्ति और क्षमता को खो देता है। इस कहानी में योगेन्द्र आहुजा यह प्रकट करते हैं कि कैसे अमीरों के वर्ग का अंग बनने पर मनुष्य अपार विलास के बीच अपने ऐन्द्रिक बोध को खोता चला जाता है। समकालीन कथा की यह विशेषता है कि वह भयावह उपभोग व उत्तेजना के मध्य इन्द्रियों के शिथिल होते जाने, जर्जरित होने, लकवाग्रस्त हो जाने के सच को प्रकट करती हैं। ये कथाएँ भूमण्डलीकरण से उपजे अतिचारी उपभोग के समूचे ज्वरग्रस्त परिदृश्य के साथ कथावस्तु के स्तर पर सीधे जुड़ी हुई हैं।

कहानी विभिन्न कलाओं के साथ दोस्ताना रिश्ते विकसित करती चलती है। इसीलिए कहानी में नाट्य, काव्य, संगीत, लोकगीत, चित्रात्मकता, सिनेमा आदि से सम्बन्धित बहुत सारी कलाएँ घुल मिल जाती हैं। ये विभिन्न कलापक्ष कहानी की सामाजिकता के साथ इस तरह एकाकार हो गये हैं कि यह पता ही नहीं चलता कि हम कहानी से उन्नत कला की अपेक्षा कर रहे हैं, या कहानी से केवल सामाजिक संवेदनशीलता की अपेक्षा कर रहे हैं। जिन्होंने इन दो अपेक्षाओं के बीच नक़ली बँटवारा किया है, उन्होंने कहानी का अंगभंग (म्यूटिलेशन) करने का प्रयास किया है। ख़राब कहानीकारों और उन ख़राब कहानीकारों के बचाव में उतरे उतने ही ख़राब आलोचकों ने इन दोनों अपेक्षाओं की समानान्तर उपस्थिति के सत्य को नकारा है। लेकिन पाठकों की स्वतन्त्र चेतना में आज भी कहानी को किसी शानदार कला तथा उतनी ही परिपक्व सामाजिक चेतना वाली वस्तु की तरह देखे जाने का स्वाभाविक रुझान है। कहानी के पास विभिन्न कलात्मक साधन होने के बावजूद जो चीज़ सबसे महत्त्वपूर्ण है, वह है–कथा–भाषा। कथा–भाषा केवल शिल्प की नहीं बल्कि बदलती सामाजिक संवेदना की सूचक होती है। नयी वास्तविकता के चित्रण के लिए नयी भाषा अगर नहीं खोजी जा रही है, तो वास्तविकता की अभिव्यक्ति

कमज़ोर पड़ सकती है। प्रेमचन्द ने भले ही क़िस्सागोई की उर्दू–फ़ारसी परम्परा से बहुत कुछ सीखा हो, लेकिन अन्ततः उन्हें कहानी में नये यथार्थ को व्यक्त करने के लिए कहानी की नयी भाषा का विकास करना पड़ा। नामवर सिंह ने नयी कहानी आन्दोलन की समीक्षा करते हुए कुछ ऐसी ही बात लिखी थी–'सवाल नयी वास्तविकता के अनुरूप उतनी ही यथातथ्य, कठोर, चुस्त, संवेदनशील, सजीव भाषा के निर्माण का है।' एक अर्थपूर्ण भाषा व कला के अभाव में कहानी का यथार्थ भी दुर्बल, पीतवर्णीय हो सकता है। वह खोखली अख़बारी सूचना में बदल सकता है। या वह ऐसे धोखे में बदल सकता है, जो सत्य की तुलना में छद्म आभास पर कायम होता है। कहानी न कोई ऐसा खेत है जिसमें हरियाली का आभास दिलाने वाली सूखी झाड़ियाँ हों, न कहानी कोई रेत का मैदान है जिसमें दूर से पानी चमकता हो पर वहाँ पानी न हो।

कहानी के अघोषित शत्रु के रूप में एक प्रवृत्ति समाज में पिछले कुछ वर्षों में सक्रिय हुई है। वह है जीवनचर्या में अत्यधिक अन्तःक्रिया, आभासी संवाद और टिप्पणियाँ करने का लोभ तथा विचार व्यक्त करने के मंचों का विस्तार। अब मनुष्य की विडम्बना केवल यह नहीं है कि उसे विशाल, अनदेखे, अनजान भूगोल में भटकना पड़ रहा है बल्कि यह भी है कि वह जिस तकनीक से जुड़ा है वह भी उसे कल्पना व विचार के स्तर पर विशाल, सुदूर फैले भौगोलिक इलाक़ों में भटकने या उसके बारे में विभिन्न क़िस्म की सूचनाएँ तथा विचार प्राप्त करने के लिए मजबूर करती है। जिस युग में विचारहीनता के अभाव या विचारधारा के नष्ट होने की चर्चा चारों ओर है, वहाँ विचार को परिवर्तित व नवीनतम रूप में पेश करने की जैसी होड़ लगी है, वह कम आश्चर्य में नहीं डालती है। हम यह देख ही नहीं पाते हैं कि अपने विचारों को निरन्तर परिवर्तित, विकसित या नवीनतम रूप में पेश करने की प्रवृत्ति तार्किक बौद्धिकता का हिस्सा नहीं होती, बल्कि वह किसी समय–समाज में पूँजीवादी तर्कों से भी संचालित हो सकती है। पूँजीवाद जीवन के हर पक्ष का केवल वस्तुकरण नहीं करता है बल्कि वह हर वस्तु के नवीनीकरण पर बल देता है ताकि वह स्वयं को सबसे प्रासंगिक बनाये रख सके। नवाचार, नवीनीकरण, नया या आधुनिक जैसे शब्द सचमुच किसी नवीनता को व्यक्त नहीं करते हैं बल्कि विचार को भी बाज़ार की रोज़ उपभोग की जाने वाली तथा फिर कूड़े में फेंकी जा सकने वाली वस्तु की तरह बना देते हैं। वस्तु

का निरन्तर नये–से–नये रूप में उत्पादन या पुरानी वस्तु को लगातार बेहतर बनाने का दावा हमेशा तो नहीं, पर प्रायः विचार प्रणाली पर भी लागू होने लगता है। विचार पर यह दबाव पड़ता है कि वह अन्तःक्रिया, ग़ैर–ज़रूरी संवादों या सामाजिक माध्यमों की निरर्थक बहसों का हिस्सा बनकर स्वयं को लगातार किसी वस्तु की तरह पुराने रूपों से मुक्त होता दिखायें भौतिक उपभोग की भूख को लगातार भड़काने की तरह ही लोगों की मानसिक भूख को उत्तेजित करे। उस मानसिक भूख को सही ढंग से शान्त करने के स्थान पर उसे तरह–तरह के अस्थिर व अप्रमाणित विचार, सनसनी, जुमलेबाज़ी से पूरा करता रहे। इसे 'मार्केटप्लेस ऑफ़ आइडिया' कहा जाने लगा है पर इसमें यह पक्ष नहीं देखा जाता है कि वस्तु या उत्पादित माल तो मुक्त व्यापार का अंग हो सकती है पर संस्कृति, कला व विचार को इस दायरे में लाना घातक है। इसी से जुड़ा सत्य यह भी है कि अभिव्यक्ति के नये माध्यम केवल विज्ञान या तकनीक की प्रगति के प्रतीक नहीं होते हैं बल्कि वे एक बार अस्तित्व में आने के बाद अभिव्यक्ति की शैलियों, चुनावों, भाषा सम्बन्धी प्रयोगों के विकास के भी सूचक बनने लगते हैं। मनुष्य केवल इस बात के उल्लेख को अपर्याप्त समझता है कि उसने कोई वैज्ञानिक प्रगति की है बल्कि वह यह बताने में विशेष रूप से प्रयास करता है कि उसने वैज्ञानिक प्रगति के साथ ही हृदय, दिमाग़, संवाद सम्बन्धी प्रवृत्तियों, सामाजिक सम्बन्ध के स्तर पर किस प्रकार की प्रगति भी अर्जित कर ली है। इस कारण वह अतीत को निरन्तर 'अदर (Other)' के रूप में रख सकता है ताकि वह उस तथाकथित 'अन्य' को सामने रखकर अपने वर्तमान के सामाजिक जीवन के नवीनतम लक्षणों का प्रारूप तैयार कर सके। वैज्ञानिक प्रगति ही नहीं बल्कि मानवीय मस्तिष्क की प्रगति का एक सुनिश्चित खाका तैयार कर सके। समाज में ये जितनी भी सूक्ष्म बातें घटित होती हैं, कई बार उनके कारण भी मनुष्य अपनी ही सर्वश्रेष्ठ कलाओं को अपना मानने के स्थान पर अतीत के किसी पन्ने का हिस्सा समझने लगता है। वह अपने अतीत व इतिहास को अपने वर्तमान के विरुद्ध खड़ा कर लेता है और अपनी संस्कृति से अपने वर्तमान को अलग करता चला जाता है। उसके पास वर्तमान का कटा–फटा अलग टुकड़ा होता है, जिससे वह भले ही पीड़ित हो लेकिन उस पर गर्व करना उसकी विवशता हो जाती है। वह विचार को 'मुक्त व्यापार' का हिस्सा समझकर उस अवस्था में पहुँच जाता है जहाँ विचार से उसका अलगाव

ही एकमात्र सत्य बचता है तथा कहानी या दूसरी कलाएँ दुःखद ढंग से इसकी चपेट में आ जाती हैं।

अब ज़ाहिर है कि ऐसे बदलते समाज में लेखक की भी 'ऐब्सर्ड' नियति हैं। नियति यह कि सारी कृत्रिम मेधा, तकनीक, संचार क्रान्ति व निगरानी–तन्त्र के फैलाव आदि के बीच हमेशा की तरह वास्तविकता के साथ निरन्तर युद्धरत रहे। वह कलाकार होने के सुख और उसकी पीड़ा को स्वीकार कर सके। वह वास्तविकता के साथ युद्ध करते हुए जितना घायल होगा, उतनी ही उसकी सच्चा लेखक होने के रूप में पहचान होगी। हालाँकि आधुनिक चुस्त–स्मार्ट लेखकों में यह शहीदी भाव दुर्लभ हो गया है पर स्पेन के गृहयुद्ध में केवल 36 साल की उम्र में मारे जाने वाले लेखक रॉल्फ फॉक्स के ये शब्द आज भी किसी लेखक में आत्मबल का संचार कर सकते हैं। वरना लेखक की कलम को विकलांग बनाने के लिए लेखक का अपने प्रति अविश्वास काफ़ी होता है। वह अविश्वास जो स्वयं के प्रति न्याय न करने से पैदा हो सकता है। लेखक को निरन्तर यह विश्वास प्रदान करना भी आवश्यक होता है कि वह लेखन कर समाज के प्रति दायित्व का निर्वाह कर रहा है, जो समाज अपने लेखकों में यह विश्वास नहीं उत्पन्न करता है वह समाज अच्छे लेखकों को 'डिज़र्व' भी नहीं करता है। लेखक को अपने ही भीषण संकट तथा संवेदनाओं की अराजकता की वजह से संसार से लड़े जाने वाले मुश्किल युद्ध शर्मिन्दगी में डाल सकते हैं। यह शर्मिन्दगी उसे लेखन से विमुख कर सकती है। वह यह जानता है कि अपने समाज के सम्पूर्ण कमीनेपन, छल, षड्यन्त्र और उत्पीड़न को अपनी संवेदनशील आत्मा पर बोझ की तरह लेकर घूमना असम्भव है। उसे किसी कथा या अन्य विधा में ढालना व व्यक्त करना ही उसकी इकलौती नियति हो सकती है। पर क्या वह जिस समाज में हर पल जीते हुए भी हर पल मरने के अनुभव से गुज़रता है, मनुष्य के बुरे से बुरे व्यवहार और नीचताओं को देखकर उसका हृदय लगातार विदग्ध होता है, वहाँ वह निरन्तर लिख सकता है! उसे अपने अस्तित्व व दिलोदिमाग़ पर लगातार बोझ उठाने जैसा अहसास नहीं होता है? वह स्वयं से पूछता है कि रोज़ ही मनुष्यता को कामचलाऊ ढर्रे पर धकेलने वाली या उसे बेइज़्ज़त करने वाली स्थितियों में वह ठीक से लेखन के लिए प्रतिबद्ध रह भी सकता है! पर सवाल यह भी है कि लेखन के लिए उसने जिस दुनिया से घृणा व प्यार करना सीखा है, वह उसके लिए प्रतिबद्ध न रहे तो उसके पास कहीं और जाने का रास्ता भी क्या है।

हिन्दी का कथा–जगत, ख़ासतौर पर कहानियाँ, उस भारतीय उपमहाद्वीप की कहानियाँ हैं जो पिछले बीस–तीस सालों में बुरी तरह से विदीर्ण हुआ है। स्वाधीनता संग्राम, विभाजन, मोहभंग, नेहरूवादी स्वप्न, समाजवाद, व्यक्तिवाद, मध्यवर्गीय रूमानियत, अस्तित्ववाद आदि प्रवृत्तियाँ व स्थितियाँ पीछे छूट गयी हैं। वे अब कहानी के न तो विषय को तय कर सकती हैं और न उसके मूल्यांकनों को। उनके स्थान पर भूमण्डलीकरण, अस्मिता विमर्श, विखण्डन, पोस्ट–ट्रुथ, उपभोक्तावाद, भागीदारी व रिप्रजेंटेशन के प्रश्न तेज़ी से कथा–साहित्य में प्रवेश कर चुके हैं। कहानी के सामाजिक–राजनीतिक सत्य की खोज ही कहानी की सफलता या विफलता की प्रतीक बन गयी है। अब व्यक्ति के जीवनचित्र को निर्मित करने के लिए सामाजिक सत्य का उपयोग नहीं किया जाता है, बल्कि सामाजिक चिन्ताओं को व्यक्त करने के लिए 'व्यक्ति' का कच्चे माल की तरह इस्तेमाल होता है। अक्सर यह कच्चा माल अलग से दिखता है और सुघड़, सुन्दर कहानी के रूप में वह रूपान्तरित नहीं होता है। इस कारण कहानी में सामाजिकता और न वैयक्तिकता, दोनों ही प्रभावी ढंग से सम्प्रेषित नहीं होते हैं। कहानी के पुराने रूप, जो स्वतन्त्रता के आसपास विकसित हुए थे, उनके कुछ अवशेष कहीं–कहीं किसी कथा में प्रयोग की तरह दिख जाते हैं, पर वे पाठकों की बदली हुई रुचियों के कारण प्रमुखता की परिधि से बाहर हैं। कहानियों में रिश्तों के रहस्य को सुलझाने के काम भी बन्द कर दिये गये हैं और रिश्तों की समस्या उठाना प्रमुख है। स्त्री व पुरुष के बीच परस्पर प्रेम–यौन की जो उत्सुकताएँ होती थीं, उन्हें कहानी बहुत महत्त्वपूर्ण नहीं मानती है। इसका कारण यह है कि तकनीक व भूमण्डलीकरण के प्रभाव ने औरत–आदमी को कविता–शायरी की नफ़ीस दुनिया से बाहर लाकर ठीक एक–दूसरे के सामने खड़ा कर दिया है, जहाँ भावनात्मक टकराव के प्रश्नों से दैहिक स्वतन्त्रता के प्रश्न बुरी तरह घुलमिल गये हैं। अब प्रेमिकाएँ चिट्ठी का इन्तज़ार नहीं करतीं जिनके पकड़े जाने का अक्सर भय था। जब स्त्री–पुरुष को निकटता मिली है तो वे बहुत सारे रिश्ते ख़ुद ही बना और बिगाड़ रहे हैं। कहानी उन्हें केवल प्रेम या कामुकता में संकुचित करने में स्वाभाविक तौर पर हिचकने लगी है। किसी के साथ रात गुज़ारकर आयी लड़की को दिन–भर दफ़्तर में आराम से काम करते दिखाना ज़्यादा सहज है, न कि उस लड़की या लड़के को एक–दूसरे को लेकर भावुकता में छटपटाते हुए दिखाना। यातना सहने वाली स्त्रियों

की करुण कथाएँ हैं तो उन स्त्रियों की भी जो करियर व नौकरी के लिए अपने साथ हुए अत्याचार व अपराध को भूलकर आगे बढ़ती हैं। वे अपने साथ बलात्कार की चेष्टा होने पर बहुत रोती हैं, पर अगले दिन फिर नौकरी करने निकल जाती हैं। या ऐसी स्त्रियाँ जो अपने गर्भ में बग़ैर अपने पति को बताये किसी और की सन्तान पाल रही हैं। प्रत्यक्षा की कहानी 'बासी फूल' की नायिका की तरह, जो पति के भाई के साथ दैहिक रिश्ता रखती है, उसी के कारण गर्भ से है। वह बिना झिझके मन–ही–मन सोचती रहती है कि कैसे वह 'दोहरा जीवन' इत्मीनान और आसानी से बिता रही है। उसके भीतर कौन रहता है जो मक्कारी को आसानी से जीता है! वह दोहरे जीवन को सामान्य ढंग से लेती है और उसे आसानी से वहन करती है।

यहाँ कहानी में विवेकसंगत दृष्टि का होना ज़रूरी है जो यथार्थ की घिसीपिटी समझ पर यथार्थवाद को विकसित करने के स्थान पर यथार्थ के बदलते रूपों के आधार पर हिन्दी कहानी में यथार्थवाद को नयी भाषा, चेतना व अर्थ प्रदान करे। पिछले कुछ वर्षों में स्त्रियों ने जीवन यथार्थ को ज़्यादा तेज़ी से आगे बढ़कर समझने की कोशिश की है। वे सेक्स, प्रेम–सम्बन्ध, मुक्ति, स्वतन्त्रता आदि के विषयों पर कमाल की समझदारी के साथ कहानियाँ रच रही हैं। वे चुस्त–प्रभावशाली कथानकों के भीतर विचार के लिए अधिक स्पेस भी निर्मित कर लेती हैं। इसके विपरीत अधिकांश पुरुषों की यथार्थ–दृष्टि में उलझन ज़्यादा है कि वे बदले वक़्त को व्यक्त करें या बदलावों के बारे में ढेरों तरह की दुविधा प्रकट करें। हिन्दी में अक्सर लेखक मामूली या क़स्बाई पृष्ठभूमि के होते हैं। उनका संकट यह होता है कि क़स्बाई पूर्वाग्रहों के सहारे महानगरीय यथार्थ को समझना चाहते हैं। इसलिए वे समझते कम हैं, उससे भागते या पलायन करते अधिक दिखते हैं। उनकी निगाह में आधुनिक या उच्चवर्ग की सिगरेट पीती लड़की भले रहस्यमय न हो लेकिन उन्हें लगता है कि कहानी में तो पाठक को तभी मज़ा आयेगा जब उस लड़की के चरित्र को थोड़ा मसालेदार ढंग से पेश करेंगे। वह किसी रहस्यपूर्ण वस्तु की तरह ऐसे चरित्रों को उठाता है और या तो उनका रहस्योद्घाटन करता है, या उनके बरअक्स किसी अन्य चरित्र का। ऐसी लड़कियों के सामने उनके पुरुष चरित्र का दब्बूपन या हीनता–बोध भी प्रकट होते हैं। कई बार तो वही पुराना फार्मूला जिसमें 24 साल की तेज़तर्रार लड़की तथा 42 साल का झेंपू व संकोची मर्द होता

है। उनकी कहानी कला पर उनका भौंचक्कापन, अचकचाहट या विस्मय हावी हो जाता है जो कथावस्तु के साथ–साथ शिल्प के अनगढ़पन में भी झलकने लगता है। वे यह नहीं समझ पाते हैं कि पुरुष के लिबिडो, कुण्ठा या संकोच के परे भी स्त्री का जीवन है। पिछली सदी में ही फ्रायड के असर से लोग मानने लगे थे कि सृजन वास्तव में कामोत्तेजना के उदात्तीकरण के सिवा कुछ नहीं है। हिन्दी के कुछ कथाकारों ने जैसे इस बात को सही ठहराने के लिए ही कथाएँ लिखी हैं। फ्रायड को इन सभी का ऋणी होना पड़ेगा, हालाँकि ख़ुद अमेरिका व यूरोप में बीसवीं सदी में ही नवफ्रायडवाद का प्रभाव बढ़ा है जिसमें इंस्टिंक्ट (मूल यौन वृत्ति) के स्थान पर संस्कृति के व्यापक पक्षों से मानव व्यवहार के संचालन व व्यक्तित्व के गठन पर बल दिया गया है।

समाज में प्रतिक्रियावादी व यथास्थितिवादी शक्तियों का भी पिछले कुछ वर्षों में नवोत्थान हुआ है और नागरिक समाज के लगभग हर अंग पर उनका नियन्त्रण बढ़ा है। बहुत साधारण अग्रगामी मूल्य, जिन्हें सम्मान प्राप्त हुआ था, वे तक ख़तरे में पड़ गये हैं। जैसे प्रेम, रोमांस और जीवनसाथी के चुनाव के मूल्य। समाज में प्रेम विवाह को रोकने के लिए 'अरेंज्ड मैरिज' को भी रोमांस, प्रेम या लव मैरिज की भावनाओं से जोड़ा जाने लगा है। कोई भी जड़, पुराने दिमाग़ का व्यक्ति कह देता है कि प्रेम विवाह की क्या ज़रूरत है, जब ऐसे भी परिवार में शादी करने पर प्रेम मिल जाता है। स्वतन्त्र निर्णय लेने को केवल बलपूर्वक नहीं बल्कि सूक्ष्म मनोवैज्ञानिक उपायों से रोका जाता है। इसी प्रकार, स्त्री ने ख़ुद को जिस समाज में निजी सम्पत्ति की तरह देखे जाने की परम्परा से विद्रोह किया था, उसी समाज में स्त्री को 'रीप्राइवेटाइज' करने का काम चल रहा है। वह फिर से निजी सामान, मौज–मस्ती के साधन या निजी सम्पत्ति की तरह देखी जाने लगी है। ऐसे ही समाज में कहानी ने यथार्थ का बौद्धिक चित्र पेश करने का अर्थ यही लिया है कि वह प्रतिरोध को अपना मूल्य बनायें अपने चरित्रों को ज़्यादा सजग, तेवर वाला, कठोर या स्वप्नदर्शी दिखाना जैसे उसकी लेखकीय रणनीति बन गयी जिसके सहारे वह लेखन को समाजोपयोगी बनाने का प्रयास करता है। परिवार के बाहर फैली प्रकृति भी अपने लुटने की व्यथा कहानियों में अधिक सुनाती दिखती है। मानवेतर चीज़ें भी प्रतिरोध करती दिखने लगती हैं। नये बन्धनों के ख़िलाफ़ नवीन प्रतिरोध उत्पन्न हो रहे हैं। कवि राजेश जोशी की कहानी 'चमगादड़' में, जिसमें जब पुराना पेड़ काटा जाने लगता है, प्रतिरोध

स्वरूप पेड़ पर घर बनाकर रहने वाले सारे चमगादड़ पेड़ को लेकर उड़ जाते हैं। लोग देखते हैं पेड़ ने कटने के स्थान पर खुद को चमगादड़ों के हवाले कर देना ज़्यादा अच्छा समझा है।

कहानी का सामना जीवन में सरलता के लगातार नष्ट होते जाने के यथार्थ से भी हो रहा है। बहुत सरल व भोले लोग भी देखते–देखते चुस्त व होशियार बन जाते हैं। यह प्रक्रिया आज से डेढ़–दो साल पहले यूरोप के समाजों में घटित हुई थी, जिसका वर्णन वहाँ की कथाओं में मौजूद है, और अब भारत जैसे एशियाई मुल्क उसी से गुज़र रहे हैं। आज लेखक एक दोहरी व्यथा में जीता है। वह प्रगतिशील होकर समाज के परिवर्तनों का स्वागत करना चाहता है, पर यह जानता है कि परिवर्तनों ने इन्सान से बहुत सारी मूल्यवान, सुन्दर और महान चीज़ों को छीन लिया है। वह कुछ चीज़ों को बिलकुल भी बदलते नहीं देखना चाहता है, यथास्थितिवादी होने का आरोप सहते हुए भी। पर जानता है कि चीज़ों के बदलने से भी जीवन के नये अर्थ तथा सौन्दर्य पैदा होते हैं। इस तरह ऐसी दुनिया, जहाँ उसकी पुरानी सुन्दर चीज़ें नष्ट हो रही हैं तथा नयी चीज़ों की क्षमताएँ भी विकसित हो रही हैं, वह भीतर से लगातार खुदी–नाखुदी में भटकता रहता है। उसका आशावाद लगातार ख़ुद को ही सन्देहों से घेरता है। अपने वैचारिक आशावाद पर शक किसी किताबी बौद्धिकता नहीं बल्कि समाज की स्थितियों के कारण पैदा होता है। इसका असर आज के समस्त साहित्य पर दिखता है। आज का सारा कथा–साहित्य आशावाद और उसके समानान्तर विकसित होते सन्देहवाद की उपज है।

कहानी अब पहले से कहीं अधिक भिन्न–भिन्न श्रेणियों में विभाजित की जा चुकी है। भारतीय समाज में जो लेखक पिछले कुछ सालों में जन्मा है, उसे श्रेणियों के भीतर रहकर अपने अनुभव को व्यक्त करने में मिशन, प्रमाणिकता तथा परिवर्तनकारी चेतना पैदा करने का अवसर प्राप्त होता दिखा है। वह कहानी लिखते समय यथार्थ की चिन्ता करता है, पर उसी यथार्थ के प्रति आग्रही है जो उसकी ख़ास श्रेणी का लेखक होने की पहचान को पुख्ता कर सके। शायद इसी कारण बहुत सारे विषय, जो कहानीकार को किसी श्रेणी में स्थापित करने में मदद नहीं करते, वे कहानी से बाहर चले गये हैं। हिन्दी में साधुओं, साधारण चोर–उचक्कों, वैज्ञानिकों, उद्योगपतियों, अमीर औरतों, विवाहेतर रिश्तों, पुलिसवालों, सज़ायाफ़्ता मुजरिमों की कहानियाँ इसीलिए नहीं लिखी जा पा रही हैं।

नब्बे के बाद उभरे नये वर्ग जैसे भू–माफ़िया, भ्रष्ट पत्रकार–सम्पादक, होटेलियर, निवेशक, काला धन एकत्र करने वाले, साम्प्रदायिक संगठनों के लोगों पर कुछ अच्छी कथाएँ अवश्य रची गयी हैं। पर चन्द अपवादों के अतिरिक्त जो लेखक बहुत बड़ी दृष्टि का होने का दावा करता है, वह कई बार यथार्थ से विषय के चुनाव के मामले में उतना ही संकीर्ण हो सकता है। जो लेखक न्यायपूर्ण समाज को बनाने के लिए कहानी का इस्तेमाल करने की महान इच्छा से प्रेरित है, उसी की कहानी में चित्रित समाज बहुत तंग दायरे का समाज लगता है। रचनाकार अपनी सीमाओं से ऊपर उठकर पूरे समाज के घटियापन तथा उसमें जीने लायक बची स्थितियों को व्यक्त करने से कतराता है। यह बात तो हम जानते ही हैं कि भारतीय कलाओं में ख़ास प्रकार की संकीर्ण दृष्टि भी आधुनिकता के साथ फैली है, जबकि आधुनिकता का काम संकीर्णता से लड़ना रहा है। दृष्टि का प्रयोग साहस की कमी के कारण नहीं किया जाता है या फिर अक्ल की कमी के कारण। दृष्टि का जब सवाल उठेगा, कहानी में या रोज़ाना के जीवन में, तो अमीर मीनाई का वह प्रसिद्ध शे'र भी याद आयेगा–

कौन सी जा है जहाँ जल्वा–ए–माशूक़ नहीं
शौक़–ए–दीदार अगर है तो नज़र पैदा कर

समकालीन कथाओं की प्रवृत्तियों की सूची बनाने या उसका आलोचकीय मूल्यांकन करने के लिए 'नब्बे के बाद की कहानी' जैसे पदबन्ध का धड़ल्ले से प्रयोग होता है। जिन्हें ख़ुद नहीं पता कि नब्बे के बाद का समय कैसी जटिलताएँ लेकर आया है, वे कहानी की व्याख्याओं में 'नब्बे के बाद–नब्बे के बाद' का कोलाहल पैदा कर रहे हैं। कुछ इस प्रकार जैसे इस पदबन्ध का प्रयोग करने भर से सिद्ध हो जायेगा कि उन्होंने कहानियों की इतिहासबद्ध स्थिति को व्यक्तिगत तौर पर आत्मसात कर लिया है। लेकिन समकालीन कहानियों को 'इक्कीसवीं सदी की कथा' कहना और भी बड़े आकार के तराजू पर रख उसका वजन तौलने जैसा है। इक्कीसवीं सदी अभी एक चौथाई भी नहीं बीती, पर उसे सामने रखकर कहानी के मूल्यांकन का दावा बड़ा फलक, व्यापक विचार–दृष्टि या गहरे कालबोध को लेकर चलने का दिखावा अधिक है। इक्कीसवीं सदी की प्रवृत्तियों की सूची तैयार कर उसे कहानी पर प्रयोग करने की हड़बड़ी कहानी के सम्भावनापूर्ण परिदृश्य को किन्हीं ख़ास प्रवृत्तियों में बाँधने का अभिमान है।

क्या बीसवीं सदी की आरम्भिक कहानियों को पढ़कर कोई कह सकता था कि कहानियों के क्षेत्र में पूरी सदी में क्या–क्या प्रयोग होने जा रहे हैं! किसी को क्या पता कि यह सदी कैसी होगी, अभी इसमें क्या–क्या घटित होना बाक़ी है! इसलिए 'नब्बे के बाद की कथा' जैसे पदबन्ध तो फिर भी कहानी के मूल्यांकन में सहायक हो सकते हैं पर 'इक्कीसवीं सदी में कथा' जैसी अहंकारी शब्द–संरचनाओं में कहानी को खींचकर लाना और फिर उसके बारे में निष्कर्ष तैयार करना अकारण कहानी को उस काल्पनिक कालखण्ड के हवाले करना है, जिसका अभी बहुत आरम्भिक रूप प्रकट हुआ है। हम अधिक–से–अधिक इक्कीसवीं सदी की चुनौतियों की चर्चा करते हुए वर्तमान काल की कथाओं का मूल्यांकन कर सकते हैं, पर कथा–लेखन के माध्यम से न तो इक्कीसवीं सदी की पहचान का दावा तर्कसंगत है और न इक्कीसवीं सदी को कसौटी की तरह प्रयोग कर कथालोचना का विकास कर सकते हैं। इससे अच्छा होगा कि कहानियों के विविधतापूर्ण परिदृश्य में किसी केन्द्रीय सरोकार को देख सकें। वह केन्द्रीय सरोकार सम्भवतः न्याय का अन्वेषण, जीवन की विमर्शमूलक आलोचना, सामूहिक जीवन का विघटन, नये क़िस्म के भ्रष्टाचारों के उदय का चित्रण तथा विवेकवाद के अन्त व उसकी पुनर्स्थापना का संघर्ष है जिसे लेकर कथाएँ लिखी जा रही हैं।

यह पुस्तक मुख्य रूप से समकालीन कथाओं तथा पुरानी पीढ़ी के कुछ कथाकारों व कथाओं के आलोचकीय पुनर्पाठ पर केन्द्रित है। उनके साथ विनम्र लेकिन लोकतान्त्रिक आलोचकीय संवाद इसका केन्द्रीय सरोकार है। ऐसा संवाद जिसमें कहीं–कहीं निर्ममता दिखेगी, पर उस निर्ममता के मूल में कहानी के प्रति सदिच्छा व स्नेह ही है। कुछ पूर्व पीढ़ी के कथाकारों पर लिखे लेख हैं, और वे आज की कथा व समाज के साथ एक सुसंगत सम्बन्ध स्थापित करते हैं। यह पुस्तक हिन्दी कथा–आलोचना की वर्तमान बहसों, प्रवृत्तियों और कहानियों के माध्यम से अछूते जीवनक्षेत्रों की समझ में यदि सहायक हुई तो लेखक की मेहनत व्यर्थ नहीं जायेगी। मुख्य बात कहानी के साहित्यिक–समाजशास्त्रीय पाठ और उससे सम्बन्धित युग प्रवृत्तियों का विश्लेषण करना है। आलोचना के नाम पर कहानी के समानान्तर सुन्दर, आकर्षक, सजीली शब्दावली में किसी भिन्न रचना को निर्मित करना न तो लेखक का उद्देश्य है और न वह इसे उचित समझता है, जैसाकि इन दिनों आलोचना के नाम पर देखने को मिलता है। अब तो रचना से पाठक का नया अर्थपूर्ण जुड़ाव पैदा करने के स्थान पर

आलोचना स्वयं ही रचना से ऊपर होने, उसके समानान्तर दिखने व अधिक सृजनात्मक होने के अहंकारपूर्ण दावे को प्रकट करने में अपनी सार्थकता ढूँढ़ती है। वह रचना के साथ साहचर्य नहीं बल्कि अपना दम्भपूर्ण अलगाव स्थापित करना चाहती है। कभी काव्यालोचना के क्षेत्र में पैदा हुई इस समस्या पर रामचन्द्र शुक्ल ने सामान्य रूप से टिप्पणी की थी–'किसी कवि की आलोचना कोई इसलिए पढ़ने बैठता है कि उस कवि के लक्ष्य को, उसके भाव को ठीक–ठीक हृदयंगम करने में सहारा मिले, इसलिए नहीं कि आलोचना की भावभगिंमा और सजीले पदविन्यास द्वारा अपना मनोरंजन कर सके।' पूर्णतः नहीं तो बुनियादी शिक्षा व प्रशिक्षण के तौर पर यह सलाह कथालोचकों पर भी लागू किये जाने योग्य है। आमतौर पर आलोचकों को लक्षणा, व्यंजना या प्रतीकार्थी भाषा में बात करने की वैसी स्वतन्त्रता नहीं होती है, जैसी स्वतन्त्रता कवियों या कथाकारों को होती है। इधर देखने में आया है कि आलोचक भी अब लक्षणा–व्यंजना की शब्द–शक्ति का सहारा लेते हैं जिससे आलोचना तर्क व विवेक का माध्यम बनने की भूमिका से विलग हो जाती है।

संसार में दिनोदिन कथा की शक्ति बढ़ रही है, हालाँकि वह बुरे कार्यों में इस्तेमाल ज़्यादा हो रही है। किसी तानाशाह की छवि गढ़ने या भ्रम फैलाने के लिए कथाओं का ही संचार माध्यमों में सर्वाधिक दुरुपयोग हो रहा है। जो 'फ़ेक न्यूज़' इस समय संसार का सर्वाधिक निन्दित शब्द है, उसमें भी ग़लत और भ्रामक कथाएँ गढ़ने की एक प्रवृत्ति छिपी हुई है। दूसरी ओर अकादमिक जगत में अब इतिहास, जेंडर स्टडीज़, जनसंचार, फ़िल्म–अध्ययन आदि बहुत सारे अनुशासन कथाओं की ओर आकृष्ट हो रहे हैं। कथाओं से सामाजिक परिवर्तन का काम लेने का प्रयास किया गया है। पर कहानी केवल यान्त्रिक क़िस्म की सामाजिक शक्ति नहीं है जिसका काम सामाजिक परिवर्तन करना है। वह मानवीय सृजन व श्रेष्ठतम विचारों की अभिव्यक्ति का कलात्मक माध्यम है जिससे बेहतर समाज की कल्पना को बल मिलता है। उस कल्पना से बेहतर समाज बने यह ज़रूरी नहीं है, पर कम–से–कम एक बुरे समाज के समानान्तर एक अच्छे समाज की कल्पनाएँ ख़त्म नहीं हो पाती हैं। अगर कहानी यह भूमिका निभा रही है तो भी वह समाज में अपनी उपयोगिता को सिद्ध कर रही है।

4 जनवरी, 2020

कहानी और समकालीनता

नये ज़माने का अकेलापन और कहानी

मैं घर के बारे में नहीं सोचता। मैं सोचता हूँ एक उम्र के बाद तुम घर वापस नहीं जा सकते। तुम उसी घर में वापस नहीं जा सकते, जैसे जब तुमने उसे छोड़ा था।

(निर्मल वर्मा, 'वे दिन' उपन्यास)

क्या कथाओं का मूल्यांकन और उनकी शक्ति का परीक्षण करने के लिए उनमें चित्रित अकेलापन भी कोई प्रतिमान हो सकता है! क्या अब अकेलेपन की सर्वव्यापी पीड़ा हमारा ध्यान इस प्रकार से खींच रही है कि हम उस पीड़ा को केन्द्र में रखकर हिन्दी कथा–संसार को नये सिरे से जाँचने–परखने, आलोचना की कसौटियों में कुछ नया जोड़ने का काम करें! चारो ओर पसरता अलगाव–अकेलापन अब संसार में भयावह स्थिति में पहुँच चुका है और 1990 के बाद के कथा–विषयों में इसकी नवीन अनुगूँज सुनी जा सकती है। बदलते भारत के व्यापक वितान के नीचे स्थायी, सच्चे और आत्मीय सम्बन्ध की खोज में भटकते मनुष्यों की भारी भीड़ जमा हो गयी है। समाजशास्त्र में मनुष्य के इस बढ़ते अकेलेपन को केवल संयुक्त परिवार के विघटन, एकाकी परिवारों की अस्थिरता या मनुष्य के अकेलेपन को गौरवान्वित करने वाली स्वतन्त्र व्यक्तिवादी विचार–सत्ता के रूप में देखा जाता रहा है। माना जाता है कि एक ओर भौतिक स्थितियों के कारण अब मनुष्य ने बहुत सारे सामाजिक–पारिवारिक सम्बन्धों को खो दिया है, दूसरी ओर भौतिक स्थितियों या वाजिब कारणों के बग़ैर भी मनुष्य में अकेला होने की चाहत और आकर्षण बढ़ा है। भौतिक स्थितियाँ भले ही मनुष्य को पश्चिमी ढंग से अकेलेपन की ओर न धकेल रही हों, तो भी समाज 'विचारधारा के स्वतन्त्र प्रभाव' से ऐसा होने लग जाता है। यानी अकेला न होने के बावजूद अकेलेपन के अनुभव

से दो–चार होना और उसके प्रति आकर्षण का अनुभव करना। पर अब यह नहीं कहा जा सकता कि अकेलापन केवल स्वतन्त्र विचार–सत्ता का प्रभाव या मध्यवर्ग व उच्च मध्यवर्ग की समस्या है। अकेलेपन की महाविराट समस्या को किसी क्रूर वर्गवादी सोच के सहारे ख़ारिज करने में पहले की तरह सफल होना आसान नहीं रह गया है। यह समस्या इतनी विकट है कि एक अमेरिकी शहर में कुछ ऐसे भी हैं जो लोगों के साथ सुबह–शाम टहलने के लिए भी सात डालर प्रति घण्टे की दर से पैसा लेने लगे हैं।

पूँजीवाद ने अकेलेपन को व्यवस्थित रूप से उत्पन्न किया है और वह अब मार्क्स–लेनिन के विश्लेषणों से आगे की सचाई बनकर हमारे सिर पर सवार है। 'living alone, consuming alone' की पूरी सोच ने लोगों के साथ सुख–दुःख को साझा करने या कहें कि साझा करने के आनन्द (joy of sharing) को पुरानी, पिछड़ी हुई सोच घोषित कर दिया है। बीसवीं सदी के पूर्वार्ध में पश्चिमी अकेलापन मूलतः समाज के परिवर्तित हो जाने का परिणाम था, और उस ज़माने में भारत में शिक्षित मध्यवर्ग से आये लेखकों का अकेलापन समाज के अपरिवर्तित रह जाने की पीड़ा से उपजा हुआ था। आज भी भारत में मनुष्य के सामाजिक जीवन के छिन्न–भिन्न हो जाने का कारण पश्चिम की तरह का व्यक्तिवाद या वैयक्तिक उपभोग का अतिरेक नहीं बल्कि कामकाज की जटिल होती स्थितियाँ, विस्थापन या पारिवारिक संकट हैं। यहाँ व्यक्तिवाद ने कम, काम में खटने, लगातार शोषण का शिकार होने और विफलता के डर ने व्यक्ति के अन्दर तनाव तथा अलगाव पैदा किया है। इसमें विस्थापन जनित अकेलापन है तो विस्थापन न होने के बावजूद आसपास तेज़ी से बदलते समाज के कारण जन्मा अकेलापन भी है।

1950–60 के दशक में लिखी गयी विभिन्न कथाओं में अकेलापन एक विशिष्ट मुद्रा था और विशिष्टता बोध की ग्रन्थि को अकेलेपन का ज़िम्मेदार मानकर उसके लिए विषयवस्तु व भावभंगिमाएँ जुटायी जाती थीं। अज्ञेय की कहानियाँ इसका प्रमाण हैं। वह रोमांटिक स्वाधीनता की खोज का परिणाम था, न कि जीवनस्थितियों के द्वन्द्व से उपजी विवशता। किसी का अकेले पड़ जाना किसी राह के अन्वेषण का परिणाम था, न कि परिस्थितिगत विवशता। इसमें नेहरू युगीन भारतीय आधुनिकता व नवजागरण से निकली चेतना की भूमिका थी जो अनुसन्धान, अन्वेषण व मौलिकता के प्रति रोमांस पैदा कर इन्सान को दूसरों से दूर ले जाती थी। अज्ञेय ने अपनी पुस्तक

'भवन्ती' में लिखा भी–'यह कैसे हो सकता है कि कोई अपना रास्ता चुने और उस पर अकेला भी न हो। राजमार्ग पर चलने वाले रास्ता नहीं चुनते, रास्ता उन्हें चुनता है।' नयी कहानी आन्दोलन के दौर में परिवार की टूटन, महानगर में रोज़गार संकट या मिसफिट हो जाने के कारण अकेलेपन की समस्याएँ उभरीं। उसकी आलोचना के स्वर भी वैसे ही तीव्र थे। कहा जाता था कि भारतीय परिवेश में जबरन अकेलेपन के फ़ैशन को स्थापित कर लेखक सहानुभूति लूटने की कोशिश कर रहे हैं। रामविलास जी को लगता था कि यह सब फ्रांस–इंग्लैंड से आया अस्तित्ववादियों का फ़ैशन है और वे कहानी–उपन्यास में वर्णित अकेलेपन, अलगाव, अजनबियत को विचार–योग्य विषयवस्तु के रूप में देखने के स्थान पर लेखक पर ही टूट पड़ते थे। अक्सर उनके आक्रमणों का अन्त इन विषयों को कविता–कहानी में उठाने वाले लेखकों को पूँजीवादी साज़िश का हिस्सा बताने के रूप में होता था। उन्होंने इसे रोमांटिक आन्दोलन के विकृत होने से जोड़ा। अपने प्रसिद्ध निबन्ध 'नयी कविता और अस्तित्ववाद' में उन्होंने लिखा–'रोमांटिक काव्य की व्यक्तिवादी प्रवृत्ति क्रमशः विकृत होती हुई अब अस्तित्ववाद के रूप में प्रकट हुई है। चरम व्यक्तिवाद को वह सामाजिक दर्शन का रूप देकर प्रस्तुत करती है। रोमांटिक कवि रूढ़ियाँ तोड़कर नये सौन्दर्यबोध और नवीन सामाजिक मूल्यों की ओर बढ़े थे। अस्तित्ववाद ने सौन्दर्यबोध की उपेक्षा और मानव मूल्यों की अस्वीकृति को ही एक रूढ़ि का रूप दे दिया।' इस प्रकार की बहस पढ़कर लगता है कि कविता की आलोचना करते समय अकेलेपन को केवल रोमांटिक, छायावादी या अस्तित्ववादी साहित्य प्रवृत्तियों के सापेक्ष रखकर देखने की चिन्ता रही है। यह मान लिया गया है कि कवि या लेखक का अकेलापन किसी साहित्य–सम्प्रदाय के बाहर जाकर समझा ही नहीं जा सकता है। लेखकों का एक वर्ग मोहभंग और व्यक्तित्व की विशिष्टता को प्रदर्शित करने के लिए अकेलेपन व दुनिया से घृणा करने के भावों की अभिव्यक्ति का सहारा लेता था, तो उनके आलोचक उनके मोहभंग व व्यक्तिवाद की सीमा प्रकट करने के लिए उनके अकेलेपन पर लिखे साहित्य को फ़ैशनेबल, भारतीय यथार्थ से कटा हुआ और जनवादी चेतना को नकारने वाला मानते थे।

पर इस बीच गंगा में बहुत पानी बह चुका है। अब जिस तरह से भारतीय जीवन–शैली बदली है, वहाँ अकेलेपन की समस्याएँ गम्भीर हो चुकी हैं और कहानियों में, ख़ासतौर पर स्त्री कहानीकारों में प्रयोगशील

कथा–शिल्प व कथानकों में वह तेज़ी से उभर रही हैं। जो रचनाकार भूमण्डलीकरण के दौर में कहानियाँ लिख रहे हैं, उन्होंने निजी क्षेत्र की नौकरियों में व्यक्ति की छिनती स्वाधीनता और हताशा से उपजे अकेलेपन को अपनी कहानियों का मुख्य विषय बनाया है। अकेलेपन से घिरे इन्सान की पीड़ा भी पूँजीवाद की सबसे बड़ी आलोचना है। मधु कांकरिया की कहानी है–'वे दस मिनट'। कहानी आरम्भ होती है ट्रेन में मिले एक दाढ़ी वाले युवक से, जो अपनी त्रासदीपूर्ण कथा सुनाता है जिसमें अकेलेपन व उपेक्षा से तंग आकर आत्महत्या कर चुकी उसकी पत्नी की कथा है। हमेशा सेल्स टारगेट की चिन्ता में डूबा रहने वाला नवविवाहित नौकरीपेशा इन्सान जिसकी पत्नी बड़े शहर के अकेलेपन के आगे टूट जाती है। आदमी के जीवन की डोर उसके बॉस और मुनाफ़े के गणित के हाथों में है। वह निरन्तर अवसाद को पालता है और उसकी पत्नी का अवसाद और भी गहरा है। वह कहता है–'बस ऐसे ही चलता रहा विवाह बाद का समय। सूखा...बंजर...अतृप्त। न मैं उसके मन के तारों को झंकृत कर पाया, न जागी उसकी देह।' यह कहानी बड़े शहरों में कामकाजी और अत्यधिक व्यस्त कर दिये गये पतियों की उन बदक़िस्मत पत्नियों की है जिनके हिस्से में दोहरा एकाकीपन आता है। एक ओर वे अपने पैतृक समाज–संस्कृति से कट जाती हैं तो दूसरी ओर उन्हें पति की ओर से ठीक से समय व प्रेम तक नहीं मिलता। औरत–आदमी के सम्बन्धों के बीच में मुनाफ़ा, धन्ध ा, बोनस और प्रमोशन आकर खड़े हो गये हैं। इस विडम्बना की अन्तिम परिणति हमेशा ही आत्महत्या जैसी न भी हो, जैसी कि इस कहानी में हुई, लेकिन चेतना के विखण्डन, टूट–फूट और विघटन के रूप में अवश्य होती है। हर तरफ़ अवसर का लाभ उठाने का शोर है, अवसर को अपनी मुट्ठी में बन्द कर लेने के बाज़ारू आह्वान हैं और उसमें इन्सान अकेला पड़ता जा रहा है। अवसर भी ऐसे कि मिल जाये तो जीवन और मुश्किल हो जाये कभी काफ़्का ने लिखा था–There are possibilities for me, certainly, but under what stone do they lie.

इसी के समानान्तर कुछ कथाएँ ऐसी भी रही हैं जिनमें लेखिकाओं ने स्त्रियों के अकेलेपन को भावुकता भरी दृष्टि से देखने के स्थान पर उनकी आज़ादी, मनमर्ज़ी करने और ऐन्द्रिक सुख के साधन जुटाने के अवसर के रूप में देखा है। उनके लिए यौनिक पराधीनता की तुलना में अकेलापन बेहतर चुनाव है। आकांक्षा पारे की कहानी 'तीन सहेलियाँ, तीन

प्रेमी' में पहले से विवाहित पुरुषों के साथ कुआँरी करियरिस्ट लड़कियों द्वारा हर रविवार वक़्त बिताने की कथा है और उनमें से एक लड़की जब इसे अपने अकेलेपन से उबरने के कारण किया गया समझौता मानती है तो दूसरी समझाती है–'हम लोग उम्र के उस दौर में हैं, जब हमारे पास थोड़ी प्रतिष्ठा है, थोड़ा पैसा है। बस नहीं है तो प्यार। हमने दुनिया देख ली है। हमें पता चल गया है कि हम सिर्फ़ भोग्या नहीं हैं। हम भी भोग सकती हैं।' महानगर में करियरिस्ट लड़कियों ने अपने अकेलेपन से मुक्ति के लिए वफ़ा, प्रतिबद्धता, परम्परा को कूड़े में फेंककर अपने लिए 'ओपन एंडेड' सम्बन्धों की दुनिया तैयार कर ली है। और स्त्री–पुरुष सम्बन्धों के क्षेत्र में आयी यह क्रान्ति दकियानूस लोगों की आँखों में भले खटके लेकिन वह उनके जीवन को अकेलेपन में रोने–बिसूरने से स्वतन्त्रता दिलाने का माध्यम है। कहानी के अन्त में एक लड़की शादीशुदा मर्दों से अपनी इन रविवारी मुलाक़ातों को लेकर चिन्तित दूसरी लड़कियों को समझाती है–'फिर कुछ नहीं मेरी शेरनियों, जाओ फतह हासिल करो। अगला रविवार तुम्हारा है।'

जिन स्त्रियों ने वफ़ा और सच्चे प्रेम की तलाश नहीं छोड़ी है, उन स्त्रियों के जीवन की नारकीय स्थितियों व मानसिक तनावों पर भी कहानियाँ उसी शिद्दत से लिखी जा रही हैं। अक्सर इन कथाओं में स्त्रियाँ भली, मासूम प्रतीत होती हैं, और पुरुष खलनायक। स्त्रियाँ अपना दैहिक–मानसिक शोषण कराने के बाद ख़ुद को तबाह कर लेने लायक समझने लगती हैं। उनके लिए सम्बन्ध शरीर या दैहिक सुख तक सीमित अनुभव नहीं हैं। उदाहरण के लिए, जयश्री राय की कहानी 'उदास, नीले दिन' को लिया जा सकता है। बढ़ते अकेलेपन तथा अवसाद पर लिखी कहानी जिसमें थेरपी, लाइफ़लाइन और नींद की गोलियाँ ही जीवन का हिस्सा बन चुकी हैं। अनुमेहा नामक स्त्री है जो शिशिर नामक मध्यवय के पुरुष के प्रेमजाल में फँसकर और अकेली पड़ जाती है। वह इस प्रेम–सम्बन्ध को अपने जीवन–मरण के प्रश्न से जोड़कर 'क्रॉनिक ड्रिपेशन' की मरीज़ हो जाती है और अपने आसपास फैली मटमैली, नीली दुनिया से बाहर निकल जाना चाहती है। लेकिन हर बार गीली लकड़ी की तरह धुआँती ज़िन्दगी में फँसती जाती है या फिर उसकी नसों में अन्धा कुआँ डबडबाने लगता है। कहानी में 'नैरेटर' आकर बताता है–'उसे रात में डर लगता है। अपना कमरा एक डेथ चैम्बर, जिसमें एकान्त की भीड़ होती है, सन्नाटे का शोर।

चाकू की फाल की तरह धारदार। सब उसे प्रेतात्माओं की तरह घेरकर नाचते हैं। कमरा बेडौल छायाओं से भर जाता है।' उसकी एक मुश्किल यह भी है कि वह केवल प्रेम की कमी में नहीं बल्कि प्रेम के अस्वाभाविक रूपों तथा प्रेम के छद्म में भी ख़ुद को बहुत कुछ खोते हुए महसूस करती है। सम्बन्धों के 'हनीमून पीरियड' के गुज़र जाने का ग़म उसका पीछा छोड़ने को तैयार नहीं हो रहा है। आसानी से कोई भी उसके नर्वस मैनेरिज़्म को देख सकता है। उसका विवाहित प्रेमी शिशिर जब अपनी पत्नी के साथ कहीं चला जाता था तो उसका अपना घर उसके लिए अचानक बहुत बड़ा हो जाता था, चारों तरफ़ भाँय–भाँय करता सन्नाटे का शोर उसका गला दबाने लग जाता। यह कथा उस वर्ग की कथा है जिसके लिए सुरक्षित पारम्परिक दायरे के बाहर स्थापित हर रिश्ता उसकी असुरक्षा को बढ़ा देता है। विवाह के बग़ैर बनाये सम्बन्धों में इसलिए ख़तरा है क्योंकि लोगों के मूल्य अभी पुराने हैं, जबकि वे नये रेडिकल क़िस्म के सम्बन्धों को जीने का प्रयास कर रहे हैं। सचाई यही है कि भारत में बुनियादी तौर पर सामाजिक मूल्य आगे नहीं बढ़ रहे हैं, लेकिन अफ़ेयर, विवाहेतर सम्बन्ध, यौन स्वाधीनता में आधुनिक प्रयोग की चाह बढ़ गयी है। इसका लाभ अन्ततः पारम्परिक रूप से सुदुढ़ स्थिति में रहता चला आ रहा वर्ग उठाता है, जबकि सर्वाधिक घाटा वह वर्ग (ख़ासतौर पर स्त्रियाँ), उठाता है जो पहले से वंचितों में रहा है। वह वर्ग अपने को नये ढंग से थोपने के लिए नये समाज के मुहावरों व फ़ैशनपरस्त जुमलों का प्रयोग करना सीख गया है। उसकी भाषा में चमकदार, प्रभावशाली आधुनिकता है, पर वह देह तथा श्रम के शोषण के मामले में मध्यकालीन मूल्यों को पोषित करता है। वह मूल्यों को आधुनिक बनाने की जगह जीवन–शैली में उपभोग पर ज़ोर देता है और मान लेता है कि वह उपभोग के दायरे के बाहर जाकर आधुनिक नहीं हो सकता है। यहाँ भाषा और व्यवहार में ढेरों बदलाव हो चुके हैं, लेकिन समानतावादी लोकतान्त्रिक मूल्य अविकसित हैं। देह तथा विचारों में दूसरों के साथ अन्याय करने की ऊर्जा भी बढ़ी है क्योंकि स्वामित्व और नियन्त्रण के भावनात्मक तथा आर्थिक संसाधनों पर उसका नये सिरे से क़ब्ज़ा हो चुका है। अब प्यार जताने की भाषा ऐसी है कि उसमें ब्रेकअप और धोखा अपने आप खिंचा चला आता है। आधुनिक ज़माने की भाषा में 'आई लव यू' कहते ही भाषा का दूसरा पक्ष 'आई हेट यू' स्वयं खिंचा चला आता है। इस कहानी में एक चरित्र मृणाल कहती

है–'इसे एनर्जी नहीं, क्रिमिनल एनर्जी कहते हैं। ही इज़ ए ब्लडी साइको।' जयश्री की इस कहानी में अन्ततः नायिका अनुमेह आत्महत्या कर लेती है। नींद की गोलियाँ खाकर मरने से पहले वह सोचती है–'उसकी उम्मीद के विपरीत, आज नींद की गोलियाँ काम कर गयी थीं।' ऐसी कहानियों का कारुणिक अन्त अटपटा–सा लगता है क्योंकि पाठक की दिलचस्पी किसी चरित्र की मानसिक उधेड़बुन को समझने में जितनी रहती है, उतनी उस चरित्र के अंजाम के बारे में जान लेने में नहीं। इसलिए अगर ऐसी कहानियों में अपने चरित्र की व्यथा को उजागर करने के लिए आत्महत्या के दृश्य को हटाया जा सके, तो भी कहानी वैसी ही प्रभावशाली बनी रह सकती है। हालाँकि इधर स्त्रियों व आदर्शवादी पुरुष नायकों की कहानियों में आत्महत्या करने वाले प्रसंग बढ़े हैं। गीतांजलिश्री की 'कसक' कहानी भी आत्महत्या पर समाप्त होती है। मधु कांकरिया की कहानी 'वे दस मिनट' में पति की उपेक्षा व अकेलेपन से त्रस्त स्त्री आत्महत्या करती है। उदय प्रकाश की कथाओं में आत्महत्या के प्रसंग हैं। 'और अन्त में प्रार्थना' में डॉक्टर वाकणकर की आत्महत्या का अस्पष्ट–सा संकेत है। ऐसी आत्महत्या की झलक, जो लम्बे समय से किये जा रहे हत्या के प्रयास जैसी है। इस पक्ष पर अलग से अध्ययन होना चाहिए कि कथाओं में आत्महत्या के प्रसंग, विवरण या दृश्य क्यों तेज़ी से बढ़ रहे हैं! समाज में जितनी तेज़ी से 'सुसाइड रेट' बढ़ा है, उतनी ही तेज़ी से कथाओं में भी बढ़ा है। यह कथानक को दुःखान्त नाटकीयता प्रदान करने का कथा–कौशल है, या सचमुच असहनीय जीवन से छुटकारा पाने के विकल्प का यथार्थवादी वर्णन। या फिर ख़ुद ही जीवन को समाप्त करने की 'नेचुरल इंस्टिंक्ट' के प्रति समाज में स्वीकृति का बढ़ता भाव।

कुछ कहानियाँ अपने परिपक्व कथा–शिल्प के कारण अलग से पहचानी जा सकती हैं, और ऐसी ही सारा राय की कहानी है–'कम बोलने वाले भाई'। तद्भव के अंक–36 में प्रकाशित यह कहानी भाषिक प्रभावों, वातावरण व सूक्ष्म वर्णनों के सहारे कथा को उजागर करती है और कथा कहने का यह गुण हिन्दी कहानी में अब दुर्लभ हो गया है। सारा राय की इस कहानी से उन कहानीकारों को भी सीखना चाहिए जो सम्पादकों की माँग पर बीस–बीस पन्ने की लम्बी उबाऊ कथाएँ लिखते हैं। उन्हें चेखव का वह मशहूर कथन याद रखना चाहिए–Brevity is the sister of talent. संक्षिप्तता ही प्रतिभा की सहोदर होती है। कहानी दो मुस्लिम भाइयों की

है जिनके नाम हैं कम बोलने वाले भाई और ज़्यादा बोलने वाले भाई। कम बोलने वाले भाई नौकरी से सेवानिवृत्त होकर अपने गाँव लौटते हैं तो हमेशा मृत्यु के आतंक में जीते हैं। मरने से पहले सारी ज़मीन–जायदाद की वसीयत बनाना चाहते हैं ताकि उनके बाद उनके थोड़े पागल भाई, बीमार बीवी और बहनों को मुसीबत न हो। मृत्यु का प्रमाण–पत्र बनवाने जाते हैं, पर निराश लौटते हैं। कथा के प्रसंग व वातावरण ऐसे हैं जैसे कि घर में हर कोई नितान्त अकेला और जीवन से विरक्त है। उद्भ्रान्त मनोदशा में जीना ही उनकी नियति है। क़स्बा, ख़ानदान में बूढ़े होते लोग, शिकारी कुत्ते, गाँव के पास के जंगल में चाँदमारी करने वाली फोर्स, तालाब–गिरगिट, धूप और मरीज़ सभी का वर्णन इस शैली में है कि लगता है कि किसी का किसी से संवाद नहीं है और हर चीज़ बस अपने में सिमटी है। उदासी का गाढ़ा–भूरा रंग कहानी के हर शब्द पर बिखरा है। मनुष्य का अलगाव–बोध उसके मन–मस्तिष्क से बाहर निकलकर हर चीज़ पर हावी हो रहा है। किसी को इलियट का 'ऑब्जेक्टिव कोरिलेटिव' का सिद्धान्त अगर याद आ जाये तो कोई ताज्जुब न होगा। यह कहानी मनुष्य के अकेलेपन की पीड़ा पर लिखी उन दसियों कहानी पर भारी है जिसमें चरित्र को अकेलेपन के दर्द के कारण बार–बार हाय–तौबा करते दिखाया जाता है, बार–बार उसे रोते–सिर पीटते दिखाया जाता है। पर वास्तविक रूप से वातावरण का इस कलात्मक ढंग से चित्रण नहीं किया जाता जिससे उसकी मनःस्थिति प्रकट हो जाये इस कहानी में भी अन्त में कम बोलने वाले भाई की मृत्यु है जो हत्या व आत्महत्या के बीच में घटित होती है। कह सकते हैं कि चरित्र की मृत्यु, हत्या व आत्महत्या की सम्भावनाएँ कहानियों में बढ़ी है। यह इस बात का प्रमाण है कि जीवन में हर तरफ़ विफलता–बोध तेज़ी से बढ़ रहा है और इसने मृत्यु व पराजय के चित्रण को स्वाभाविकता प्रदान की है।

आज की कथाएँ ऊपर से व्यक्तिवाद से प्रेरित भले लगें, पर वे व्यक्तिवाद के विघटन की कथाएँ हैं। पुराने सामन्ती समाजों में व्यक्तिवाद ने व्यक्ति में नयी जान फूँकी थी, वह स्वाधीन मनुष्य का प्रतीक बना। राजा, प्रजा, सामन्त, नाई, हाकिम आदि शब्दावली के बाहर 'व्यक्ति' को स्वीकृति मिली। पर धीरे–धीरे व्यक्तिवाद को प्रगतिशील मूल्यों, आधुनिक चेतना तथा भविष्योन्मुखता से मुक्त कर उसे केवल बाज़ार व उपभोग से जोड़ दिया गया और इस प्रकार व्यक्तिवाद की सारी प्रगतिशील सम्भावनाएँ

समाप्त कर दी गयीं। व्यक्ति को अब स्वार्थकेन्द्रित और आत्मकेन्द्रित देह बना दिया गया है जो अपनी त्वचा के बाहर नहीं निकल पाता है। ऐसे में व्यक्तिवाद स्वतन्त्रता या जोख़िम की भावना की तुलना में अकेलेपन, अलगाव या कुण्ठा के ज़्यादा निकट पहुँच गया। इन्सान पहले के ज़माने में इसलिए भी अकेला नहीं था क्योंकि वह मानता था कि किसी और का भले उसे संग–साथ न मिला हो, लेकिन उसकी आत्मा उसके भीतर है ही। इस प्रकार 'देह' व 'आत्मा' दो भिन्न चीज़ें होती थीं जिनमें बँधा व्यक्ति बाहर नहीं तो कम–से–कम अपने अन्दर किसी अन्य की उपस्थिति को महसूस करता रह सकता था। फ्रेंच दार्शनिक जीन बौद्रिआ ने इस बात को रेखांकित करते हुए अपने एक साक्षात्कार में कहा है–

'हमारे पास शरीर नामक चीज़ होती है, जिसे हम अपना कह सकते हैं। हम सेहत तथा सुख जुटाने के मामले में इससे बहुत ज़्यादा जुड़ गये हैं। पर हमें अब ख़ुद समझ नहीं आ रहा कि इसका अब क्या करें! जब इस बात पर यक़ीन करते थे कि हमारे अन्दर 'आत्मा' होती है तो हम शरीर व आत्मा के मानसिक संवाद को भी महसूस करते थे। अब शरीर किसी भी तरह की आत्मा का बाहरी विस्तार नहीं रह गया है। यह शरीर केवल रोज़मर्रा की संवेदनाओं तथा ज़रूरतों का पिण्ड भर है, किसी भी तरह की भीतरी तथा बाहरी चीज़ से मुक्त है। अब हमें ख़ुद नहीं समझ आता कि इस शरीर को हर समय कहाँ तक सन्तुष्ट करें। हमारा अपना शरीर हमारी ही निगाह में निहायत अकेला तथा निर्बन्ध अस्तित्व है।'

बौद्रिआ का यह कथन हर मूल्य–संस्कृति से कटी पूँजीवादी चेतना की ठेठ आलोचना है जिसने इन्सान को केवल देह में बदल दिया है, उसका बाक़ी हर चीज़ से रिश्ता काट दिया। देह का यह वस्तुकरण शुरु में इन्सान में रोमांच भले पैदा करता हो, पर अन्तिम परिणति में यह इन्सान को भयावह रूप से अकेला तथा हताश बना देता है। वह बाहर की दुनिया से कट जाता है, तो भीतर की स्पन्दनशील चेतना के स्थान पर खोखली ऐन्द्रिकता उसके पास बचती है। आत्ममुग्धता की संस्कृति में फँसकर वह 'आत्म' का ही विनाश करता चला जाता है। वह यह देख नहीं पाता है कि आत्ममुग्धता मनुष्य की निजी विशेषता नहीं होती बल्कि वह पूँजी के सर्वव्यापी तन्त्र से निकली सचाई है। निजी पूँजी से संचालित सामाजिक संस्कृति के पास इतने अधिकार और क्षमताएँ हमेशा होती हैं कि वह मनुष्य की मनोवैज्ञानिक दशा व स्थिति को निर्धारित कर सके।

वह ऐसा सामाजिक वातावरण तैयार कर दे जिसमें मनुष्य हर प्रकार के बेगानेपन, अलगाव, हीन–भावना तथा औसत जीवन–शैली से घिरा रहे, पर 'फीलगुड' तरीक़े से जीवन को बहुत वांछनीय स्थितियों से सम्पन्न, उत्तम, गर्व करने लायक माने। अपने जीवन सम्बन्धी चुनावों व विकल्पों को बुरी तरीक़े से सीमित, निरर्थक व एकायामी बनाये जाने के बाद भी अपने अस्तित्व को गौरवप्रद उपलब्धियों तथा ईर्ष्याजनक सम्पन्नताओं से घिरा हुआ महसूस कर सके। सम्भवतः इस सामाजिक वातावरण के संकटों को भाँपकर ही संवेदनशील लेखक़ों ने इस पूँजीवादी समाज में व्यक्ति और उसके एकान्तिक अनुभवों पर फिर से विचार करने पर ज़ोर दिया है। एक व्यक्ति का निपट अकेला अनुभव ज़्यादा महत्त्वपूर्ण समझा जाने लगा है। उदय प्रकाश ने 'विचारधारात्मक थोक उत्पादन' करने वाली रचनाओं का प्रतिकार करते हुए लिखा–'क्या आपको नहीं लगता कि ऐसे समय में अपने नितान्त एकान्तिक और निपट अकेले अनुभव को व्यक्त करना इस पूँजीवादी समूहवाद का प्रतिकार है। इसीलिए मुझे आज निर्मल वर्मा, शमशेर, अज्ञेय, मलयज जैसे लेखकों की रचनाएँ जिन्हें हम कल तक (आज भी), व्यक्तिवादी कहकर कोसते थे, इस समूहवादी उपभोक्तावादी संस्कृति का प्रतिकार करने वाली रचनाएँ लगती हैं।' (उदय प्रकाश, ईश्वर की आँख, पृ.–17)

कहानियों में वर्णित मनुष्य के अकेलेपन को केवल मनोवैज्ञानिक व्याधि या समानान्तर संसार बसाने की व्यक्तिगत त्रासदी के रूप में नहीं देखना चाहिए इसका विस्तार बहुत दूर तक है और यह नयी मशीनी सभ्यता व तकनीकी तन्त्र के उदय से जुड़ी समस्या है। अब लोग अपने दफ़्तरों के केबिन में बिना किसी से बात किये, हँसे–खिलाखिलाये, एक–दूसरे का हाल जाने काम करते हैं। मनुष्य के अकेलेपन के कारण केवल परिवार, समाज की पारम्परिक संस्थाओं के टूटने–बिखरने में नहीं छिपे हैं, बल्कि वे कारण श्रम के नये रूपों के विकास में छिपे हैं। श्रम के इस नये रूप में श्रम की अवधि अधिक हो जाती है। सामान्य रूप से व्यक्ति दस–बारह घण्टे तक श्रम करते समय मानसिक रूप से अकेला ही रहता है। धीरे–धीरे वह श्रम के दौरान घटित अकेलेपन को इस सीमा तक स्वीकार कर लेता है कि वह किसी भी प्रकार की सामूहिक जीवन–शैली को अपना विरोधी समझने लगता है। श्रम के दौरान पैदा हुए लम्बे अकेलेपन से वह जो पूँजी अर्जित करता है, उसे ख़र्च करने के लिए भी वह अकेलापन ही ढूँढ़ता

है ताकि उसकी जीवन–शैली व कार्यशैली में बहुत अधिक अन्तर्विरोध न प्रकट हो। वह अपनी जीवन–शैली, मित्र, सम्बन्धी, दिनचर्या सभी को अन्ततः अपने श्रम की परिस्थिति के अनुसार ढालता चला जाता है और धीरे–धीरे पूँजी उसके सम्पूर्ण जीवन को अपने नियन्त्रण में ले लेती है। मार्क्स ने माना था कि पूँजीवाद में सर्वहारा का कामकाज, फैक्टरी, अन्य श्रमिकों या स्वयं से 'एलियनेशन' हो जाता है। यह अलगाव इतना गहरा होता है कि जब श्रमिक काम करता है तब वह स्वयं को खो देता है। काम न करने की दशा में ही वह स्वयं का अस्तित्व महसूस कर पाता है। पर 21वीं सदी में केवल मज़दूर ही असेंबली लाइन में बैठकर अपने उत्पाद या परिवेश से अलगाव नहीं महसूस करता, बल्कि हर वर्ग के व्यक्ति का प्रकृति, संस्कृति, सामाजिक जीवन, ज्ञान–विज्ञान, कथा–कहानी, रहस्य–रोमांच कथाओं, पेड़–पक्षी, रिश्ते–नाते से अलगाव हो चुका है। यह किसी एक वर्ग की समस्या नहीं बल्कि पूरी मनुष्यता की समस्या बन चुकी है। जो समाज तोतों, सामान्य पशुओं, मूर्तियों और धरती–आकाश तक से संवाद कर सकता था, वह समाज गूँगेपन से गुज़र रहा है। विश्व में विभिन्न पृष्ठभूमियों से आये लेखकों ने, ख़ासतौर पर एफ्रो–अमेरिकन व लैटिन अमेरिकन रचनाकारों ने सांस्कृतिक–आर्थिक उपनिवेशवाद के कारण पैदा हुए पहचान के संकट और तदजनित एकान्त–निर्वासन के प्रश्नों को गम्भीरता से उठाया है। कोलम्बिया के महान लेखक गैब्रियल गार्ज़िया मार्खेज़ ने जब 1982 में अपना नोबल भाषण दिया था, तब उन्होंने कहा था–'हमारे सामने बड़ी चुनौती अभी भी यही है कि अपने जीवन को जीने योग्य व विश्वसनीय बनाने के लिए हमारे भीतर के पारम्परिक स्रोत सूखते जा रहे हैं। यही हमारा अभिशाप है और हमारे विराट एकान्त का सार है।' सैन्य तानाशाही, बाहरी ताक़तों की लूटपाट आदि ने पूरे लैटिन अमेरिका को सैकड़ों साल तक केवल गुलाम नहीं बनाया बल्कि उसके अन्दर 'विराट एकान्त' पैदा कर उसे अस्त–व्यस्त कर दिया। भाषण के अन्त में मार्खेज़ ने कहा–'हमें जीवन की असीमित सम्भावनाओं पर विश्वास करने वाला यूटोपिया चाहिए जहाँ किसी की मृत्यु कैसे हो, इस बारे में कोई फ़ैसला न ले सके। जहाँ प्रेम पूरी तरह निष्कपट हो और जहाँ सामान्य से सामान्य व्यक्ति के लिए खुद रहना पूरी तरह सम्भव हो। जहाँ सौ साल के एकान्त के बाहर निकलकर आयी पीढ़ी को अन्ततः इस धरती पर जीने का नया अवसर मिले।' अकेलेपन और एकान्त से

बाहर निकली पीढ़ी जीने का अवसर माँग रही है। पूरे भाषण में उन्होंने एकान्त, निर्वासन, अकेलेपन, अलगाव को सभ्यता के संकट के रूप में देखा है। इसे साम्राज्यवाद तथा तानाशाही की उत्पत्ति के रूप में प्रस्तुत कर संस्कृति व मनुष्य के संकट को व्यापक परिप्रेक्ष्य में देखा था। अन्य लेखकों जैसे टोनी मॉरिसन ने अपने उपन्यास 'सुला' में अश्वेत समाज की पहचान सम्बन्धी संकट को उनकी व्यापक उपेक्षा व निर्वासन के रूप में देखा था। ये अफ्रीकन चरित्र, जैसे कि सुला, सामाजिक संस्थाओं व पहचान के सवालों से जूझते हुए अक्सर अकेलेपन की समस्या का सामना करते हैं। उनके भाग्य में ख़ुद पर संघर्ष का रास्ता थोपने के अलावा कोई चारा नहीं है। सुला कहती है–'But my lonely is mine. Your lonely is somebody's else' मेरा अकेलापन भी मेरा अपना चुना हुआ ही है। तुम्हारा अकेलापन तो किसी और का दिया हुआ है। रूढ़िवादी–नस्लवादी समाज में अकेलेपन को भी विद्रोह का प्रतीक बनाने की मजबूरी है। और भी कई लेखकों ने जैसे चिली के लेखक पाब्लो नेरुदा ने रेगिस्तान, खान और कृषि में काम करते हुए मज़दूरों–गुलामों की असहायता को उनके अकेलेपन के रूप में भी देखा था। अपनी आत्मकथा में वह चिली के पम्पा प्रान्त में अपने निवास के दौरान के अनुभव पर लिखते हैं–'खदान मज़दूरों के चेहरे पर रेगिस्तान ने अपना नक़्शा बना लिया है। उनके चेहरे धूप में झुलस गये हैं। उनका अकेलापन उनकी आँखों के गहरे अन्धकार में झलकता है।' यानी दुनिया के महानतम लेखकों ने गुलामी, दमन और शोषण के भीतर से उत्पन्न होने वाले निर्वासन व अकेलेपन को देखकर इस गम्भीर समस्या को व्यापक परिप्रेक्ष्य प्रदान किया है। पर दुर्भाग्य से हिन्दी लेखन में अकेलेपन को सभ्यता के संकट की तरह समझने व उसका चित्रण करने में सामान्य रूप से लेखकों की ख़ास रुचि नहीं रही है।

मिथक, स्वाधीनता, जंगल–पहाड़, समुदाय–सम्बन्ध को खोकर कैसे एक पूरी सभ्यता–संस्कृति को अकेलापन घेर लेता है या फिर वह अकेलेपन के अनन्त पिंजड़ों को जन्म देने लगते हैं, यह विषय अभी हिन्दी कथाओं में ठीक से उठाया जाना बाक़ी है। लेखकों के लिए आसान होता है कि वे सेक्स, यौन–कुण्ठा, उच्छृंखलता व निजी उपेक्षाओं के आसपास ही भटकते रहें और अकेलेपन पर भावपूर्ण कथाएँ रचकर छुट्टी पा लें। इस बात पर ध्यान ही न दें कि इन्सानी मन केवल इन्सानी भावनाओं की क़ैद में नहीं रहता है बल्कि वह बहुत सारी राजनीतिक–आर्थिक प्रक्रियाओं से

प्रभाव ग्रहण करता है और उसके अनुसार शक्ति या निर्बलता का अनुभव करता है। निर्वासन की जिस समस्या से कोई सभ्यता–संस्कृति गुजरती है, वह इन्सान को अकेला बनाती है और अकेलेपन के इस जटिल अनुभव को सभ्यता–संस्कृति के प्रश्नों से अलग कर समझना ख़ुद समस्या को संकीर्ण ढंग से समझने के विकल्प का चयन करना है। आधुनिक समय में सभ्यता–संस्कृति में आते बदलावों के कारण मनुष्य दूसरों से आत्मीयता नहीं रखता, बल्कि उनके प्रति उत्सुकता अधिक रखता है। सम्बन्धों की अस्थिरता या उनकी क्षणभंगुरता का एक कारण यह भी है कि व्यक्ति में दूसरों के प्रति आत्मीयता से अधिक उत्सुकता केन्द्र में रहती है। व्यक्ति की किसी अन्य व्यक्ति के बारे में उत्सुकता को शान्त होने के लिए जितना वक़्त चाहिए, केवल उतने ही वक़्त के दौरान व्यक्ति के दूसरे व्यक्ति से सम्बन्ध बनते, गहरे होते या विकसित होते नज़र आते हैं। वे सम्बन्ध आत्मीयता की ज़मीन के तैयार होने से पहले ही, उत्सुकता शान्त हो जाने के कारण, भरभराकर गिर जाते हैं। इस प्रकार हर सम्बन्ध उत्सुकता से आरम्भ होकर उदासीनता के ठण्डेपन में खो जाता है।

हिन्दी की कुछेक कहानियों ने व्यापक प्रसंग–परिप्रेक्ष्य में इस नये समय की समस्या को उठाने की चेष्टा की है। कथाकार अखिलेश की कहानी 'जलडमरूमध्य' को इस प्रसंग में देखा–समझा जा सकता है। शहर चली गयी सन्तान के बाद पीछे बचे वृद्ध दम्पति का अकेलापन। उनका अकेलापन अब पूरी ग्रामीण संस्कृति–समुदाय के गुम हो जाने का परिणाम है, न कि केवल उनके मन के भीतर से निकली मनोवैज्ञानिक समस्या। यह अब व्यावसायिक नज़रिये से खेत, मकान, ज़मीन, रिश्तों की क़ीमत तय करने से जुड़ गया है। यह बात कहने वालों की कमी नहीं है कि भारतीय परिप्रेक्ष्य में अकेलेपन का संकट केवल निर्वासन से जुड़ा है। पर निर्वासन का सम्बन्ध केवल भौगोलिक स्थान–परिवर्तन से न होकर संस्कृति के बदल जाने से भी जुड़ा है। बहुत अधिक ज़मीन से जुड़े, अत्यधिक स्थिर, बरसों से एक स्थान पर बसे लोग भी अब इसलिए मूलहीन–जड़हीन–शाखाहीन क़िस्म के अनुभव से गुज़र रहे हैं क्योंकि बाहर से आने वाले बदलावों की तपिश ने जीवनरस के पुराने स्रोतों को सुखाना आरम्भ कर दिया है। किसी आदिवासी या किसान को ज़्यादा ठीक से पता है कि उसे कैसे अपने ही परिवेश से बेगाना बना दिया जाता है। वह अपने बाप–दादों के परिचित परिवेश के भीतर होकर भी

बेगाना हो जाता है। उनके जीवन का उखड़ापन इसलिए ज़्यादा गम्भीर है क्योंकि उन्हें लगातार इस अहसास से गुज़रना पड़ रहा है कि उनकी ज़मीन, संस्कृति, जीवन–शैली का अपहरण हो रहा है। वे भागकर कहीं जा न सके और अब कहीं ठीक से बस नहीं पा रहे हैं। वे जिन संरचनाओं से पारम्परिक रूप से जुड़े थे, वे संरचनाएँ किसी पुराने मकान की तरह जर्जर होने के कारण अब उन्हें सहारा देने में असमर्थ साबित होने लगी हैं। विडम्बना केवल अब विस्थापन नहीं है। विस्थापन के बग़ैर विस्थापन का अनुभव तीसरी दुनिया के देशों की नयी भयावह समस्या बन चुकी है। सम्बन्ध विच्छेदों या सम्बन्धों की यान्त्रिकता का तीखा तथा बेचैन कर देने वाला यथार्थ उन सामाजिक समूहों के बीच भी पहुँच चुका है जो ढेर सारे सामाजिक सम्बन्धों के बीच हैं और उन्हें बिखरता हुआ देख रहे हैं। जो व्यापक नातेदारी व्यवस्था के बीच जीवनयापन के कारण पहचाने जाते रहे हैं। अकेलेपन की समस्या को गाँव–बनाम शहर के ध्रुवीकरण में रखकर समझने का प्रयत्न पहले की तरह उपयोगी नहीं रह गया है और इसकी व्यापकता को देश–समाज के लगभग हर कोने में महसूस किया जा सकता है। 'जलडमरूमध्य' कहानी में छोटे–से चिरैयाकोट शहर के सहाय जी की कहानी है जिनके पास इज़्ज़त है और जिन्हें अपने पुराने स्थापत्य वाले घर के आले–मेहराबें, तुलसी का बिरवा और बड़ा आँगन बहुत प्रिय हैं। पर उनकी मुश्किलें वहाँ से आरम्भ होती हैं जब वे अनमने–बेचैन होकर गाँव लौटने का निर्णय करते हैं ताकि अपने पूर्वजों की मिट्टी में चैन से मर सकें। उन्हें अचानक से अपने शहर में हर तरफ़ उग आयी दुकानों से बेचैनी होने लगती है। उन्हें महसूस होता है कि वह चिरैयाकोट की ढेर सारी दुकानों की भूल–भुलैया में भटक गये हैं या कौशल्या (उनकी पत्नी) भटक गयी है और वह उनको खोज रहे हैं। खोजते–खोजते वह स्वयं भी भटक गये हैं। वह भय से कई बार चिल्ला पड़े थे। उन्हें बार–बार अपना गाँव का छब्बीस कमरों वाला मकान याद आने लगता है जहाँ उनके पिता, चाचा–चाची सब एक दिन मरे थे। कहानी का नाम जलडमरूमध्य पूरी कथा को सार्थक करता है। जलडमरूमध्य यानी ऐसी जलसन्धि जो दो समुद्रों के बीच यातायात का साधन होती है और कथानायक सहाय जी भी ऐसे ही शहर में बसे अपने बेटे और पुरखों के बीच कहीं भटक रहे हैं और अपने पुश्तैनी घर से लेकर गाँव के घर के बीच कहीं रास्ता बनाने का प्रयास कर रहे हैं। इसी भटकन में गाँव वाले खँडहर हो चुके घर की

ओर लौटते हैं जहाँ एक बहुत ही वृद्ध चाची के अलावा कोई नहीं बचा है। एक कमरे को छोड़कर सारे कमरों में ताले लटके थे और अधिकांश तालों की चाबियाँ भी खो चुकी थीं। कहानी में पूरी एक पीढ़ी का संकट जिसके लिए नये ज़माने के शहर रहने लायक नहीं हैं, न नवधनिकों का वर्ग उन्हें अपने साथ रखना चाहता है। साथ ही पुश्तैनी घर–संसार में प्रवेश करता सूनापन उन्हें दिन–रात बेचैन रखता हैं। उनके चेहरे पर हर चीज़ के प्रति बढ़ता अपरिचय इस बात का संकेत है कि वह संसार भर में फैली चीज़ों के कालानुक्रम, उनके कार्य–कारण सम्बन्ध और परस्पर सम्बद्धताओं को पहचानने की क्षमता खोकर केवल परिवेश में निर्वासित पिंड भर रह गये हैं।

कथाकारों को अकेलापन जैसा विषय उठाते समय यह अतिरिक्त सावधानी रखनी होती है कि कहीं वे अपने केन्द्रीय चरित्र की पीड़ा को व्यक्त करने की अनियन्त्रित झोंक में जीवन–समाज की झूठी आलोचना न प्रस्तुत करने लग जायेजैसाकि अक्सर कहानियों–उपन्यासों में होता है। चरित्र व कथापात्र तो सच्चे प्रतीत होने लगते हैं पर उन्हें केन्द्र में रखकर जिस संसार की निन्दा–आलोचना की जाती है, वह निन्दा–आलोचना पूरी तरह से तर्कसंगत व न्यायसंगत नहीं प्रतीत होती है। यह कथागत विसंगित कथा को केवल कमज़ोर नहीं बनाता बल्कि अविश्वसनीय बनाता है। लेकिन इन बहुप्रचलित कमियों के विपरीत कहानी 'जलडमरूमध्य' नयी संस्कृति–पुरानी संस्कृति के टकराव को नाटकीय ढंग से व्यंजित करने के स्थान पर पुरानी, पारम्परिक, पुश्तैनी संस्कृति के खोखलेपन तथा उसमें पैदा होते उजाड़पन को व्यक्त करती है जिसने मनुष्य के मन में गहरा सूनापन उत्पन्न कर दिया है। हर बार सहाय जी किसी–न–किसी अनपेक्षित स्थिति के आगे सुन्न, निश्चल खड़े रह जाते हैं। उनका दिमाग़ पत्थर या काठ का हो जाता है। उनकी यह मनःस्थिति उस सामाजिक अलगाव की देन है जिसमें यथार्थ को बदलने की शक्ति उस मनुष्य के पास नहीं रह गयी है जिसे उस यथार्थ के भीतर रहना है।

मानव का बाहर के रोज़मर्रा के व्यवस्थित, अपनी लय में चलते संसार से छिटककर अलग पड़ जाने का संकट इस बीच कई कहानियों में बहुआयामी विषयों के भीतर से उभरा है। ऐसी कथाएँ भी रची गयी हैं जिनमें अपनी कला–कौशल की माँग ख़त्म हो जाने के कारण बहुत सारे गुणी कलाकार अचानक से इस बाज़ार में फालतू और बेरोज़गार

हो गये हैं। जीविका के साथ–साथ उनके जीवन से सम्मान तथा सुरक्षा जैसी चीज़ें भी छीन ली गयी हैं। मनोज रूपड़ा की ऐसी ही एक कहानी है 'साज–नासाज' जिसमें एक सेक्सोफ़ोन बजाने वाले गायक के जीवन की उथल–पुथल और बेचैनी का कलात्मक वर्णन है। उसके कुछ साथी नये ज़माने के चीनी, जापानी व दूसरे विदेशी वाद्यों के आने के कारण अपना रोज़गार गँवाने के बाद आत्महत्या कर चुके हैं और वह भी बेकार, अकेला अक्सर समुद्र तटों पर भटका करता है। अपनी कुण्ठा के कारण वह इलेक्ट्रानिक वाद्यों की दुकान देखकर उस दुकान के शीशे पर पत्थर फेंकने लगता है। वह सेक्सोफ़ोन बजाने वाला वह साजिन्दा है जिसकी नौकरी इलेक्ट्रॉनिक वाद्यों, साउंड रिकॉर्डिंग व आडियो कैसेट आने के बाद समाप्त कर दी गयी और वे केवल अपने वाद्यों के साथ सड़कों पर आवारा घूमने लगा। वह संगीत कम्पनियों को गाली देता हुआ कहता है–'अब इन हरामज़ादों को आख़िर कौन समझाने जायेजिस आदमी ने ज़िन्दगी भर वाइलिन बजायी हो, क्या वह टमटम चला सकता है? क्या तबला बजाने वाले के हाथ मसाज का काम कर सकते हैं? पियानो पर थिरकने वाली उँगलियों से अगर कसाई की दुकान में मुर्गियों की आँतें छटवायीं जाये तो कैसा लगेगा!' इस प्रकार छँटनी, निष्कासन या फिर अनुपयोगी घोषित कर दिये गये वर्ग ने विश्व–भर के शहरों–समाजों में अकेले लोगों की भीड़ में वृद्धि की है। इनकी कलाएँ तथा हुनर इस विश्वपूँजी बाज़ार के मैनेजरों की निगाह में अप्रासंगिक हो चुके हैं और इस कारण इनका पारिवारिक व सामाजिक जीवन भी नष्ट कर दिया गया है।

आज की कहानी अकेलेपन के यथार्थ को केवल सेक्स, सम्बन्ध, भूख–प्यास या मानसिक बीमारी के रूप में देखने के स्थान पर इन व्यापक परिवर्तनों के सन्दर्भ में देख रही है। वह अलगाव, वस्तुकरण या संस्थानों की गुलामी के भीतर से पैदा होने वाले अकेलेपन को समझना चाह रही है। पुराने कृषि या क़स्बाई समाजों के विपरीत नयी स्थितियों का उदय भूमण्डलीकरण व निजीकरण के बाद ज़्यादा तेज़ी से हुआ है और इसलिए अकेलापन केवल निजता की खोज का नतीजा नहीं बल्कि निजता के निरर्थक हो जाने के अनुभव से जुड़ा है। ऐसी निजताओं का थोक उत्पादन हो रहा है जिसमें व्यक्ति किसी तंग बाड़े या दमघोंटू क़ैद में होने का अहसास करता है। ऐसी निजता या एकान्त किसी के काम का नहीं रहा जो इन्सान को दस–बारह घण्टे की गुलामी या फिर हाशिये

पर डाल दिये जाने के कारण मिलता है और वह निजता उपलब्धि के बजाय किसी को अघोषित सज़ा देने की तरह है।

इस प्रकार भारतीय परिवेश में अकेलेपन की समस्या व उसके कारण बहुमुखी हैं और उनका उतना ही बहुआयामी विश्लेषण भी करना होगा। एक ओर यह सम्बन्धों में तनाव व सम्बन्धों के अभाव से पैदा हो रहा है। दूसरी ओर यह तेज़ी से पुराने समुदायों व संस्कृति के लुप्त हो जाने से। तीसरा पक्ष रोज़गार–शिक्षा आदि के कारण पैदा हुए विस्थापन से जुड़ा है। इसका एक पक्ष उपनिवेशवाद से भी सम्बन्धित है जिसमें औपनिवेशिकता के शिकार देशों में निर्वासन व लूट की व्यवस्था ने इन्सान को गुप्त अथवा घोषित तरीक़ों से हाशिये पर पहुँचाकर पहचान के संकट का शिकार बनाया है। आदिवासी समाजों में से इसी दौर में बहुत सारी कविताएँ–कथाएँ निकलकर आ रही हैं जिसमें मनुष्य के विदग्ध अकेलेपन का चित्रण है। यह नये ज़माने के मनुष्य की एकदम भिन्न प्रकार की चुनौती है जिसमें अब उसका ठीक से कोई घर नहीं बचा है। वह अब महँगे घर ख़रीदकर और क़र्ज़ में फँसकर भी 'होमलेस' है। वह स्मृति में किसी घर की कल्पना लेकर घूमता है, पर उस घर में कभी वापस नहीं जा सकता न वह घर अब उसे बुलाने का सामर्थ्य रखता है। यह केवल घर छोड़ने से पैदा अकेलापन नहीं है। यह घर होने के बावजूद काटता, झिंझोड़ता, दिन–रात ख़ून चूसता हुआ अकेलापन है।

'होमवर्क' करने जैसा न हो कहानी पढ़ना

कहानी पढना और उस पर विचार करना जितना आसान काम है, उतना ही मुश्किल काम है कहानी के बारे में अपनी अपेक्षाएँ प्रकट करना। यह वैसा ही है जैसे हम फूल की सुगन्ध तो ले सकते हैं पर फूल में सुगन्ध क्यों हो, कैसी हो, कैसी न हो आदि के बारे में कोई निबन्धनुमा टिप्पणी लिखना। किसी आम पाठक की दृष्टि से देखें, तो कहानियों का दिलचस्प होना उनका सबसे बड़ा गुण है और दिलचस्प होने का अर्थ यह नहीं कि उनका मनोरंजन की सस्ती रुचियों की तरफ़ झुकाव हो। दिलचस्प होने के बाद ही विचार, यथार्थ या सामाजिक सरोकार आदि चीज़ें आती है। ख़ुद को पढ़वा ले जाना उसकी सबसे बड़ी शक्ति हो सकती है। कई बार कुछ कहानीकार कला–चेतना को ही कथा के लिए सबसे ज़रूरी मानते हैं। वे अपनी कहानी को चित्रकला, मूर्तिकला या संगीत बनने का लोभ पाल लेते हैं और कहानी जैसी विधा की बुनियादी बनावट से दूर जाने लगते हैं। कहानी को संगीत–चित्रकला का दयनीय डुप्लीकेट बनने के स्थान पर ठेठ तरीक़े से कहानी होना चाहिए तथा भले ही कुछ अन्य कलाओं के लक्षणों का वह अपनी शर्तों पर उपयोग कर ले जाये पर उनमें समाज के साथ सच्ची सहानुभूति मौजूद रहनी चाहिए तथा हमारे दिलों में सो रही मोहब्बत, प्यार, त्याग और समझदारी की भावनाओं को जगाने की शक्ति होनी चाहिए कहानियों में मनुष्य के उल्लास, रुदन और संकट व्यक्त होते हैं जो वास्तव में इन्सान की धूसर–पीली ज़िन्दगी को सहने लायक बना देते हैं। इन्सान की ज़िन्दगी में न जाने कितनी पराजय और संघर्ष हैं, जिन्हें व्यक्त करने के लिए कहानी से अच्छी कोई विधा नहीं हो सकती। पर यह सब करते हुए वे किसी नीरस उपदेश में नहीं घटित होनी चाहिए। कारण यह है कि चारो ओर सिद्धान्तकार, सत्य का उपदेश देने वाले महात्मा और चिन्तक व ज्ञानीजन काफ़ी बड़ी मात्रा में रहते हैं

जो हमेशा इन्सान को सही मार्ग पर लाने का दावा करते रहते हैं। पता नहीं क्यों सभी ज्ञानीजनों को लगता है कि इन्सान में बड़ी खामियाँ हैं और उन्हें नहीं ठीक किया गया तो दुनिया चलेगी ही नहीं। इसलिए वे दिन–रात मनुष्य को सुधारने के लिए बेचैन रहते हैं। वे ख़ुद को 'सामाजिक नियन्त्रण' की किसी एजेंसी में बदले बिना जीवन को व्यर्थ मानते हैं।

यानी, दुनिया की आधी मुसीबतों की जड़ तो यह विश्वास है कि हमारा काम दूसरों को सही रास्ते पर लाना है। कोई किसी के इश्क़ में पड़ जाये तो लोग बताने आते हैं कि इश्क़ कितनी बुरी चीज़ है और इससे कैसे बचें। कोई किसी की मदद करे तो भी बताने वाले आकर बताने लगते हैं कि किसी की मदद करने का ज़माना नहीं रहा अब। कोई लगातार अपठनीय होते अख़बारों की जगह कविता–कहानी पढ़ने लगे तो उसमें भी बुराई के लक्षण ढूँढ़ लिए जाते हैं। यानी, हर तरफ़ स्वनामधन्य उद्धारकर्ताओं की फ़ौज घूम रही है। दुनिया को ज़रूरत से ज़्यादा उद्धारक मिल चुके हैं जो दुनिया के लिए नयी तरह की परेशानी है। लेकिन कहानीकारी का काम इन सभी से जुदा है। वह इन्सान को सही मार्ग पर लाने का दावा नहीं करता बल्कि वह इन्सान को तसल्ली, आराम और सहजता के साथ जीवन जीना भी सिखाता है जो अब बड़ी मुश्किल से नसीब होता है। इस सभ्यता ने इन्सान के आराम को सबसे ज़्यादा नुकसान पहुँचाया है और आगे भी नुकसान पहुँचाने के लिए तैयार बैठी है। लोग गधे का सबसे ज़्यादा मज़ाक़ उड़ाते थे, पर शायद उस गधे की आह लगी कि अब अधिकांश लोग गधे की तरह खटने के लिए मजबूर हो गये हैं। पुराने धर्माचार्यों व पण्डितों ने भी इन्सान के आराम में खलल डाला जो लगातार यही प्रवचन देते थे कि ईश्वर या गॉड को प्राप्त किये बग़ैर मिलने वाला सुख–चैन किसी काम का नहीं है। इस तरह सुखी लोगों के घर में धर्म ने भी काफ़ी आग लगाई है। ज़्यादातर पुराने क़िस्से मनुष्य के आराम व फुर्सत के पलों से जुड़े हैं। मुल्ला नसीरुद्दीन के क़िस्से काफ़ी मशहूर हैं। उन्हीं में से एक क़िस्सा है कि एक दरवेश एक सूनी जगह पर ध्यान लगाये बैठा था। अचानक उसे लगा कि कोई और भी आसपास मौजूद है। उसके पास दिव्य दृष्टि थी। उसने उसी दृष्टि के सहारे देखा कि एक शैतान पास में ही एक पेड़ के नीचे आराम से लेटा है। दरवेश को आश्चर्य हुआ। उसने शैतान से पूछा, 'दुनिया में लड़ाई–झगड़े, पाप और खुराफात फैलाने के बजाय तुम यहाँ आराम से क्यों बैठे हो! शैतान

ने ठण्डी साँस भरकर कहा, इन्सान तरक्की कर रहा है, नयी–नयी बातें सीख रहा है। सत्य की बात करने वाले चिन्तक–उपदेशक चारों ओर घूम रहे हैं। अब मुझे कुछ करने की क्या ज़रूरत है।' वो शैतान काफ़ी चालाक था और उसने बग़ैर ज़्यादा बहस किये दरवेश को इशारे में ही समझा दिया कि इन्सान जिस तरह की तरक्की और सच्चाई के लिए पागल हो रहा है, वह अपने आप शैतान के हिस्से का काम कर देगी। इसलिए अब उसे आराम से सो जाना चाहिए। कहानियाँ भी उसी शैतान की तरह होती हैं जो हमें बताती हैं कि इन्सान को ज़्यादा झंझट, उपदेश या सचाई की ख़ुराक की ज़रूरत नहीं है बल्कि फुर्सत के पलों की ज़रूरत है। तरक्की के ज़्यादातर फार्मूले इन्सान से उसके सुख को छीनने के लिए ईजाद कर दिये गये हैं।

अच्छी कहानियाँ आज भी वही हैं जिन्हें पढ़ना स्कूल का होमवर्क करने या ज़िम्मेदारी की तरह न लगे बल्कि जिनमें भरपूर क़िस्सागोई हो। कहानी पढ़ना स्वयं में काम न हो बल्कि मनुष्य जिन ढेरों कामों में व्यस्त रहता है, कहानी पढ़ने के बाद उन्हें पूरा करने में आसानी हो। उनमें गप, विट, मौज–मस्ती और रूमानियत के गुण मौजूद हों। जो हमारे जीवन में बचे–खुचे आराम के पलों को भी बोझिल न बना दें। जो हमें समाज के बारे में इस मुश्किल ढंग से सचेत न करें कि हम यह मान लें कि समाज के बारे में सचेत होने की प्रक्रिया बड़ी जटिल होती है। उन्हें पढ़कर ऐसा नहीं लगना चाहिए कि हमारा समाज अबूझ पहेली है और हमारी कहानियाँ उसे सुलझाने के ऐतिहासिक मिशन पर निकली हैं और हमारा काम उस मिशन में योगदान देना है। कहानी किसी रहस्यमय घुड़सवार जैसी न लगे जो किसी पहाड़ पर सरपट भागा चला जा रहा है। एक सफल कहानी वह है जो हमारे भीतर चरित्र का बोध पैदा करती है। आम ज़िन्दगी में हम लोगों से मिलते हैं, बात करते हैं और उनके बारे में कुछ–न–कुछ जान लेते हैं। पर कहानी चरित्र–बोध को इस तरह से पैदा करती है कि वह चरित्र किसी ख़ास परिस्थिति या यथार्थ को पूरी तरह से आलोकित कर देता है। उस चरित्र के ज़रिये एक ही समय में लिपटे–गुँथे बहुत सारे कालखण्डों की झलक मिल जाती है। न वे इस दम्भ से लिखी जानी चाहिए कि वे किसी सुधारवादी मिशन के माध्यम के रूप में प्रयोग की जा सकती हैं और न इस आत्मतोष के साथ कि कहानीकार के अपने अनुभव स्वयं में सम्पूर्ण हैं और उसे विचारधारा व विजन स्पर्श से ख़ुद को बचाना

चाहिए चेखव की कहानी 'वार्ड नम्बर छह' विश्व–भर के सजग पाठकों के बीच सबसे पसन्दीदा कहानियों में रही है। वही कहानी जिसे पढ़कर लेनिन क्रान्तिकारी हो गये थे और उन्होंने कहा था कि जारशाही के अधीन पूरा रूस ही वार्ड नम्बर छह में बदल गया है। यह कहानी पढ़ने के बाद किसी को भी ट्रैजडी का भरपूर अहसास हो सकता है। एक ऐसे समाज की सारी नीचताओं का अहसास हो सकता है जहाँ पागलों के साथ बेरहमी से पेश आया जाता है और छल–कपट में किसी सामान्य इन्सान को भी पागलों के वार्ड में डालकर उससे छुटकारा पाया जा सकता है। कहानी के नायक डॉक्टर आंद्रेई येफीमिच को दवाई खिलाकर लकवाग्रस्त बना दिया जाता है और उसकी मौत हो जाती है। उसका अपाहिजपन और मौत समाज के उदात्त और ईमानदार लोगों की पराजय का सूचक बन जाते हैं। पागलखाने और क़ैदखाने प्रतिभाशाली लोगों से छुटकारा पाने का सबसे आसान ज़रिया बन जाते हैं। रूस की हालत का बयान इन शब्दों में आता है–'रूस में किसी तरह की दर्शन प्रणाली नहीं है, फिर भी यहाँ हर कोई दार्शनिकतापूर्ण बातें करता है, यहाँ तक कि सर्वसाधारण भी।' यानी एक बुरी तरह लुटा–पिटा, दरिद्र समाज झूठी दार्शनिकता जताकर अपनी सारी क्रूरताओं से आँख चुरा रहा है। यह कहानी इसलिए याद रह जाती है क्योंकि यह इन्सानियत की क़समें खाने वाले समाज में इन्सानियत की रूटीन मौतों को दर्शाती है। सारे चर्च, वैराग्य के उपदेश या धर्मकथाएँ उसकी रक्षा करने में नाकाम हो रही हैं। कई बार हम समाज की बहुत सारी नैतिक ध्वनियों, मूल्यसंगत आवाज़ों का उपहास उड़ाकर उन्हें दण्डित नहीं करते हैं बल्कि स्वयं को दण्डित करते हैं। उन्हें दण्डित कर के हम उनका कुछ नहीं नुकसान पहुँचाते हैं बल्कि उच्च स्तर के नैतिक समाज का निर्माण करने के रास्ते में बाधा डालते हैं और अपने लिए ही बुरा समाज बना लेते हैं। यह कहानी उन लोगों की मक्कारी को सामने लाती है जो प्रायः बड़े पदों पर बैठकर ज़िम्मेदारियाँ पूरी करने का ढोंग कर रहे हैं लेकिन असल में वे समाज की सबसे सुन्दर चीज़ों को शालीन और क़ानूनसम्मत तरीक़ों से नष्ट कर रहे हैं। यहाँ अपराधी केवल अपराधियों के वर्ग से नहीं आते हैं बल्कि सफ़ेदपोश लोगों के वर्ग से निकल रहे हैं। यानी, कहानी की कसौटी यह भी हो सकती है कि वह इन्सान की सारी धूर्तता और नीचता को सामने ला दे। उसे पढ़कर यह लगना चाहिए कि इन्सान के देवत्व के दावे कितने झूठे हैं और उसका पतन किसी 'कमज़ोर

क्षण' का मामला नहीं बल्कि पूरी सभ्यता में निहित चक्र–कुचक्र की देन है। वे कहानियाँ सबसे रद्दी और बोझिल होती हैं जो इन्सान की अच्छाई के बारे में हमें विश्वास दिलाती हैं। उनमें इन्सान को साधु–सन्त बना डाला जाता है और वह साधु–सन्त से ज़्यादा निरीह इन्सान प्रतीत होने लगता है। इन्सान अच्छा है, उसमें अच्छा होने की सम्भावना भी है पर असल में वह अपनी बुराइयों पर पर्दा भी डालता रहता है। चौबीस घण्टे में हमारे भीतर कितने ही बुरे विचार उठते हैं। कितने ही समाजविरोधी काम करने की इच्छाएँ जन्म लेती हैं। लालच, हवस, वासना, हिंसा की न जाने कितनी ही गोपनीय भावनाओं को हम भीतर–ही–भीतर प्रतिबन्धित (सेंसर) कर डालते हैं। धर्म और रीति–रिवाज तो पहले ही उसकी बुराइयों पर पर्दा डालते रहते हैं, साहित्य का काम उन पर्दों को नोचकर निकाल देना है। इस तरह हर अच्छी कहानी में 'स्टिंग ऑपरेशन' की तकनीक नहीं तो कम–से–कम उसका गुण ज़रूर होना चाहिए उसमें रंगे हाथों पकड़ने का कौशल दिखना चाहिए, उसमें लिपे–पुते रंगीन चेहरों को धो डालने का चालाक हुनर भी होना चाहिए, वह झूठ पर टिके सामाजिक जीवन के प्रति निर्मम होनी चाहिए, मनुष्य को दूसरों की कल्पनाओं पर शासन करने के लिए झूठ का सहारा लेना पड़ता है क्योंकि सत्य से अधिक हमेशा ही झूठ कल्पनाओं को उत्तेजित करने की क्षमता रखते हैं। झूठ के पास आशाओं को उत्पन्न करने की जितनी क्षमता होती है, उतनी सत्य के पास आशाएँ पैदा करने की क्षमता नहीं होती है। झूठ की इस क्षमता का उपयोग कर मनुष्य के आशावाद और कल्पना, दोनों पर वर्चस्व स्थापित कर लिया जाता है। कहानी की यह सामाजिक भूमिका है कि वह मनुष्य के आशावाद तथा कल्पना को झूठ की नींव से निकालकर सच की ओर मोड़ती है।

हिन्दी में जो हाल में दो कहानियाँ मस्तिष्क में देर तक रहीं वे थीं अनिल यादव की कहानी 'नगरवधुएँ अख़बार नहीं पढ़ती हैं' और शिवमूर्ति की 'कुच्ची का क़ानून'। अनिल यादव की कहानी में काशी की संस्कृति को केन्द्र में रखा गया है पर वास्तव में वह मध्यवर्गीय नैतिकता की आड़ में नये ज़माने के कारोबारियों के द्वारा वेश्याओं के मोहल्ले मडुवाडीह को उजाड़ने की कथा है। नैतिकता, धर्म और उच्च आचार–विचार का बहाना लेकर कंस्ट्रक्शन कम्पनी वेश्याओं के मकान तथा मोहल्ले पर क़ब्ज़ा करने का प्रयास कर रही है और इसके लिए उसने स्थानीय अख़बार, पुलिस,

धार्मिक संगठन और राजनीतिक दलों को अपने पक्ष में कर लिया है। एक स्थानीय प्रेस फ़ोटोग्राफ़र इन वेश्याओं को नगरवधुएँ कहता है पर उन्हीं नगरवधुओं के पक्ष में लिखने–बोलने के लिए अख़बार भी तैयार नहीं हैं। वे जनता के हित–अहित पर विचार करने के स्थान पर उनकी आस्थाओं को महत्त्व प्रदान करने में अपना आर्थिक लाभ देख रहे हैं। पहले वे जनता को शक्तिशाली वर्गों व नेताओं के विरोध में दिखाते थे, पर अब वे जनता को केवल आस्था, भावना, परम्परा व धर्म के प्रतीक के रूप में दिखाकर अपना बिक्रीतन्त्र ठीक कर रहे हैं। जनता के पक्ष में होने का अर्थ हो गया है जनता के अन्धविश्वास, समस्या या मूर्खता के ख़िलाफ़ संघर्ष कर रहे लोगों की निन्दा करना। कहानी में बीमार, लुटी–पिटी और कलंकित वेश्याओं के पक्ष में समाचार छापने का विरोध करते हुए अख़बार का मैनेजर कहता है–'आज की तारीख़ में सारा शहर हमारे अख़बार के साथ है। कुल साढ़े तीन सौ रंडियाँ हैं जिनमें शायद साढ़े तीन होंगी जो अख़बार पढ़ती होंगी। ऐसे में यह सब छापने का क्या तुक है? अगर कोई बहुत बड़ा या नया रीडर वर्ग जुड़ रहा होता तो यह जोखिम लिया भी जा सकता था।' जो वर्ग अख़बार ख़रीदता नहीं, पढ़ नहीं सकता, उसके जीवन तथा समस्याओं को उपेक्षित करने का अधिकार अख़बार को स्वतः प्राप्त हो जाता है। कहानी में अपराध–पत्रकारिता, विवरण, समाजशास्त्र और कथा दृष्टि को एक साथ जोड़ने का सफल प्रयास किया गया है जो इन दिनों दुर्लभ होता जा रहा है। कहानी किसी विषय की बहुस्तरीयता को सीमित कथावस्तु के माध्यम से संवेदी रूपों में परत–दर–परत खोलने वाली विधा होती है। यह कहानी ठोस घटनाओं के अंकनों के सहारे पाठक की उत्सुकता के साथ खेलती है। कभी वह उत्सुकता को रोकती है और उसे गम्भीर विचार की तरफ़ मोड़ती है तो कभी वह पाठक को सतही घटनाओं के धरातल पर लाने के लिए उत्सुकता को तीव्र कर देती है जिसमें पाठक को अख़बार पढ़ने जैसा अनुभव होने लगता है। शिवमूर्ति की कहानी 'कुच्ची का क़ानून' में दलित स्त्री का शोषण व्यक्त होता है। दोनों ही कहानियाँ अल्पसंख्यकों व दलित–स्त्री के उत्पीड़न व धीमे–धीमे चलती उनकी तबाही व प्रतिरोध को व्यक्त करती है। पर ख़ास बात तो यह है कि दोनों ही कहानियाँ अस्मिता विमर्श के नाम पर कला–शिल्प या कथ्य के स्तर पर किसी आलोचकीय रियायत की माँग नहीं करती हैं। इन कहानियों को पढ़कर आपको कहानियों की ताक़त

का आभास हो सकता है। आप यह निष्कर्ष नहीं निकाल सकते हैं कि अच्छे अस्मितावादी विचारों के फ्रेमवर्क में कमज़ोर कहानी लिख दी गयी है। 'कुच्ची का क़ानून' पढ़ने से ऐसा तो लगता है कि भारतीय लोकतन्त्र के विकास की पाठशाला में बिठा दिया गया है। समाज की गति को व्यक्त करने के लिए कुच्ची नामक स्त्री–चरित्र को केवल मोहरे की तरह इस्तेमाल किया गया है। 'पुरुष की जाँघ के नीचे' न पिसने वाले उसके संघर्ष को वह जिस गहराई और अन्तर्दृष्टि से गढ़ता है, उसी चरित्र को वह गाँव–देहात में जन्म लेते सामूहिक आशावाद व परिवर्तनों के चित्रण के लिए बहुत यान्त्रिक बना देता है। अपनी पूरी ताक़त से परिवेश की सीमाओं से जूझने वाला स्त्री चरित्र कहानी में लेखकीय मान्यताओं के कारण जब अपनी कठिनाइयों से विजयी भाव से बाहर निकलता दिखता है, तो बहुत कमज़ोर व सारहीन लगने लगता है। चरित्र की गढ़न की सारी मेहनत पर पानी–सा फिर जाता है, पर इस आकलन के बावजूद यह कहा जा सकता है कि 'कुच्ची का क़ानून' की नायिका में ऐसे बहुत से मार्मिक, ऐतिहासिक व संवेदनशील आयाम हैं, जिन्हें पढ़कर पाठक गाँव की संरचना में स्त्री यौनिकता की विद्रोहपूर्ण उपस्थितियों से अवगत होने का सुख प्राप्त करता है। कहानी ने कहानी की कला को निभाते हुए ही अपने भीतर की विचार–दृष्टि को सृजनात्मक ढंग से व्यक्त किया है। कहने का मतलब है कि सामाजिक रूपान्तरण की ऐतिहासिक प्रक्रिया के साथ दलित, स्त्री, किसान, मुस्लिम, जनवाद आदि की जो साहित्यिक श्रेणियाँ स्पष्ट तौर पर निर्मित हुई हैं उनमें कथाओं को भी संजीदा ढंग से प्रस्तुत होना चाहिए और कहानियों को श्रेष्ठ विचार का प्रतीक नहीं बल्कि श्रेष्ठ कला का प्रतीक भी बनाने का प्रयास करना चाहिए। हम यह नहीं कह सकते कि किसी महान आन्दोलन के स्वार्थों के लिए लम्बे समय तक बुरे साहित्य को भी बर्दाश्त कर लेना चाहिए। साहित्य वही सफल होता है जिसमें सामाजिक–चेतना और कला–चेतना का मेल उपस्थित रहता है। इसके अलावा साहित्य प्रतिभाशाली, होनहार लोगों की वर्तमान समाज में दुर्दशा का सबसे विश्वसनीय गवाह भी रहा है। भारत में मौलिक साहस, मौलिक चिन्तन या मौलिक कर्म की प्रतिभा होने पर उस प्रतिभा पर गर्व करना नहीं सिखाया जाता है, बल्कि अपनी प्रतिभा को लेकर शर्मिन्दा यानी 'अपोलोजिटिक' होना ज़्यादा सिखाया जाता है। अपनी पूरी प्रतिभा को समूची ताक़त से व्यक्त करने के स्थान पर व्यक्ति उस प्रतिभा का

केवल आंशिक प्रयोग करने लगता है। वह इसलिए ताकि अपनी प्रतिभा के साथ पूरी तरह अन्याय कर अपनी नज़र में गुनहगार न बन जाये, साथ ही प्रतिभा का पूर्ण स्वतन्त्रता के साथ उपयोग कर समाज की दृष्टि में एक पराया, अबूझ या त्याज्य प्राणी न बन जाये वह अपनी प्रतिभा की हालत दीन–हीन मज़दूर जैसी कर देता है जो बस जीवित है, पर किसी प्रतिरोध या बग़ावत लायक नहीं है।

इसी प्रकार कहानी से हमें बहुत ज़्यादा डिमांड भी नहीं करनी चाहिए कि वह एक साथ ही दृश्यात्मक, बिम्बात्मक, रोमांटिक, चरित्र प्रधान, नैतिकतावादी, मनोविश्लेषणवादी या यथार्थवादी आदि हो। यह कहानी के साथ अपनाया जाने वाला सख़्त मैनेजरों जैसा रवैया है जो अपने कर्मचारी को हमेशा असम्भव क़िस्म के नये गुर–हुनर सिखाने में यक़ीन रखता है। जो भी कमज़ोर कहानीकार हैं, वे सबसे ज़्यादा यह बताते हैं कि उनकी कहानियों में कौन–कौन से गुण हैं। वे ख़ुद ही आलोचकों को फ़ोन कर बताते हैं कि हमारी कहानी के इन गुणों पर ध्यान दीजिए जबकि जो परिपक्व कहानीकार हैं उन्हें बस यह पता होता है कि उन्होंने एक कहानी लिखी है, इससे ज़्यादा कुछ नहीं। उन्हें कहानियों को चीर–फाड़ विभाग में ले जाये जाने और फिर 'मनोवैज्ञानिक अन्वेषण', 'ऐतिहासिक उत्कृष्टता' और 'समाजशास्त्रीय गुणवत्ता' आदि के लेबल के साथ बाहर लाने की कार्रवाई अश्लील लगती है। कहानी की उत्कृष्टता इससे नहीं पहचानी जाती कि वह कितना हमारे समाज को प्रतिबिम्बित करती है, बल्कि इससे पहचानी जाती है कि वह हमारे भीतर छिपे समाज के बिम्ब को किस प्रकार से समृद्धकारी विस्तार, नयी ऊँचाई और नयी गहराई प्रदान करती है। साहित्य से बढ़ती हुई माँगें साहित्य–कला की सत्ता की उपेक्षा कर उन्हें केवल सामाजिक चेतना के माध्यम के रूप में देखने की प्रवृत्ति की भी परिचायक हैं। साहित्य का समाजशास्त्र लिखने वालों ने इस समस्या का हल सुझाने के स्थान पर इसे बढ़ावा दिया। कविता लिखने वाले से हम माँग करते हैं कि वह हमें पूरे विश्व की झलक दिखा दे। कहानी लिखने वाले से माँग करते हैं कि वह कुछ क्रान्ति, सुधार आदि के रास्ते के बारे में भी हमें बताता चले। निबन्ध लिखने वाले से माँग करते हैं कि वह भारी ज्ञान हमें जल्द–से–जल्द प्रदान कर दे। काव्यशास्त्र के सारे नवरस हमें किसी एक ही कहानी या कविता से चाहिए, तो इसका मतलब है कि हमारी अपेक्षाओं में ही कुछ खोट है। इस चक्कर में न तो विधा

कुछ ज़्यादा प्रदान कर पाती है और न हमारी अपेक्षाएँ ही पूरी हो पाती हैं। इन अतिरिक्त अपेक्षाओं के लिए केवल पाठक नहीं बल्कि लेखक भी दोषी है जो विमोचन या परिचर्चाएँ आयोजित कराकर इस बात को सिद्ध कराना चाहता है कि उसने जो लिख दिया है, उसमें समूचा अनुभव जगत समा गया है। रचना ब्रह्म है जिसमें पूरी सृष्टि का वास है। हिन्दी के एक ऐसे ही बदनाम क़िस्म के विमोचनी समारोह में मैंने हाल में ही एक आलोचक को कहते सुना था कि कहानी वह विधा है जिसमें समाज का सम्पूर्ण सत्य समा जाता है। ऐसे पवित्र मुखोद्‌गार व्यक्त करने वाले उन आलोचक महोदय से पूछा जा सकता था कि यह 'सम्पूर्ण सत्य' अभी खोज नहीं गया है तो कहानी में कैसे समा गया? सम्पूर्ण सत्य की चिन्ता पुरी के शंकराचार्य जी करें तो समझ में आता है, साहित्यकार करे तो चिन्तित होने की ज़रूरत होती है। इसलिए कमज़ोर कथाकार व कमज़ोर आलोचक, दोनों ही अक्सर सम्पूर्ण सत्य के पीछे भागते हैं, जबकि 'जेन्नुइन' कथाकार अपने सम्पर्क में, सहजता से समझे जाने वाले और संवेदित किये जाने वाले सत्य को कहानी में व्यक्त करते हैं, न कि किसी सम्पूर्ण सत्य को खोजने की चेष्टा करते हैं। ऐसा करते हुए वह जटिल तर्क नहीं बल्कि सरलता का भी साधक हो सकता है।

यह सही है कि पिछली पूरी एक सदी में विकसित हुआ 'व्यक्ति' ज़्यादा तर्क करने वाला व्यक्ति है और वह दुनिया के निर्माण के पीछे काम करने वाली सारी तार्किक योजनाओं को समझने की कोशिश करता है। यह बात भी सही है कि उसकी बौद्धिकता का लगातार विकास हो रहा है। पर ये सारी सही बातें भी इस तथ्य को झुठला नहीं सकती हैं कि वह बौद्धिकता, सरलता व तार्किकता को भी सरल बनाने का प्रयास करता रहता है। हमारे साधारण जन ही नहीं बल्कि सर्वश्रेष्ठ मेधाएँ भी जटिलता को ग्रहण करने के लिए सरलता की माँग कर सकती हैं। इसलिए कहानी बहुत पेचीदा विधा बनने के स्थान पर सरल विधा बनने की तरफ़ बढ़े, तो उसका भविष्य ज़्यादा प्रकाशमय रहेगा। लेकिन सरलता का गुण कहानी के रूपगत पक्ष में होना चाहिए, दृष्टि में नहीं। सरलता का अर्थ उथलेपन, मूर्खता या सपाटपन में नहीं ढूँढ़ा जाना चाहिए। वह अल्पज्ञता या मानसिक श्रम के अभाव को भी व्यंजित करने वाली नहीं होनी चाहिए। सरलता सम्प्रेषण की समस्या से जुड़ा मसला है, न कि दृष्टि या समझदारी से जुड़ा हुआ। एक गहरी बेधक, यथार्थ को तार–तार कर देने

वाली, उसकी सारी जटिलता को उभार देने वाली सरल सम्प्रेषणीयता की हमें ज़रूरत होती है और इसीलिए हम सरलता को आवश्यक समझते हैं। हमें उल्टा नहीं चलना है कि दृष्टि तो सरल है, पर सम्प्रेषण में जटिलता है। एक निरन्तर स्वयं को संशोधित और प्रश्नांकित करती हुई बौद्धिकता के बग़ैर हम न अपने शहरी समाज का ठीक से चित्रण कर सकते हैं, न गाँवों का। जैसे कि इधर गाँव पर लिखी कुछ कहानियों को पढ़ने पर लगता है कि गाँव के किसान का चित्रण केवल इतने तक सीमित रह जाता है कि वह कितना भला है और अपने जानवरों को कितना सच्चा प्यार करता है। उसे अपने हल–बैल या ज़मीन से कितना लगाव है। वह अपने मरकहे बैलों को कसाई से बचाता है। पर ये किसान की बेहद मासूमियत से भरी छवि है और इससे किसान जीवन या गाँव की असल चुनौतियाँ नहीं उभरती हैं। प्रेमचन्द ने भी ऐसे मासूम किसान का चित्रण नहीं किया है बल्कि उनका किसान भी चालाकी से डाँडी मारने वाला, भाई की गाय को ज़हर देकर मार डालने वाला, ज़मींदार को खुद रखने की चिरौरी करने वाला और कैसे भी हो पर अपनी 'मरजाद' को बचाने वाला जटिल सामाजिक प्राणी है। अर्थात कहानीकार को किसी विषय का चयन करते समय यह ध्यान रखना चाहिए कि उसके पास उसे लेकर सीमित जीवनानुभव ही नहीं बल्कि एक सधी हुई सामाजिक दृष्टि भी हो, वरना वह उस विषय पर एक अपरिपक्व रचना लिख देगा। अपरिपक्व रचनाएँ भी पाठकों की प्रशंसा प्राप्त करती हैं, लेकिन उनसे पाठकों की अपनी दृष्टिगत सीमाएँ नहीं टूटती हैं।

'कहानियाँ यानी जीवन से जीवन-भर की होड़'

मोहन राकेश ने 'कहानी क्यों लिखता हूँ' नामक अपने लेख में लिखा है–'मुझे सदा यही लगा है कि जीवन ने मुझे इतनी कहानियों की पूँजी दी है कि सारा जीवन लिखता रहूँ तो भी वे सब कहानियाँ नहीं लिखी जायेंगी...केवल समय के अभाव के कारण नहीं बल्कि इसलिए भी कि बहुत–सी कहानियाँ हैं जो हज़ार चाहने पर भी नहीं बन पाती हैं, या वैसी नहीं बनतीं जैसी लिखते समय कल्पना होती है। इसलिए यह अपने जीवन से जीवन–भर की होड़ है। इस होड़ में मैं हारना नहीं चाहता।' यानी एक कथाकार की चिन्ता यह नहीं है कि वह केवल कहानी लिखता चला जाये, बल्कि यह है कि वह सचमुच इतना समर्थ कभी बन भी सकेगा कि जिस तरह लिखना चाहता है, वैसा लिख पायेगा? लिखना ही चुनौती नहीं है, बल्कि मनोवांछित तरीक़े से लिख पाना चुनौती है। इसीलिए उसे कहानियाँ लिखना 'जीवन से जीवन भर की होड़' जैसा लगता है और उसकी इस आत्मस्वीकृति से लगता है कि वह कहानी लेखन की प्रक्रिया को जीवन प्रक्रिया से कभी अलग कर देख ही नहीं सकता। यह कथा और कथाकार की, कला और कलाकार की, चिन्तक और चिन्तन की अद्‌भुत एकरूपता है, जो दुर्भाग्य से जीवन के कई प्रोफ़ेशनल दबावों के कारण टूटती जा रही है। कला, कथा तथा चिन्तन के समन्वय को आत्मसजग लेखकों का जो वर्ग पैदा करता है वह वर्ग विलुप्त हो रहा है या व्यक्तित्व–विघटन का शिकार हो रहा है। हो सकता है कि यह पूँजीवादी समाज की नियति जैसा हो जिसमें जीवन के बारे में व्यापक समग्र बोध को नष्ट कर के ही टुकड़ों में, खण्ड–खण्ड, कोने में या छोटे–छोटे रूपों में जी रहे प्रतिरोधहीन मनुष्य का निर्माण किया जा सकता है। इस कारण कलाकर्मी, संस्कृतिचेता, लेखक आदि का काम कठिन हो गया है। अब आंशिक और एकांगी रूपों में ही जीवन की कल्पना की जा सकती है। ऐसे एकांगी जीवन में

व्यापक बोध व चिन्तन की कमी वास्तव में प्राणीमात्र के प्रति आत्मीयता के क्षरण से जुड़ी है। पुराण से जिसे कहा गया है–'आत्मवत् सर्वभूतेषु यः पश्यति स पण्डितः।' जो समस्त प्राणियों में आत्मीय भाव रखता है, वह पण्डित है। यह पारम्परिक चिन्तन प्रक्रिया जिसमें समस्त प्राणियों के प्रति आत्मीय भाव का विचार मौजूद है, उसे नष्ट कर या जिसकी शक्ति से आधुनिकता को विलग कर जिस मनुष्य को तैयार किया जा रहा है, वह समस्त प्राणियों के प्रति घृणा या उदासीनता के भाव से संचालित होना जानता है। आत्मीयता से रहित मनुष्य ने अपनी स्वतन्त्रता और व्यक्तित्व को भी स्वार्थपूर्ण बनाया है। उसकी स्वतन्त्रता और उसका तथाकथित व्यक्तित्व, दोनों अनुर्वर बोझ में बदल जाते हैं। जिस समाज में मर्ज़ी से जीवन चुनने की स्वतन्त्रता हो पर व्यक्तित्व चुनने की आज़ादी न हो या व्यक्तित्व–सम्पन्न होने का दिखावा करना आसान हो पर लोग स्वतन्त्रता से वंचित हों, वहाँ ऐसी स्थितियाँ पैदा हो जायें तो क्या आश्चर्य! सब जानते हैं कि स्वतन्त्रता बहुत बाहरी, खोखली और सतह पर तैरती वस्तु जैसी है, पर भीतर कहीं घुटन है जिससे कोई लेखक जितना ही लड़ता है वह उतना ही अपने लेखक होने की नियति को पहचानता है। जब लेखक ख़ुद झूठी स्वतन्त्रता और उतने ही झूठे व्यक्तित्व पर इतराने लगता है, तब वह लेखक नहीं रह जाता है। तब वह ख़ुद से या ख़ुद के जीवन से होड़ कर लिखने का संकल्प खो देता है क्योंकि वह अपने मन और दृष्टि, दोनों तरह के पूर्वग्रहों के प्रति निर्मम नहीं हो पाता है।

कथालेखन में यथार्थ के बनने और मिटने की प्रक्रियाओं को पहचानने का प्रयास तेज़ हुआ है क्योंकि लेखकों का सामना पहले की तुलना में अधिक अस्थिर, परिवर्तनशील यथार्थ से हो रहा है। 'देखा–भोगा यथार्थ' व्यक्त करना एक समय कहानी का प्रचलित मुहावरा था, पर अब सवाल खड़ा हो गया है कि देखा–भोगा यथार्थ भी किसका यथार्थ है और क्या वह सचमुच इतना स्थायी व स्थिर है कि उसे व्यक्त कर लम्बे समय तक प्रासंगिक बनी रहने वाली कहानी लिखी जा सके। शायद पाब्लो पिकासो ने कभी कहा था–Everything you can imagine is real. यानी कलाकार जितनी दूर तक, विस्तार से, सीमाओं को तोड़ने वाली कल्पना में डूबता है, कल्पनाएँ भी यथार्थ को उतना ही आलोकित करने का काम करने लगती हैं। लेकिन मुश्किल तब है जब यथार्थ ख़ुद कल्पना को भी लाँघ जाये, जबकि माना जाता है कि कल्पना के पास यथार्थ को लाँघने की क्षमता

अधिक रही है। यह सवाल उठने लगा है कि यथार्थ कहीं कहानीकारों के यथार्थवादी दृष्टिकोण से आगे भागने वाली चीज़ तो नहीं बन गया है! हम जिन प्रेम सम्बन्धों, स्थिर शान्त परिवारों के जीवन या मानव मन के शाश्वत दुःख–सुख की अन्तःकथाएँ लिखते हैं उनका सच लिखे जाने के कुछ ही समय बाद पुराना पड़ जाता है। कुल मिलाकर मसला यह है कि जब हर तरफ़ कुछ नया हो जाने, बदल जाने का भयावह शोर है तब कहानीकार भी चकरा–सा गया है। एक पुराने गाने की पंक्ति को दोहरायें तो बात यही है कि–'आदमी ठीक से देख पाता नहीं और पर्दे पर मंज़र बदल जाता है।' कहानी पर कम होता भरोसा केवल कहानी की विधा की नहीं बल्कि उस समाज की समस्या है जिसमें कहानी जन्म लेती है। कोई भी पूछ सकता है कि किसी की कहानी देखकर कि यह आपने किस वर्ष लिखी, क्योंकि सच्चाई यह तो नहीं है। भले ही वह बमुश्किल आठ–दस साल पुरानी कथा हो। किसी कहानी को पढ़कर यह कहना आसान हो गया है कि बात तो ठीक है, पर पुरानी है। बीस साल पहले तक जो पीढ़ी ख़त लिखकर प्रेम प्रकट करती थी, उसकी बातें मोबाइल के युग में पुरानी हो गयीं। जिन लड़कियों के बस के धक्के के बारे में कहानियाँ लिखी जाती थीं, वे मेट्रो रेल के समय में क्या उसी तरह से पढ़ी जा सकेंगी! प्रेमचन्द के गाँव की बात तो क्या, 80 व 90 के दशक के गाँव पर लिखी कहानियाँ भी किसी को 'डेटेड' और इतिहास कथा जैसी लगने लगें तो ख़ास बात नहीं मानी जाती है। इस प्रकार कहानीकार निरन्तर इस डर में जी रहा है कि उसकी संवेदना को कहीं पिछड़ा हुआ न घोषित कर दिया जाये इतिहास में कलाएँ उसी दौर में उत्कृष्ट रूप से विकसित हो सकीं जब राजनीतिक स्थिरता रही और कलाकार के पास इतनी तो निश्चिन्तता थी कि वह कला–साधना को निर्भीक होकर करता रह सके। पर राजनीतिक स्थिरता–अस्थिरता के बाहर मूल्य व कालबोध की अस्थिरता आधुनिक युग की ख़ास समस्या बन गयी है। कथित भूमण्डलीकरण (हालाँकि अब आर्थिक राष्ट्रवाद की वापसी और 'डिग्लोबलाइजेशन' की चर्चा चल पड़ी है) के बाद यह समाज की सचाई बनती चली गयी। अपनी ही कथा के अविश्वसनीय हो जाने या पुराने पड़ जाने के ख़तरों से लड़ने के लिए कहानीकारों ने कथाशैली के स्तर पर ख़ास रचनात्मक कौशल भी अपनाये हैं। जैसे कि कहानियों में अक्सर 'यह उस समय की बात है', या कि यह 'ऐसा समय था' जैसे वाक्य प्रयोग करना। यानी कहानी में देशकाल का

खुला ऐलान ताकि बाद में कहानी पढ़ी जाये तो पाठक को यह न लगे कि कहानीकार परिदृश्यमूलक बदलावों को समझे बग़ैर लिखे चला जा रहा था और लिखने के क्षण में ही पुराना होता जा रहा था। कथाओं में पाठक को यह समझाने का प्रयास भी बढ़ता चला गया कि वह कहानीकार की बात पर यक़ीन करे क्योंकि कहानीकार के अनुभव और संवेदना ने यथार्थ को समझने में किसी प्रकार की लापरवाही नहीं की है, और न कल्पनाओं के कुलाँचे भरे हैं। उसे अपनी कथावस्तु पर अविश्वास की सम्भावना चिन्तित करती है। उसकी अदम्य कामना है कि उसके अपने अनुभव–जगत से जन्मी कथा को पाठकों का सहज ही भरोसा मिल जाये यह सारी चिन्ताएँ, कामनाएँ व आशंकाएँ भी उसी वस्तुस्थिति की उपज हैं जिसमें ख़ुद पाठक का सामाजिक वास्तविकता से रोज़ ही सम्बन्ध बदल रहा है और इस कारण कहानियों से भी सम्बन्ध बदलना अवश्यम्भावी हो चुका है। जैसे कि उदय प्रकाश की कहानी है 'टेपचू'। एक अच्छी और स्मरणीय कहानी। यह अनगिनत चुनौतियों से घिरे संघर्षशील इन्सान की कहानी है जो मारे जाने के बहुत सारे प्रयासों के बावजूद हर बार बचकर निकल आता है। भयानक ग़रीबी और मार के बावजूद जीते रहने की अदम्य ताक़त। ज़िन्दगी और मौत की रेस में हर बार मौत हार जाती है। टेपचू एक पात्र है जो मज़दूरों की यूनियन के लिए लड़ते हुए कई गोलियाँ अपने शरीर पर खाता है। ज़िला अस्पताल में लाश का पोस्टमार्टम चल रहा है और वह मरी हुई देह अचानक आँख खोलती है और आवाज़ आती है–'डॉक्टर साहब, यह सारी गोलियाँ निकाल दो। मुझे बचा लो। मुझे इन्हीं कुत्तों ने मारने की कोशिश की।' इसके बाद डॉक्टर का उस्तरा छूटना, घियायी हुई चीख़ और ऑपरेशन रूम से बाहर भागना। पर कहानीकार को कहानी के अन्त तक आते–आते लिखना पड़ा–'मैंने पहले भी अर्ज किया है कि यह कहानी नहीं है, सच्चाई है। आप स्वीकार क्यों नहीं कर लेते हैं कि जीवन की वास्तविकता किसी भी काल्पनिक साहित्यिक कहानी से ज़्यादा हैरतअंगेज़ होती है।' इस प्रकार हर दृष्टि से एक अच्छी कहानी में कथाकार को आगे बढ़कर कहना पड़ता है कि वह वास्तविकता को बयान कर रहा है, उसे कल्पना कहकर ख़ारिज न कर दिया जाये यह भी क्या वही आशंका नहीं है कि कथाकार के अनुभव, समझ या लेखन को कोई अप्रासंगिक न घोषित कर दे, जैसाकि आज के समय में अधिकांश लेखकों को यह ख़तरा सताता है! इस प्रकार की स्थिति पैदा होने के लिए न

तो लेखक ज़िम्मेदार है, न पाठक। अगर कोई चीज़ ज़िम्मेदार है तो वे वस्तुस्थितियाँ, जो अब कुछ ज़्यादा तेज़ी से बदलती हैं और इस गति से बदलती हैं कि उन्हें पहचान पाना मुश्किल हो जाता है।

इस उथल–पुथल से भरे, बदहवास और लगभग विक्षिप्त–मूल्यहीन समय में व्यवस्थित ढंग से व्यवस्था की आलोचना करना कहानीकारों के लिए गम्भीर दायित्व हो गया है। पर व्यवस्था की आलोचना कोई ऊपरी या सतही गतिविधि नहीं बल्कि कला–कर्म से अनिवार्य रूप से जुड़ी होती है। इसलिए उन्हीं कहानीकारों की व्यवस्था सम्बन्धी आलोचना अधिक विश्वसनीय है जिन्होंने राजनीतिक बहसों–विवादों के चक्कर में पड़कर कहानी–कला को फालतू या बेकार की वस्तु नहीं समझा और उसे निखारने–माँजने पर ध्यान दिया है। दुनिया के महानतम नृत्य केवल देह की थिरकन या देह का मटकना नहीं बल्कि देह पर मौजूद वेशभूषा, सज्जा व श्रृंगार से जुड़े रहे हैं। उसी प्रकार कहानी भी कहानी कला से भिन्न नहीं हो सकती है। इन्हीं कसौटियों पर कथाकारों ने अपने समय के सबसे बड़े झूठ, छल व मौक़ापरस्ती के पर्दाफ़ाश में रुचि प्रकट की है। पहले के ज़माने मे सवाल यह था कि व्यवस्था गायब है या व्यवस्था बहुत ख़राब है। अब सवाल यह है कि व्यवस्था का अतिरेक हर ओर दिखता है, पर व्यवस्था फिर भी मनुष्य के साथ न्याय नहीं कर पा रही है। इसीलिए ऐसे चरित्र पैदा हो रहे हैं जो व्यवस्था पर दूसरों से ज़्यादा भरोसा इसलिए करते हैं क्योंकि उनकी रुचि व्यवस्था को लूटने में है और वे लूटने के कौशल का विकास करते हैं। यह नये तरह का 'स्किल', 'एंटरप्रेन्योरशिप', 'ट्रेनिंग' है जिसमें व्यवस्था और देश के प्रति सच्ची सहानुभूति वही व्यक्त करता है, जिसे दोनों को ही निहित स्वार्थों के लिए निचोड़ लेना है। हिन्दी के प्रमुख कथाकार योगेन्द्र आहूजा की कहानी 'लफ़्फ़ाज़' क्या इस प्रसंग में याद नहीं की जा सकती है? यह ऐसे व्यक्ति का बहुरूपिया चरित्र है जो आसानी से दूसरों की मनःस्थिति को भाँपता है, फिर तय करता है कि उसे किस प्रकार धोखा देना है। वह एक तरफ़ तो देश की मुसीबतों पर अपनी फ़िक्र जताता है, दूसरी ओर बैंक के लोन हड़पने की साज़िश रचता है। हाल के बैंक घोटालों पर, जिसमें बड़े–बड़े लोग बैंक का पैसा लेकर चम्पत हो रहे हैं, यह कहानी एक सटीक रचना है। अन्त तक आते–आते कहानीकार चेतावनी देता है कि–'हमारे सुन्दर शब्दों का मज़ाक़ बनाने वाला, वाक्यों का उठाईगीर, हमारी लड़ाइयों को भीतर से कमज़ोर करने

वाला, अभी तक ज़िन्दा है हमारे वक़्त पर एक लाँछन की तरह।' पिछले कुछ सालों में समाज में ज़्यादा व्यावहारिक लोगों का नया वर्ग तेज़ी से पनपा है, सफ़ेदपोश अपराधियों का वर्ग। इस वर्ग की अनैतिकता पर शराफ़त की इतनी मोटी चादर चढ़ी होती है कि उसे पहचानना मुश्किल होता है। इसके बारे में अमेरिकी समाजशास्त्री एडविन सदरलैंड ने 1939 में ही 'व्हाइट कॉलर क्राइम' नामक शब्द गढ़कर बताया था कि किस प्रकार यह वर्ग अपनी चालाकी से बैंक और टैक्स आदि में अकल्पनीय धनराशि वाले घोटाले कर आराम की ज़िन्दगी काटता है।

हिन्दी में ऐसी कहानियाँ लिखी जा रही हैं जो मनुष्य के उन तनावों को व्यंजित करती हैं जिनका सम्बन्ध मध्यवर्गीय सम्बन्धों से कम बल्कि बाहर के व्यापक सामाजिक संकटों से है। ये सामाजिक संकट लोकतन्त्र के साथ प्रत्यक्ष तथा परोक्ष क़िस्म के छल से जन्म लेते हैं। कथाकारों में स्त्री–विषयक कथाओं का लेखन कर रही लेखिकाएँ जब व्यापक दृष्टि से समाज को देखती हैं तो उन्हें लगता है कि स्त्रियों की समस्याएँ केवल परिवार के अन्दर मौजूद पुरुषतन्त्र से नहीं जुड़ी हैं, बल्कि उस बड़ी दुनिया से जुड़ी हैं जहाँ व्यवस्था स्वयं पितृसत्तात्मक शक्तियों से लैस है। पिछले सौ साल में पितृसत्ता की पूरी अवधारणा (Concept of Patriarchy) को तैयार किया गया है ताकि स्त्रियों से जुड़े प्रश्नों पर बहस के राजनीतिक तथा सैद्धान्तिक आधार विकसित किये जा सकें। विवाह, इतरलिंगी सम्बन्धों तथा परिवार के द्वारा लगातार पितृसत्ता के पुनरुत्पादन का विश्लेषण करने में इससे मदद मिली है। अधिकांश नारीवादी विचारकों में इस बात पर सहमति है कि पितृसत्ता और पूँजीवाद दोनों स्वायत्त होकर अपने–अपने नियमों से संचालित नहीं हैं, बल्कि साथ मिल–जुलकर काम करते हैं। उत्पादन के साधनों (प्रोडक्शन प्रॉसेस) और प्रजनन की प्रक्रिया (रिप्रोडक्टिव प्रॉसेस) पर एक पुरुषवाद ही नियन्त्रण रखता है। दफ़्तर, अस्पताल, पुलिस थाना, राजनीति हर तरफ़ पुरुषसत्ता की मज़बूत पकड़ है। अल्पना मिश्र की कहानी है–'मिड डे मील'। यह कहानी स्कूलों में बच्चों को मुफ़्त भोजन प्रदान करने वाली व्यवस्था में छाये भ्रष्टाचार की कलई उधेड़कर रख देती है। साथ ही यह कहानी अस्पताल से लेकर ईलाज तक की सुविधाओं पर छाए मर्दाने नियन्त्रण के बीच स्त्री के जूझने की कथा है। क़स्बाई परिवेश, जहाँ मुफ़्त भोजन के नाम पर बच्चों को सड़ा–गला भोजन परोस दिया जाता है और बच्चे अस्पताल में जीवन–मौत

की लड़ाई से जूझ रहे हैं। कहानी का विषय भले सामाजिक हो, पर यह कहानी लेखिका के कथायुक्ति प्रयोग से अख़बारी शैली के लेखन का शिकार होने से बच जाती है। कई संवेदनशील चित्रों से भरी–पूरी यह कहानी एक साथ ही दारुण विपन्नता, मजबूरी और संघर्ष के हौसले को व्यक्त कर देती है। अच्छा साहित्य वह नहीं होता जो पाठकों में केवल यथार्थ के डर को उत्पन्न करे। बल्कि वह होता है जो यथार्थ के डर के बावजूद जीते, लड़ते लोगों के साहस को हम तक पहुँचाता है। कहानी में भी मज़दूर वर्ग की स्त्री है जो अस्पताल, जनरल वार्ड, डॉक्टरों की मनमर्ज़ी जैसी तमाम तकलीफ़ें सहती हुई अपनी गोद में पोलियोग्रस्त बच्चा उठाये मिड डे मील में बँटे ज़हर के कारण अपनी सात–आठ साल की लड़की की जान बचाने के लिए साहसपूर्वक जूझ रही है।

इस बीच साम्प्रदायिकता पर भी लेखकों की कलम से सम्पन्न सामाजिक दृष्टि के साथ बेहतर कथाएँ जन्म लेती रही हैं। इन कहानियों में नॉस्टेलिजया का अलग ढंग से प्रयोग होता है। नॉस्टेलिजया दो प्रकार का होता है, एक वह जिसमें हम स्वयं को केन्द्र में रखकर अतीत को याद करते हैं, दूसरा वह जिसमें हमारी स्मृति के केन्द्र में पूरा समाज, ढेरों सामाजिक चरित्र और उनके जीवन मौजूद होते हैं। वरिष्ठ कथाकार संजीव की हाल ही में प्रकाशित कहानी 'रामलीला' ऐसी ही कहानी है जिसमें किसी साझे जीवन, साझी सांस्कृतिक चेतना पर आधारित अतीत था, जिसे बाद में लगातार तोड़ा और मिटाया जाता रहा है। यह कहानी रामलीला और कर्बला का नाटक खेले जाने के माध्यम से दिखाती है कि किस प्रकार कभी राम कोई मुस्लिम चरित्र बन जाता था, तो इमाम हुसैन किसी हिन्दू समुदाय का व्यक्ति हो सकता था। लेकिन धीरे–धीरे विभाजन के बाद कभी क़ब्रिस्तान की ज़मीन को लेकर तो कभी बहू–बेटियों की इज़्ज़त का डर सामने देखकर लोग एक–दूसरे से दूर होने लगे, बचने लगे। जो मुस्लिम युवक कभी राम का चरित्र निभाता था, वह पाकिस्तान जाकर भी रामलीला को भूला नहीं है और हर आने–जाने वाले से कहता है कि रामलीला बन्द नहीं होनी चाहिए यानी उत्तर भारत में साँझी संस्कृति की मज़बूत बुनियाद जब तोड़ी गयी तो उससे जैसी भयावह, खौफ़ज़दा और हृदयविदारक कथाएँ उत्पन्न हुईं, उन्हें सारे भूमण्डलीकरण व आधुनिकता के बावजूद आज तक लिखा जा रहा है और लगता है कि वे कथाएँ कभी ख़त्म न होंगी।

गाँवों में अगर साम्प्रदायिक–धार्मिक एकजुटता का ताना–बाना बिखरा है तो स्त्रियों ने भी अपने गाँव को याद किया है और देखा है कि कैसे बहुत सारी परम्पराएँ, प्रेमकथाएँ, नाच–गाना सब कुछ बदल–सा गया है। इस बीच आश्चर्य यह देखकर होता है कि पुरुषों की कथाओं की तुलना में स्त्रियाँ गाँव को ज़्यादा भावमय मुद्राओं में याद कर रही हैं। पुरुषों के लिए गाँव अगर खेती–किसानी या पंचायत के झगड़े वाली जगह था, तो स्त्रियों के लिए गाँव बहुत सारी असहाय पर जीवट स्त्रियों से भरा केन्द्र था जहाँ कभी–कभी वे किसी पुरुष पर रीझती थीं, लेकिन कुल मिलाकर गाँव उनके लिए स्त्रियों की विशाल दुनिया ही रहा है। गाँव के बारे में लिखते समय पुरुष लेखक आज भी जनाने में घुसने से डरता है, और उसी जनाने के भीतर से लेखिकाएँ धड़ाधड़ कहानियाँ निकालकर ला रही हैं। इस सन्दर्भ में सोनी पाण्डेय की कहानी 'बलमा जी का स्टूडियो' की चर्चा की जा सकती है। यह ऐसी कहानी है जो गाँव के स्वाभाविक जीवन और वहीं की भाषा में वहाँ के स्त्री जीवन को किसी बनावटी गम्भीरता से नहीं बल्कि बहुत स्वाभाविक उल्लास–उमंग से उजागर करती है। गाँव की अल्हड़ उम्र की लड़कियों का ऐसे व्यक्ति से प्रेम जो गाँव में शादी में फ़ोटो खींचता है। वह लड़की से स्माइल प्लीज़ कहता और खचाक् से फ़ोटो कैमरे में क़ैद हो जाती। लड़कियों को ख़ून से ख़त लिखता है। लड़कियाँ भी उस पर फ़िदा हैं, हालाँकि यह किसी को नहीं पता कि ख़त का ख़ून उसके शरीर का है, या किसी मुर्गी का। धीरे–धीरे टोले की सब लड़कियाँ ब्याह कर चली गयीं तो फिर बलमा भी गायब हो गया। कई साल बाद कथानायिका लौटी तो बलमा के स्टूडियो की जगह बलमाजी मिठाईवाले का बोर्ड लग चुका था। गाँव में बाज़ार ज़्यादा घुस गया था, जहाँ फ़ोटोग्राफ़रों की पहले की तरह ज़रूरत नहीं रह गयी थी। इस तरह बहुत–सी अनकही, गुपचुप रची गयी प्रेमकथाएँ वक़्त के भँवर में गुम होकर रह गयीं। बहुत से लोग चाहकर भी लैला–मजनूँ या शीरी–फरहाद नहीं बन सके। उनके दिलों में उठी भावनाएँ दम तोड़ती चली गयीं, पर वे स्मृति में बैठी रहीं और उनके लिए महत्त्वपूर्ण बनी रहीं। पूरी कहानी में स्थानीय बोली के जादू इस्तेमाल कर हिन्दी की ताक़त उभारी गयी है। पात्र ऐसे हैं जो किसी अस्मितावादी विमर्श या आधुनिकतावादी मुहावरों के फ्रेम से बाहर हैं, लेकिन फिर भी अद्भुत रूप से जीवन्त तथा कहानी में हलचल पैदा करने वाले हैं। पात्रों को जिस परिवेश में रखा गया है, वह

परिवेश ही जीवन की तेज़ लहरों से भरा है। स्पन्दित–घटनामय ज़िन्दगी में चरित्र भी जड़ नहीं बल्कि गतिशील दिखते हैं। हालाँकि उनकी सारी गतिशीलता व सांस्कृतिक जीवन्तता में कहीं उनकी बेबसी व गुलामी भी झाँकती है। भारतीय कथा–साहित्य तथा हिन्दी कहानी में यह मुख्य बात रही है कि समाज के सांस्कृतिक जीवन या सांस्कृतिक महानता का वर्णन कभी मानवीय दुःखों–कटुताओं को अलगकर नहीं किया जा सका है। जिन्होंने ऐसे किया, उनकी कथाएँ अधूरी हैं, या फिर बनावटी हैं।

कहानियों के विशाल लेखन को देखते हुए किसी विशेष कथा–दृष्टि की केन्द्रीयता को स्थापित करना बेवकूफ़ाना प्रयास हो सकता है। अब कथा–आलोचना का काम कथाओं के बहुलतासम्पन्न परिवेश के भीतर रहकर अपनी विचार–दृष्टि का निर्माण करना है और अपनी स्थापनाओं को ब्रह्मवाक्य की तरह पेश करने के बजाय उन्हें 'रिवाइज़' करने के लिए तैयार रहना है। उसे इस तथ्य के प्रति ज़्यादा संवेदनशील होना ही होगा कि आज का लेखक इस दबाव में है कि वह कुछ ऐसा रचे जिसमें व्यक्तिगत और सामाजिक के बीच सन्तुलन नज़र आये। आज का लेखक अपनी अनुभूतियों को उस दौर में 'ईमानदारी' और 'गहराई' जैसे गुणों से जोड़ने के ज़्यादा कठिन प्रयत्न करता है, जहाँ इन गुणों की ज़रूरत लगातार घटती जा रही है। ऐसे में बियाबान में भटकने के बावजूद हिन्दी कहानी की सबसे बड़ी पूँजी आज भी यही है कि वह लिखे जाने, सुने जाने और समाज की वास्तविकता को ग्रहण करने के संकल्प से प्रज्वलित है, प्रेरित है। पारम्परिक सामाजिक व्यवस्था ने भारत जैसे देश में मनुष्य के जीवन में आनन्द के लिए बहुत सारे अवसर निर्मित नहीं किये हैं। पर जिस आधुनिक व्यवस्था को तैयार करने के प्रोजेक्ट पर लम्बे समय तक काम चल रहा था, उस प्रोजेक्ट की विफलता के बाद मनुष्य दो तरह की आशंकाओं के बोझ से दबा जा रहा है। एक ओर यह आशंका है कि पारम्परिक सामाजिक व्यवस्था से जुड़े उसके दुःख–कष्ट से उसकी मुक्ति कठिन हो जायेगी। दूसरी ओर उसे लगता है कि आधुनिकता की विफलता से जो अराजकता उत्पन्न होगी, उसे सहने के लिए उसे ख़ुद को तैयार रखना होगा। कहानियाँ मनुष्य की इन दोहरी आशंकाओं को व्यक्त कर रही हैं और इन्हीं मानवीय आशंकाओं की कसौटी पर हम कथाओं का विश्लेषण कर सकते हैं।

मुखौटों से लड़ती हैं कथाएँ

दुनिया में मनुष्य की समृद्धि के साथ उसकी हताशा और अकेलापन बढ़ रहा है। बहुत सारी पुरानी संरचनाएँ जैसे परिवार, कुटुम्ब, धर्म, परम्परा आदि बिखर चुके हैं या बिखरने की ओर हैं। मनुष्य को सहारा देने वाली नयी संरचनाओं का उदय होता दिख नहीं रहा है। प्रतिमानहीनता की इस स्थिति के बारे में चिन्ताएँ तो हैं पर समाधान कहीं नहीं दिखता। समाजशास्त्री बताते हैं कि दुनिया के किसी कालखण्ड में इतनी अधिक आत्महत्याएँ नहीं हुईं जितनी वर्तमान में हो रही हैं। कहीं क़र्ज़ में डूबा किसान, कहीं बेरोज़गार युवा, कहीं शैक्षणिक लोन में दबी छात्राएँ ख़ुदकुशी के रास्ते पर चल रही हैं। लगता है जैसे संसद से लेकर न्यायालय, सचिवालय, हर सरकारी दफ़्तर से लटकी हुई लाशें झूल रही हैं। एक कृषिप्रधान देश के इस प्रकार से आत्महत्या प्रधान देश में बदलने की विडम्बना हमारी आत्माओं पर गहरे घाव छोड़ देती है। ऐसी त्रासद संवेदनहीनता के प्रति सत्ता में किसी तरह की क्षमायाचना के भाव का अभाव भी हमें हैरत में डालता है। ऐसे ही दुर्निवार अवसाद तथा रोम–रोम में भरी बेचैनी वाले समय में कथाओं ने किसी सच्चे शुभचिन्तक की तरह मनुष्य का हालचाल पूछा है, उसकी वेदनाओं को ध्यान से सुना है और व्यक्त किया है। जब समाज में विचार कम और प्रचार ज़्यादा हो गया है सार्थक आवाज़ों से ज़्यादा शोर है, हमदर्दी से ज़्यादा प्रतियोगिता है तब कथाओं ने समाज की सच्ची समालोचना प्रस्तुत करने का काम अपने कन्धों पर लिया है और उसे पूरी ज़िम्मेदारी से निभाया भी है। पर उन्हें समाज की असलियत पर चढ़े मुखौटों को उतारने में अभी लगातार संजीदगी के साथ रचनात्मक सक्रियता का परिचय देना होगा। कभी प्रेमचन्द ने अपनी कहानियों से वर्णव्यवस्था–सामन्तवाद का, भीष्म साहनी व यशपाल ने साम्प्रदायिकता व साम्प्रदायिक चरित्रों का मोहन राकेश ने स्त्री–पुरुष सम्बन्धों का, प्रभा

खेतान ने पितृसत्ता का मुखौटा नोचकर फेंक देने का काम कथाओं की ताक़त से किया था, वही काम समकालीन जीवन के अन्तर्विरोधों पर नयी पीढ़ी के कथाकारों से भी अपेक्षित है। वह इसलिए ताकि नयी पीढ़ी की कथाएँ आज से कई साल बाद जब पढ़ी जाये तो वे अहसास दिलायें कि अन्धकार में रोशनी की उम्मीदें रखना काफ़ी नहीं होता है बल्कि अन्धकार फैलाने वाले हाथों की शिनाख़्त भी ज़रूरी होती है।

कथाओं से इतनी भारी–भरकम अपेक्षाओं के बीच 21वीं सदी की बहुत सारी कथाएँ बीसवीं सदी की कथा–परम्परा का ही विस्तार प्रतीत होती हैं, पर उनकी संवेदनागत और शिल्पगत भिन्नताएँ भी प्रकट होती हैं। इस सदी की कथाएँ पहले की कहानियों से हमेशा ही बेहतर नहीं है, पर उनकी संवेदना ज़रूर भिन्न हैं। अनिल कुमार यादव, मनोज पाण्डे, संजय कुन्दन, विवेक मिश्र, उमाशंकर चौधरी, किरण सिंह, कैलाश वानखेड़े, वन्दना राग, चरण सिंह पथिक, कविता, इन्दिरा दांगी, जयश्री राय, गीताश्री, कविता आदि कथाकारों ने नयी सदी के भिन्न कथा–संवेदनों को रचनाशीलता के माध्यम से व्यक्त किया है। पर संवेदनशीलता के पहले से ज़्यादा उन्नत होने और संवेदनशीलता के गुणात्मक रूप से भिन्न होने के अन्तर को ध्यान में रखना चाहिए कोई कहानीकार यह दावा नहीं कर सकता कि वह चूँकि कालक्रमिकता में पहले के कहानीकारों से आगे का है, इसलिए उसकी कहानियाँ भी गुणवत्ता तथा पठनीयता के लिहाज़ से आगे की होंगी। कहानी लेखन का काम तकनीक के विकास जैसा नहीं है जिसमें बाद वाली तकनीक हमेशा पहले की तकनीक से उच्चकोटि की होती है। बाद वाली घड़ी या फ़ोन हमेशा पहले वाले घड़ी या फ़ोन से बेहतर होता है। कहानी लेखन में विकासवाद का यह नियम लागू नहीं होता है, भले ही कहानी को नये विषय, क़ौमी मसलात या नये कहानीकार मिल गये हों। कभी जैनेन्द्र ने साठ के दशक में नये कहानीकारों को सलाह दी थी कि साहित्य में सामर्थ्य केवल नये समय को जानने व नये समय में लिखने से नहीं पैदा होता है, बल्कि व्यक्तित्व से पैदा होता है। वह सलाह वर्तमान कथाकारों पर भी आसानी से लागू होती है। उन्हें कहानीकार के रूप में अपने व्यक्तित्व को माँजना है, केवल नये समय का कहानीकार घोषित करने से उनकी विश्वसनीयता कायम नहीं हो सकती है। दुर्भाग्य से बहुत से कहानीकार अकारण ही इस दर्प से भरे घूम रहे हैं कि वे चूँकि वर्तमान में, सबसे आधुनिक समय में लिख रहे हैं, इसलिए उनकी कहानियाँ ज़्यादा समर्थ व पठनीय स्वतः ही मान

ली जानी चाहिए उनका यह भ्रम प्रायः उनकी कथा के हुनर, औज़ारों और आत्मालोचना के विकास में बाधक हो जाता है।

कहानियों की दुनिया में आते बदलावों को भारत के लोकतन्त्र में आते बदलावों से जोड़कर देखा जाये तो वह ग़लत पद्धति नहीं होगी। भारतीय लोकतन्त्र में विकासमान होने और विकृत होने के गुण एक साथ मौजूद हैं। इसमें तर्कशीलता के विकास और बेकार की चिल्ल–पों के लक्षण एक साथ नज़र आते हैं। इससे निराश हुआ जा सकता है और इससे आशाएँ भी पाली जा सकती हैं। कुछ दशक पुरानी कहानियों और वर्तमान में रचित कहानियों में यह स्पष्ट फ़र्क़ आया है कि इस बीच लोकतन्त्र का विस्तार हुआ है और कथाओं में जो विषयगत विस्तार दिखता है, वह भारतीय लोकतन्त्र के विस्तार की प्रक्रिया से पैदा हुआ है। बहुत सारे हाशिये के वर्गों, छोटे गाँवों–क़स्बों और सीमाँत समूहों तक लोकतन्त्र की चेतना पहुँच चुकी है। लोकतन्त्र का यह विस्तार केवल राजनीतिक प्रयत्नों से नहीं बल्कि तकनीक व विज्ञान के नये क़िस्म के हस्तक्षेपों से पैदा हुआ है। लोकतन्त्र के विस्तार ने समाज, अन्याय, उत्पीड़नों के कई रूपों की पहचान को कहानी में सम्भव बनाया है और कहानियाँ अगर किसी घोषित राजनीतिक माँग–पत्र के रूप में न भी लिखी जा रही हों तो भी वे वंचित–उपेक्षित समुदायों पर ढाये गये अनसुने अत्याचारों व उनकी अनसुनी आवाज़ों को तो ज़रूर ही व्यक्त कर रही हैं। इसीलिए कहानीकारों ने नये दृष्टिकोण का सहारा लिया है तो पुराने दृष्टिकोणों का मुकाबला भी किया है। कई कहानियाँ तो पहले के कहानीकारों के सामाजिक दृष्टिकोण की आलोचना करने या उसे दुरुस्त करने के लिए रची गयी हैं। कुछ ख़ास जातियों व समूहों की रूढ़िबद्ध छवियों को तोड़ने के लिए भी कहानियों को ही माध्यम बनाया गया है। वहाँ कहानी मुश्किल मोर्चे पर तैनात किसी सिपाही की तरह हैं जो हारी हुई ज़मीन को फिर से अपने क़ब्ज़े में लेना चाहता है। जैसे कि दलित रचनाकार ओमप्रकाश वाल्मीकि की कहानी है 'बैल की खाल'। कहानी में दो दलित पात्र हैं जो मरे हुए जानवरों की खाल बेचते हैं। बड़े यान्त्रिक ढंग से मरे बैल को चीरकर उसकी खाल निकाल लेते हैं और बाक़ी शरीर को गिद्धों–कुत्तों के लिए छोड़कर चल देते हैं। पर रास्ते में वे खुद सड़क दुर्घटना में घायल हुए छोटे बछड़े की दवा–दारू करने के लिए आकुल हो जाते हैं। उस बछड़े के लिए उनके मन में करुणा उमड़ आती है। वह बछड़ा मर जाता है तो उनकी आँखें भी गीली हो जाती हैं। यह कहानी सम्भवतः प्रेमचन्द की कथा–दृष्टि

के प्रतिवाद में रची गयी थी। प्रेमचन्द दलित–पीड़ा व्यक्त करते थे, उनका दमन करने वाली अमानुषिकता को भी, पर दलितों के मानवोचित गुणों के बारे में अलग से कहानी में कोई प्रसंग या घटना जोड़ने में रुचि नहीं रखते थे। यह प्रेमचन्द की सीमा नहीं थी बल्कि उनका यथार्थ–बोध था जिसके अन्तर्गत वे दलित की पहली लड़ाई वर्ण–जाति से उत्पन्न अन्याय के ख़िलाफ़ मानते थे। साहित्य से लेकर बौद्धिक समाज तक में दलितों के बारे में फैले विभिन्न प्रकार के मिथ्या विचारों, मिथ्या अभिव्यक्तियों या असत्य पूर्वग्रहों से जूझना उनकी प्राथमिकता नहीं थी।

नयी स्थितियों में नया परिवर्तन यह भी आया कि दलित चरित्र अब केवल ग्रामीण इलाक़ों की कथाओं तक ही सीमित नहीं हैं बल्कि शहरी इलाक़ों में परिवेश से उनका जो भी द्वन्द्व है, उसे प्रकट करने में रुचि रखते हैं। दलितों पर कथा रचने का अर्थ केवल ग्रामीण ग़रीबी का चित्रण करना नहीं है। वर्णाश्रम से युद्ध का क्षेत्र कृषि व्यवस्था या गाँव तक सीमित न रहकर छोटे शहरों व महानगरों तक शिफ्ट हो गया है। गाँव से कटा लेखक अब गाँव के दलित से ज़्यादा शहरी दलित के जीवन को व्यक्त करने में स्वाभाविक रूप से अधिक रुचि रखता है। हमें अधिकांश कहानियों में केवल दीन–हीन जीवन के शिकार दलित व्यक्ति का चित्रण नहीं मिलता है और न यह माना जा सकता है कि कहानी किसी सूक्ष्म सांकेतिकता का सहारा लेकर उनकी पीड़ा को बयान करेगी। इसीलिए उनसे सम्बन्धित कथाओं में सांकेतिकता या अमूर्तन के स्थान पर बड़ी ठोस स्थितियाँ सामने आती हैं। वे कथाकार शहरी क्षेत्रों में खड़े दलित पात्रों को गढ़ते हैं जो किसी दफ़्तर के बाहर खड़े रहने या सवर्ण अफ़सर के हाथों अन्याय सहने के लिए तैयार नहीं हैं। इस सन्दर्भ में कैलाश वानखेड़े ने 'सत्यापित' कहानी लिखी थी जिसमें ऐसे ही दलित नवयुवकों का वर्णन है जो फ़ोटो को सत्यापित कराने जैसे मामूली कामों के लिए परेशानी उठाते हैं और अन्ततः उन दफ़्तरों में जबरन घुस जाते हैं जहाँ उन्हें बेवजह इन्तज़ार कराया जा रहा हैं। ऐसी कहानियों में पात्रों की जातिगत अस्मिता को शुरु में ही बता दिया जाता है और पाठक को अन्दाज़ लग जाता है कि वर्णाश्रम पर चोट करने वाली एक और कथा को वह पढ़ने जा रहा है। समाज में बदलते शक्ति–सन्तुलन या शक्ति सन्तुलन को बदलने को लेकर बढ़ती व्यग्रता की अभिव्यक्ति कहानियों के केन्द्र में वैसे ही मौजूद है जैसे धरती के गर्भ में गरम लावा।

इसी तरह की कई कहानियाँ स्त्रियों के द्वारा भी रची गयी हैं जिसमें

स्त्री देह के बारे में कई बोल्ड, स्पष्ट और निर्णायक स्थापनाएँ कथाओं के भीतर से उभरकर आती हैं। वहाँ स्त्रियों द्वारा अपनी ही देह को फिर से विजित करने का आत्मविश्वास है तो कहीं स्त्री–देह का प्रतिशोध है। ये प्रतिशोध महानगरों, गाँवों–क़स्बों हर जगह फैल रहा है और विवेक मिश्र की कहानी 'हानियाँ' इसका मार्मिक अंकन करती है। कई समीक्षकों को इस बात पर एतराज़ होता है कि स्त्रियाँ अपनी देह को ऐन्द्रिक सुखों की सामग्री की तरह क्यों दिखा रही हैं और वह किसी अन्य सामाजिक या राजनीतिक विषय से क्यों खुद को नहीं जोड़ रही हैं! ऊपर से यह स्त्रियों को क्रान्तिकारी बनाने वाला विचार लगता है, पर भीतर से यह स्त्रियों के बारे में प्रतिक्रियावादी–रूढ़िवादी सोच होता है। कहानी में सेक्सुअल प्लेजर, हीडोनिज़्म और आर्गेज़्म जैसे शब्दों के प्रयोग करने भर से मर्यादावादी–शुक्लवादी समीक्षक आगबबूला हो उठते हैं। साहित्य–संस्कृति में मर्यादावाद की माँग स्वयं में पुरुषवाद की पर्याय होती है। समीक्षा तथा आलोचना में पुरुषवाद का पूरा तन्त्र किसी मर्यादावाद या सौन्दर्यवाद के नाम से अपना प्रभाव जमाता है और इसमें स्त्री रचनाकारों की सृजनशीलता को उसी प्रकार नियन्त्रित किया जा सकता है जैसे उनकी प्रजनन क्षमता को नियन्त्रित किया जाता है। पश्चिम की नारीवादी चिन्तक शियला जैफरेज ने आर्थिक वर्ग की तरह स्त्रियों के सन्दर्भ में 'सेक्स क्लास सिस्टम' जैसे शब्द का प्रयोग किया है जिसमें स्त्रियों को पुरुष की तुलना में निम्नवर्ग का माना जाता है और यौनिक पहचान पर आधारित वर्ग व्यवस्था पुरुषों को स्त्रियों की प्रजनन क्षमता व यौन सम्बन्धों पर पूरा अधिकार उसी तरह से प्रदान करती है जैसे मालिक का पूरा अधिकार मज़दूर के श्रम तथा उसकी दैहिक शक्ति पर स्थापित हो जाता है। आलोचना तथा समीक्षा भी कई बार स्त्री रचनाकारों को निम्नवर्ग की तरह देख सकते हैं और उनकी रचनात्मकता को निर्देशित या नियन्त्रित करते हैं। उन समीक्षकों को इस बात का कम इलहाम है कि निजी अनुभवों को व्यक्त करना भी कई बार सामाजिक–राजनीतिक विषय को उठाने का पर्याय हो सकता है। निजी यौनिक इच्छाओं की अभिव्यक्ति लैंगिक विभेद की राजनीति का खुलासा करती है। निजता या निजी दर्द को सार्वजनिक करना, समाज से संवाद करना तथा सामाजिक पूर्वग्रहों पर आघात करने जैसा होता है। पश्चिमी अंग्रेज़ी लेखन में इसीलिए टेस्टीमनी, मेमॉयर्स, ऑटोबायोग्राफी आदि पर ज़ोर बढ़ा है। पश्चिम में स्त्रीवाद पचास–साठ के दशक में स्त्री देह, लेस्बियन सम्बन्धों आदि के बारे में

व्यापक–विस्तृत विश्लेषणपरक बहसें अंजाम दे चुका है। कहानी के केन्द्र में स्त्री देह के आगमन का ख़ास सामाजिक–राजनीतिक सन्दर्भ है। हिन्दी में स्त्रीवाद के आगमन में जो कठिनाइयाँ रही हैं उनका सम्बन्ध हिन्दी पट्टी की मानसिक दरिद्रता और बौद्धिक काहिली से है। एक पिछड़ा हुआ, नालायक समाज स्त्री की दशा पर बहस, विश्लेषण या विवेचन में भी अश्लीलता देखता है जबकि वह बाक़ी मसलों पर स्त्री के बारे में अश्लील कल्पनाओं से भरा होता है। वह घर के अँधेरे कोनों या मोबाइल में पोर्नोग्राफ़ी का सुख चाहता है पर स्त्री समस्याओं से बचकाने ढंग से बिदकता है। वह स्त्री को विवादास्पद, झगड़ा पैदा करने वाली या मनुष्य को भटकाने वाली के रूप में देखने का इतना अभ्यस्त होता है कि उसमें स्त्रियों के विकास का कोई भी बौद्धिक या राजनीतिक एजेंडा ख़ास तरह का नर्वसनेस पैदा करने लगता है। उसे सेक्स, यौन, संभोग–सहवास और शारीरिक फुलफिलमेंट की माँग करती स्त्री भयभीत करती है। ज़्यादा नहीं, कुछ दशक पूर्व तक स्त्री की छवि साड़ी में लिपटी कोमलांगी की थी। अबला स्त्री का मिथ बहुत बनावटी और सावधानी से गढ़ा हुआ था पर वास्तविकता की तरह स्वीकारा जाता था। वह क़स्बाई निगरानियों से लेकर महानगरीय दुविधाओं की शिकार थी। नयी कहानी आन्दोलन की नायिकाएँ स्वतन्त्र थीं, पर उनकी स्वतन्त्रता बहुत सारे संकोचों से घिरी रहती थी। वे प्रेम, वासना या रति की ओर आकृष्ट होती नायिकाएँ हैं पर उन्हें अभी यह मानने में कठिनाई थी कि देह उनके अस्तित्व का महत्त्वपूर्ण पक्ष है। वे स्त्री होने को लेकर अजीब ढंग से शर्मिन्दा दिखती हैं। उनकी स्त्री–सुलभ लज्जा दरअसल अपने ही अस्तित्व को लेकर लज्जित होने का परिणाम प्रतीत होता है। देह, दैहिक सुख, दैहिक कामना आदि से निरपेक्ष व उदासीन दिखने का जो प्रशिक्षण दिया जाता था, वे उसी के अनुसार जीवन जीने का प्रयास करती थीं। प्रायः वे शिक्षिकाएँ, कलमनवीस, नर्स या कभी–कभार समाज–सुधारक होती थीं और देह को किसी पवित्र मन्दिर की तरह देखती थीं। उनकी यौनिकता किसी कामग्रस्त पुरुष के सामने ही नहीं बल्कि सामान्य पुरुष के सामने भी आत्मरक्षात्मक मुद्रा में रहती हैं। वे अपनी देह को दूसरों से ही नहीं छिपाती थीं बल्कि अपने से भी छिपाती थीं। नायक भी उन्हें स्त्री के रूप में कम बल्कि पवित्र मन्दिर या पवित्र अस्मिता के रूप में देखते थे। कई बार तो वे स्त्री के रूप में नहीं बल्कि देवमन्दिर के रूप में उद्धार का विषय बन जाती हैं। कृष्णा सोबती की कहानियाँ अपवाद हैं पर उनके समकालीन लेखक भी मानते थे कि

सोबती के स्त्री पात्र जैसे 'मित्रो मरजानी' की मित्रो वास्तविक नहीं बल्कि आभासिक यथार्थ है। उनके बारे में मार्कण्डेय ने 1961 में कहा था कि 'जीवन की सहजता के प्रति इतनी गहरी दिलचस्पी रखने वाली लेखिका जीवन से इतनी दूर है कि उसके द्वारा निर्मित चरित्र घटनाओं के बीच से गुज़रते ही बनावटी होने का आभास देने लगते हैं।' पर नब्बे के दशक में समाज में तेज़ परिवर्तन आते हैं जिसमें औरत, मैनेजर, अफ़सर, मॉडल, कम्प्यूटर इंजीनियर आदि के रूप में उभरती हैं और उन्हें अब देह की चिन्ता से मुक्त होने के लिए मजबूर होना पड़ता है। पहले स्त्रियाँ कभी–कभी घर से बाहर निकलती थीं और उन्हें ट्रेन में सुरक्षित बिठाना और फिर उतना ही सुरक्षित घर तक लाना भी पुरुषों की ज़िम्मेदारी थी। पर अब स्त्रियाँ रोज़ अकेले निकलने लगीं तो उन्हें अपने शरीर को देवमन्दिर की तरह देखने के संस्कार से मुक्त करना ही पड़ा। वह अब शरीर पर किसी अवांछित छुअन, घूरे जाने, देखे जाने या फिकरे कसे जाने से बेपवरवाह होती चली गयीं। वे सार्वजनिक क्षेत्रों के लैंगिक भेदभावों को तोड़ने लगीं। कई ऐसी कहानियाँ भी देखने को मिलीं जिनमें स्त्रियाँ शारीरिक सुख के बदले किसी पुरुष की मदद करने को भी तैयार हैं। यह रिश्तों में 'इंस्ट्रूमेंटलिज़्म' का नया रूप है जिसमें व्यावसायिक कामयाबी के शिखर पर बैठी स्त्रियाँ अब यौन–सुख के बदले अपने किसी मित्र या परिचित को लाभ प्रदान करने के लिए तैयार हैं। हाल ही में 'बयाँ' पत्रिका में छपी प्रेमचन्द गाँधी की कहानी 'गिल्टी–मिथ' को पढ़ा जा सकता है जिसमें एक बेरोज़गार मित्र के साथ शारीरिक सुख लेने के बाद एक बोल्ड और सफल स्त्री पत्रकार उसकी हर प्रकार से सहायता करने लगती है। इस प्रकार नब्बे के दशक के सामाजिक सन्दर्भों के मध्य स्त्री लेखिकाओं का देह विमर्श पैदा हुआ और भले ही राजेन्द्र यादव ने इसे हंस के माध्यम से स्वर प्रदान किया हो, पर उसकी मूल प्रेरणा में नब्बे के दशक के परिवर्तन काम कर रहे थे। देह विमर्श केवल स्त्रियों द्वारा अपनी देह–सम्बन्धी सोच या यौनिकता के निर्बन्ध प्रदर्शन की वस्तु नहीं रही बल्कि पुरुषों द्वारा स्त्री देह के बारे में पाली गयी मिथ्या धारणाओं, कामुकता व अनैतिक स्वच्छन्दताओं का भी उद्घाटन इसमें सम्मिलित रहा है। स्त्री को केवल स्त्री देह मानने और उसे ताड़ने (गेज), हड़पने, उपभोग करने के नज़रियों की बेबाक पड़तालें इन कथाओं में स्वतः निहित होती चली गयी हैं। उसमें स्त्री देह के बारे में पुरुषों के भद्दे, अश्लील और लोभी दृष्टिकोणों की ज़ोरदार ख़बर भी ली गयी है। युवा लेखिका इन्दिरा दांगी की कथा

'एक सौ पचास प्रेमिकाएँ' इसी विषय को उठाती है जिसमें एक फ़ौजी स्त्री–देह को भोगने के बारे में शेखी बघारता है और बाद में अपनी ही पत्नी की वफ़ादारी तथा सतीत्व की वैसी ही कुटिलता से प्रशंसा करता है। मासूम दिल लड़कियों से लेकर संगमरमरी नवब्याहताओं तक से अपने सम्बन्धों पर ढींगे हाँकने के बाद अपने घर में बच्चे पालने वाली अनपढ़ पत्नी को दुनिया की सबसे अच्छी पत्नी बताता है। यहाँ भी मर्दानगी का पूरा बोध किसी दुर्बल व आखेट–योग्य नारीत्व की कल्पना तथा उसके शोषण पर टिका है। मर्दानगी और नारीत्व की 'बाइनरी' ही मर्द की सत्ता का आधार है। शियला जैफरेज का ही कथन है–'Masculinity can not exist without femininity. On its own, masculinity has no meaning.' ज़ाहिर है कि देह विमर्श की सैद्धान्तिकी में इतना सपाटपन लेखिकाओं ने नहीं प्रकट किया है जितना सपाटपन उनके पुरुष आलोचकों ने उसमें ढूँढ़ लिया है। ये पुरुष आलोचक–निन्दक 'आँगन कुटी छवाय' के योग्य नहीं हैं। देह विमर्श स्त्री द्वारा अपनी ही देह पर नियन्त्रण प्राप्त करने का पक्षधर है। तथा स्त्री देह के बारे में पुरुषों के बीमार नज़रियों से संघर्ष का परिचायक है। हालाँकि इसी दौर में ऐसी कमज़ोर कहानियों की भी लम्बी सूची है जिनमें यौन–सुख की माँग करते जो स्त्री चरित्र रचे गये वे थोड़े बनावटी लगते थे। ऐसी कहानी भी पढ़ने को मिली जिसमें घर में घुसे चोर को भगा देने के बजाय घर की मालकिन उसके साथ संभोग–सुख लेने लग जाती है। स्त्री की यौनिकता तथा वैयक्तिकता की ऐसी कुरुचिपूर्ण छवियों से पहले भी बाज़ार भर रहा है। इन कहानियों को पढ़कर हिन्दी व भोजपुरी का 'सी ग्रेड' अश्लील सिनेमा याद आ जाता है, पर वे कहानियाँ बड़ी पत्रिकाओं में छप रही थीं और उन्हें बड़े सम्पादकों का समर्थन भी प्राप्त था। इन प्रवृत्तियों ने स्त्री–पुरुष सम्बन्धों पर ढंग की रूमानी कहानी को भी हतोत्साहित किया क्योंकि स्त्री मुक्ति के ख़याल में खोया कहानीकार यह भूल गया कि कई बार रूमानियत भी स्त्री की सार्थक और प्रगतिशील छवि को निर्मित करती है। मोहन राकेश ने कभी साठ के दशक में कहा था कि जनवाद–प्रगतिशीलता की आड़ में तीसरे दर्जे के साहित्य का स्वर्णकाल चल रहा है। उसी बात को अलग ढंग से कुछ यूँ भी कह सकते हैं कि अस्मिता की राजनीति के बहाने तीसरे दर्जे के साहित्य का पिछले कुछ सालों में स्वर्णकाल चल रहा है। पर इसी दौर में सब कुछ तीसरे दर्जे का, कूड़ा या भूसा नहीं पैदा हुआ बल्कि कुछ महत्त्वपूर्ण रचनाएँ भी लिखी गयीं

और वे कथाजगत में स्वतन्त्र स्त्री अस्मिता का निर्माण करती हैं।

इन अस्मिता सम्बन्धी रचनाओं के दायरे के बाहर मानव मूल्य के विघटन, सामाजिक ह्रास और नयी पीढ़ी की समस्याओं पर जो कहानियाँ लिखी गयीं उन्होंने समाज की गतिशीलता ही नहीं बल्कि कथा मात्र की गतिशीलता को व्यक्त किया। इसी प्रकार जो सजग कहानीकार थे, वे केवल पात्रों की भावुकता को नहीं दिखाते थे बल्कि वे चरित्रों के अन्तर्विरोध तथा कटुता को दिखाते थे। वे भीतरी उधेड़बुन और समाज में जारी प्रक्रियाओं को एक साथ दिखाते थे। जैसे कि पिता पर रची गयी कथाएँ। पिता पर कहानी लिखते समय केवल भावुकता, रोना–धोना या बेचैनी को जिन कहानीकारों ने दर्शाया, उन्होंने कुछ नक़ली और कमज़ोर कहानियाँ लिखी हैं। ऐसे कहानीकार बेहद सामान्य भावनाओं में खुद भी बहते हैं और पाठकों को भी उसमें बहाने लगते हैं। उनकी संवेदना से जिन रचनाओं का जन्म होता है वे पाठकीय संवेगों को झकझोरने में बुरी तरफ़ असफल साबित होती हैं। कहानी लिखते समय वे भूल जाते हैं कि समर्थ–सच्ची कहानी केवल भाषा का खेल नहीं है बल्कि वह पैनी सामाजिक दृष्टि से जन्म लेती है। जिन्होंने अपनी दृष्टि में धार लगाने के स्थान पर केवल भाषा में धार लगाने की चिन्ता की है, उनकी रचनाएँ हलकी या उबाऊ हो जाती है। जिन्होंने पिता या माँ के चरित्र पर केन्द्रित कहानी रचते समय दो पीढ़ियों के द्वन्द्व या स्वार्थपूर्ण टकराव को व्यक्त किया, उनकी कहानियाँ ज़्यादा सशक्त रूप में सामने आयी हैं। उदाहरण के लिए कथाकार आशुतोष की एक कहानी है' पिता का नाच'। कहानी में भोजपुरी समाज की पृष्ठभूमि है जिसमें नन्दू नामक व्यक्ति है जो पार्टियों, शादियों आदि में मीना कुमारी के नाम से नाचता है। उसकी नाच पार्टी को 'मीना कुमारी नाच पार्टी' के नाम से पुकारा जाता है। वह शोहरत और समृद्धि हासिल कर लेता है। उसके दो बेटों के विवाह तो आराम से हो जाते हैं पर उसकी बेटी का विवाह इसलिए नहीं हो पाता क्योंकि लोग उसके नाच के कारण उसके घर से रिश्ता जोड़ने में शर्म महसूस करते हैं। बाद में उसके दोनों बेटे गुस्से में उसकी पिटाई करते हैं और उसे घर में बन्द कर यह घोषित कर देते हैं कि लड़की के पिता का देहान्त हो गया है। लड़की की शादी तय हो जाती है, बारात आने वाली होती है पर अचानक से लड़के वाले कहते हैं कि शादी तभी होगी जब मीना कुमारी का नाच होगा। कहानी इस क्लाइमेक्स पर पहुँचकर ख़त्म हो जाती है। यह एक विस्फोटक अन्त है जिसमें नयी पीढ़ी की सन्तानों का अभिभावकों के प्रति

रवैया ही नहीं प्रकट होता है बल्कि नये समाज में एक लोक–कलाकार की भयावह दुर्दशा एकदम से झलक जाती है। एक वृद्ध पिता अपनी सन्तानों और अपनी कला, दोनों के कारण प्रताड़ित हो रहा है। कहानी के भीतर की बहुआयामिता और विविधतापूर्ण संवेदन कहानी को हमारे समय की एक महत्त्वपूर्ण कहानी में बदल देते हैं।

विशिष्ट कल्पनाशीलता के कारण कहानी का समाज के साथ सम्बन्ध तनावपूर्ण रहता है। जहाँ कल्पनाएँ तीव्र होती हैं, वहाँ पुराने को तोड़कर नये की रचना की स्वाभाविक अन्तःप्रेरणाएँ उपस्थित रहती हैं। इस प्रकार कहानीकार समाज के ऊपरी प्रदत्त सच को अस्वीकार करता है, तो उसी समाज को गहराई में प्रवेश कर प्रतिबिम्बित करने के दायित्व से भी ख़ुद को मुक्त नहीं कर पाता है। तब वही कहानीकार एक खोजी पत्रकार, एक जासूस, एक छापामार गोरिल्ला में बदल जाता है और प्रतिबन्धित इलाक़ों में घुसने की राह तलाशता है। प्रतिबन्धित इलाका कोई दूर बसा रहस्यमय इलाका नहीं होता बल्कि वह हमारे ही आसपास के जीवन, मन, चेतना और भाव–संसार में होता है। वह वहीं से लौटकर, जख़्म–चोट सहलाते हुए अपनी कहानी–कला को विकसित कर सकता है। इस सन्दर्भ में देखें तो वर्तमान के कई कथाकारों ने साम्प्रदायिकता जैसी समस्या पर भी नयी भंगिमा और कथ्य के सहारे लिखा है। उन्होंने केवल समस्या पर ही नहीं लिखा है बल्कि कैसे साम्प्रदायिकता का सामना करने के लिए समाज का अल्पसंख्यक समुदाय कई भिन्न तरह के आपातकालीन क़दमों का सहारा लेने के लिए विवश कर दिया गया है, इसका विस्तार से विवेचन किया है। एक अत्यन्त महत्त्वपूर्ण कहानीकार अनिल कुमार यादव की कहानी 'दंगा भेज्यो मौल्या' में कालजयी कहानी के सारे गुण मौजूद हैं। कालजयी कहानी वही हो सकती है जो पहले की बनी–बनायी लीक पर से हटकर किसी विषय को उठाती है। हमारे सामने उस दृश्य को खड़ा कर देती है जो सामाजिक पूर्वग्रहों के कारण अस्वीकारा या अनदेखा किया जा चुका है। इस कहानी में अल्पसंख्यकों का बाढ़ग्रस्त इलाका चित्रित होता है और लोग बीमारी, घुटन और बाढ़ में मर रहे हैं। उन्हें सरकार से राहत मिलना तो दूर उल्टा उनके इलाके में गन्दे नाले का पानी बहाया जा रहा है। ऐसी ही जीवन–मरण की दशा में वे अब सरकार की ओर से नाउम्मीद होने के बाद यह कामना करने लगे हैं कि उनके इलाके में किसी तरह से दंगा हो जाये। कहानी में मोमिनपुरा नामक बस्ती है जो मुस्लिम अल्पसंख्यकों की

दुर्दशाग्रस्त स्थितियों का करुण रूपक है। यह मुस्लिम बस्ती बारिश के दिनों में मल–मूत्र और महामारी वाली काली झील में बदल जाती है और लोग इसी में नावें चलाकर किसी तरह जीवित रहते हैं। वे मदद के लिए सरकारी कर्मचारियों की प्रतीक्षा करते हैं पर उन्हें केवल इलेक्शन या दंगे के दौरान ही अपने इलाके में सरकार के दर्शन होते हैं। शहर का आपदा राहत विभाग इतना निकम्मा है कि बाढ़ से घिरी बस्ती को सहायता देने के स्थान पर इसे 'मामूली जलभराव' घोषित कर देता है। इसीलिए कुछ करने का प्रश्न ही नहीं पैदा होता। अल्पसंख्यक युवाओं के मन में दंगे की नयी परिभाषा पैदा हो रही है। ऐसी परिभाषा जिसमें गोली–छुरा चलाये बिना भी साम्प्रदायिक नरसंहार किया जा सकता है। कहानी में अचानक से बस्ती को घेरे बाढ़ का पानी किसी चरित्र में बदल जाता है। नाव की पीठ पर सिर पटकते हुए रोने लगता है। हताश, लाचार लड़के पानी को घूरते हैं और उसी से बतियाते है। पानी भी रुँधी हुई आवाज़ में कुछ–न–कुछ बुदबुदाने लगता है। वह काला, दूषित पानी जैसे चेतावनी की तरह बोलने लगता है–'ये दंगा नहीं तो और क्या है। सरकार ने अफ़सरों को इधर आने से मना कर दिया है। डॉक्टरों ने इलाज से मुँह फेर लिया है। जो पम्प यहाँ लगने चाहिए उन्हें नदी में लगाकर पानी इधर फेंका जा रहा है। करघे सड़ चुके हैं, घर ढह रहे हैं, बच्चे चूहों की तरह डूबकर मर रहे हैं। सबको इसी तरह बिना एक भी गोली–छुरा चलाये मार डाला जायेगा। जो बेघर–बेरोज़गार बचेंगे, वे बीमार होकर लाइलाज मरेंगे।' हिन्दी में साम्प्रदायिकता के कारण फैलती हिंसा, अमानवीय विचारों और क्रूरता पर कई कहानियाँ लिखी गयी हैं, पर यह अनोखे ढंग की कथा है। यह उस समय की कथा है जब भारतीय राज्य साम्प्रदायिक हिंसा में अल्पसंख्यकों को सुरक्षा प्रदान करने के लिए संवैधानिक रूप से प्रतिबद्ध है। पर बाढ़, महामारी, बीमारी, मौत आदि के विषयों पर उनके प्रति कट्टरतापूर्ण उपेक्षा का रवैया प्रकट करता है। अल्पसंख्यक केवल साम्प्रदायिकता के शिकार या उससे अपना बचाव करने वाले वर्ग के रूप में देखे जाते रहे हैं। अल्पसंख्यकों ख़ासतौर पर ग़रीब मुस्लिमों को तभी सरकार व प्रशासन से राहत मिलती है जब वे दंगों के शिकार हो जाते हैं। वह भी उनमें अल्पसंख्यक होने का बोध पैदा करके। अल्पसंख्यकों के कल्याण के लिए योजनाएँ लागू करना लोकतन्त्र की कसौटी हो सकती है पर अल्पसंख्यकों के कल्याण के नाम पर उनमें गाहेबगाहे अल्पसंख्यक होने का बोध पैदा करना या उन्हें

मुख्यधारा से अलग–थलग रखना लोकतन्त्र के एकदम विपरीत 'अप्रोच' होती है। कहानी में ग़रीबी, महामारी और बाढ़ से लस्त–पस्त मुस्लिम समुदाय के लोगों के पास दंगों की प्रतीक्षा के अलावा कोई रास्ता नहीं रह जाता है ताकि उनके जीवन में भारतीय राज्य जिस प्रकार से अदृश्य हो चुका है, वह फिर से प्रकट हो और राहत सामग्री व सुरक्षा मिले। कहानी के अन्त में मोमिनपुरा का पानी जब पुलिया तोड़कर हिन्दुओं के इलाके में घुसता है तो हिन्दू लोग जत्था बनाकर मोमिनपुरा पर चढ़ दौड़ते हैं। सीवर के बजबजाते पानी में हिन्दू और मुस्लिम गुत्थमगुत्था हो जाते हैं। कहानी इस वाक्य के साथ समाप्त होती है–'अल्लाह ने हताश लड़कों की दुआ क़बूल कर ली थी।' लोग दुआ माँगते हैं कि दंगा न हो, पर यहाँ दंगा होने की दुआ माँगी जा रही। सुनियोजित उपेक्षा की हिंसा से मरने के स्थान पर साम्प्रदायिक हिंसा में मरने का ख़तरा उठाना अधिक अच्छा विकल्प है क्योंकि उससे कम–से–कम सरकारी सहायता मिलने की आशा तो रहेगी। कहने का अर्थ है कि अल्पसंख्यकों की समस्या को प्रकट करने में कहानीकारों ने नये ढंग की परिपक्वता हासिल कर ली है। उसे मुसलमानों की स्थिति को प्रकट करने के लिए केवल कहानी में दंगों के आतंक का सहारा नहीं लेना पड़ता बल्कि उनकी रोज़ाना की जीवन स्थितियों में बैठा गाढ़ा दुःख भी दिखता है। वे इस बात को समझ चुके हैं कि भारतीय जनतन्त्र में अल्पसंख्यकों के साथ होने वाले अन्याय का रिश्ता केवल साम्प्रदायिकता से नहीं है। नित्यप्रति के जीवन की कई अन्य विषम स्थितियों के कारण भी अन्याय होते हैं जिनका कथा में चित्रण होना चाहिए।

साम्प्रदायिकता के साथ पिछले कुछ दशकों में समाज की एक बड़ी समस्या समाज की संवेदनाओं पर तकनीक और बाज़ार का अभूतपूर्व हस्तक्षेप रहा है। भूमण्डलीकरण, उत्तर–आधुनिकता, आधुनिकता, बाज़ारवाद, मशीनीकरण आदि शब्द पूरे बौद्धिक जगत पर छाये रहे हैं। पर कुल मिलाकर बात यही है कि एक नये तरह का अलगाव तथा श्रम का शोषण भारतीय महानगरों की हक़ीक़त बना है। नयी मशीनों, कम्प्यूटर आदि पर काम करता युवा बेगानेपन के साथ समझौता कर रहा है। वह एक थका, परेशान और अकेला युवा है जो अब सप्ताहान्त की नक़ली मौजमस्ती से भी ऊब चुका है। कभी मार्क्स ने इस स्थिति की अन्तर्दृष्टिपूर्ण व्याख्या की थी। श्रम के बदलते रूप तथा श्रम–पूँजी के नये सम्बन्ध की विवेचना करते हुए उन्होंने अपने प्रसिद्ध ग्रन्थ 'पूँजी' में कहा था कि नये ज़माने में पूँजीवाद श्रम के

घण्टे बढ़ाता है साथ ही वह उन मशीनों में कामगारों को झोंक देता है जो उसकी ऊर्जा को ज़्यादा तेज़ी से चूसने का काम करती हैं। यानी दोहरा शोषण। एक ओर श्रम के समय में वृद्धि और दूसरी ओर नयी मशीनों–कम्प्यूटर आदि के श्रम का ज़्यादा दोहन। जो काम इन्सान पन्द्रह घण्टे में करता है, उसे मनुष्य पर पाँच घण्टे में निपटा देने का दबाव। इसी कार्य–संस्कृति के बीच से जो अलगाव, घुटन आदि पैदा हुए हैं, उस पर कथाकारों से बेहतर शायद न तो कवि लिख पा रहे हैं, न उपन्यासकार। संजय कुन्दन की कहानी 'श्यामलाल का अकेलापन' जिसका इस पुस्तक में अन्यत्र भी ज़िक्र है, इसी व्यथा की बानगी प्रस्तुत करती है। एक ऐसे व्यक्ति की कहानी जो परिवार के लिए एटीएम कार्ड में बदल गया है और व्यवस्था के लिए लगातार दौड़ते घोड़े के रूप में। उस सामान्य मनुष्य पर इतने बोझ लाद दिये गये हैं जैसे वह मनुष्य नहीं बल्कि दानव या दैत्य हो। ऊपर से स्वस्थ और भागता–दौड़ता इन्सान भीतर–ही–भीतर न जाने कितनी मौतें रोज़ मर रहा है। इस कहानी में सबसे कारुणिक दृश्य वह है जिसमें नौकरी व जीवन के तनावों से टूटा–परास्त इन्सान कुछ पुराने भोजपुरी गीतों को गाने के लिए तड़प उठता है और वह चौकीदारों के बीच जाकर अपना शौक़ पूरा करता है। यह कहानी चेखव की उस रूसी कहानी की याद दिलाती है जिसमें एक बूढ़ा कोचवान अपने ही घोड़े के साथ गले मिलकर रोता है।

इस तरह हम देख सकते हैं कि पिछले सौ बरसों में सर्वश्रेष्ठ कथाएँ वही हैं जिन्होंने परम्पराओं के बन्धनों से भागकर कहानियों की शरण में आये इन्सानों के मुक्तकामी जज़्बातों को सहलाया है और उसे अपराध–बोध के बोझ से मुक्त किया है। कथाओं ने उसकी ज़िन्दगी को बाँधने वाली ज़ंजीरों को पूरी तरह पिघलाया भले न हो पर उनकी रगड़ को सहने लायक बनाया, उसके मन पर जमा बरसों के काई–कचरे को खुरचा और उसे मिटाने का काम किया। दुनिया की सबसे अच्छी कथाओं ने उसके अकेलेपन को अभिशाप नहीं बल्कि अपने साथ संवाद करने के अवसर के रूप में बदला है। पुराने ज़माने से ही कहानी की भूमिका यह रही है कि वह मनुष्य को उसकी स्वतन्त्रता से, जिसे वह स्वयं भूल गया है, परिचित करायें, उसकी अपनी ही स्वाधीनता से नया परिचय पैदा करे। हमारी सदियों पुरानी पंचतन्त्र कथाएँ और विभिन्न भाषाओं–बोलियों की लोककथाएँ विराट खुली, झंझावातों से भरी, आँधी–तूफ़ानों वाली प्रकृति में मनुष्य और पशु–पक्षियों की स्वाधीनता का चित्रण हैं। प्रकृति के विराट

खुले आँगन में साधारण इन्सान, उकाब, चिड़िया, कछुए, बन्दर, खरगोश, जंगल के कमज़ोर जानवर सभी जैसे किसी–न–किसी तरीक़े से स्वतन्त्र होने की चाह को पूरा कर रहे हैं। 19वीं सदी के बाद राजनीतिक चिन्तन के विकास ने राज्य, नौकरशाही, शासक व नागरिक की भूमिका पर विचार करते हुए मनुष्य को इतिहास के उस चरण में पहुँचा दिया है जहाँ वह अपनी स्वतन्त्रता को स्टेट–ब्यूरोक्रेसी के द्वारा प्रदत्त अधिकारों, सुविधाओं, प्रतिरोध के सरकारी–ग़ैरसरकारी संस्थानों के माध्यम से परिभाषित करता है। स्वतन्त्रता की पूरी आधुनिक अवधारणा का संकट भी यही है कि वह स्वतन्त्रता को केवल राजनीतिक चिन्तन प्रक्रिया से जोड़कर देखती है जिसमें स्टेट–ब्यूरोक्रेसी व राजनीतिक परिघटनाएँ केन्द्र में होती हैं, स्वतन्त्रता की जो स्थितियाँ तंग राजनीतिक दायरे के बाहर हैं, उन पर वह विचार नहीं करती है। मनुष्य को दूसरों के विचार–वचन ग्रहण करने या न करने, लोकचेतना का प्रयोग करने, दूसरों की बातें सुनने या उन्हें अनसुना करने, बहुत सारे प्रदूषित–पूर्वग्रहपूर्ण विचारों को स्वीकारने–अस्वीकारने, प्रकृति में स्वयं को खो देने या प्रकृति से संवाद करने की जो स्वतन्त्रताएँ हैं, उनका वह आधुनिक राजनीतिक संस्थाओं के सन्दर्भ के बग़ैर भी उपयोग करता रह सकता है। आज की कहानी में राजनीतिक–सामाजिक दायरों के बाहर मनुष्य के स्वाधीन जीवन–चित्र को दिखाने का पक्ष कमज़ोर है। युवा कथाकार प्रदीप जिलवाने ने अपनी कहानी 'चिड़िया रानी की गल्प कथा का सत्य' में जैसे वर्तमान कथा की इसी सीमा को पहचानकर उसे लाँघने का प्रयास किया है। उन्होंने घर की छत पर चिड़िया और तीन–सवा तीन साल की छोटी बच्ची के खेल, संवाद और मासूमियत भरे सम्बन्धों की कथा लिखी है। टीवी, घर–गृहस्थी, नौकरी में उलझे घर के लोगों को विश्वास ही नहीं कि कोई चिड़िया घर की बच्ची की मित्र बन सकती है। उन्हें यह भी नहीं पता कि बच्ची को उनकी आदतों से कैसी–कैसी परेशानियाँ उठानी पड़ रही हैं। बच्ची से मिलने जब चिड़िया आती है तो वह चिड़िया से पूछती है–'क्या तुम्हारी मम्मी भी टी.वी. देखती रहती है, तुम्हारे साथ नहीं खेलती?' बच्ची का प्रश्न सुनकर चिड़िया उदास हो जाती है। उस चिड़िया से ही बच्ची सब कुछ बताती है। कौन–सी टीचर पसन्द है, कौन–सा होमवर्क दिया गया, स्कूल में कौन–कौन उसके दोस्त हैं आदि! बच्ची को आश्चर्य होता कि जैसे ही वह छत पर आती है, चिड़िया भी कहीं से उड़कर आ जाती है। चिड़िया उसकी जिज्ञासा सुनकर बताती है कि आकाश, हवा,

बादल उसके दोस्त हैं और उसे बता देते हैं कि बच्ची अब छत पर आ गयी है। बच्ची के माध्यम से प्रकृति और मानवेतर जीवन से मनुष्यों के स्वच्छन्द सम्बन्ध का हृदयस्पर्शी चित्र उभरता है जो कथाकार की प्रतिभा से प्रज्वलित कल्पनाशक्ति का भी परिचायक है। सारी सत्ता व समाज व्यवस्था एक तरफ़, और चिड़िया का एक भोली बच्ची से भोलेपन से भरा स्वतन्त्र सम्बन्ध एक तरफ़। कहानी में गर्भ में लड़की होने की बात जानकर गर्भ गिराने की त्रासदी का वर्णन है जिसे जानकर चिड़िया तथा बच्ची दोनों बहुत दुःखी होते हैं। बच्ची के दुःख को दूर करने के लिए चिड़िया अपने साथ एक और चिड़िया ले आती है जिसे देख बच्ची खुश हो जाती है कि अब उसके साथ खेलने के लिए कोई और भी आ गया है। कहानी में लोककथात्मक शैली का सुन्दर–सुघड़ प्रयोग है और उसी के माध्यम से ठेठ वर्तमान सचाई का वर्णन है। मानवीय स्वाधीनता के सत्ता–समाज की परिधि के बाहर के जो पहलू हैं, वे कैसे–क्यों कहानी में लुप्त हो गये, इस कटु वास्तविकता से आधुनिक कथाकार बिलकुल नहीं जूझता है। कभी किसी प्रेमकथा, प्रकृति–कथा या फैंटेसी मिश्रित कथा में यह पक्ष उभरता है, पर कुल मिलाकर कहानी ने समाज की राजनीतिक धुरी व सन्दर्भों के बाहर जो बची–खुची, सरल समाज की स्वाधीनता है, उसे लगभग उपेक्षित किया है।

आज कहानी को युवा या समकालीन कहानी के नाम से पुकारा जाता है। विमर्शवाद भी चलताऊ शब्द है जबकि विमर्श में केवल दलित–स्त्री साहित्य ही आता है। ज़्यादा अच्छा तो होगा कि अन्य विधाओं को ध्यान में रखते हुए इस साहित्य–युग को 'विविधतावाद' के नाम से पुकारा जाये क्योंकि आज का युग भले ही बाज़ार के कारण अपनी सांस्कृतिक बहुलता को खो रहा हो और व्यवस्थाएँ इन्सान के संकट को कम न कर पा रही हों पर वही युग कई क्षेत्रों व संस्कृतियों से उपजी प्रतिभाओं को सामने ला रहा है। भारतीय लोकतन्त्र सत्ता के शीर्ष पर बैठे चन्द नामों से भले ही अब भी पहचाना जाता है, लेकिन राजनीतिक एकाधिकारवाद के ख़तरों के बावजूद फिलहाल ज़मीनी स्तर पर जारी भागीदारीमूलक प्रक्रियाओं से भी पहचाना जाने लगा है। सत्ता और विमर्श में प्रतिभागी होने और बहुलतामूलक परिदृश्य रचने की यह आकांक्षा कथाओं तथा अन्य साहित्य–विधाओं में विषयगत तथा विचारगत बहुलता के रूप में प्रकट हो रही है। कोई अगर वैचारिक ढंग से संकीर्ण या बौद्धिक अनुदारता का शिकार नहीं है तो वह उल्लासपूर्वक हाथ फैलाकर इन प्रवृत्तियों का स्वागत करेगा।

सर्जनात्मकता की चुनौती

सम्भवतः हम कहानियों के लेखन और उनकी लोकप्रियता की दृष्टि से किसी सर्वश्रेष्ठ समय में नहीं रह रहे हैं। हिन्दी ही नहीं बल्कि दुनिया भर में कहानियों की जगह सिकुड़ती–सी नज़र आती है। बच्चों की कक्षाओं से लेकर सामान्य जीवन–शैली तक में वोकेशनल ज्ञान, गतिशीलता, काम की चीज़ आदि जो शब्द इस्तेमाल होते हैं, उनके कारण कहानी सुनने या सुनाने को निष्क्रिय ज्ञानार्जन (पैसिव लर्निंग) की श्रेणी में रख दिया जाता है। बीस मिनट या उससे अधिक समय तक कोई व्यक्ति अगर किसी अन्य के मुख से कथा सुन रहा है, अथवा स्वयं पढ़ रहा है तो उसे 'अन्य पर निर्भर' बता दिया जाता है। शिक्षाविदों ने 'एक्टिव लर्निंग' के नाम पर जिस शिक्षा सिद्धान्त का विकास किया है, उसने विद्यार्थियों की धैर्यपूर्वक कथा सुनने या कथा गढ़ने की क्षमता को विकसित करने के स्थान पर कुण्ठित किया है। कुछ समय पहले झारखण्ड के एक बहुत पिछड़े इलाके में बसे एक महाविद्यालय में जाने का अवसर मिला था। वहाँ एक गणित के अध्यापक से मुलाक़ात हुई जो अपने अधिकांश आदिवासी विद्यार्थियों को कथा सुनाने का प्रयास करता था और हर कहानी कल्पना को उत्तेजित करती थी जिसके कारण उसके विद्यार्थी गणित जैसे नीरस विषय में भी बहुत तेज़ी से रुचि लेने लगते थे। यानी कहानी की सामाजिक भूमिका को नकारकर सामान्य लोगों, जो बहुत जल्द किसी विशेषज्ञतापूर्ण ज्ञान की सीमा में प्रवेश नहीं कर पाते हैं, की बौद्धिकता को आगे बढ़ने से रोका जाता है।

इस बीच दुर्भाग्य से कहानियों का प्रकाशन करने वाली पत्र–पत्रिकाएँ लुप्त हो रही हैं और अख़बारों ने या तो कहानियाँ छापना बन्द कर दिया है या वे कमज़ोर कहानियाँ छापकर कहानियों से कोई पुरानी शत्रुता निकाल रहे हैं। नयी पीढ़ी अपनी बेहतर रचनात्मक क्षमताओं के बावजूद ख़ुद को स्वीकृति तथा वांछित महत्त्व से वंचित होता देख रही है। ज़ाहिर है कि

यह परिदृश्य आज़ादी के बाद तथा दूसरे महायुद्ध के बाद के उस दौर से भिन्न है जब बड़ी मात्रा में पत्रिकाएँ निकलने लगी थीं और कहानियों को अनायास ही बड़ी वाहवाही और लोकप्रियता प्राप्त होने लगी थी। कथा को लेकर कथाकार, पाठक और उसके आलोचक, सब इस ताजी पहल का उत्सुकता से स्वागत करने के लिए तैयार थे और कथा–सिद्धान्तों पर चर्चा करना एक आवश्यक काम था। 'कहानीकारों की फ़ौज' और 'दर्जनों साहित्यिक पत्रिकाओं' के प्रकाशन में किसी सामूहिक सर्जनात्मक मन की अभिव्यक्ति को रेखांकित करना चलन में था। नामवर सिंह को तब अपना प्रसिद्ध निबन्ध 'नयी कहानी : नया सन्दर्भ' लिखकर यह घोषणा करनी पड़ी थी–'शोरगुल के बीच यह सर्जनात्मक सम्भावना कहीं दब न जाये, इसलिए इतिहास के पूरे परिदृश्य में वस्तुस्थिति को स्पष्ट करना आवश्यक हो उठा है।' यानी कहानी की साहित्यिक प्रतिष्ठा को निर्विवाद माना जा सकता था और कहानी के भावबोध, शिल्प तथा कसौटियों को बहस के केन्द्र में लाने की ऐतिहासिक आवश्यकता महसूस की जाती थी। इस बीच कहानियाँ कई दशकों को पार करते हुए, हिन्दी साहित्य को समृद्ध करते हुए जब 90 के दशक में आयीं तब कहानियों में नयी ऊर्जा की वापसी के संकेत दिखने लगे और एक साथ ही स्वयं प्रकाश, शिवमूर्ति, उदय प्रकाश, सृंजय से लेकर मैत्रेयी पुष्पा एवं कैलाश बनवासी सरीखे रचनाकारों ने कहानियों का नया विस्तृत दृश्य हमारे सामने लाकर खड़ा कर दिया। हंस और पहल जैसी पत्रिकाओं ने कहानियों में प्राण फूँक दिये और कहानी अपने युग का सबसे विश्वसनीय साक्ष्य बनकर हमारे सामने आ गयी। इसी दशक में आयी कैलाश बनवासी की कहानी 'बाज़ार में रामधन' ने गाँव की बदलती दुनिया में पुराने मूल्यों के क्षरण, अराजकता तथा दिशाहीन जीवन–शैली को बेबाक अभिव्यक्ति प्रदान की और यह स्थापित किया कि किसी दौर में केवल मध्यवर्ग या शहरी समाज व्यवस्था ही रचना–जगत की मुख्यधारा को नहीं तय करते हैं बल्कि रचनाकारों की दृष्टि को भारतीय गाँवों की तरफ़ भी अपना ध्यान केन्द्रित करना चाहिए, यह वह दशक है जब भारत उदारीकरण की आँधी में बह रहा है। गाँव नष्ट भले न हो रहे हों पर वे जीवन–शैली व संस्कृति को लेकर भी अपना महत्त्व अवश्य खो रहे हैं। इसी दौर में दो एकड़ ज़मीन और एक टूटे–फूटे पुरखौती कच्चे मकान का स्वामी रामधन अपने भाई के दबाव में अपने बैलों को बाज़ार में बेचने के लिए बाध्य होता है। वह बेमन से बुधवारी बाज़ार में बैलों को बेचने जाता है पर एक–एक

कर सारे ग्राहकों तथा दलालों को बेचने से इनकार कर देता है। बैल नहीं बिकते तब अपने को मुक्त और सन्तुष्ट पाता है। कहानी के अन्त का दृश्य है–'रामधन अपने बैलों की रस्सी थामे, बीड़ी पीते हुए चुपचाप लौट रहा है। साँझ ख़ूब गहरी हो चुकी है और अँधेरा चारों ओर घिर आया है। वह किसी गाँव के धूल अटे कच्चे रास्ते से गुज़र रहा है। जब आप ध्यान से देखेंगे तो पायेंगे कि वे दो बैल और रामधन नहीं, बल्कि आपस के तीन गहरे साथी जा रहे हैं। हाँ, तीन गहरे साथी। बैलों के गले की घण्टियाँ आसपास की ख़ामोशी को तोड़ती हुई, उनके चलने की लय में आराम से बज रही हैं–टुन–टुन–टुन–टुन...क्या आप सिर्फ़ यही सुन रहे हैं? तो ग़लत सुन रहे हैं। आप ध्यान से सुनिए, वे आपस में बातें कर रहे हैं...जी नहीं मैं कोई कविता या क़िस्सा नहीं गढ़ रहा हूँ। आपको विश्वास नहीं हो रहा होगा। लेकिन आप मानिए, इस समय सचमुच यही हो रहा है। यह तो समय की बात है कि आपको यह कोई चमत्कार मालूम हो रहा है।' कथाकार ग्रामीण जीवनचित्र, बोली–भाषा, ध्वनि–शब्द, बाज़ार–सौदा, भाव–अनुभव सभी को बहुत एकाग्र होकर एक साथ किसी ख़ूबसूरत कपड़े की तरह सिल देता है। यह ऐसा यथार्थवाद है जो अस्मितावादी मुहावरों में क़ैद नहीं है और न शहरी कथाओं के फ़ैशन के पीछे चलने में यक़ीन करता है। कहानीकार जैसे किसी नैतिक दायित्व की तरह कहानी लिख रहा है ताकि पाठकों की गाँव–देहात से अपरिचित संवेदना को वापस देश के मूल यथार्थ की दिशा में मोड़ा जा सके। कथा और गाँव का सम्बन्ध किसान और ज़मीन के अटूट सम्बन्ध की तरह दिखता है और किसान जीवन का यथार्थवाद अभी भी भारत जैसे देश के साहित्य में प्रासंगिक बना हुआ है। इसमें कथा की कला, कथा का विषय और कथा का सरोकार बग़ैर ग़ैर–आनुपातिक दर्प को प्रकट किये समानान्तर रूप से यथार्थवाद को भी नये सिरे से रेखांकित करते हैं। कह सकते हैं हर कहानीकार अपने तरीक़े का और स्वयं की जीवन–दृष्टि से संगति स्थापित करने वाले यथार्थवाद को चुनता है। यथार्थवाद की चाहे जितनी भी शास्त्रीय परिभाषाएँ गढ़ ली जायें पर वह कथाकार के अनुभवों के बीच जाकर नये मौलिक रूपों को ग्रहण कर ही लेता है।

पर 21वीं सदी के पहले दशक तक आते–आते कहानियों को लड़खड़ाते, सँभलते, आत्मगर्वित और आत्मविचलित, ख़ुद पर कभी तो मुग्ध होते और कभी विकट सन्देहों में धँसते देखा जा सकता है। पिछली सदी के आख़िरी दशक में कहानियों की जो तेज़ उठान थी, वह लगता है कि जैसे स्थिर

हो गयी। उससे यह शिकायत की जाने लगी कि वह प्रतिबद्धता, विचारधारा तथा एक सीमा तक वैचारिकता से मुक्त होने के बाद मूलहीन–रसहीन शाखाओं में तब्दील होती जा रही है। सम्पादकों को जब कहानी को फिर से अपने पैरों पर खड़ा करने का कोई रास्ता न दिखा तो वे 'विशेषांक' तैयार कराने लगे और कहानी को मनोरंजन, प्रेम व बेवफ़ाई के तीखे मसालों के साथ परोसने लगे। कुछ तो ऐसे निकले जो हिन्दी कहानी को अतृप्त यौन व कामलोलुप ग्रन्थियों का बोझ उठाने के लिए इस्तेमाल करने की सलाहें देने लगे। उन्होंने ख़ासतौर पर महिला लेखिकाओं को फ़ोन कर बेशर्मी के साथ सेक्स की कहानियाँ माँगनी आरम्भ कर दीं। कहानियाँ पढ़कर वे किसी प्रसंग में कामोत्तेजक दृश्य लाने के सुझाव देने लगे। कहानी या कहानीकार को प्रेम, रोमांस, रस और यौन से जुड़ी सामग्री प्रस्तुत करने में संकोच नहीं होता है। कहानी या फ़िक्शन पवित्रता के पाखण्ड या चरित्र के कथित रूढ़िवाद को पोषित करने के लिए नहीं होते हैं। पर प्रश्न यह है कि यौन व रोमांस के भाव किस भाषाई गरिमा और वैचारिक मानववाद के विकास के लिए हैं! अगर वे किसी गरिमा, सौन्दर्य और त्रासदी–कामदी के उच्च भावों से मुक्त हैं तो आसानी से ये पाठकों को कहानी जैसी विधा से ग़लत अपेक्षाएँ रखने के लिए प्रशिक्षित करने लगेंगे। इससे वातावरण में क्षणिक उत्तेजना तो जन्म लेती है पर बाद में उसी तरह से निराशा भी पसरती चली जाती है। कहानियों का पाठक समुदाय खण्डित हो जाता है। यह अहसास जन्म लेने लगता है कि कहानी भी अब प्रचलित लोकप्रिय मनोरंजक माध्यमों के रूप में ढलती जा रही है। सारी बड़ी सामाजिक चिन्ताएँ और सरोकार केवल दिखावे के हैं, उसका असली उद्देश्य तो सनसनी व उत्तेजना की भूख को शान्त करना है। इससे शब्द, विचार और सरोकार सभी का ह्रास होता है। तकनीक की सर्वोच्चता के युग में कहानियों के शब्द ढलान पर जाते प्रतीत होने लगते हैं। अपने युग की विसंगति को उजागर करना हर लेखक का सबसे बड़ा लेखकीय स्वप्न होता है। लेखन में लोग यह तो जानते हैं कि सामाजिक विसंगतियों को प्रकट करना लेखक का काम है पर वे यह नहीं जानते हैं कि सही मायने में विसंगति होती क्या चीज़ है और उसे प्रकट करने के लिए लेखक को क्या करना चाहिए। वे सामाजिक सरोकार और विसंगति का अनुभव करने के स्थान पर उसे रटने, सीखने या उसके किसी काव्यालंकार की तरह कहीं इधर–उधर से जुटा लेने की राह पर चल पड़ते हैं और इससे उनका साहित्य ही निरर्थक नहीं हो जाता है बल्कि विसंगति

को जो साहित्यिक अभिव्यक्ति प्राप्त करने का अवसर मिलना चाहिए, उससे भी उसे वंचित कर दिया जाता है।

इन सीमाओं के मध्य संसार में झाँकने और दीवार के पार देखने में कहानियाँ खिड़की का काम करती रही हैं। दलितों और स्त्रियों की कथाओं ने सकारात्मक हस्तक्षेप किया और यह स्वीकार कर लिया गया, जो एक ज़माने में आसानी से नहीं माना जाता था, कि साहित्य अपने समय की राजनीति की भी उपज होता है और वह उस राजनीति का विस्तार भी करता है। आधुनिकता, आधुनिक भावबोध, विभ्रम, यथार्थवाद या अस्तित्ववाद की शब्दावलियाँ पिछले दस–पन्द्रह साल में बौनी होती चली गयीं और पाठक की तुलना में पाठ, मनोरंजन या सोद्देश्यता की तुलना में उच्छेद (सबवर्जन) के उद्यम ने ज़्यादा गति पकड़ ली। यह अनुभव होने लगा कि विचारों को साझा करने और व्यक्त करने की कोई सार्वभौमिक भाषा अभी बननी बाक़ी है क्योंकि अस्मिताएँ ख़ुद भी सार्वभौमिक नहीं बल्कि स्थानीय और जड़ीभूत हैं। इसलिए पहले अस्मिताओं को व्यक्त होने दो, उन्हें अपना पक्ष रखने दो और फिर बाद में सार्वभौमिक की चिन्ता करना शुरु करेंगे। इसी दौर में कथाओं के माध्यम से संस्कृति का पुनर्पाठ करना अधिक रोचक साहित्यिक दायित्व बन गया और ऐसा लगने लगा कि जब समाज की हर संस्था सत्तापरस्त हो चुकी है, तब साहित्य ही सत्ता तथा संस्कृति का सबसे विश्वसनीय प्रतिपक्ष गढ़ने में सफल हो रहा है। एक नये क़िस्म की सामाजिकता का उदय भी तेज़ी से हुआ है, जिसे समझे बग़ैर कहानी के विकास को नहीं समझा जा सकता। सामाजिकता की परिभाषा स्वयं समाज की दशाओं पर निर्भर करती है तथा वह बदलती भी है। बीसवीं सदी में पारम्परिक सामाजिकता के दायरे के बाहर सामाजिकता की अन्य विशेषताएँ व परिभाषाएँ विकसित हुईं। बड़े कुल–गोत्र समूहों, नातेदारी प्रथा तथा निकट परिवेश की सामाजिकता के समानान्तर शक्तिशाली सम्बन्धों का नेटवर्क तैयार करने, मानवीय सम्बन्धों का लाभपरक रूप खोजने, नये बनने वाले सम्बन्धों के माध्यम से राजनीतिक–सामाजिक गतिशीलता को अर्जित करने वाली सामाजिकता का भी तीव्र विकास हुआ। ये दोनों क़िस्म की सामाजिकताएँ कई बार परस्पर सहयोग पर निर्भर होती हैं, पर कई बार वे पूरी तरह से भिन्न व स्वायत्त रूप में सामने आती हैं। इन दो भिन्न प्रकार की सामाजिकताओं की उपस्थिति के सहारे भारत का बीसवीं सदी का बहुत सारा जीवन यथार्थ परिभाषित होता है तथा उसके परम्परावाद तथा

परम्परावाद से बाहर जाने के लक्षणों का संकलन तैयार किया जा सकता है। कहानियाँ, ख़ासतौर पर बीसवीं सदी के उत्तरार्ध व इक्कीसवीं सदी के आरम्भिक दशकों की बहुत सारी कहानियाँ भारतीय जनजीवन में नये क़िस्म की सामाजिकता के उदय की परिघटना को प्रतिबिम्बित करती रही हैं।

अब इसी ऐतिहासिक बोध तथा बिन्दु और उसकी विडम्बनाओं के धरातल पर कहानियों की नियति और कुण्डली तैयार होती रही। हिन्दी कहानी के पिछले एक दशक में कई चर्चित नाम भी सामने आये हैं जैसे मनोज कुमार पाण्डेय, कुणाल सिंह, चन्दन पाण्डे, वन्दना राग, जयश्री राय, सत्यनारायण पटेल, कैलाश वानखेड़े आदि। हिन्दी कहानी का यह विचित्र चरण भी है जहाँ हिन्दी कहानियों की प्रवृत्तियाँ ढूँढ़ने के बजाय कथाकारों की नाम–चर्चा पर ज़ोर अधिक बढ़ा है और कथाकारों को भी इसमें लाभ ही नज़र आता है। उन्हें इसमें जल्द लोकप्रिय होने की सम्भावना दिखती है पर जल्द हासिल होने वाली लोकप्रियता अक्सर ही कम टिकाऊ होती है और कम विश्वसनीय भी। लोकप्रियता और लोकव्यापीकरण में अन्तर बना रहता है, भले ही लेखक इस विडम्बना का अनुभव कर रहा हो अथवा नहीं। कह सकते हैं कि प्रवृत्तियों को लेकर कथालोचना में आत्मीयतापूर्ण चर्चा की संस्कृति का कमज़ोर पड़ना शुभ लक्षण नहीं है क्योंकि ये दो चीज़ें एक साथ दर्शाता है। पहला, कथाकार हो या आलोचक दोनों ही कहानी के प्रति भले ही गम्भीरता को खो नहीं रहे हों लेकिन कहानी को केवल अपने व्यक्तित्व की अभिव्यक्ति बनाते जा रहे हैं। इस रूप में वे कहानी को नहीं बल्कि कहानीकार के व्यक्तित्व को केन्द्र में रखने में सारा ज़ोर लगा रहे हैं। वर्तमान में फ़ोटोग्राफ़ी की तकनीक के विस्तार से इसकी तुलना की जा सकती है। अब फ़ोटोग्राफ़ी करना हर व्यक्ति के वश की चीज़ है। हर व्यक्ति के हाथ में कैमरा है। यह व्यक्ति कैमरा लेकर संसार की तस्वीर खींचने निकलता है पर वह अन्ततः स्वयं को केन्द्र में रखकर हर तस्वीर को निकालता है। उसके कैमरे से निकली हर फ़ोटो संसार का चित्र कम, उसकी अपनी फ़ोटो जिसे 'सेल्फ़ी' कहा जाता है, अधिक लगती है। कह सकते हैं कि फ़ोटोग्राफ़ी तकनीक के विस्फोटक विकास ने मनुष्य को प्रकृति तथा वस्तुओं के विभिन्न रूपों को पुनरुत्पादित करने, उन्हें चित्रबद्ध कर देने, उन्हें स्वेच्छा से साकार करते चले जाने का अवसर प्रदान किया है। पर इसने मनुष्य को स्वयं को वस्तु (Object) की तरह देखना भी सिखा दिया है क्योंकि मनुष्य के पास अपने ही चित्रों को तैयार करने का अभूतपूर्व

अवसर है। वह अपने ही चेहरे को अब वस्तु की तरह देखता है और उस चेहरे के साथ वस्तु की तरह खेलता है। वह उस चेहरे पर नाटकीय भाव लाने, उन भावों का अपने मन पर प्रभाव पड़ने, उन भावों को बदलने का आनन्द लेने जैसे कार्य बहुत स्वाभाविक ढंग से करने लग गया है। वह अपनी स्मृतियों का वस्तुकरण करने का इतना अधिक आदी हो चुका है कि उसे अब यह कम ही अनुभव होता है कि वह अब फ़ोटोग्राफ़ी को अन्वेषित करने के बाद स्वयं फ़ोटोग्राफ़ी के द्वारा अन्वेषित होने लगा है। बहुत–सी कहानियाँ पढ़कर लगता है कि वे अपना चित्र खींचने, अपने को वस्तु के रूप में देखने व प्रस्तुत करने तथा अपनी ही भावमुद्राओं का अन्वेषण करने के लिए लिखी जाती हैं। कहानी की तुलना में कहानीकार का महत्त्व बढ़ना वैसे ही जैसे हम कुम्हार के द्वारा गढ़े बर्तनों को देखने की जगह कुम्हार की शक्ल देखें या उसकी बातों में बहने लग जायें। दूसरा, पाठक के पास कहानी पहुँचना तो चाहती है पर पाठक की रुचि–अभिरुचि, भाषिक अपेक्षा और पसन्द–नापसन्द के प्रति उसके मन में अहंकारपूर्ण उपेक्षा का भाव है। नतीजतन पाठक मन–ही–मन मानने लगा है कि लेखक उसके लिए नहीं लिखता है। वह यह मानने लगा है कि रचना का जन्म पाठक के लिए नहीं बल्कि लेखक के कुछ अपने ही साहित्यिक–वैचारिक लाभों तथा सरोकारों के लिए हो रहा है। इस कारण से भी कहानीकारों का समुदाय बढ़ा है पर पाठक को कहानियों में वह चीज़ नहीं मिलती है जिसके लिए वह कहानी पढ़ना चाहता है।

दुर्भाग्य से नयी पीढ़ी के कई प्रतिष्ठित नाम वाले रचनाकारों के साथ यह भयानक सीमा भी है कि वे किसी आन्दोलन, प्रतिरोध, स्वप्न से अपने को जोड़ने में संकोच करते हैं और यह संकोच और कुछ नहीं बल्कि सृजन को हर तरह के जोखिम से काटने की सुविधावादी सोच का ही परिणाम है। वे न सत्ता के लिए ख़तरा हैं, न सामाजिक अन्याय को बरकरार रखने वाले सांस्कृतिक तन्त्र के लिए, उनकी कहानियाँ किसी तरह का मूल्य–बोध जगाने के मामले में कमज़ोर हैं और ग़लत मूल्यों के ख़िलाफ़ सच्ची घृणा को ठीक से नहीं पैदा कर पाती हैं। केवल स्त्री या दलित या चन्द मानवतावादी जुमलों के भरोसे रहने से कहानी–कला भी अविकसित रहती है और कहानी की दिशा तय न होने के कारण कथा–रस भी नहीं पैदा हो पाता है। वे किसी सामाजिक वस्तु–सत्य के निकट पहुँचती हैं पर लेखकीय पूर्वग्रहों के कारण अपने प्रभाव को खो बैठती हैं। कहानी की कला उतना साथ नहीं

छोड़ती है, जितना समाज के प्रति कथाकार की परिपक्व दृष्टि का अभाव प्रकट होता है। कई बार बहुत सम्भावनाशील कथाकार आंचलिकता के गुणों को कहानी में उभारते हैं। स्थानीय लोक–संस्कृति के बारे में उनकी सहानुभूति भी स्पष्ट दिखती है। पर वे आंचलिकता में इस तरह उलझ जाते हैं कि कहानी का हाल वही होता है जो बारीक सूत कातने वाले उस अनाड़ी का होता है जिसके पास अच्छी मशीन और कच्चा माल तो होता है पर सूत उसका उतना नायाब नहीं हो पाता है।

इन सारी परिस्थितियों और निराशाओं के बीच चमकीली रेखाएँ वहाँ हैं जहाँ कहानीकारों का अपनी विधा को लेकर उत्साह थमा नहीं है और वे इस बात से अवगत हैं कि कहानियों के बिना किसी संवादी, सृजनशील और सहकारी दुनिया की कल्पना नहीं की जा सकती, और इसीलिए कहानियों का मोर्चा परास्त किये जाने योग्य मोर्चा नहीं है। एक सृजनशील मस्तिष्क ही इस बात का भी अनुभव करता है कि संसार में अनन्त घटनाएँ लगातार घटित हो रही हैं और उनमें अपना विस्तार देखने के स्थान पर निरपेक्ष होकर उन्हें देखना, उन्हें अपने से दूर बाह्य घटनाओं के रूप में ही अनुभव करना भी जीवन को तार्किक रूप से देखने की अनिवार्य शर्त होती है। कहानी की ख़ूब यही है कि वह हर घटना तथा स्थिति में बग़ैर सीधी–सचेत हिस्सेदारी के भी पाठक को यथार्थ के बहुत सारे रूपों को समझने में सहायता प्रदान करती है।

इस दौरान कथाकारों ने ऐसी कथाएँ लिखी हैं जो मनुष्य के अन्धकारपूर्ण सत्य को नहीं बल्कि उजले अन्तर्विरोधों को भी उजागर करने में सफल रही हैं। इस सन्दर्भ में हाल ही में आयी कुणाल सिंह की कहानी 'इतवार नहीं' या जयश्री राय की कहानी 'अपनी क़ैद' को पढ़ा जा सकता है। 'इतवार नहीं' का लेखक सरकारी और व्यवसायिक तन्त्र में रोज़मर्रा की दोहराव–भरी ज़िन्दगी में ऊबते और लगभग निढाल हो चुके लोगों की कथा को कहता है। घर और दफ़्तर के बीच का तनावपूर्ण जीवन कथा के केन्द्र में है। कहानी के शिल्प व कथ्य में ध्यानाकर्षक सादगी है और सादगी भरे जीवन को जीने का प्रयास कर रहे आमजनों के जीवन में क़दम–क़दम पर खड़ी जटिलताओं की अभिव्यक्ति भी। सार्त्र कहा करते थे कि मनुष्य ने हर रहस्य का पता लगा लिया है पर यह फिर भी नहीं पता चल सका कि जीवन को कैसे जिया जाये यहाँ ज़िन्दगी से हारकर लोग ख़ुदकुशी कर लेते हैं तब निरन्तर संघर्षशील चरित्र भी सोचने

लगते हैं–'ऐसा नहीं कि इतना दुखी हूँ कि खुदकुशी जैसा कुछ। बस यों ही। पहले ऐसा नहीं सोचता था, लेकिन साल–भर पहले दफ़्तर के कैशियर देवाशीष बाबू ने खुदकुशी कर ली। तब से, पता नहीं, लगता है कि एक रास्ता इधर को भी जाता है।' यहाँ घर का सुखचैन बाहरी तन्त्र की विराट जकड़नों में निरन्तर सीमित होते जाने को अभिशप्त है और उसी के बीच जीवन में चिन्ता, भागदौड़ और असुरक्षा को लगातार दोहराया जा रहा है। लोगों की उदासी और परेशानी की वजह यह भी है कि वे आज की शहरी सामाजिक संरचना में यह महसूस करते हैं कि उनके परिवेश पर उनका कोई नियन्त्रण नहीं है। परिवेश किसी कम्पनी के उत्पाद, कमोडिटी या तैयार माल की तरह उनके लिए तैयार किया जाता है और लोगों को उसमें रहने के लिए मजबूर किया जाता है। वे अपनी मर्ज़ी से एक पेड़ नहीं लगा सकते, किसी से लड़–झगड़ नहीं सकते, एक दीवार नहीं खड़ी कर सकते या खुलेपन के साथ जी नहीं सकते हैं। परिवेश में हस्तक्षेप न कर सकने का अहसास उनके जीवन को व्यर्थता बोध के नुकीले तीरों से घायल कर देता है। इस प्रकार इक्कीसवीं सदी की कथा को हम परिवेश से टकराव की नहीं बल्कि परिवेश के आगे नये ढंग से बहुत छोटा, बौना और फालतू होते जाने के मनुष्य की कथा के रूप में पढ़ सकते हैं।

कहानीकारों के आगे हमेशा यह चुनौती होती है कि वे अपने अनुभव को प्रामाणिक अभिव्यक्ति दें पर साथ ही यह भी कम बड़ी चुनौती नहीं होती कि आत्मानुभव के बाहर के जीवन सन्दर्भों का भी उसी गहरी संवेदनात्मक दृष्टि से स्पर्श करें। दूसरों के अनुभव का हिस्सा बनना, उनकी दृष्टि को ग्रहण करना और अपने अहं के पार जाकर दूसरों के मर्म को छूना ही वह अनिवार्य प्रक्रिया है जो किसी कहानीकार की कथावस्तु, कथाशैली, कथा के सरोकार को विस्तार प्रदान करती है। कुणाल की कथाएँ शायद इन्हीं कथागत विशेषताओं के लिए अलग से पहचानी जाती हैं।

आज की कथालोचना और कथा, दोनों में निजी अनुभव या सामाजिक अनुभव, व्यक्ति बनाम समाज, बाह्य यथार्थ बनाम आन्तरिक यथार्थ, स्थूल बनाम सूक्ष्म, रूप बनाम अन्तर्वस्तु की पहले जैसी ध्रुवीकृत बहसें अनोखे ढंग से शान्त पड़ चुकी हैं। लेखकों में यह अहसास जन्मा है कि कहानी को निजी अनुभवों तथा सामाजिक दृष्टिकोण के बल पर रचो और बाक़ी पाठकों पर छोड़ दो कि वे रचना के भीतर से पैदा हो रही बहुअर्थी ध्वनियों और अर्थ–बहुलता को किस तरह ग्रहण कर पाते हैं। कहानी पहले जीवन

के किसी एक टुकड़े, किसी क्षण में कौंधती हुई स्थिति और संयोग आदि की प्रतिनिधि थी। पर अब कहानी अधिक विषय–केन्द्रित विधा के रूप में देखी जाने लगी और इसीलिए स्त्री कहानी, दलित कहानी, किन्नर–वर्ग की कहानी, पर्यावरणवादी कहानी, बाज़ार–विरोधी कहानी जैसे ढेरों विषय में विभाजित कर कहानियों की श्रेणियाँ ऐसे बनने लगीं जैसे किसी वैज्ञानिक प्रयोगशाला में जीव–जन्तुओं को अलग–अलग जार या ट्यूब में रसायन में घोलकर रखा जाता है और फिर आगंतुकों को दिखाया जाता है। इससे कहानी की लोकप्रियता नहीं बढ़ी है और न कथालोचना का विकास हुआ है। अगर कुछ हुआ है तो वह है जीवन की अपार असमस्याओं को किसी समग्र दृष्टि से समझने के स्थान पर उन्हें खण्डित, विभ्रमपूर्ण और निर्विकल्प तरीक़ों से समझने की चेष्टा करना और अन्ततः पाठक और लेखक दोनों को समग्र जीवन यथार्थ समझने और समग्रतापूर्ण और महाआख्यानपरक विजन से दूर करना।

विषयों में कहानियों के विभाजन का प्रभाव कथाकारों पर इस रूप में पड़ा है कि वे अपनी कहानी को किसी एक विषय तक सीमित करने में शक्ति लगा देते हैं ताकि वह कहानी उस विषय की सबसे प्रामाणिक व साहसी प्रवक्ता बनकर उभर सके। इस प्रवृत्ति के हमेशा बुरे नहीं, अच्छे रचनात्मक परिणाम भी सामने आये हैं। इस स्थिति को समझने के लिए स्त्री की देहवादी माँगों और उसकी अतृप्त यौन कुण्ठाओं पर रचित कहानियों को देखना चाहिए। हाल ही में 'कथाक्रम' पत्रिका में छपी जयश्री राय की कहानी 'अपनी क़ैद' भिन्न विषय को चुनती है जिसमें ऐसा चरित्र है जो पड़ोस की स्त्री में अपनी माँ की छवि को देखने लगता है और उसे हर समस्या से मुक्ति दिलाना चाहता है। तब वह अपनी ज़िम्मेदारी महसूस कर सिगरेट छोड़कर, काम की तलाश करने लगता है और ऐसा महसूस करता है जैसे उसे किसी बड़े उद्देश्य को हासिल करना है। वह उसके किसी काम आ सकने के लिए खुद को तैयार करता रहता है। शैरोन को देखकर उसे लगता–'तितली के परों को छूने से जैसे अँगुली के पोर रँग जाते हैं, मौसम की मेहँदी शैरोन पर भी गहरे चढ़ी थी। बुझने से पहले मोम की तरह वह तेज़ शिखा में एकदम से जल उठी थी। उसका दिपता रूप मुझे खुदी के साथ एक अनाम डर से भी भर गया। उसका बुझना मेरा अन्धकार होगा, असीम अन्धकार।' इसके बाद कहानी वह झटकेदार मोड़ लेती है जब पति की पिटाई और घर की बदहाली से टूटी

शैरोन कथा–चरित्र (नैरेटर) के भीतर पल रही मातृछवि को ख़ुद ही भंग कर देती है और बोलती है–'तुम बिना माँगे मुझे बहुत कुछ देते आये हो, और मैं लेती भी रही हूँ...मगर आज मुझे मेरे मन की एक चीज़ दे दो...ये रात...दे दो।' विवाहित स्त्री द्वारा किसी युवक के मन में बैठी मातृ–छवि को भंग करने की यह पहल स्वतन्त्र स्त्री–अस्मिता की झलक देती है और साथ ही स्त्री–मन की अतल गहराइयों से भी पाठकों को अवगत करा देती है। इस रूप में हिन्दी कथाएँ कहीं–कहीं अति नाटकीयता के निकट पहुँचने में सार्थकता भी देखती हैं। इस कहानी में देहवादी विमर्श का परचम उठाने की आतुरता से अधिक स्त्री देह में निहित तीव्र कामोत्तेजना और संसर्ग की इच्छा का ख़ूबसूरती से वर्णन किया गया है। कहानी में इस प्रकार देह और संभोग के विषय का आ जाना पाठक की चेतना को झटका देता है, पर वह अनदेखे सच का साक्षात्कार भी करता है। ऐसी स्त्री का सच जो ख़ुद को जबरन माँ के खाँचे में घुसाने के स्थान पर ख़ुद को स्त्री की तरह देखा जाना पसन्द करती है। कथा–नायिका शैरोन की जिस्मानी ज़रूरत को किसी ख़ूबसूरत प्रतीक या परोक्ष रूप में व्यक्त कर उसे अधिक सन्तुलित बनाने का प्रयास न कर कहानीकार ने अच्छा ही किया है। नायिका के वाक्य 'अपनी रात दे दो–रात दे दो' एक अतृप्त यौनाकांक्षा वाले समाज की आर्त पुकार है। संभोग के क्षण को किसी क़ीमत पर न खोने की आकुलता उसके पूरे व्यक्तित्व की अभिव्यक्ति है। इसमें चाहे तो कोई अश्लीलता देख सकता है। अपने जड़ मर्यादावाद से पैदा हुए जड़ आत्माभिमान के कारण इन अभिव्यक्तियों का उपहास उड़ा सकता है। पर 'यथार्थ से मुँह छिपाने के लिए ही अश्लीलता के आरोप लगाए जाते हैं।' मंटो ने अपनी कहानियों पर लगे अश्लीलता के आरोप पर बेबाक ढंग से कहा था–'मैं उस संस्कृति और सभ्यता की चोली क्या उतारूँगा जो ख़ुद ही नंगी है। मैं इसे कपड़े पहनाने की कोशिश भी नहीं करता। इसलिए कि यह मेरा काम नहीं दर्जियों का काम है।' वैसे भी अतिनाटकीयता जीवन में भले कम स्वीकार्य हो, पर वह कथा–कविता के संसार में हमेशा से प्रयोग होती रही है। कभी फैंटेसी तो कभी स्वप्नाकांक्षा के रूप में अतिनाटकीयता साहित्य में विभिन्न विधाओं में व्याप्त होती है। अतिनाटकीयता को अपनाने या उसके अनुसार आचरण करने की इच्छा मानव मन में भी रहती है। रचनाकार को भी उस मन को समझकर उसे कथानक में मूर्त स्थितियों व ठोस प्रसंगों के धरातल पर प्रस्तुत करना पड़ता है। इसलिए स्त्री मन के चित्रण में कई बार जिस

अतिनाटकीयता का सहारा लिया जाता है, वह मनोविज्ञान का सूक्ष्म बोध तथा अनिवार्य कथा–कौशल भी हो सकता है। जिस समाज में फैंटेसियों, स्वप्नों, कल्पनाओं और नाटकीयता को नहीं स्वीकार किया जाता, वहाँ कलाएँ भी विकसित नहीं होती हैं। मनुष्य की चेतना का कुछ हिस्सा हमेशा प्रत्यक्ष दिखने वाले सामाजिक यथार्थ की सीमा के बाहर रहता है। कहानी अतिनाटकीयता की शक्ति के सहारे यथार्थ की सीमा के बाहर लावारिस पड़े, अनदेखे व अस्वीकार कर दिये गये चेतना के अंशों को साहित्य की सीमा में लाती है। ऐसे में स्त्री या पुरुष के मन की कथित अनैतिक इच्छाएँ तथा प्रतिबन्धित भावनाएँ भी साहित्य में अभिव्यक्त होती हैं और वे अभिव्यक्तियाँ साहित्य की सार्थकता में वृद्धि करती हैं। हालाँकि साहित्य की परम्पराओं से अनभिज्ञ या अनाड़ी रचनाकार के यहाँ इस अतिनाटकीयता का बहुत बुरा प्रयोग भी होता है और वे साहित्य के नाम पर कूड़ा–करकट, सस्ती मनोरंजन सामग्री या अनगढ़ वस्तु परोस सकते हैं।

वर्तमान कहानियाँ विकराल पूँजीवादी अवस्था और बिखरते मूल्यों के बीच से विकसित हो रही हैं। वे इस बिखराव के बीच विकसित होते अतिकेन्द्रीकृत, व्यक्तिकेन्द्रित और व्यक्तिपूजा पर आधारित शासन व्यवस्था के साथ एक आलोचनात्मक सम्बन्ध का निर्माण कर अपनी सार्थकता को सुनिश्चित कर रही हैं। कहानी का 'पाठ' आलोचकों से भी वैसी ही गहरी राजनीतिक दृष्टि व राजनीतिक ज्ञान की माँग करता है, जैसी गहन राजनीतिक चेतना के साथ कहानी लिखी जा रही है। बहुत ढुलमुल सोच और कलावाद के निकृष्ट रूपों से ग्रस्त आलोचक उन कहानियों के महत्त्व को अनदेखा कर देता है जो वर्तमान राजनीतिक दशा–संस्कृति की प्रतिक्रिया में लिखी जा रही हैं और वक़्त की पेचीदगियों को समझने में जिनका विशेष महत्त्व है। मनोज कुमार पाण्डे की कहानी 'राजा ने कपड़े बदल–बदलकर विकास किया' लोकतन्त्र के भीतर पलते–पनपते राजतन्त्र पर लिखी गयी कहानी है। एक बेहद चालाक और सत्तालोभी राजा की कथा के माध्यम से किसी वर्तमान तानाशाह पर व्यंग्य है। व्यंग्य भी ऐसा जिसे पढ़कर वे चेहरे आँखों के सामने आ जाते हैं जो अब चौबीस घण्टे खुलेआम जनता को मूर्ख बनाने की योजनाएँ तैयार करते हैं। आज की कहानी इस सत्य को अनदेखा नहीं कर सकती है कि सारी व्यवस्थाएँ, प्रणाली तथा राजनीतिक संरचनाएँ धीरे–धीरे विकेन्द्रित होने के स्थान पर व्यक्तिकेन्द्रित होती जा रही हैं। सत्ता अब 'परम–पवित्र सम्प्रभु जनता' (वी द पीपुल) के हाथ से फिसलकर

निर्बन्ध शक्तियों से लैस गिरोहों के हाथ में है। शासकों ने चुनावी विजय के माध्यम से स्वयं को असीम शक्तियों प्रदान कर दी हैं और नागरिकों को अनुशासन, नियम, चुप्पी और समर्पण के साँचों की तरफ़ धकेला जा रहा है। सन्दर्भित कहानी में राजा को कपड़े बदलने, स्वयं को सजाने–सँवारने का शौक़ है और जब उसकी आलोचना होती है तो वह ऐलान करा देता है कि वह अपने सारे निजी वस्त्रों तथा वस्तुओं की नीलामी करा देगा। लोग नीलामी की वस्तुएँ ख़रीदने के लिए जब टूट पड़ते हैं तब वह जनता को आश्वासन देता है जनता को नीलामी की अधिकाधिक वस्तुएँ उपलब्ध कराने के लिए वह अब और अधिक बार दिन में कपड़े बदलेगा। इस प्रकार हर दुष्टतापूर्ण कार्य के लिए अब जनसमर्थन जुटाना भी आसान हो गया है। व्यक्ति को उन्माद और झूठी उम्मीद के सहारे फुसलाया जा सकता है। उन्मादी नारे और उन्मादी विचार व्यक्ति को जकड़ लेते हैं और उसमें शक्तिशाली और उपयोगी जीवन जीने का बोध पैदा करते हैं, पर वे अन्ततः व्यक्ति के जीवन को निरर्थक बना देते हैं। विरोध में उठने वाली हर आवाज़ को देश के लिए ख़तरा सिद्ध करना भी आसान है। पाठक को नागरिकता बोध से सम्पन्न करना इस कहानी का उद्देश्य है। एक जटिल समयचक्र के बारे में सचेतनता प्रदान करना भी, जिसमें पत्रकारिता की मिलीभगत के दम पर सारी संस्थाओं पर तानाशाही वृत्ति ने क़ब्ज़ा कर लिया है। परम्परागत राजनीतिक चिन्तन में, अरस्तू से लेकर जॉन डेवी तक, शासन व्यवस्था में जनता की भागीदारी के प्रश्न पर विचार होता रहा है। लेकिन 21वीं सदी तक आते–आते लोकतन्त्र में जनता की भागीदारी का पूरा सिद्धान्त औंधे मुँह गिरा पड़ा है। जनभागीदारी का अर्थ अब लोकतन्त्र, बहस या नीतिनिर्धारण की प्रक्रिया में भागीदारी नहीं, बल्कि धर्म, अन्धविश्वास, शासक की सनक और लोकतन्त्र के दमन के कार्यों में भागीदार होना हो गया है। नवनिर्माण अथवा नया देश बनाने के संकल्प का ढिंढोरा पीटकर नागरिकों को अपने अधिकार त्यागने के लिए उकसाया जा रहा है। यह अब 'भेड़िया आया' वाला भ्रामक शोर नहीं बल्कि ठण्डी, क्रूर वास्तविकता है कि दुनिया के विभिन्न देशों के दक्षिणपन्थी–सर्वसत्तावादी राजनीतिक दलों का सामाजिक जीवन पर प्रभाव बढ़ गया है। वे अब लोकतन्त्र का विरोध नहीं करते, बल्कि लोकतन्त्र के पूरे विमर्श को विकृत करने का काम करते हैं। लोकतन्त्र के विमर्श से बाहर रहकर लोकतन्त्र का विरोध करने के स्थान पर उन्होंने लोकतन्त्र के विमर्श में शामिल होकर लोकतन्त्र को विकृत करने का रास्ता अपना लिया

है। वे धर्मों, समुदायों, अस्मिताओं को लोकतन्त्र के ख़िलाफ़ भड़काने के लिए इस्तेमाल करते हैं और ऐसा आभास दिलाते हैं जैसे वे लोकतन्त्र की संरचना को सुधारना चाह रहे हैं, पर उनका असली उद्देश्य उसे बदनाम करना होता है। वे बहुत पैने तर्कों से बहुत सारी अस्मिताओं को लोकतन्त्र के ख़िलाफ़ खड़ा कर देते हैं तथा उन अस्मिताओं के मन में लोकतन्त्र के प्रति नकारात्मक विचार पैदा करने में सफल हो जाते हैं। वे लोकतन्त्र के दायरे में न्याय, समानता व बराबरी के आधुनिक विचारों के लागू होने या पालन किये जाने की सम्भावना पर शक करना सिखाते हैं। इस प्रकार लोगों को उस विरोधाभासी स्थिति की ओर ले जाते हैं जहाँ आधुनिक विचारों को लागू करने के लिए ग़ैर–आधुनिक, सामन्ती, मध्ययुगीन शासन को स्वीकारने के लिए भी उनसे सहमति जुटा ली जाती है। प्रोपगेंडा के शिकार लोग आसानी से आधुनिक विचार का समर्थन करने के नाम पर बेहद ग़ैर–आधुनिक शासन–सत्ता की तरफ़ आकृष्ट होने की ग़लती कर बैठते हैं। इससे लोकतन्त्र के भीतर से तानाशाह पनपने की परिस्थिति निर्मित हो जाती है। सारी संस्थाएँ ध्वस्त होने लगती हैं। भारत में विभिन्न संस्थाओं के मध्य 'शक्ति के पृथक्करण' का जो सिद्धान्त अपनाया गया है, कार्यपालिका, न्यायपालिका तथा विधायिका के मध्य, वह सिद्धान्त चुनाव प्रणाली से निकले और मज़बूत हुए किसी तानाशाह की शक्ति के सामने निरर्थक भी साबित हो सकता है। शक्ति–पृथक्करण की पूरी अवधारणा विभिन्न संस्थाओं के द्वारा अपने अधिकार तथा दायित्वों के सम्मान पर आधारित होती है पर चुनावी प्रणाली से निकला अधिनायकवाद इन सभी के अधिकार व दायित्व को अपनी मर्ज़ी से पुनःपरिभाषित कर सकता है। वह संवैधानिक व्यवस्था के भीतर रहकर धीमी गति से, जटिल ढंग से कार्य करने के स्थान पर तेज़ी से ऐसे निर्णय ले सकता है जिन्हें न्यायपालिका या विधायिका भी रोक नहीं सकती है तथा वह अपने फ़ैसलों को विभिन्न संस्थाओं से अनुमोदित कराने की प्रक्रिया का भी आसानी से उल्लंघन कर सकता है। इस प्रकार दुनिया के सबसे श्रेष्ठ तथा शक्तिशाली संविधान भी उस स्थिति से लोकतन्त्र की रक्षा नहीं कर सकते हैं जब तानाशाही को थोपने की इच्छा रखने वाला शासक स्वयं संविधान की प्रक्रियाओं का पालन करते हुए शासन–सत्ता को प्राप्त कर ले और शक्ति पृथक्करण, संघीय व्यवस्था, राजनीतिक दलों के आन्तरिक लोकतन्त्र, न्यायपालिका की स्वतन्त्रता, महाभियोग–अविश्वास मत जैसी व्यवस्था की कठोरता से अवहेलना करना आरम्भ कर दे। अपनी कहानी में मनोज कुमार

पाण्डेय एक धूर्त–चालाक राजा के प्रतीक के माध्यम से हमारे समय के लोकतन्त्र की ऐसी ही पतन–कथा को दुर्लभ तन्मयता से सुनाते हैं। कहानी के दृश्य, ब्योरे, वर्णन, प्रतीक सभी कहानी के मूल विषय में धार लगाने के लिए बख़ूबी प्रयोग किये गये हैं और बदले में धारदार विषय–सम्प्रेषण कहानी के शिल्प को भी सार्थक कर देता है।

कुल मिलाकर, आज कहानीकारों को इस चुनौती को स्वीकार करना होगा कि वे कैसे कहानी की कला और अपने सामाजिक विवेक, दोनों में सम्प्रेषण की युगानुरूप धार लगाते हुए इस भ्रमित, अनिश्चिततापूर्ण और संवेदना को कुण्ठित–बाधित करने वाले दौर में कहानी को पाठकों तक पहुँचाते हैं। कैसे कहानी को सम्मानित विधा के तौर पर स्थापित करते चलते हैं। कैसे जीवन की स्थिरता में उसकी गतिशीलता तथा गतिशीलता में स्थिरता के तत्त्वों की पहचान कराते हैं। आज भी यही सच है कि मनुष्य को पृथ्वी व ग्रहों–उपग्रहों की निरन्तर गतिमानता के बारे में चाहे जितनी वैज्ञानिक अन्तर्दृष्टि प्राप्त हो लेकिन वह अपने जीवन से जुड़ी गति, बदलाव, टकराव व ऊर्जा के बहुत सारे आयामों को स्वीकार करने से भयभीत रहता है। वह संसार व अन्तरिक्ष की गतियों के बारे में तटस्थ रूप से सोचकर उससे जुड़े चमत्कारिक ज्ञान पर मुग्ध होता है। लेकिन अपने जीवन की गति को लेकर विचलित–विगलित होता है। उस पर मुग्ध होने के स्थान पर उसे लेकर चिन्तामग्न हो जाता है। कहानियाँ सम्भवतः उसे जीवन की गतियों, स्थिरता, परस्पर आकर्षण, ऊर्जा के बनने–मिटने तथा जीवन–समाज में गुरुत्व के नियमों के बारे में सजग करती हैं। कहानी यह महत्तर सामाजिक दायित्व निभाती रह सकें, इसके लिए यह ज़रूरी है कि कहानीकारों के नेटवर्क, मेट्रो शहरों की साहित्यिक सियासत, आपसी प्रशंसा–निन्दा और पुरस्कार या उपेक्षा के जाल से कहानी को मुक्त कराया जाये कहानीकारों की सामाजिक हैसियत के अनुसार कहानी पर सारी चर्चा को केन्द्रित करने के स्थान पर सामने मौजूद कहानी पर ठेठ बहसें हों, उसी पर विचार हो।

कहानी-गाँव बनाम शहर

हिन्दी कहानी में गाँव–देहात का जीवन, उसकी समस्याओं व संस्कृति के आख्यानीकरण (नैरेटिवाइजेशन) की मज़बूत धारा हमेशा से प्रवाहित होती रही है। ग्रामीण कथाओं को प्रति–आख्यान के रूप में देखा जा सकता है जिन्होंने राष्ट्र, धर्म, सार्वभौमिक पितृसत्ता या उपनिवेशवाद के बड़े आख्यानों के समानान्तर शहरी संवेदना से अलग, स्थानीय सत्यों को कथा–जगत में स्थापित किया है। कथाओं ने गाँवों के सामाजिक यथार्थ के दस्तावेज़ीकरण का कार्य किया है और ग्रामीण संवेदना–जीवन के यथार्थ को कथा–परिधियों में लाकर उसके बारे में सुसंगत मानवीय सरोकार का भी निर्माण किया। आज़ादी से पहले अगर स्वतन्त्रता संग्राम व गाँधीवादी मूल्यों के प्रभाव से ग्रामीण जीवन की कथाएँ रची गयीं तो आज़ादी के बाद विभिन्न विचारधाराओं से पोषित कृषकवाद की विचारधारा की प्रेरणा मुख्य रूप से मौजूद रही है। आधुनिक खड़ी बोली कहानी 'एक टोकरी–भर मिट्टी' (माधवराव सप्रे) ठीक उन्नीसवीं सदी के आरम्भ में लिखी जाकर गाँव के ज़मींदार और एक असहाय वृद्ध स्त्री के द्वन्द्व पर आधारित थी जिसमें स्त्री की जीत होती है। चमत्कार, हृदय परिवर्तन के कथा कौशल के पुराने प्रयोग के बावजूद वह कहानी निर्बल की विजय के रूप में आधुनिक मूल्य की स्थापना करती प्रतीत होती है। विषमता, शोषण, हिंसा और मिथ्या अहंकार ग्रामीण जीवन के मुख्य अंग रहे हैं और कथाएँ इन सारी विकृत्तियों के बीच जीवन–संघर्ष तथा न्याय के मूल्य की स्थापना करती रही हैं। लेखन को क्रान्ति या सुधार से जोड़कर देखने वाले साहित्यकारों ने इस प्रकार के आम जीवन से जुड़े विषय उठाकर एक प्रकार से अपने सुधार या क्रान्ति के लक्ष्यों को साधने का प्रयास भी किया। प्रेमचन्द ने कभी कहा था–'दुनिया आर्टिस्ट के सीमित चिन्तन से ज़्यादा बड़ी होती है।' उनका उद्देश्य यह बताना था कि लेखक को भले ही अपनी मनोदशाएँ बहुत प्रिय हों और उन मनोदशाओं से अधिक दुनिया में वह दिलचस्पी न लेता हो

पर समाज के अधिक सुन्दर रूप की कल्पना कर उसके वैषम्य से उद्विग्न होना ही उसके लेखन को सार्थक बनाता है। वैषम्य की पहचान, उद्विग्नता, न्याय, सुधार, क्रान्ति आदि मूल्यों की पहचान अपनी सीमित मनोदशा से बाहर निकलकर सम्भव होती है। ये जितने भी मूल्य वैश्विक राजनीतिक परिवर्तनों के फलस्वरूप साहित्य में स्थापित हुए, उनके प्रभाव से भारत के ग्रामीण अंचल में व्याप्त वास्तविकता से आधुनिक रचनाकारों का नवीन सम्बन्ध स्थापित हुआ। गाँव का साहित्य के केन्द्र में आना राष्ट्रवाद के विस्तार की प्रक्रिया का प्रच्छन्न हिस्सा भी बना जिससे दूर–दूर तक फैली आबादियों की बनावट, फैलाव, सामाजिक–राजनीतिक जीवन के अध्ययन में भी रुचि उत्पन्न होनी आरम्भ हुई। किसान को उपेक्षित किये बग़ैर भारत में किसी भी तरह के राष्ट्रवाद की कल्पना वास्तविकता से कटी हुई या फिर संकीर्णता ग्रस्त प्रतीत होती है। किसान, साहित्य में निरन्तर अपने ही बारे में छद्म नाटकीय रूपों से मुक्त होने के लिए संघर्ष करता रहा और उस प्रक्रिया में केवल लेखक की दया–दृष्टि या कृपा–दृष्टि नहीं बल्कि अपनी मनुष्यता को उभारे जाने की राह देखता रहा। वह यान्त्रिक ढंग से केवल पराजित समुदाय या शोषित वर्ग के रूप में चिह्नित किये जाने के स्थान पर अपने जीवन के मानवीय पक्षों की अभिव्यक्ति की प्रतीक्षा कर रहा था। अपनी त्रासदियों को भी वह केवल सपाट सूचना की तरह पेश किये जाने के स्थान पर उन्हें हृदय में उठते जीवन से जुड़े तरंगित, अन्तर्विरोधी भावों के बीच व्यक्त होते देखना चाहता था और वह प्रेमचन्द की कलम से सम्भव हो सका। 'पूस की रात' का हल्कू कथा के अन्त में अपनी भयावह बेबसी, नष्ट हो चुकी फसल, असहनीय शीत और भारी नुकसान के बावजूद मुस्कराता हुआ दिखता है। उसकी प्रसन्नता में संसार से हर तरह की जंग के प्रति निरपेक्ष हो जाने का सुख है। उसका मुस्कराता हुआ चेहरा समाज के गाल पर तमाचा मारता लगता है। पर वास्तव में उसकी मुस्कान उन लाखों किसानों के मौन रुदन और ओझल आँसुओं की ही प्रतीक है जिनके सामने एकमात्र विकल्प अपने दुःखों के

साथ जीना होता है। और वे तब भी प्रसन्न होते हैं जब उन्हें ऐसा दुःख उठाने का अवसर मिल जाता है जिसे वे सह सकें, जिसमें वे अपने जीवन की थोड़े समय के लिए और रक्षा कर सकें। उनका संघर्ष दुःख से मुक्ति का नहीं, बल्कि स्वयं को दुःख को सहन करने योग्य बनाना और फिर अपनी सहनशीलता के सहारे जीवन काटने का है।

पिछले लगभग सत्तर–अस्सी साल में गाँव बदले तो कथाएँ भी बदले हुए गाँवों के चित्र लेकर हमारे मध्य आती रहीं। जब किसी को हिन्दी कथा–साहित्य में प्रेमचन्द का स्मरण होने लगता है, या उनकी परम्परा की चिन्ता करता है तो वह कई बार इस तथ्य को अनदेखा करता है कि प्रेमचन्द से कहानी लिखने का कौशल सीखा जा सकता है, पर उनकी ही तरह से कहानी लिखने का आग्रह करना कहानी विधा के साथ रणनीतिक ज़्यादती है। कहानी के पास प्रेमचन्द की परम्परा से अधिक 'उत्कृष्ट कथा लेखन की परम्परा' को बचाने की ज़िम्मेदारी है और क्या उत्कृष्ट है, वह प्रेमचन्द अपने समय में तय कर रहे थे और आज का कथाकार अपने ढंग से उसे तय करने के लिए स्वतन्त्र है।

पिछले कई दशकों के सामाजिक परिवर्तनों ने भारतीय गाँवों की उत्पादन व्यवस्था और उत्पादन सम्बन्ध, जाति–समीकरण, खेती की तकनीक और परिवार की संरचना को बदल दिया है। इसी के साथ यह अनुभव भी किया जाने लगा कि कहानी में शहर बनाम गाँव, जन बनाम अभिजन या समाज बनाम व्यक्ति जैसी द्वन्द्वात्मकताएँ व उनसे जुड़ी बहसें अब पहले के फार्मूलों से सुलझाई नहीं जा सकती हैं। हिन्दी कथाओं में गाँव की विविध छवियों, प्रकृति व मानव–जीवन की अच्छाइयों–बुराइयों का चित्रण भी गतिमान यथार्थ के साथ परिवर्तित हुआ है। जल्दबाज़ी में यह कहा जाता है कि हिन्दी कथाओं में गाँव उपेक्षित हो रहे हैं, पर वास्तविकता यह नहीं है। कथाकारों पर गाँव की विषयवस्तु को उपेक्षित करने का आरोप लगाने वाले ज्ञानियों के मन में समकालीन कथाओं के प्रति अज्ञान को पहले की तुलना में जल्दी समझा जा सकता है। शिवमूर्ति, महेश कटारे, मैत्रेयी पुष्पा, ओमप्रकाश वाल्मीकि, संजीव, अनुज, आशुतोष, सोनी पाण्डे, कैलाश बनवासी, सत्यनारायण पटेल आदि लेखकों ने गाँव के जीवन पर बेहतरीन कथाएँ लिख केवल बदलते गाँव का चित्रण नहीं किया है बल्कि लेखकों की बदलती संवेदना तथा यथार्थ के बारे में उनकी बदलती हुई दृष्टि को अभिव्यक्त किया है। जब लेखकों की इतनी बड़ी संख्या आज भी

गाँव पर कथाएँ लिख रही हो, तब यह कहना वास्तविकता को अनदेखा करना है कि हिन्दी कहानियाँ अब गाँव से दूर जा चुकी हैं। या वे किसी अन्ध–आधुनिकतावाद या शहरी जीवन तक सीमित हो गयी हैं। इस तरह की स्थापना करने वालों ने अकारण ही शहरी जीवन के कथाकारों पर शब्दों से कभी तीखे तो कभी संयत क़िस्म के वार भी किये हैं, जैसे कि शहरी कथावस्तु का आना कोई अपराध या जनविरोधी कृत्य हो। शहरी जीवन के कथाकारों की आलोचना करने के लिए उनकी कथावस्तु या कथाशिल्प को केन्द्र बनाकर आलोचना की जा सकती है, केवल गाँव की उपेक्षा के आधार पर उनकी आलोचना करने की चेष्टा कहानी के प्रति अत्यन्त दुष्टतापूर्ण नासमझी है। कथालोचना को न तो शहरी जीवन की कथाओं पर जबरन ग्रामीण कथा की कसौटियाँ थोपनी हैं, न ही ग्रामीण कथाओं की शहरी संवेदना–विचार के आधार पर आलोचना करनी है। हिन्दी में ग्रामीण तथा शहरी जीवन, दोनों की सशक्त, मानवतावादी और यथार्थवादी कथाओं की एक साथ आवश्यकता है।

यह सर्वविदित है कि आधुनिक ढंग की कहानियों का विकास आधुनिक ढंग की परिस्थितियों के बीच हुआ था। परियों, जानवरों, भूतों–राक्षसों व राजा–रानी आदि के बारे में कहानियाँ आधुनिक समय में प्रासंगिकता खोने लगीं और उसकी जगह लस्त–पस्त व परेशान हाल आम साधारण इन्सान कहानियों के केन्द्र में आया। कई विचारधारात्मक व राजनीतिक आग्रहों के कारण केन्द्र में अपनी उपस्थिति बनाये रखने के लिए यह साधारण इन्सान अनुकरणीय संघर्ष करता रहा और उसमें विजय प्राप्त करता रहा। मिसाल के लिए कहानी में गाँव के प्रश्न को ही देखिए–कौन नहीं मानता है कि भारत जैसे खेतिहर समाज में जहाँ ग्रामीण यथार्थ काफ़ी महत्त्वपूर्ण है, वहाँ गाँव पर केन्द्रित अच्छी कहानियाँ लिखी जानी चाहिए हिन्दी पाठकों का बड़ा वर्ग भले शहरों में बस गया हो, लेकिन वह स्मृति व अनुभव के स्तर पर गाँव से जुड़ा रहा। सम्भवतः इसलिए गाँव का जीवन कहानियों में शहर के निम्न व मध्यवर्गीय मनुष्य की तुलना में कभी विलुप्त नहीं हो सका जैसाकि गाँव की कथाओं को पढ़े बग़ैर, जाने बग़ैर निराशावादी आलोचकों ने एक झटके में साबित करने का प्रयास किया। हो सकता है कि यह गाँव प्रेमचन्द का गाँव न हो और प्रेमचन्द की शैली में कहानियाँ लिखना भी सम्भव न हो क्योंकि गाँव का पारम्परिक ढाँचा व मूल्य तेज़ी से बदले हैं। गाँव बदल रहे हैं तो उस बदलाव को केन्द्र में

रखकर कहानियाँ भी बदली हुई कथावस्तु के साथ लिखी जाती रहीं। गाँव में ज़मींदार का आतंक, छुआछूत की प्रचण्डता अथवा पहले जैसी जड़ता न हो तो भी गाँव में ऐसा बहुत कुछ हो रहा है जहाँ कथा–साहित्यकारों की दृष्टि का विस्तार होता रहा। ग्रामीणों के साथ सरकारी योजनाओं में जमकर धोखा हो रहा है। खेत–मज़दूरी कम है और इलाज व शिक्षा जैसी समस्याएँ बदस्तूर बनी हुई हैं। ग्रामीणों की नयी पीढ़ी में भी दरिद्रता का पुनरुत्पादन हो रहा है। विस्थापन ने उनके लिए पारिवारिक व सांस्कृतिक समस्याएँ पैदा की हैं। इसके अलावा उनके खेत पानी के संकट के कारण कम उपजाऊ होते जा रहे हैं और पेड़ों के कटने व सूखने से उनका अलग नुकसान हो रहा है। कुछ समय पहले मध्य प्रदेश के लेखक प्रमोद भार्गव की कहानी 'ट्यूबवेल' प्रकाशित हुई थी जिसमें दिखाया गया था कि किस तरह गाँव के सम्पन्न लोगों के ज़मीन में कई मीटर गहरे तक धँसे ट्यूबवेल से गाँव के तालाब व कुएँ सूख रहे हैं और इसका सबसे अधिक नुकसान निम्न जाति के ग़रीब लोगों को उठाना पड़ रहा है। वे अगर शिकायत भी करते हैं तो उनकी सुनवाई नहीं है क्योंकि महँगा ट्यूबवेल लगाने के कारण सम्पन्न किसान को ज़मीन का सारा पानी अपने खेतों के लिए खींचने का अधिकार हो गया है।

महानगरीय जीवन के अभ्यस्त लेखकों को यह भ्रम होता रहा कि वही अब केन्द्र में हैं पर गाँव पर केन्द्रित कथा–साहित्य लगातार प्रकाशित होता रहा और उसकी व्याप्ति ख़ास पाठक वर्ग तक रही। इस तर्क की सत्यता की जाँच अवश्य की जानी चाहिए कि बदलते गाँव, जिस भी नये तरह के संकटों का साक्षात्कार कर रहे हैं, लेखकों की दृष्टि उसमें निहित त्रासदियों व यातनाओं तक पहुँच पा रही है या नहीं। जनवरी 2010 के 'हंस' के अंक में कहानीकार संजीव ने लिखा था–'हमारे पास प्रेम से लेकर सेक्स और समलैंगिकता तक की कहानियाँ हैं, युवा से लेकर प्रौढ़ तक– सभी की कारपोरेट जगत की कहानियाँ हैं। महानगरीय समस्याओं और चरित्रों पर कहानियाँ हैं, नारी विमर्श व दलित विमर्श है, एनआरआई हैं, कॉल सेंटर की कहानियाँ हैं, राजनीतिक, सामाजिक, सांस्कृतिक भ्रष्टाचार के एक्सपोज़र लिटरेचर हैं। किंचित आदिवासी और दलित लेखन के क्षितिज भी कुछ खुलने लगे हैं लेकिन गाँव, किसान, कृषक मज़दूर, खेती, बेरोज़गारी और सेज तथा बूट से उत्पन्न विस्थापन और किसानों की आत्महत्याएँ नहीं हैं, शोषण के बदलते आयाम नहीं हैं।' इस गम्भीर आलोचना में गाँव को

केवल 'सेंटर ऑफ़ ट्रेजडी' के रूप में देखने की सिफ़ारिश की गयी। वैसे भी विश्वविद्यालयों व प्रशासन में तरह–तरह के केन्द्र खोले गये हैं और हमारे मस्तिष्क में हर स्थिति, स्थान या समस्या को किसी केन्द्र में बदलकर देखने का अभ्यास–सा हो गया है। ऐसे में गाँव भी त्रासदी के केन्द्र के रूप में देखें जाये तो किसी को ख़ास आपत्ति नहीं होगी। पर शिकायती अन्दाज़ में कही बात में यह नहीं बताया कि गाँव एक विशाल आबादी के जीवन का आधार हैं और कहानियों को केवल गाँव की समस्याओं को नहीं बल्कि उन जीवन सम्बन्धी आधारों को भी यथार्थ की कलात्मक समझ के बल पर व्यक्त करना होता है। हर लड़ते–जूझते मनुष्य के इर्द–गिर्द पूरा परिवेश व उसकी संस्कृति होती है जिसका वह अविभाज्य हिस्सा होता है। कहानीकार का काम केवल जीवन के धूल–धूसरित पक्ष को कथ्य में ढालना नहीं बल्कि जीवन के उत्सवी तथा लाख मुश्किलों के बावजूद जीवन को जीने की आकांक्षा को जताना भी होता है।

भारतीय सन्दर्भों में आज भी, जब बड़े–छोटे शहरों की तरह ग्रामीण आबादी भाग रही है, गाँवों की उपेक्षा वास्तव में बुनियादी यथार्थ की उपेक्षा है। शहरी जीवन का मध्यवर्ग कहानियों व उपन्यासों के केन्द्र में भले आता दिखता हो लेकिन वह केन्द्र हमेशा ही विवादास्पद बना रहा। साम्प्रदायिकता, स्त्रियों की समस्या व शहरी बेकारी जैसे कई विषय ऐसे थे, जिन्हें उपेक्षित करना मुमकिन न था पर इन विषयों के समानान्तर कहानी में गाँव भी लौट–लौटकर आता रहा। भारत का मध्यवर्गीय साहित्य विश्व साहित्य से जैसे–जैसे अधिक परिचित हुआ, वह मध्यवर्ग के मूल्यों में और अधिक धँसता चला गया। उसे लगा कि पश्चिम जैसा मध्यवर्ग भारत में निर्मित हो रहा है और स्वतन्त्र, जड़ से कटे तथा नियति को भोगते व्यक्ति का निर्माण भी यहाँ तेज़ी से हो रहा है। शहर के आम व्यक्ति को इतना अकेला, पीड़ित व भ्रमित बताया गया कि उसकी समस्याओं को केन्द्र में रखकर रचनाएँ करना जीनियस लेखक के तौर पर ख़ुद को स्थापित करने जैसा हो गया। इसके अलावा गाँव से शहर आये लोगों के सन्त्रास व पीड़ाएँ भी गाँव में बसे लोगों की समस्याओं से अधिक महत्त्वपूर्ण हो गयीं। हिन्दी में दसियों ऐसी कहानियाँ हैं जिनमें कोई पिता गाँव से आकर बेटे के जीवन से तालमेल नहीं कायम कर पा रहा है या कोई स्त्री गाँव से आकर शहर में तरह–तरह से शोषण का शिकार हो रही है। शहरी जीवन की अमानवीयता से घबराये कई चरित्र कहानियों में दिखते रहे हैं। शहर

में वह अकेले थे और गाँव उनके लिए नरक थे। शहर उन्हें कई पहलुओं से अमानवीय लगता था, पर गाँव की सच्चाइयों का सामना करने से घबराते थे। इसी वजह से एक त्रिशंकु पीढ़ी हिन्दी लेखन में पनपी जो न तो ठीक से शहरी मध्यवर्ग से सम्बन्धित थी और न गाँव के जनजीवन से। पर शहरी जीवन की अमानवीयता दिखाने में व्यस्त रचनाकारों के साथ ही मार्कण्डेय, फणीश्वरनाथ रेणु, विद्यासागर नौटियाल, शेखर जोशी और मिथिलेश्वर आदि लेखकों ने गाँव के यथार्थ को अपने कथा–चरित्रों के माध्यम से पाठकों की चेतना पर अंकित करने में सफलता प्राप्त की। हिन्दी में रस प्रिया, 'मारे गये गुलफ़ाम', 'हंसा जाये अकेला', 'पंचलाइट', 'हलवाहा', 'कोसी का घटवार', 'कामरेड का कोट' आदि अमर स्मरणीय कथाएँ गाँवों से ही उपजी हैं।

हिन्दी कथा–साहित्य से गाँवों की अनुपस्थिति का आभास होने के पीछे एक कारण यह भी है कि आज़ादी के बाद गाँव तरह–तरह के विकास, आर्थिक नियोजन तथा राजनीतिकरण के केन्द्र में आ गये। **1950** में ज़मींदारी उन्मूलन व भूमि हदबन्दी क़ानून लागू होने से गाँवों को लेकर एक आम लेखक के मन में चिन्ता घटने लगी। अस्पृश्यता सम्बन्धी क़ानून बनने व बँधुआ मज़दूर प्रथा के समाप्त होने से पूरे देश में यह समझ पैदा हुई कि गाँव अब अन्धकार युग से निकलने लगे हैं और शहरीकरण की निरन्तर जारी प्रक्रिया से गाँव के लोग बचे–खुचे सामन्ती अवशेषों से बाहर निकल आयेंगे। उनके उद्धार का जिम्मा ब्लॉक प्रमुख स्तर के अधिकारियों व चकबन्दी दफ़्तरों के बाबुओं को सौंप दिया गया। ज़ाहिर है कि बदलाव का यह ढाँचा बड़ा काग़ज़ी और खोखला था। और बड़ी ग्रामीण आबादी विशाल नौकरशाही पर टिकी विकास योजनाओं के या तो हाशिये पर थी या लोकतन्त्र में उसकी हैसियत बेचेहरा मतपत्र से ज़्यादा कुछ नहीं थी। इसमें एक भावुकता की लहर थी जो यह मानती थी कि भारत अपने ही करोड़ों नागरिकों के भाग्य को परिवर्तित करने की ऐतिहासिक यात्रा पर चल पड़ा है। यह नेहरूवादी विचारधारा के प्रभाव वाला भारत था जिसने शहरी पढ़े–लिखे वर्ग को ख़ास तरह से भावुक कर दिया था। सम्भवतः इसीलिए नेहरू की समाजवादी नीतियों को नेहरू–गाँधी परिवार से सम्बन्धित लेखिका नयनतारा सहगल ने 'इकोनामिक इमोशनलिज़्म' यानी आर्थिक भावुकतावाद भी कहा है। पर आज़ादी के बाद ग्रामीण परिवर्तन के सरकारी विचार ने बड़े स्तर पर लोगों की चेतना को प्रभावित किया और

उनका ध्यान गाँव से हटाकर शहर पर केन्द्रित कर दिया। गाँव भ्रष्टाचार पैदा करने वाली सरकारी योजनाओं के हवाले हो गये और शहर में बसा लेखक अपनी वैयक्तिक समस्याओं में उलझा रहा या फिर शहरी लोगों की प्रेम, रोज़गार व दिखावे जैसी समस्याओं के प्रति अपनी संवेदनशीलता से परेशान रहने लगा। नतीजतन ग्रामीण यथार्थ गायब होने का आभास प्रदान करने लगा, जो वास्तव में आभास ही था सत्य नहीं था। इसी प्रकार कथा–साहित्य में गाँव की ग़ैर–मौजूदगी अगर दिखती है तो उसका क्षीण ही सही पर एक अन्य राजनीतिक आयाम भी है। वह यह कि स्वतन्त्रता के बाद प्रायः सभी बड़े लेखक कम्युनिस्ट पार्टियों के निकट थे और कम्युनिस्ट पार्टियाँ मूलतः संगठित क्षेत्र के शहरी मज़दूरों के संगठन पर अधिक ज़ोर देती थीं। क्लासिकल मार्क्सवादी समझ के मुताबिक़ ग्रामीण किसान उनके लिए निष्क्रिय, भाग्यवादी, निकम्मा व परिवर्तन करने में असमर्थ समूह था। चीन की क्रान्ति के बावजूद, जिसमें किसानों की हिस्सेदारी अहम थी, किसानों के बारे में यही समझ कम्युनिस्ट पार्टी पर हावी थी। इसी कारण आम लेखकों को भी किसानों की समस्याओं व जीवन से अलगाव का राजनीतिक आधार प्राप्त हो गया। एक ओर कांग्रेस की राजनीति थी जो पूरी तरह उच्चवर्ग व सामन्ती वर्ग के नेतृत्व पर टिकी थी, दूसरी ओर कम्युनिस्ट पार्टी संगठित क्षेत्रों के मज़दूरों की हड़ताल, तालाबन्दी आदि के ज़रिये अपनी उपस्थिति का अहसास कराती थी। इन दोनों के ही लिए किसान कम महत्त्वपूर्ण था क्योंकि वह मूक, कम महत्त्वाकांक्षी व ज़मीन से जुड़ा हुआ था और व्यवस्था के लिए ख़ास चिन्ताजनक नहीं था। 1967 में नक्सलबाड़ी आन्दोलन ने पहली बार किसानों के जुझारु, हिंसक व शक्तिशाली प्रहारों से व्यवस्था को हिलाकर रख दिया और उसी दौर में किसानों को लेकर कई अच्छी कविताएँ लिखी गयीं। कथा–साहित्य पर भी इसका असर दिखा पर कविताओं पर अधिक था। इसकी सीमा यह थी कि इसमें किसानों के जीवन से गहरा परिचय रखने वाले, उनके सुख–दुख को समझने वाले रचनाकारों से अधिक क्रान्ति के प्रति रोमांटिक समझ रखने वाले लेखक अधिक जुड़े हुए थे। इनमें हर कोई 'दूसरों से अधिक क्रान्तिकारी' होता था और ख़ुद को समझता भी था। उनकी कविताओं में आदिवासी व किसानों की हत्या, फाँसी व नरसंहार का तीखा प्रतिवाद है, पर किसानों के जीवन के व्यापक ज्ञान पर टिकी कोई महत्त्वपूर्ण कहानी या उपन्यास लिखना उनके बूते का नहीं था। इनमें अधिकांश शहरी

रचनाकार ही थे जो गाँवों की क्रान्तिकारी चेतना से सहमत तो थे, उसे रचना का विषय भी बनाते थे, पर अक्सर गाँव से उनकी दूरी बनी रहती थी क्योंकि वे भी गाँव के निवासी न होकर बाहर से गाँव को देखने वाले दर्शक अधिक थे।

पर फिर वही बात दोहराने में हानि नहीं कि गाँव कथा–साहित्य से लुप्त होने का आभास अधिक दिलाते हैं, पर वे लुप्त नहीं होते हैं। गाँव की सामाजिक संरचना चूँकि शहरी मध्यवर्ग तथा निम्न मध्यवर्ग के लिए उपेक्षणीय होती गयी। इसलिए उसकी उपेक्षाओं का गाँव पर लिखे साहित्य पर भी प्रभाव पड़ा। वे भी किसी धुँधलेपन, उपेक्षा तथा अपर्याप्तता के शिकार होते रहे, जबकि पिछले दो दशक में अपने ढंग से उनकी वापसी भी हो रही है। इसका कारण यह भी है कि हिन्दी में आभिजात्य शहरी वर्ग अंग्रेज़ी की तरफ़ जा रहा है, जबकि ग्रामीण पृष्ठभूमि के लोग साहित्य–लेखन अधिक कर रहे हैं और गाँव ही उनके अनुभव जगत का प्रमुख हिस्सा है। यहाँ तीन महत्त्वपूर्ण कथाओं का उल्लेख करना ज़रूरी है। ये हैं बनाना रिपब्लिक (शिवमूर्ति), कुआँ (महेश कटारे) और खूँटा (अनुज)। शिवमूर्ति की कहानियाँ जैसे 'बनाना रिपब्लिक' और 'क़ुच्ची का क़ानून' गाँव के बदलते आर्थिक, राजनीतिक या जातिगत समीकरणों के बारे में हमारी समझ का विस्तार करती हैं। 'बनाना रिपब्लिक' कहानी बहुत तटस्थ और निर्भीक ढंग से उस ग्रामीण जनजीवन को व्यक्त करती है जो आरक्षण व जातिगत लामबन्दियों के कारण बुरी तरह से भिन्न समुदायों में बँट चुका है। इस कहानी में अपने गाँव को दलित सीट घोषित कर दिये जाने के बाद उच्च जाति के सवर्ण ठाकुर व ब्राह्मण लोग अपने–अपने ढंग से दलित उम्मीदवारों को चुनाव लड़वाते हैं। उन्हें भरोसा होता है कि उनके धन, दबदबे व प्रभाव के अधीन लड़ रहे दलित चुनाव जीतने के बाद उनके ही सेवक की तरह काम करेंगे। इस प्रकार सीट भले दलित के लिए आरक्षित हो, पर राज उन्हीं का रहेगा। लेकिन कहानी बहुत सूक्ष्मता के साथ एक ठाकुर के इशारे पर चुनाव लड़ रहे दलित उम्मीदवार जग्गू के मन की गहराइयों में पाठक को ले जाती है जो भीतर–ही–भीतर स्वयं के लिए अवसर प्राप्त होने की प्रतीक्षा कर रहा है। वह जब चुनाव जीत जाता है तो उसका विजय जुलूस ठाकुर के दरवाज़े की तरफ़ भी नहीं जाता है। ख़ुद ठाकुर जब उसके जुलूस में जाता है तो उसे भी जुलूस के नचनिया लोग पकड़ कर नचाने लग जाते हैं। कहानीकार के शब्दों में–'एक लड़का

उन्हें नचाने के लिए लड़कों की गोल की ओर खींचता है। दूसरा उनके पंजे में पंजा फँसाते हुए दायें–बायें हिलाते हुए कहता है–जरा कमरिया भी लचकाइयें ठाकुर।' इस प्रकार कहानी के अन्त में उच्च जाति के सवर्ण के जातिगत अहं व अभिमान के चूर–चूर होकर बिखरने का दृश्य उभरता है। अधीन, दलित–दमित, उत्पीड़ित जाति के लोकतान्त्रिक व्यवस्था में विजय होने और स्वायत्त राजनीतिक नेतृत्व विकसित करने की वास्तविकता के बारे में पाठकों को सचेत करती हुई लगती है यह कहानी। गाँवों में जाति–सन्तुलन व जाति–समीकरणों में आमूलचूल परिवर्तन की सशक्त सम्भावनाओं को दर्शाने के साथ कहानी का अन्त होता है। दलितों–बहुजनों का मध्यवर्ग मानता है कि भारतीय संविधान क्रान्तिकारी दस्तावेज़ है और वह स्थानीय स्तर पर लोकतान्त्रिक चुनावी प्रक्रियाओं का विकास कर दलितों के सशक्तिकरण में सहायक होगा। इसीलिए वह किसी हिंसक समाजवादी क्रान्ति की तुलना में संवैधानिक परिवर्तनों के पक्ष में रहता है। संवैधानिक परिवर्तनों के माध्यम से भारतीय समाज व्यवस्था व जातिगत समीकरणों को बदलने की यह मध्यवर्गीय सोच कहानियों में भी व्यक्त होती है। विषय–कथानक, परिवेश व चरित्र तो गाँव के होते हैं, पर वे दलितों के बीच विकसित हुए बहुजनवादी मध्यवर्ग के दृष्टिकोण से संचालित होते नज़र आते हैं। इस प्रकार इन कहानियों में निहित विचारधारा पर शहर के शिक्षित वर्ग का प्रभाव है, भले ही कहानियों का परिवेश ग्रामीण जीवन का हो। गाँव की कहानियाँ पढ़कर हम अक्सर सोचते हैं कि ये गाँव के यथार्थ को प्रकट करती हैं। पर सच यह है कि गाँव के यथार्थ को प्रकट करने से अधिक वे शहर में बसे उस लेखक की दृष्टि को प्रकट करती हैं, जो ग्रामीण वास्तविकता को ख़ास कोण से देख रहा है, वैसा ही दिखाना भी चाह रहा है। इसीलिए सामन्तवाद पर भारतीय संविधान की जीत इन कहानियों का मुख्य प्रतिपाद्य बनता है जो एक प्रकार से शहरी मध्यवर्ग में स्वयं को स्थापित कर चुके बहुजनवादी लेखकों का आशावाद है। पर यह भूलने लायक बात नहीं है कि जातियों के राजनीतिकरण की प्रक्रिया ने भारतीय जाति–व्यवस्था के बहुत सारे सत्यों को प्रकट किया है तो साथ ही जाति–व्यवस्था की बहुत सारी सचाइयों पर पर्दा डालने का भी प्रयत्न किया है। इसने समाज की विभिन्न जातियों को सत्ता–प्राप्ति के लिए परस्पर संघर्षरत समूहों में प्रस्तुत करने का कार्य किया है और इसी को समाज के सर्वाधिक महत्त्वपूर्ण सामाजिक यथार्थ के रूप में सूचीबद्ध

कर दिया है जबकि जाति समूहों के अन्य आर्थिक–सामाजिक सत्य, संस्कृति, व्यावहारिक चुनौतियों तथा सत्ता के प्रति उदासीनता को यथार्थ की तरह देखे जाने की प्रवृत्तियों को हतोत्साहित कर दिया है। वर्तमान में जाति–व्यवस्था के राजनीतिक यथार्थ को ही मुख्य यथार्थ की तरह पेश कर दिया जाता है जबकि जाति–व्यवस्था के जो पक्ष राजनीति से परे हैं, उनका विधिवत अध्ययन करने या उसे महत्त्वपूर्ण पक्ष की तरह देखने की जिज्ञासा को ठीक से बढ़ावा नहीं दिया जाता है। कहानियों को यह भूमिका अदा करनी होती है कि वे जाति–व्यवस्था के सत्य को केवल चुनाव या मतदान को केन्द्र में रखकर ही न देखें, बल्कि राजनीति के बाहर जो उसके आयाम हैं उन्हें भी साथ में लेकर चलें।

गाँव से सम्बन्धित कथाओं में बहुजन बनाम सवर्ण के ध्रुवीकरण के अतिरिक्त बहुजन–दलित जातियों या फिर सवर्ण जातियों के अन्तर्विरोध भी कथा–विषय के रूप में उभरते रहे हैं। गाँव से समर्थ लोगों के पलायन के बावजूद पीछे बची आबादी के लोग अपने जीवनस्तर के विकास के लिए अपनी क्षमता का विकास करने के स्थान पर अन्य लोगों के साथ स्पर्धारत दिखते हैं। महेश कटारे की कहानी 'कुआँ' सवर्ण जातियों ख़ासतौर पर ठाकुरों व ब्राह्मणों के परस्पर विरोध और षड्यन्त्र को केन्द्रीय विषय बनाती है। दोनों ही एक अनुपयोगी, साँप–बिच्छू व हरे गंदले पानी से भरे और टूटे–फूटे कुएँ तथा पास की ज़मीन व मन्दिर पर बराबर का दावा करते हैं, और मुक़दमेबाज़ी में उलझे हैं। जिन पीढ़ियों को सहजीवन में होना था, वे एक–दूसरे से लड़ते और घृणा करते हुए जीवित रहीं। मन्दिर व कुआँ भले ही ठाकुर साहब के पुरखों ने बनवाया हो पर उसकी देखभाल तथा पूजा–अर्चना का कार्य मिसुर परिवार करता रहा है। एक रात जब एक बैल कुएँ में गिर जाता है, तो कोई उनकी मदद के लिए नहीं आता है। पूरी कहानी कुएँ से जानवर को निकालने के बहाने जातियों के हितों की क़ीमत पर मनुष्यता के गौण हो जाने की कहानी है। गाँव की उस आदर्शवादी छवि को यह कहानी तोड़ती है जहाँ सद्भाव, आपसी सहयोग व एकजुटता के मूल्य होते हैं। लोग विपत्ति में दूसरे की मदद के लिए दौड़े चले आते हैं या जनम–मरण में कन्धे से कन्धा मिलाकर खड़े हो जाते हैं। ऐसे गाँव अब आज की कहानियों में भी ढूँढ़े नहीं मिलते हैं। ढूँढ़ने पर अगर मिल जाये तो लोग उस पर यक़ीन करने से मना कर देंगे। जो गाँव मिलते हैं, उनमें जातियों के तनाव हैं, लट्ठमारी है, मुक़दमेबाज़ी और

भितरघात है या फिर पीढ़ियों से चली आती लड़ाइयां हैं। पर जैसाकि ऊपर यह स्थापना रखी गयी है कि गाँव केवल नकारात्मक जीवनचित्रों की श्रृंखलाओं से नहीं बनते बल्कि उनकी जीवन सम्बन्धी विशेषताओं, उनके राग–छन्द, हँसी–खिलवाड़, आस्था–विश्वास को कथानक में ले आना भी कथा सम्बन्धी परिपक्व दृष्टि का प्रमाण होता है। इसलिए समस्त तनावों की व्यंजना के मध्य ग्रामीण जीवन–परम्पराओं की विशेषताओं की झलक मिलना भी पाठकीय अभिरुचि के विकास के लिए अनिवार्य होता है। इस सम्बन्ध में कथाकार अनुज की कहानी 'खूँटा' देखी जा सकती है। अपने पशुओं से पारम्परिक प्रेम पर लिखी कहानी। दो जोड़ी बैल बिकने जाने वाले हैं तो उनके प्रति भी घर के सदस्यों में भावुकता उमड़ पड़ती है। उनके सींगों पर तेल डाला जाता है, टीका–आरती की जाती है और उन्हें जाते देख लोगों की आँखें भर आती हैं। भले ही बाज़ार में बिक न सकें पर कसाई को बेचने पर सख्त प्रतिबन्ध है। ये केवल किसी पिछड़ी समाज व्यवस्था का जीवनचित्र नहीं है बल्कि एक पूरी समानान्तर जीवन–शैली का दृश्य है जो परिवर्तन की सारी आँधियों के बीच बची हुई है। गाँव–देहात के इन दृश्यों को आधुनिक कथाएँ ठीक से इसलिए नहीं चित्रित कर पाती हैं क्योंकि लेखकों के मन–मस्तिष्क में गाँव–देहात में जड़ता, अन्धविश्वास, पिछड़ेपन, यथास्थितिवाद की व्याप्ति का पूर्वग्रह समाया होता है। वह जनमानस से सहानुभूति के भाव को खो चुका होता है, और गाँव में केवल आधुनिकतावादी प्रवृत्तियों की खोज या उन प्रवृत्तियों की विफलता की खोज के लिए जाता है। वह अपनी शहरी शिक्षा में विकासवाद, प्रबोधन, विज्ञानवाद, अम्बेडकरवाद, जनवाद, पूर्बी निरंकुशता, नेहरूवादी सोच को इस कदर आत्मसात कर चुका होता है कि वह हर चीज़ में राजनीति की खोज की जल्दबाज़ी में जीवन की बहुत सारी सच्चाइयों के आन्तरिक सौन्दर्य व सहज उपस्थित रस को ग्रहण करने में असफल हो जाता है। वह सहृदयता से भरी या करुणावान दृष्टि से संचालित होने के स्थान पर किसी वैज्ञानिक चेतना से सम्पन्न समाज वैज्ञानिक की तरह गाँव को देखता है और परिवर्तन, शोषण, प्रतिरोध आदि से जुड़ी अपनी काम की चीज़ों को लेकर कहानी तैयार कर आगे निकल जाता है। किसी पर्यवेक्षक, पर्यटक की तरह या लक्ष्यबेधी यात्रा करने वाला यह लेखक इसीलिए स्वाभाविकता से गाँव को भी नहीं उभारता, क्योंकि वह गाँव पर कथा लिखते हुए भी ग्रामीण जीवन में पैठना तो दूर,

उससे अल्पकालीन जुड़ाव को भी ठीक से नहीं निभा पाता। इसीलिए आज की गाँव सम्बन्धी कहानियों में वहाँ के जातिवाद या राजनीतिक समीकरणों पर लिखना जितना आसान है, उतना ही मुश्किल है गाँव की वर्तमान प्रकृति, जीवन–रस, सहजता या सम्बन्धों में बची–खुची मानवीयता को व्यक्त करना और उसे गाँव की समस्याओं के साथ जोड़कर प्रस्तुत कर पाना। रेणु की कथा 'रसप्रिया' का मृदंग पर विद्यापति के गीत गाने वाले मिरदंगिया के बहाने मिथिला के सांस्कृतिक जीवन की झलक मिल जाती थी। उसे भिखारी समझ लोग उससे दूर भी भागते हैं पर वह अपनी जेब से दस–दस के चार नोट निकालकर मोहना को दे देता है। कुल मिलाकर लाख विकट समस्याओं के बावजूद मनुष्य के मन के उज्ज्वल पक्ष चमक उठते थे। ज़ाहिर है कि यह अधिक चुनौतीपूर्ण है कि कथाकार गाँव के अभाव, पलायन या बेरोज़गारी को दिखाने के स्थान पर सन्तुष्टि, सादगी और एकता के मूल्यों को भी तलाशे जो ग्रामीण जीवन के कई परिवारों में अभी बचे हुए हैं, और ऐसा करते हुए वह यथार्थविरोधी होने के उन लोगों के आरोपों का भी सामना करे जो स्वयं यथार्थ को प्रदत्त या दूसरों के भाषण से मिली वस्तु समझते हैं और यथार्थ के ज्ञान के लिए दो क़दम ख़ुद भी कहीं चलकर जाने को तैयार नहीं होते हैं।

दलितों की कहानियों और आत्मकथाओं में गाँवों के वे चित्र उभर रहे हैं जिनसे आम पाठक परिचित होते हुए भी लगभग अपरिचित रहा है। गाँवों में दलितों के साथ अत्याचार, महामारियाँ, अन्धविश्वास, अकाल और अशिक्षा जैसी स्थितियों का अत्यन्त यथार्थपूर्ण चित्रण इस साहित्य में दिखता है। हाल ही में आयी तुलसीराम की आत्मकथा 'मुर्दहिया' 50 और 60 के दशक के गाँव का आत्मजन्य अनुभवों से प्रेरित वर्णन करती है। गाँव में दलितों की बस्ती के बारे में वह लिखते हैं–'एक हिन्दू अन्धविश्वास के अनुसार किसी गाँव में दक्षिण दिशा से ही कोई आपदा, बीमारी या महामारी आती है, इसलिए हमेशा गाँव के दक्षिण में ही दलितों को बसाया जाता था। अतः मेरे जैसे सभी लोग हमारे गाँव में इन्हीं महामारियों–आपदाओं का प्रथम शिकार होने के लिए ही दक्षिण की दलित बस्ती में पैदा हुए थे।' इस सत्य का कोई दलित ही अनुभव कर सकता है और वही इसे पूरी अनुभूति की तीव्रता के साथ लिख सकता है। इसी तरह गाँव की दलित बस्तियों में प्रचलित डाँगर खाने की प्रथा, यानी मृत पशुओं के मांस भक्षण की प्रथा से सम्बन्धित अमानुषिकता व उसके विरोध के आन्दोलन के बारे

में भी 'मुर्दहिया' प्रकाश डालती है। इस तरह गाँव आज फिर आत्मकथाओं व दलितों के कथा–साहित्य में लौटे हैं, पर इस गाँव का वर्णन उन लोगों द्वारा किया जा रहा है जिन्होंने गाँव की ज़िन्दगी की वर्णव्यवस्था, अभाव तथा ग़रीबी को क़दम–क़दम पर भोगा है। जिन्होंने ज़िन्दगी की वर्णमाला केवल पाठशालाओं में नहीं सीखी बल्कि ज़मींदारों की गालियों, भूख और बेइज़्ज़ती के बीच सीखी है। ओमप्रकाश वाल्मीकि की कहानियाँ जैसे 'सलाम', 'शवयात्रा', 'बिरम की बहू' और 'बैल की खाल' आदि ने दलित दृष्टि से गाँव के जातिवाद–वर्णाश्रमवादी व्यवस्था के पक्ष की कलई खोलकर रख दी। 'सलाम' कहानी गाँव में पढ़े–लिखे दलितों की मुश्किल, शाही–ब्याह में दलित वर–वधू द्वारा उच्च जातियों के घर जाकर उनसे आशीर्वाद–उपहार लेने की अमानवीय प्रथा को उजागर करती है। अपनी बेटी को इज़्ज़त से विदा कराने के लिए भी गुस्से से फनफनाते ऊँची जाति के गुण्डे के आगे नाक रगड़नी पड़ रही है। इस प्रकार कहानियाँ करुणा के मूल्य की स्थापना के लिए समाज में करुणा के व्यापक अभाव के बारे में हमें सजग करती हैं। वे दिखाती हैं कि करुणा, दया या प्रेम के मूल्य अब जातिवादी मान्यताओं को अपनाने से नहीं बल्कि शिक्षा, जागृति और प्रतिरोध के बल पर नये ढंग से स्थापित किये जा सकते हैं। हिन्दी में कथावस्तु व कथा–दृष्टि का यह नया भारतीयकरण है जिसमें कथाएँ भारतीय गाँवों के साथ नया सम्बन्ध स्थापित कर रही हैं।

इस भारतीयकरण, भारत–दृष्टि या भारतीयता के बोध के ख़तरे भी होते हैं। पश्चिम के ज्ञान व ज्ञानमीमांसीय विकास को अस्वीकार करने का अर्थ यह नहीं होता है कि भारतीय ज्ञान–परम्परा को विकसित कर लिया गया है तथा उस परम्परा का ऐसा उपयोग आरम्भ कर दिया गया है जो पश्चिमी ज्ञान परम्परा की तुलना में अधिक आवश्यक है। आज के अंग्रेज़ी साहित्य में यह संकट दिखता है जिसमें पश्चिमी ज्ञानमीमांसा व पश्चिम की साहित्यिक दृष्टियों का विरोध तो है, पर भारतीयता का कोई बोध नहीं है। उसके पास अंग्रेज़ी की वैश्विक ताक़त है वरना वह त्रिशंकु, मिथ्याभासी, हवा में लटका हुआ दिखता है। इसीलिए कई बार पश्चिमी ज्ञान–परम्परा को अस्वीकार करने का दावा किया जाता है, पर भारतीय या देशज ज्ञान परम्परा के बारे में गम्भीरता नहीं प्रकट की जाती है। पश्चिम का अस्वीकार पूरबी या देशज सभ्यताओं के सार्थक बोध का परिणाम हो, यह ज़रूरी नहीं होता है। कई बार तो पश्चिमी ज्ञान–परम्परा

का अस्वीकार स्वयं पश्चिमी प्रभाव से किया जाने लगता है क्योंकि पश्चिम में स्वयं पश्चिम के ज्ञान क्षेत्र में प्रभुत्व को चुनौती देने वाली विचारधाराओं का उदय होता रहता है। इस प्रकार पश्चिमी ज्ञानमीमांसा की आलोचना के पीछे भारतीयता का बोध मौजूद नहीं होता है, बल्कि पश्चिमी प्रेरणा या पश्चिम से आया सन्देहवाद अधिक मौजूद होता है। ज़ाहिर है कि आज का कहानीकार और विचारक इस ख़तरे के प्रति सचेत है और इसीलिए कहानियों में भारतीय गाँवों, भारतीय जीवन और संस्कृति के विविध रूप व बिम्ब तीव्रता से व्यक्त हो रहे हैं। वे अंग्रेज़ी साहित्य के मुकाबले कथा के भारतीय स्वरूप को पूरे आत्मविश्वास और एकाग्रता से स्थापित करते चल रहे हैं।

कह सकते हैं 21वीं सदी, जिसका दूसरा दशक ख़त्म होने की कगार पर है, साहित्य के लिए अधिक कठिन तथा चुनौतीपूर्ण समय लेकर आयी है। अपने स्वप्नों, कल्पनाओं व इतिहास से मनुष्य का निर्वासन साहित्य से निर्वासन के रूप में सबसे अधिक तीक्ष्णता से व्यक्त हो रहा है। कहीं कोई स्वाधीनता संग्राम नहीं है और न कहीं सामूहिक चेष्टा के बल पर क्रान्तिकारी तख़्तापलट जैसे साहसिक प्रयत्न। पूरी दुनिया में जैसे बर्फ़ की ठण्डी चादर बिछती जा रही है। पर इसी खण्डित होती, मृतप्राय होती और बिखरती चेतना के बीच ही मानव–त्रासदियों की अनन्त गाथाएँ उपस्थित हैं। बेलगाम शहरीकरण की आँधी ने गाँवों को रौंद डाला है। गाँवों की दरिद्र आबादी शहरों की ओर भाग रही है जहाँ उसके जीवन का वसन्त नहीं आरम्भ होता, बल्कि नयी कठिनाइयों की शुरुआत होती है। सवाल यह है कि आज का रचनाकार क्या इतना सजग है कि वह ध्वंस के शिकार गाँवों की कथा लिख सके? क्या आज का लेखक गाँवों के यथार्थ से भागने के स्थान पर उसे ईमानदारी से व्यक्त करने का रास्ता चुनेगा? क्या लेखक 21वीं सदी में तीव्र परिवर्तनों के छद्म आह्लाद से मुक्त होकर अपनी संवेदना की परिधि में गाँवों के जीवन को शामिल करेगा जो परिवर्तन का लाभ उठाने के बजाय उसके शिकार हो रहे हैं? क्या वह यह देख सकेगा कि आधुनिक भारत का निर्माण बड़े बर्बरतापूर्वक ढंग से हो रहा है और इस विकास यज्ञ में सबसे अधिक बलि किसानों की चढ़ाई जा रही है? लेखकों को बौद्धिक विलास व आत्ममोहों के घेरे से बाहर निकालने के लिए आज इन प्रश्नों को तीव्रता और ईमानदारी से उठाने की आवश्यकता है।

कहानियों में गाँव और गाँव की कहानी

शिवमूर्ति की कई कहानियाँ अपनी पठनीयता के बल पर लम्बे समय तक स्मृति में अपना स्थान बनाये रखी रखती हैं। कालक्रम में वे कहानियाँ 20वीं सदी के अन्तिम छोर और 21वीं सदी की दहलीज़ पर खड़ी हुई हैं। गाँवों को लेकर ऐसी पठनीय कथाएँ हिन्दी साहित्य जगत में सचमुच बेहद दुर्लभ हैं। उनकी 'कसाईबाड़ा', 'अकालदण्ड', 'सिरी उपमा जोग', 'भरतनाट्यम', 'तिरियाचरित्तर' और 'केशर कस्तूरी' आदि सारी की सारी कहानियों में ग्रामीण परिवेश प्रधान है या ग्रामीण परिवेश से शहर में आकर बसे लोग जिनका गाँव से सम्बन्ध सुखद या दुःखद ढंग से अभी बरकरार है। शिवमूर्ति का साहित्य स्वातन्त्र्योत्तर भारत के वर्ण–जाति के पंक में आकण्ठ धँसे गाँवों की हक़ीक़त से परिचित कराने वाला साहित्य है। उनके गाँव रहस्यमय कल्पनाओं से आवृत भी नहीं हैं जहाँ इन्सान से ज़्यादा ध्यान चिड़िया की टींटीं–टूँटूँ पर जाये। उनकी कहानियों में चित्रित गाँव में हर तरफ़ आतंक है और यह आतंक सीधी गोलाबारी या हिंसा से नहीं बल्कि बहुत महीन स्तरों पर सरकार–राजनीति और सामन्ती संस्कृति के बीच से पैदा षड्यन्त्रों के सहारे फैलाया गया है।

हिन्दी साहित्य में जनवादी मूल्यों के करण गाँव को लेकर सच्ची–झूठी चिन्ताएँ भी ज़ाहिर की जाती हैं। इन चिन्ताओं के कारण ही प्रायः बहसों में कहा जाता है कि ख़ास काट की आधुनिकता ने हिन्दी साहित्य को शहर केन्द्रित और मध्यवर्ग केन्द्रित बना दिया। पूँजीवादी अर्थशास्त्र से आधुनिकता को अलग नहीं किया जा सका और इसीलिए पूँजीवादी नियमों से संचालित ख़ास तरह की आधुनिकता को लोकवादिता और जनसंस्कृति पर प्रहार करने वाले शस्त्र के रूप में भी देखा गया। पर हिन्दी में ग्रामीण जीवन पर कथाएँ लिखने की परम्परा भी उसी आधुनिकता से सम्भव हुई है जो आधुनिकता गाँवों के जीवन व सौन्दर्यबोध के विरुद्ध मानी जाती है। अगर

हम वर्ष 1900 ई. को आधुनिक हिन्दी कहानी के उदय का साल मान लें तो आसानी से देखा जा सकता है कि उसके बाद ही 'प्लेग की चुड़ैल' और 'कटोरा-भर मिट्टी' जैसी ग्रामीण परिवेश से सम्बद्ध कथाएँ लिखी जाने लगीं। आधुनिकता के आने के बाद मानवीय समानता, इहलोकवाद और जीवन जीने के अधिकारों का भी आगमन हुआ है। उनके ही प्रभाव से मनुष्य के पक्ष में खड़े ढेरों सकारात्मक मूल्य ग्रामीण यथार्थ के साथ सहानुभूति रखने और उसके भिन्न चित्रण का कार्य करते नज़र आते हैं। यानी आधुनिकता ने एक नये ढंग से साहित्य को परिभाषित और निर्मित किया, उसके दायरों का विस्तार किया। प्रेमचन्द स्वयं भी आधुनिक मूल्यों और संस्कृति के साहित्यकार दिखते हैं जो गाँव के जीवन-समाज की कथाएँ लिखते हैं। कह सकते हैं कि आधुनिकता से जब आप जिरह करने चलें तो विचित्र दुविधाग्रस्त निष्कर्षों पर पहुँचते हैं। एक ओर इसके मुक्तिकारी प्रभाव दिखते हैं तो दूसरी ओर इसके कई उत्पीड़नकारी पक्ष सामने आते हैं। आधुनिकता पर लगाये गये कुछ आरोप सही भी हैं क्योंकि भारत में आधुनिकता के कई संस्करण प्रचलित रहे हैं और आधुनिकता की छद्म छवियों का प्रयोग निर्माणाधीन लोकतन्त्र को क्षति पहुँचाने के लिए किया गया है। 'एलीट' और 'मॉडर्न' में हमेशा ही बड़ा अन्तर होता है पर उस अन्तर को समझने के स्थान पर दोनों में घालमेल कर दिया जाता है। इसीलिए प्रतिक्रियावादियों और कारपोरेट पूँजीपतियों के 'एलीट' वर्गों के हाथ में पड़कर आधुनिकता अधिक बदनाम हुई, जबकि प्रगतिशील राजनीति और मूल्यों से ही आधुनिकता का सच्चा दोस्ताना कायम हो सकता था। प्रगतिशील मानस और उसके सामाजिक मूल्यों ने आधुनिकता का सकारात्मक प्रयोग भी किया है।

प्रेमचन्द के बाद आगे चलकर रेणु, मार्कण्डेय, शेखर जोशी और शिवमूर्ति आदि ने कहानियों के भीतर गाँव की बहुविध छवियाँ बचाकर रखीं और हिन्दी साहित्य से गाँव के निष्कासन को सफलतापूर्वक बाधित किया। शिवमूर्ति का कथा-साहित्य तो काफ़ी दृढ़ता से ग्रामीण जीवन और आधुनिक जीवन-मूल्यों के पक्ष में खडा नज़र आता है। उन्होंने शहरों में आधुनिकता के संकटों को देखने के स्थान पर गाँवों में आधुनिकता के अभाव को देखा। इसी तरह उन्होंने गाँवों को केवल खेतिहर किसान का पर्याय समझने के बजाय ग्रामीण संरचना में शामिल कई अन्य पक्षों जैसे स्त्री-जीवन, जातिवाद, सरकारी भ्रष्टाचार और आपसी ईर्ष्या आदि को कथानकों का आधार बनाया। उन्होंने हितों के स्तर पर किसान-ज़मींदारों

के ध्रुवीकरण को ही ग्रामीण जीवन का एकमात्र सत्य मानने के बजाय खुद किसानों–दलितों के आन्तरिक पारिवारिक जीवन पर नज़र रखी और सबसे अधिक तो स्त्रियों के उत्पीड़ित जीवन को कई कोण से प्रस्तुत किया हैं।

शिवमूर्ति की एक अति प्रसिद्ध कहानी 'तिरियाचरित्तर' है जिसमें गाँव के जीवन का यथार्थ एक साहसी पर हर तरफ़ से लाचार स्त्री की दारुण पीड़ा के माध्यम से बयान किया गया है। लोकतन्त्र की सफलता की कसौटी यह मानी जाती है कि लोकतन्त्र देश के सबसे कमज़ोर वर्ग के लिए क्या कर पा रहा है। पर इसके उलट गाँवों में उच्चवर्गीय समाजों की सफलता इस पर टिकी होती है कि वह कमज़ोर वर्ग का किस सीमा तक दमन कर पा रहा है। 'तिरियाचरित्तर' की नायिका विमली अपने पैरों पर खड़ा होना तो जानती है पर वह उसके उत्पीड़न के लिए घात लगाकर बैठे पुरुषों के चक्रव्यूह को भेदना नहीं जानती है। पितृसत्ता की सफलता स्त्री को आत्मनिर्भर बनने से रोकने में होती है। वह इस सफलता को प्राप्त करने के लिए घर की दहलीज़ के बाहर की दुनिया को तरह–तरह से स्त्रियों के लिए भयावह, असुरक्षित, लांछित व चरित्र पर दाग पैदा करने वाली दुनिया के रूप में चित्रित करती है। स्त्री के मन में घर के बाहर के संसार के बारे में बहुत सारी आशंकाएँ उत्पन्न करना पितृसत्ता का आत्मसंरक्षण के लिए नित किया गया काम होता है। स्त्री को घर के बाहर का संसार जानने का निजी अनुभव हो, इससे पहले ही उस पर दूसरों के अनुभव थोप दिये जाते हैं। यानी 'घर' और 'बाहर' की दुनिया का विभाजन पितृसत्ता की सबसे सफल रणनीतियों में से एक है और यह विभाजन स्त्री के शरीर और मन पर बलपूर्वक नियन्त्रण स्थापित करने की लक्ष्यपूर्ति से जुड़ा होता है। जब इनका विवेचन होता है तो समाज की धर्म से लेकर परिवार–विवाह तक की कितनी ही संस्थाओं के बारे में रूमानी–शुद्धतावादी धारणाओं में खलबली मचने लगती है। शिवमूर्ति की अगर इस कहानी का सजग पाठ करें तो यह सामाजिक हक़ीक़त सामने आ जाती है कि निम्नवर्गीय स्त्री की देह कमज़ोर आर्थिक स्थिति और पुरुषों के मध्य श्रम की विवशता के कारण अधिक असुरक्षित होती है। पूरी आध्यात्मवादी चिन्तन परम्परा पदार्थ और चेतना के बीच द्वन्द्व में चेतना को सर्वोपरि मानती है पर स्त्री–पुरुष के रिश्तों में चेतनासम्पन्न पुरुष हमेशा ही स्त्री को पदार्थ (यानी वस्तु) के रूप में देखता है जिसका शीघ्र उपभोग करना है। विमली पहले तो अपने गाँव में पुरुषों के बीच असुरक्षित होती है और फिर अपने ही ससुर के हाथों बलात्कार की

शिकार होती है। वह द्रौपदी तो है नहीं कि कोई कृष्ण उसे बचाने आ जाये और न ही गाँव के लोग उस पर लगे दुश्चरित्रता के आरोपों में उसका पक्ष सुनने को तैयार हैं। पर वह केवल गूँगी–बहरी गुड़िया नहीं है जो हर ज़ुल्म को सिर झुकाकर सह ले। वह विरोध करती है, लड़ती है और ललकारती है और इस रूप में अपने व्यक्तित्व का परिचय देती है। वह वक़्त पड़ने पर हिंसक प्रतिरोध के लिए भी तैयार हो जाती है। गाँव में सज़ा सुनाये जाने पर वह विरोध में तनकर खड़ी होती है और कहती है–'मुझे पंच का फ़ैसला मंजूर नहीं। पंच अन्धा है। पंच बहरा है। पंच में भगवान का सत नहीं है। मैं ऐसे फ़ैसले पर थूकती हूँ–आ–क्थू...! देखूँ कौन माई का लाल दगनी दागता है।' पर उसकी माँग गर्म कलछुल से दाग दी जाती है ताकि जिस सुहागचिह्न के कारण स्त्री को स्वीकारा जाता है, उसी चिह्न से उसे सर्वदा के लिए वंचित किया जा सके। कह सकते हैं आज का नारीवाद स्त्रीत्व के जिन प्रतीकों जैसे सिन्दूर, चूड़ी, बुर्का, गहना आदि को स्त्रियों के ख़िलाफ़ साज़िश बताकर उनसे मुक्ति की बात कहता है, वह मुक्ति अगर सचमुच सम्भव हो जाये तो तिरियाचरित्तर की विमली को इस तरह की आपराधिक सज़ा देने का आनन्द समाज को नहीं मिलेगा और वह फिर ऐसी सज़ा देगा भी नहीं।

शिवमूर्ति की कथाओं–उपन्यासों में अवध की ग्रामीण संस्कृति का बहुरूपी और गहरा अंकन मिलता है जो कहानियों से लोक के विलोपन की मुहिम को अपने बल पर स्थगित करता है। पर ग्रामीण जीवन केवल प्रकृति और ऋतुओं पर केन्द्रित न होकर मुख्य रूप से ग्रामीण जनों की कठिन स्थितियों और संघर्षों के माध्यम से व्यक्त होता है। उनकी कहानियाँ इसलिए भी सफल दिखती हैं क्योंकि पात्रों की भीड़ नहीं खड़ी करती हैं और न स्थितियों और प्रसंगों के अम्बार। वह पात्र को चुनते हैं, उसकी ख़ूबी और समस्या से पाठक को अवगत कराते हैं और फिर उसी को केन्द्र में रखकर उसका पूरा चरित्र सामने लाते हैं। किसी समुदाय विशेष की समस्या के उभार के लिए भी वह प्रतिनिधि चरित्र गढ़ते हैं और परिस्थिति के पूरी विडम्बना (आयरनी) का चित्र खींच देते हैं। उनका यह प्रतिनिधि चरित्र ही कथा के पूरे वातावरण और स्थितियों को मूर्त चेहरा प्रदान करता है। वह विपन्नों के जीवन की केवल समाजशास्त्रीय सूचनाएँ नहीं रखते हैं बल्कि उनकी अभिव्यक्तियों में अनुभवों की कहीं तीखी तो कहीं नरम आँच भी महसूस हो जाती है। यहाँ तक कि गाँव–देहात में स्थानीय

बाबाओं और पीरों के नाम पर जो मेले लगते हैं और उनमें जिस तरह से गाते–बजाते, कीर्तन करते और सोहर–दादरा सुनते हुए गाँव का पूरा समाज हिस्सा लेता है, इसका बड़ा सजीव रूप कहानियों में मिल जाता है। ख़ास बात यह भी है कि शिवमूर्ति की कहानियाँ गाँव के अशिक्षितों और जाहिल समझे जाने वालों लोगों से सहानुभूति रखती हैं, जबकि शिक्षा पाकर गाँव से पलायन कर गये लोगों के दोमुँहेपन और बेईमानी को व्यक्त करती हैं। उनकी कहानियों में इसकी बहुत चिन्ता नहीं मिलती कि पाठक को कथा के बीच–बीच में चुस्त जुमले, रोचक संवाद या ज्ञानवर्धक बातें मिलती हैं या नहीं। यही निश्चिन्तता उनकी कहानी को अधिक विश्वसनीय और दिलचस्प बनाने में सहायता देती है। वरना तो ऐसे कहानीकार भी कम नहीं हैं जो कहानी को उन्नत कथा–कला की कसौटी पर माँजने के स्थान पर ज्ञानकोष का एक रूप बनाने लगते हैं। सूचनाओं के ऐसे जाल खड़े करते हैं कि कहानी दम तोड़ देती है। पात्र आमने–सामने बैठकर देश की स्थितियों पर गम्भीर विचार करते हैं और कहानी की जगह एक अच्छा निबन्ध या टिप्पणियों का संग्रह तैयार हो जाता है।

गाँवों पर लिखी ऐसी कहानियाँ भी कम नहीं हैं जो गाँव की जाति–बिरादरी के आँकड़े और वहाँ की ज़िन्दगी के ब्योरों का ढेर खड़ा कर देती हैं, जबकि कहानी का उद्देश्य गाँव के स्थिर तथा गतिशील यथार्थ को प्रस्तुत करना है, जोकि आँकडों और ब्योरों से सम्भव नहीं होता है। शिवमूर्ति ने कहानियों में गाँव को प्रधान विषयवस्तु बनाया है पर गाँव का प्रयोग सौन्दर्य या अध्यात्म की निर्लिप्त उपासना के लिए नहीं किया जैसाकि कई गाँधीवादी गाँवों का इसी रूप में इस्तेमाल करना चाहते हैं। गाँवों के वर्णन में भी ख़ासतौर पर ग़रीब उत्पीड़ित स्त्री को केन्द्र में रखा है जिसके ऊपर हमेशा 'गीधों से देह नुचवाने' का ख़तरा मँडराता रहता है। यह उत्पीड़ित स्त्री जातिहीन–वर्गहीन अस्मिता नहीं है, जिसे केवल अबला के सम्बोधन तक सीमित कर दिया जाये 'अबला जीवन हाय, तुम्हारी यही कहानी...' वाली पंक्ति रटने या दोहराने–भर से यह समझना मुश्किल होता है कि स्त्री के शोषण का वास्तविक कारण और पृष्ठभूमि क्या है। किसी स्त्री को अबला कहने पर वस्तुतः हम केवल उसकी समस्या को चिह्नित कर रहे होते हैं, समस्या के मूल कारण पर हमारी नज़र नहीं जाती है। बल्कि स्त्री को अबला कह देने से पूरी पुरुष जाति को ख़ास तरह का सन्तोष मिलता होगा, उसे अपनी शक्ति का आभास मिलने पर सन्तुष्टि प्राप्त होती होगी। शिवमूर्ति

की कथाओं में स्त्री के अबलापन से अधिक उस सामाजिक ताने–बाने को उभारा जाता है जो किसी भी प्रतिभावान और साहसी स्त्री को भी संकटग्रस्त बनाता है। उसका दलित और दरिद्र होना उसके सारे अपमान तथा जख़्मों के बुनियादी कारण के रूप में मौजूद दिखता है। उनकी 'अकालदण्ड' और 'कसाईबाड़ा' जैसी कहानी इस सन्दर्भ में ख़ासतौर पर हमारा ध्यान आकृष्ट करती है। दोनों ही कथाओं में स्त्री के ऊपर फेंका गया धोखे का जाल है और दोनों में ही पूरी ताक़त और जिजीविषा से लड़ती स्त्रियों के दीप्तिपूर्ण तेजस्वी चरित्र हैं। उनकी अन्य कहानियों जैसे 'सिरी उपमा जोग' और 'केशर कस्तूरी' के स्त्री चरित्र भी दुःख के विशाल समन्दर में बड़े साहस के साथ अपनी जीवन–नौका को खेते नज़र आते हैं। 'अकाल–दण्ड' में गाँव में राहत राशि बाँटने आये सेक्रेटरी जी हैं जो सुरजी के बलात्कार के लिए बेचैन हैं और फूट–फूटकर रोती सफ़रजी का चेहरा है जो सोचती है–'इस गोरी चमड़ी और दप–दप जलती रूपराशि का क्या करे वह। दुर्दिन की मार भी जिसका तेज़ मन्द नहीं कर पा रही है।' वही सुरजी बाद में ज़बर्दस्ती किये जाने पर सिकरेटरी बाबू की देह का नाज़ुक हिस्सा हँसिये से उड़ा देती है। कहानी कुछ–कुछ पुरानी कथा परम्परा की शैली का स्मरण कराती है जिनमें शत्रु का वध बड़े रणनीतिक तरीक़ों से किया जाता है। लेकिन जिस मूल समस्या की ओर कहानी संकेत करती है, वह यह है कि ग्रामीण संरचना ने स्त्रियों के बाहर निकलने के रास्तों को बन्द कर रखा था। लगता था कि हर तरफ़ 'नो एग्जिट' के बोर्ड टाँग दिये गये हैं। जो लोकतन्त्र आज़ादी के बाद गाँव में पहुँचा भी, वह उसी सामन्ती संरचना में घुलमिल गया। लोकतन्त्र, पुलिस–थाना, एफआईआर, आईपीसी, राहत और विकास योजनाएँ, लगभग सभी ने सामन्ती ढाँचे के साथ मैत्रीपूर्ण सम्बन्ध कायम किये और इस कारण से जो लोग सामन्तवाद से पीड़ित थे, वे किसी भी विकास प्रक्रिया से बाहर रहने के लिए मजबूर हो गये 'कसाईबाड़ा' कहानी में गाँव जैसे किसी ख़ौफनाक 'हॉरर फ़िल्म' के दृश्यों में तब्दील हो गये हैं और एक के बाद एक रोंगटे खड़े करने वाले दृश्य सामने आ रहे हैं। शनिचरी जैसी विधवा है जो अपनी लड़की को विवाह के धोखे में बेचे जाने का विरोध कर रही है और अधरंगी जैसा पागल है जो पूरे गाँव में घूम–घूमकर परधान, लीडर और दरोगा के ख़िलाफ़ चिल्लाता है पर कोई उसकी नहीं सुनता। अनशन करते–करते शनिचरी मारी जाती है। उसकी दो बीघा ज़मीन भी धोखे से लिखवा ली जाती है। ईश्वर और अध्यात्म पर विश्वास भी गाँवों में

ख़ूब मिलता है और यह मान्यता भी है कि अन्याय का अन्त करना ईश्वर का काम है। पर समाज का सत्तावर्ग, जो स्वयं इन विश्वासों का पोषण करता है, वही इन विश्वासों से मोहभंग होने की स्थितियाँ भी पैदा कर देता है। अधरंगी जब शनिचरी की लाश को उसकी झोपड़ी में जलाता है तो जैसे इसी मान्यता पर वह क्रोधित होने लगता है। कहानी में इसका दारुण रूप इस तरह आया है–'चिता की परिक्रमा करते–करते सहसा वह बैठ जाता है और झुककर धरती को घूरने लगता है। शनिचरी कहती थी–अन्याय की हद होती तो धरती फट जाती है, लेकिन...'' इस एक 'लेकिन' शब्द में ही जैसे पूरा भीतरी विक्षोभ तथा हताशा का पूरा प्रतिबिम्ब मौजूद है। इस बात की झलक है कि अन्ततः ईश्वर भी उस मनुष्य को धोखा दे जाता है जिसे सबसे अधिक उसकी ज़रूरत होती है। शिवमूर्ति अपने कथा विन्यास में यथार्थवाद की शैली का बख़ूबी प्रयोग करते हैं और इसके लिए लोकजीवन के दृश्यों का प्रामाणिक चित्रण करते हैं। यानी यथार्थवाद केवल उनकी कथावस्तु में नहीं बल्कि पूरे कथा–रूप तथा कथा–विन्यास में उपस्थित रहता है।

एक समय ऐसा अवश्य था कि कथाकारों को लगने लगा था कि अब समाज के असली शत्रु का चेहरा पहचानना कठिन हो गया है और इसीलिए किसके विरुद्ध कैसे लड़ा जाये, यह तय कर पाना भी मुश्किल हो गया है। जैसे पहले राजा के ख़िलाफ़ लड़ा जा सकता था, या बाद में अंग्रेज़ों के ख़िलाफ़। यानी शत्रु के निर्वैयक्तिकरण ने उसके विरुद्ध संघर्ष को लगभग नामुमकिन बना दिया है। चेहराविहीन शत्रु से लड़ाई ने संघर्ष के पूरे इतिहास को ही गड्डमड्ड–सा कर दिया है। यह निराशासूचक वाक्य अज्ञेय जैसे एक समय क्रान्तिकारी जीवन जीने वाले लेखकों के मुँह से ही निकला था–'अन्यायकारी सत्ता का अब कोई चेहरा ही नहीं रह गया।' पर हम जिस अन्यायकारी सत्ता के निर्वैयक्तीकरण को लेकर अफ़सोस जता रहे थे, वह मात्र रोमांटिक मुद्रा भर थी। इस रोमांटिसिज़्म के प्रवाह में कई लोग गाँव–शहर के यथार्थ से जुड़ने, उनकी विकृति के बारे में चेतना विकसित करने और उसमें मौजूद अन्याय पर रोष प्रकट करने के स्थान पर सीधे किसी शत्रु के ख़िलाफ़ मोर्चे पर उतर जाना चाहते थे। वे प्राचीन वीरकाव्यों की तरह किसी युद्धस्थल में जाने की इच्छा प्रकट करते थे पर जब ऐसे स्थल उन्हें आसपास नहीं दिखते थे तो शत्रु के निर्वैयक्तिकरण के फ़लसफ़े गढ़ लेते थे। वे स्वीकृत मूल्यों की प्रतिष्ठा के लिए स्वयं को तब भी यत्नशील नहीं मानते थे पर मूल्यों के संकट के प्रश्न को ठीक जनसंघर्षों के नज़रिये

से देखने का विरोध करते थे। हिन्दी में रामचन्द्र शुक्ल ने इसी उदासीनता की प्रवृत्ति को रचना विरोधी तथा मनुष्यता विरोधी बताते हुए लिखा था–'जाने दो, हमसे क्या मतलब, चलो अपना काम देखें। यह महाभयानक रोग है। इससे मनुष्य आधा मर जाता है।' (रस मीमांसा, पृ.–24) स्वातन्त्र्योत्तर भारत के इसी दौर में गाँव–देहात से लेकर शहरों तक सामाजिक उथल–पुथल चल रही थी और रचनाकार केवल उसके तटस्थ साक्षी नहीं बल्कि उसके भोक्ता भी बन रहे थे। कोई लेखक जब तक स्वयं को मानसिक अलगाव में नहीं डालता और इस अलगाव का सैद्धान्तीकरण कर उसके प्रति स्वाभाविक सहजता प्राप्त नहीं कर लेता, उसके लिए ये परिवर्तनशील यथार्थ एक चुभने वाले अनुभव के स्रोत के रूप में बने रहते हैं। वैसे भी यथार्थ को समझने के लिए बाज़ार से किसी सूक्ष्मदर्शक यन्त्र को ख़रीदकर नहीं लाना पड़ता, बस अपनी संवेदना को ही व्यापक जीवन से जोड़ना होता है और शिवमूर्ति की भाव–संवेदना इस योग्य उन्हें बनाती है कि वे साहित्य को बृहत्तर जीवन से जोड़ सकें। शिवमूर्ति की कहानियों में अनुभव का सच भी इसीलिए जटिल है और ऐसा अनुभूत सत्य है जो जीवन–जगत की कल्पना पर नहीं बल्कि उसकी प्रत्यक्ष अनुभूति पर आधारित है।

उनकी कहानी 'केशर–कस्तूरी' अनमेल विवाह की समस्या की ओर इशारा करती है पर वह केवल वहीं तक सीमित नहीं रहती बल्कि उसके माध्यम से गाँवों के बड़े परिवारों के भीतर निरन्तर गहराते संकट की झलक मिलती है। एक बड़े तन्त्र के आगे लगभग निस्सहाय खड़ी स्त्री के मुँह से यही वाक्य निकलता है–'दुःख तो काटने से ही कटेगा।' लेकिन ख़ास मनोविज्ञान और विवेक से निर्देशित यह स्त्री कई बार किसी मूर्त हिन्दुस्तानी नारी के रूप में भी सामने आती है और अक्सर तो वह बेहद नैतिक तथा चारित्रिक गुणों से सम्पन्न भी दिखती है। कहानियों के इस क़िस्म के स्त्री चित्रण के साथ समस्या यह है कि यह समाज के पुरुषों के नैतिक–सामाजिक दीवालियेपन को रेखांकित करने के लिए स्त्रियों के चरित्र की नैतिक ऊँचाई के चित्रण पर ख़ास ध्यान देने लगती है। उनके व्यक्तित्व तथा जीवन को उन सामाजिक प्रतिमानों पर अधिक सच्चा और दोषरहित बताने लगती हैं जिनका उल्लंघन खुद समाज कर रहा है। प्रतिमानों की पवित्रता और स्त्री चरित्र की पवित्रता यहाँ आकर एक में घुल जाते हैं। प्रतिमान तोड़े जाने के स्थान पर स्त्रियों द्वारा पूरी तरह से स्वीकार कर लिए जाते हैं। पुरुष तो अपने झूठ तथा फ्रॉड के कारण निन्दनीय प्रतीत होने लगते हैं पर ऐसा

लगता है कि उन्हीं प्रतिमानों के समक्ष स्त्रियों की गुलामी ज़्यादा स्पष्ट तौर पर नज़र आने लगती है। 'तिरियाचरित्तर' कहानी हो या 'कसाईबाड़ा', दोनों में ही स्त्रियाँ अन्ततः महान दैहिक पवित्रता की रक्षक के रूप में सामने आती हैं जो फिलहाल किसी भी विचलन से मुक्त हैं। सन्देह होने लगता है कि कहानियाँ स्त्रियों के यौन उत्पीड़न की स्थितियों को व्यक्त करने का प्रयास कर रही हैं या स्त्रियों की यौन शुचिता के बारे में नये आदर्शों को गढ़ रही हैं। 'केशर– कस्तूरी' कहानी में भी केशर के स्त्री चरित्र के रूप में आदर्श हिन्दू गृहिणी का रूप उभरने लगता है जो चरित्र और संस्कारों की दृष्टि से अविश्वसनीय सीमा तक बेदाग और निश्छल है। वह पति सेवा तथा पति भक्ति के लिए ही अपने मस्तक पर गर्म सलाख से दागे जाने की नियति को स्वीकार कर रही है। यानी कहानियाँ कहीं–कहीं यथार्थवाद के रास्ते पर चलते हुए भी स्त्री चरित्रचित्रण को लेकर आदर्शवादी होने लगती हैं। स्त्रियों की यौन शुचिता कोई बुरी चीज़ नहीं है। यौन शुचिता की अवधारणा भी स्त्री देह पर स्त्री के निजी नियन्त्रण को सही ठहराती है, निजता के अधिकार को स्थापित करती है। पर उसे इस तरह अतिवादी आदर्श के रूप में उभारकर समाज के पाप को सिद्ध करना उल्टा असर भी पैदा करता है। कहानी के लेखकीय पूर्वग्रहों से मुक्त 'पाठ' के स्तर पर ऐसी प्रतीतियाँ भी पैदा होती हैं कि स्त्री और रूढ़िवाद कोई परस्पर विरोधी नहीं बल्कि परस्पर सामंजस्य स्थापित करने वाली स्थितियाँ हैं।

शिवमूर्ति की कहानियाँ गाँव को फ्रीज़ किये गये स्थिर रूपों में नहीं बल्कि उनके गतिशील रूप को देखने में भरोसा करती हैं। यहाँ गाँव केवल सपेरों के तमाशों, हाट–बाज़ार, झूलों से भरे बाग–बगीचे या हरी–भरी खेतिहर भूमि भर नहीं हैं बल्कि मानवीय पीड़ा तथा जीवन संघर्ष के रूपक की तरह अधिक सामने आते हैं। लोकहृदय में लीन होने को रसदशा भी कहा गया है और यह रसदशा उनकी कहानियों में भी निष्पन्न होती है। चित्रित गाँवों में लैंगिक तथा जातीय सम्बन्धों के स्तर पर सशक्त प्रतिरोध या किसी निर्णायक बदलाव की बहुत स्पष्ट आहटें नहीं सुनाई पड़ती हैं पर लोगों के व्यक्तिगत जीवन में मौजूद असन्तोष और क्षोभ के स्वर साफ़ सुनाई देते हैं। यानी उनका गाँव किसी सामूहिक क्रान्ति के रास्ते पर नहीं चलता दिखता पर उनमें चित्रित मानव चरित्र जिस प्रकार अन्याय को लेकर सहनशीलता खो रहे हैं, उससे लगता है कि इन गाँवों में सामाजिक रूपान्तरण का ऐतिहासिक चरण कहीं सन्निकट ही है।

वर्तमान कहानियाँ और साम्प्रदायिकता

हिन्दी का यह नया कथा–युग है जो पिछले एक दशक से ज़्यादा समय से अपनी विविधतापूर्ण प्रवृत्तियों का निरन्तर निर्माण करने और उनकी समीक्षा करने के श्रम से गुज़र रहा है। उसका कोई ठीक–ठिकाने का नामकरण नहीं हुआ है और कह सकते हैं कि यह युग फिलहाल गुमनाम नहीं बल्कि बेनाम रहा है। कहने को इसे 'साहित्य का युवापक्ष' नाम देकर काम चलाया जा सकता है क्योंकि इसी कालावधि में राजनीति और मीडिया में भी युवा शब्द का प्रचुर इस्तेमाल हुआ है। युवापन की छाया हर कहीं देखी और दिखायी जा रही है। पर अभी तक युग का नामकरण का संस्कार ही न हो सका और लोगों ने इसके नाम–निर्धारण के लिए ख़ास चिन्ता भी नहीं की, इसका एक कारण यह भी है कि केवल किसी एक विधा के आधार पर किसी कालखण्ड का साहित्यिक नामकरण करना थोड़ा जटिल काम बन जाता है। कहानी अपने लिए स्वतन्त्र नामकरण की माँग करे तो दूसरी विधाओं को थोड़ी ईर्ष्या होगी और वे कुछ बाधाओं का निर्माण करेंगी। नामकरण करना देश का निर्माण जैसा होता है जिसमें विभिन्न विधाओं की नागरिकता का आधार तय होता है। इसलिए विभिन्न विधाएँ जब केवल सहअस्तित्व नहीं बल्कि एक–दूसरे के लिए प्रेरक अस्तित्व का कार्य करती हैं, तब जो 'कोलाज' निर्मित होता है, उससे साहित्य की अधिक मुक़म्मल तस्वीर भी उभरती है। वर्तमान में ही नहीं बल्कि पिछले कई दशकों में लेखक अधिक विधाबद्ध हो गया है और अपनी चुनी हुई विधा के भीतर ही साहित्य की सारी प्राथमिकताओं तथा बहसों का स्वरूप तय होते देखना चाहता है। इसने भी साहित्य को किसी प्रवृत्ति–विशेष के पारिभाषिक दायरों के भीतर रखकर उसे समझने में कठिनाई पैदा की है। इसके अलावा सच तो यह भी है कि हिन्दी कहानी अपनी कथावस्तु के स्तर पर आश्चर्यजनक ढंग से बहुस्तरीयता का परिचय देती है। कहानियों

के विभिन्न सम्प्रदाय जैसे कि दलित कहानी, स्त्री कहानी, मध्यवर्गीय कहानी, ग्राम कथा, पर्यावरण कथा विकसित हो गये और हर सम्प्रदाय के भिन्न–भिन्न आलोचक। लोग जब शिकायत करते हैं कि वर्तमान कहानी को अभी सही आलोचक नहीं मिले हैं तो इस समस्या का कारण भी यही है कि कहानियों की विविधता बहुत है और हर सम्प्रदाय के अपने–अपने आलोचक खड़े हो गये हैं। इसलिए दलित और स्त्री विमर्श के आधार पर तो कहानियाँ पहचानी गयीं पर इन विमर्शों से बाहर की कहानियाँ स्वयं के लिए किसी ख़ास नामकरण की प्रतीक्षा करती रहीं।

आधुनिक युग में हिन्दी में विभिन्न साहित्यिक कालखण्डों का जिस तरह से नाम निर्धारित हुआ है, उसमें किसी एक विधा की वर्चस्वशाली भूमिका रही हो, ऐसा कम ही हुआ। हिन्दी में आधुनिकता के उदय के साथ ही विभिन्न विधाओं का भी विकास हुआ और विभिन्न विधाओं की समानान्तर उपस्थिति ने किसी युग को समझने, उसकी मौलिक पहचान को स्थापित करने में योगदान दिया है। जैसे कि भारतेन्दु युग में गद्य की शक्ति काफ़ी थी, तो काव्य तथा नाटक ने भी युग की चिन्ताओं को व्यक्त किया। महावीर प्रसाद द्विवेदी के समय में कविता और गद्य, दोनों ने साथ–साथ महत्त्व प्राप्त किया। छायावाद में तो यक़ीनन कविता ही केन्द्रीय भूमिका में थी, पर उसी समय प्रेमचन्द ने छायावादी प्रवृत्तियों से मुक्त रहकर महान गद्य सृजन का कार्य किया। स्वयं छायावादी कवियों ने जैसे कि जयशंकर प्रसाद ने उत्कृष्ट नाटक तथा कहानियाँ लिखीं तो निराला ने भी उपन्यास व कहानियाँ रचकर युग की साहित्यिक आभा का विस्तार किया। बाद में प्रयोगवाद तथा प्रगतिवाद ने भी कविता को ही केन्द्र बनाया, पर स्वयं कवियों–कथाकारों ने उपन्यास–कहानी में भी वैसी ही प्रतिभा का परिचय दिया। परवर्ती युगों के बारे में जैसे नयी कविता या नयी कहानी के बारे में हम सुपरिचित हैं कि उसमें रचनाकारों ने विधाओं के शक्तिवर्धन के लिए कहीं अलग–अलग तो कहीं समवेत प्रयास किये अतएव हमारे आगे वर्तमान युग को विधाओं की विविधता के हिसाब से किंचित दरिद्र युग के रूप में भी देखने की मजबूरी है। विचार की तो हमारे पास आज भी कमी नहीं है पर उस विचार को कलात्मक रूपों में ढालकर हिन्दी की विधाओं को सँजोने का कार्य करने के प्रति हम पहले से कम गम्भीर हुए हैं। विचार की केन्द्रीयता ने कला को गौण बनाने की हठ पाल ली और उस हठ के कारण भी बहुत सारा विचार असम्प्रेषणीय

हो उठा। या फिर उसका इतना स्थूल सम्प्रेषण होने लगा कि विचार की प्रभाव–शक्ति ही क्षीण पड़ गयी।

इन समस्याओं को ठीक तरह से सन्दर्भित करते हुए ही हम वर्तमान कहानी पर किसी तर्कसंगत ढंग से बात कर सकते हैं। कुल मिलाकर देखें तो कालखण्ड यानी साल 2000 से लेकर वर्तमान कालखण्ड का युग जिसने कथा–साहित्य को ढेरो नयी कहानियाँ प्रदान की है। कुछ प्रतिभाशाली–ऊर्जावान रचनाकार इन्हीं वर्षों की देन हैं और कहानियों से ज़्यादा कहानियों के बारे में उनके दावों में सुखद एकरूपता दिखती है। जैसे कि उन्होंने उचित ही यह दावा किया है कि वे अपने समय को अलग ढंग से देखने और व्यक्त करने में सक्षम हैं। उन्होंने हिन्दी कहानी के अन्तरंग और बहिरंग बदलावों के बारे में सजग होने की बातें बार–बार दोहरायी हैं और साथ ही भूमण्डलीकरण के प्रभावों से बदलती दुनिया का सबसे संवेदनशील प्रवक्ता होने का विशिष्ट दावा करने में भी संकोच नहीं बरता है। अक्सर ही भूमण्डीलकरण के बाद की दुनिया के सारे लक्षणों को अपनी कथाओं में प्रतिबिम्बित कर चुकने का गहरा सन्तोष भी उनमें दिख जाता है। उन्होंने समय के अन्तर्द्वन्द्व को पकड़ने की अपनी चेष्टा को सहानुभूतिपूर्वक नोटिस में लिए जाने की अपीलें जारी की हैं। युवा कहानी को अलग पहचान दिलाने के लिए विशेष सक्रियता बरतने का आह्वान किया जाना उन्हें रचनाकर्म के लिए ज़रूरी दायित्व लगता रहा है। अपने सामाजिक सरोकारों के बारे में किसी तरह का सन्देह जताये जाने का उन्होंने विरोध किया है और वैचारिक रूप से पहले की पीढ़ी से कमतर दिखने या दिखाये जाने का उग्र खण्डन करते रहे हैं। स्थानीय चेतना और वैश्विक चेतना, दोनों के आन्तरिक सम्बन्ध और पारस्परिक तनाव को उभारने के मामले में मिली सफलता से वे कुछ सीमा तक निश्चिन्त है।

कह सकते हैं कि जब भी कोई नयी पीढ़ी साहित्य में आती है तो अपने लिए मूल्यांकन की माँग करती है। इस दौर में सबसे बड़ी चीज़ यह उभरी है कि समाज में तेज़ी से मूल्य टूटे, बदले हैं। जीवन के कई तरीके़ अकस्मात पुराने पड़ने के कारण गायब नहीं हुए हैं बल्कि उन्हें जबरन सेवानिवृत्ति पर भेजने की मनोवृत्ति बढ़ी है। इसी कालावधि में साम्प्रदायिकता की पुरानी समस्या ने भारतीय सामाजिक परिवेश में क्षरित होने के स्थान पर अपनी सर्वग्रासी पकड़ को मज़बूत भी कर लिया और समकालीन हिन्दी कहानी इससे अप्रभावित न रह सकी।

इस दौर की कुछ बेहतर कहानियाँ साम्प्रदायिकता की समस्या को ही केन्द्र में रखती हैं। चार कहानियों की चर्चा ख़ासतौर पर की जा सकती हैं जिनके नाम हैं मोहम्मद आरिफ़ की 'तार', वन्दना राग की 'यूटोपिया', भालचन्द जोशी की 'रिहाई' और राकेश मिश्र की 'शह और मात'। इन सभी कहानियों का चयन इस समानता के आधार पर किया गया है कि इन सभी में बहुसंख्यक साम्प्रदायिकता के कारण मुस्लिमों की असुरक्षा–उत्पीड़न को केन्द्रीय विषय बनाया गया है। साम्प्रदायिकता के बारे में अधूरी बात ही बतायी जाती है कि इसमें अल्पसंख्यकों का दमन होता है। सच यह है कि साम्प्रदायिकता बहुसंख्यकों के जीवन को भी नियन्त्रित करने के लिए प्रयोग में लायी जाती है। बहुसंख्यक समुदाय के लेखकों, कलाकारों, बुद्धिजीवियों, फ़िल्मी हस्तियों सभी को साम्प्रदायिक वातावरण में अपनी स्वतन्त्रता खोनी पड़ती है। पर बहुसंख्यक साम्प्रदायिकता का असली मक़सद राज्य–प्रशासन की मशीनरी पर क़ब्ज़ा कर उसका सियासी उपयोग करना होता है। इसलिए इन कथाओं में बहुसंख्यक साम्प्रदायिकता के साथ–साथ राज्य–प्रशासन के ग़ैर–क़ानूनी आचरण को भी प्रत्यक्ष या परोक्ष संकेतों या विवरणों के बीच से उभारा गया है।

'तार' कहानी अपनी आकर्षक क़िस्सागोई के साथ–साथ भारत की मिली–जुली तहज़ीब नष्ट करने वाली शक्तियों को बेनक़ाब करने के कारण काफ़ी चर्चित हुई। कहानी रहमान नामक खुदबूदार तेल बेचने वाले व्यक्ति के पूर्वजों से आरम्भ होती है। उन्हीं पूर्वजों में से एक ने 1857 के गदर के समय अपने ही मौलवी साहब की इकलौती साहबज़ादी रुकैया बानो को भगाकर उसके साथ निकाह किया और बाद में एक कारोबारी क़िस्म के पुजारी की बेटी से भी शादी की। इस तरह से उनके परिवार में साझी संस्कृति निर्मित हुई। इसी पूर्वज के वारिस रहमान मोरछाप खुदबूदार तेल का व्यवसाय करते रहे। उनके तेल की चिब्बियों पर यह भी लिखा रहता था कि तेल लाहौर सप्लाई होता है और इसी आधार पर उन पर आरोप लगा कि तेल पाकिस्तान तो जाता है पर वहाँ से शीशियों में ख़तरनाक लिक्विड भरकर लाया जाता है। पर बाद में घाटा होने पर उन्होंने सोचा कि लाटरी की दुकान खोल लें। यहीं पर उनकी बदक़िस्मती की शुरुआत हो गयी। उन्होंने भारतमाता लाटरी सेंटर जैसा नाम रखने के बजाय दुकान का नाम रख दिया अल–फ़ायदा लाटरी सेंटर और उनके घर पर पुलिस आ धमकी। पुलिस ने उन्हें बोर्ड हटाने के लिए कहा, पर वे माने नहीं और

पुलिस उन्हें गिरफ़्तार करके चलती बनी। इस तरह से कहानी बड़े धीरज के साथ कथानक को विकसित होते हुए दर्शाती है कि किस तरह अतीत में तो हिन्दू और मुस्लिम शादी–ब्याह तथा कारोबार के स्तर पर निकट थे, पर अब हालात बदल रहे हैं। इसी तरह आरिफ़ की ही बाबरी मस्जिद के ध्वंस पर लिखी एक अन्य कथा 'चोर सिपाही' भी मार्मिक व्यंजनाओं से पूरे घटनाक्रम को हमारे सामने साकार करती है। आतंकवाद के नाम पर अल्पसंख्यकों का उत्पीड़न आज के संवेदनशील कथाकारों को छूता है और वे इस पर कथा–रचना करते हैं, ये स्वयं में हिन्दी कथाजगत को विश्वसनीय बनाने वाला परिदृश्य है। हिन्दी की कथाएँ साम्प्रदायिकता, दंगों, आतंकवाद या धार्मिक हिंसा के ख़िलाफ़ जितनी दृढ़ता से खड़ी नज़र आयेंगी, उतनी ही उनकी सामाजिक जीवन में प्रासंगिकता बनी रहेगी।

साम्प्रदायिकता पर एक यादगार कहानी वन्दना राग की 'यूटोपिया' भी है जो माहौल के धीरे–धीरे विषाक्त होने, लोगों के व्यवहार में क्रूरता बढ़ने और परिवार–पड़ोस के पारम्परिक नातों की जगह धार्मिक सम्बन्धों पर ज़ोर बढ़ने की विडम्बना को उजागर करती है। ख़तरनाक बात यह भी हुई है कि युवा वर्ग को साम्प्रदायिक अपराधों की ओर खींचा जा रहा है और साम्प्रदायिकता के घेरे में लाने के लिए उन्हें नशे, पैसे, व्यभिचार और संरक्षण का प्रलोभन दिया जा रहा है। साम्प्रदायिकता ने किशोरों की मनुष्यता के विकसित होने के रास्ते में बाधा खड़ी कर रखी है और वे युवा होते–होते किसी ख़ास संगठन या समिति के सदस्य बनकर नफ़रत के राजनीतिक नेटवर्क का पुर्जा बन जाते हैं। किसी सैन्यवादी रणनीति से भगवा धार्मिक संगठन अल्पसंख्यकों की जीविका के अधिकार तथा सम्मान से प्रतिशोध लेने की योजनाएँ बनाते दिख जाते हैं। यूटोपिया में एक मुस्लिम विधवा के जीवन की विडम्बना है जो बड़ी मुश्किल से अपनी छोटी बेटी रज्जो और तीन बेरोज़गार बेटों को पालती है। सबसे पहले तो उसे मुसलमानों के व्यवहार में आते परिवर्तनों का सामना करना पड़ता है जहाँ उसे साड़ी छोड़कर सूट पहनने की हिदायत दी जाती है। इसलिए नमाज पढ़ते वक़्त मुस्लिम औरतों ने साड़ी की जगह सलवार–कमीज़ पहनना शुरु कर दिया है। बाज़ार में मौलवी साहब मिलते हैं तो अफ़सोस जताते हैं कि जवान लड़कों ने मस्जिद में रोज़ाना आना बन्द कर दिया है और केवल जुमे के दिन आते हैं। इसीलिए रज्जो की बेवा अम्मी सोचती है–'उनके बचपन के ज़माने से कितना बदल गया था, आज के ज़माने का शहर।

उनके ज़माने से तो कहीं ज़्यादा बदल रहे थे मुसलमान। पढ़ना–लिखना, नौकरी सब में इज़ाफ़ा हो गया था, लेकिन साथ–ही–साथ एक न समझ में आने वाली सख़्ती भी मुसलमानों के अन्दर ही पकती जा रही थी। उस पकने की तासीर का असर इधर–उधर हर जगह होने लगा था। मुसलमानों के भीतरपने से बाहर हिन्दुओं के भीतरपने में भी।' इन्हीं बदलावों के बीच 'बच के रहना' ही ज़िन्दगी का फ़लसफ़ा बनने लगा। उधर, जवान होते पड़ोस के अच्युतानन्द गोसाईं जैसे हिन्दू लड़के दुर्गा उत्सव आदि में चन्दा उगाही में लग गये हैं और स्थानीय पार्षदों के गिरोह के सदस्य भी। उन्हें वीडियो रिकॉर्डिंग्स दिखा–दिखाकर साबित किया जा रहा था कि हिन्दुओं को डरपोक और कायर माना जाता है और अब मुसलमानों को हर हाल में सन्देश देना है कि इस देश में रहना है तो यहाँ के बन के रहें। युवाओं के साम्प्रदायिकीकरण के बाद वे अपने पड़ोस में ही दुश्मनों की खोज करने लगते हैं और हिंसा को किसी धार्मिक उद्देश्य की तरह स्वीकार करते चले जाते हैं। यही लड़के बाद में पड़ोसी की उस लड़की रज्जो से बलात्कार करते हैं जिनके साथ बचपन में कभी खेले–कूदे होते हैं और जिसके लिए उसके हृदय में कभी स्वाभाविक कोमल भाव रहे होते हैं।

अपने प्रभाव में यह कहानी इसलिए भी सफल है क्योंकि कथा को बेहतरीन शिल्प में विन्यासित करती है और शिल्प को कथा की अभिव्यक्ति के लिए न तो अनावश्यक रूप से प्रयोगधर्मी बनाती है और न अकारण ही शिल्प की उपेक्षा करती है। कहानी की शक्ति सूक्ष्म निरीक्षणों में छिपी होती है और स्थितियों के सही तथा सटीक निरीक्षण को क्रम से पिरोने से ही कथा का बुनियादी ढाँचा विकसित होता है। छोटे–मामूली प्रसंगों की आवश्यकतानुसार रचना करना और उसे कहानी के मूल कथाक्रम में इस तरह से समाहित करना कि वे अलग पैबन्द जैसे प्रतीत न हों, उसी से कहानी की प्रभावशक्ति में वृद्धि होती है। कथा में नाटकीयता हो पर वह नाटकीयता यथार्थ को बाधित न करे। उस पर लेखक की आवश्यकता से अधिक कल्पना न हावी हो। मंटो ने कभी कहानी के इस गुण पर कहा था–'ज़िन्दगी को उसकी शक्ल में पेश करना चाहिए जैसी कि वह है, न कि वह जैसी थी या जैसी होगी या जैसी होनी चाहिए। कहानी के अन्त को लेकर प्रायः रचनाकार काफ़ी सजग होते हैं और वे मानते हैं कि आरम्भिक धीमी लय पर उठ रही कहानी अन्त तक आते–आते किसी तीव्र नाटकीय असर के साथ समाप्त होनी चाहिए। कई बार तो कहानियाँ ऐसे लिख भी

दी जाती हैं कि आख़िरी पेज पलटकर उनका अन्त पढ़ लें तो भी पर्याप्त होता है। पर कहानियों का रोचक या चौंका देने वाला अन्त काफ़ी नहीं, बल्कि कहानी की पूरी भीतरी संरचना में कहानी के मूल तत्त्व छिपे होते हैं। अच्छी कहानियाँ किसी सस्ती बाज़ारू फ़िल्म की शैली से भिन्न होती हैं जिसमें अन्तिम दृश्य से तय होता है कि दर्शक सिनेमाहॉल से किस मनःस्थिति के साथ बाहर आयेगा। वन्दना राग की यह कहानी भी अपने शीर्षक की असंगति के बावजूद सूक्ष्म निरीक्षणों, सन्तुलित नाटकीयता और यथार्थवादी अन्तर्दृष्टि की कसौटी पर खरी उतरती है और निश्चय ही हिन्दी के वर्तमान कथा–साहित्य में याद रखने योग्य कहानी है।

देश में साम्प्रदायिकता का वास्तविक आधार लोगों के मन में मुस्लिमों के प्रति पूर्वग्रह, असन्तोष, कुत्सा व ग़ुस्सा की फसल तैयार करने की सुनियोजित साज़िश में भी छिपा होता है। आम हिन्दू जनमानस की चूँकि मुस्लिम जनजीवन से दूरी तथा अपरिचय लगातार बढ़ता गया है, इसलिए किसी भी तरह के पूर्वग्रह पैदा करने के अभियान को चलाना अधिक आसान हो गया है। धार्मिक समुदायों के परस्पर मेलजोल के अभाव में धार्मिक बहुलतावाद एक किताबी अवधारणा बनकर रह जाती है। चालू नुस्ख़ों, शैलियों तथा फार्मूलों से परे जाकर लिखी गयी राकेश मिश्र की कहानी 'शह और मात' बहुत संक्षिप्त ब्योरों के सहारे गोधरा काण्ड के बाद सार्वजनिक जीवन में मुस्लिमों के प्रति द्वेष फैलाने की हक़ीक़त को बयान करती है। कथानक इस बात को दर्शाता है कि किस प्रकार ट्रेन व बस जैसे सार्वजनिक परिवहन के साधन विशेष तौर पर साम्प्रदायिक विचारों के प्रचार–प्रसार के लिए संगठित तरीक़े से इस्तेमाल किये जाते हैं। यह भी कि, साम्प्रदायिकता के केन्द्र में मुख्य विचार कुर्बानी का भी होता है और ईश्वर या अल्लाह के लिए अपने बेटे तथा भाई की कुर्बानी देने का उदाहरण सुना–सुनाकर लोगों को उन्मादी भीड़ का हिस्सा बनने के लिए प्रेरित किया जाता है। गोधरा काण्ड के बाद की बहुपक्षीय पीड़ाजनक सचाइयों को कहानी उघाड़ती है। कहानी दो पुराने दोस्तों आलोक और अनुराग के बारे में है जो बहुत दिन बाद लखनऊ में मिलते हैं। आलोक पूरी तरह से कम्प्यूटर के नीरस संसार में खोया हुआ है और अनुराग साहित्य में रुचि रखता है। वह आलोक को उकसाता है और दोनों लखनऊ की नवाबी तहज़ीब की खोज में निकल पड़ते हैं। उन्हीं दिनों गोधरा काण्ड की ख़बर फैली हुई है और शहर में तनाव है। इस तनावग्रस्त, डरे–सहमे वातावरण

में कोई ऑटो या रिक्शावाला उन्हें पुराने लखनऊ की तरफ़ नहीं ले जाता है। लखनवी तहज़ीब की खोज में जब उन्हें नाकामी मिलती है तो वे ख़ुद ही लखनऊ को महसूस करने के लिए रेलवे स्टेशन के पास शतरंज खेलने बैठ जाते हैं। साथ में विल्स, चिप्स और कोल्डड्रिंक लेकर। वहाँ अचानक से बादशाह ख़ान नामक इन्सान आता है और अकेले ही दोनों को शतरंज में हरा देता है। अनुराग जब गोरखपुर जाने के लिए ट्रेन में बैठता है तो वहाँ उसकी मुलाक़ात भगवा बनियान पहने तुंदियल आदमी से होती है जिसने टीका लगा रखा है। वह खचाखच भरे, गर्मी–पसीने में डूबे डिब्बे में मुसल्लों को सिर पर चढ़ाने, वोटबैंक, मन्दिर, म्लेच्छों से आज़ादी की बात कर रहा है और लोगों को भड़का रहा है। उसी डिब्बे में उसे फिर बादशाह ख़ान मिलता है तब उसे पता चलता है कि उसकी अहमदाबाद में लखनवी चिकन की दुकान थी जिसे जला दिया गया है। बादशाह ख़ान बार–बार शतरंज खेलने की बात कहता है पर दोनों में से किसी के पास शतरंज नहीं है। बाराबंकी स्टेशन पर ट्रेन तीन घण्टे रुक जाती है तो दोनों खाने के लिए बाहर जाते हैं। चलते वक़्त बादशाह ख़ान सारा बिल ख़ुद चुकाता है, गले मिलता है और अनुराग के प्रति मोहब्बत प्रकट करता है। कहानी में दो दृश्य आमने–सामने खड़े हो जाते हैं। एक ओर ट्रेन में मुस्लिमों के विरुद्ध घृणा फैलाता टीकाधारी–भगवाधारी वह डरावना आदमी और दूसरी ओर शतरंज खेलने और खाने–पीने का शौक़ीन लेकिन बेइन्तिहा शरीफ़ बादशाह ख़ान। दो परस्पर विरोधी यथार्थ। एक ओर दुराग्रह–पूर्वग्रह और दूसरी ओर जीवन की सहजता। भय का वातावरण पैदा करने का प्रयास और वास्तविकता में चारों ओर फैली स्वाभाविक शान्ति। कथाचरित्र अनुराग ट्रेन के डिब्बे में लौटता है तो तिलकधारी कहता है–'अरे नौजवान! कहाँ चले गये थे। हम लोग तो भयभीत हो गये थे। वातावरण ठीक नहीं है अभी।' इस पर वह चिड़चिड़ाकर कहता है–'क्यों? क्यों भयभीत हो गये थे आप? बताइए कौन हैं आप?' उसकी चिड़चिड़ाहट वास्तव में उसके अपने अनुभवों तथा जबरन थोपे गये उपदेशों के टकराव से पैदा हुई है। बादशाह ख़ान ने उससे चलते वक़्त कहा था–'आपसे मिलकर आज मज़ा आ गया। अल्लाह सफ़र का ऐसा दोस्त सभी को मुबारक़ करे।' पर डिब्बे का तिलकधारी उससे कहता है कि–वातावरण ठीक नहीं है। अनुभव और प्रचारात्मक कथनों में अन्तर्विरोध लगभग सभी नागरिकों के जीवन में है और यह कहानी इसी सत्य के पक्ष में मज़बूती से खड़ी है। कहानी का मूल विषय

बहुत छिपा हुआ, संक्षिप्त व लगभग मौन है, पर वह बाक़ी कथा के बीच अचानक से बहुत प्रभावी ढंग से प्रकट होता है। इस सटीक कथायुक्ति का प्रभाव है कि पाठक जब रोचक कथा का आनन्द लेता है, तो वह अकारण किसी गम्भीर विषय के बोझ से आक्रान्त नहीं होता है लेकिन कहानी के मूल मंतव्य–उद्देश्य को ग्रहण भी कर लेता है।

इसी कड़ी में भालचन्द्र जोशी की कहानी 'रिहाई' को भी रखा जा सकता है जिसमें घोर साम्प्रदायिक तनावों के मध्य अब्दुल खान नामक एक विपन्न मुस्लिम शिक्षक के मन के द्वन्द्व को प्रकट किया गया है। धर्म–मज़हब के कारण मिल रही घृणा तथा सन्दिग्ध समझे जाने से तंग आकर वह मस्जिद में चलने वाली आत्मरक्षा व प्रतिहिंसा की बातों के स्थायी श्रोता बनने लगते हैं। उन्हें कभी क़ौम के साथ होने की आवश्यकता नहीं पड़ी पर अब वह इसे भी महसूस करने लगते हैं। मस्जिद के पिछवाड़े रखे मोहर्रम के दिनों के ताजिये देखने के साथ उस तहखाने को भी देख आते हैं जहाँ बकौल कथाकार–'हल्के अँधेरे में सारे हथियार चमक रहे हैं।' उन्हें दंगों के दिनों में सुरक्षा से लेकर बारिश में टपकते मकान की मरम्मत तक कराने को लेकर हमदर्दी मिलने लगती है पर वह अनुभव करते हैं–'आज पता नहीं क्यों उन्हें लगा कि हमदर्दी उन्हें क़र्ज़ के रूप में मिली है। इसकी वसूली कभी भी हो सकती है–एक असाधारण ब्याज के साथ।' कहानी में पढ़े–लिखे, मज़हब का ज्ञान रखने वालों तथा इल्म की बातें सिखाने वालों के समानान्तर एक गुमटी लगाकर चाय बेचने वाले सज्जाद भाई नामक चरित्र का भी उल्लेख है। मज़हबी उन्माद में बहने वाले मास्टर साहब या मस्जिद के मौलवी की तुलना में सज्जाद नामक ग़रीब मुस्लिम इन्सान ज़्यादा सब्र, अहिंसा और भाईचारे की बात करता है। वह साम्प्रदायिक वातावरण में विकसित हुई 'कायरता बनाम वीरता' की पूरी बहस को नकार देता है। वीरता व बहादुरी को साम्प्रदायिक दंगों में शामिल होने से जोड़कर देखने वाली सोच के ख़िलाफ़ पूरे आत्मविश्वास से खड़ा है। मस्जिद के मौलवी जब मास्टर साहब को प्रतिशोध के लिए उकसाते हैं तो साथ ही यह कहते हैं कि स्कूली तालीम ने क़ौम के लोगों को डरपोक बना दिया है। पर मामूली चायवालों, पंक्चर बनाने वालों, गैराज में काम करने वाले ग़रीब मुस्लिम युवाओं के बीच जाकर मास्टर साहब अनुभव करते हैं कि उनकी रुचि हिंसा में नहीं है। वे प्रतिशोध लेने के ख़याल से ग्रसित नहीं हैं जबकि उन्हें तो कोई तालीम नहीं मिली। इसका मतलब यही है कि शिक्षा

को कायरता से जोड़ना एक सुचिन्तित साम्प्रदायिक रणनीति है। इसका प्रयोग समाज के निचले तबकों, ग़रीबों, निम्न मध्यवर्ग, दिहाड़ी मज़दूरों, श्रमिकों आदि को मज़हबी हिंसा के लिए उकसाने के लिए किया जाता है। जबकि कथा में कथाकार चित्रित करता है कि समाज के निचले वर्ग न तो स्कूली तालीम को कायरता से जोड़ते हैं तथा न ही वे किसी अन्तःप्रेरणा से अधिक हिंसक होते हैं। कहानी में चायवाला सज्जाद कहता भी है कि 'सब्र रखना या उकसावे के बावजूद तसल्ली रखना कोई गाली तो नहीं है!' इस पूरे निम्नवर्ग को अधिक मेहनतकश, संयमी व सब्र से भरा दिखाया गया है और इसीलिए अपने अहिंसक संस्कारों से विचलित हो रहे मास्टर साहब सोचते हैं–'उन्हें भी ज़िन्दगी का एक बड़ा सबक मिलना था तो कहाँ मिला? चाय की गुमटी पर और वह भी लगभग एक अपढ़ चायवाले से।' इस दौर में कहानी की भूमिका एक ओर समाज में व्याप्त वीभत्स हिंसा को दिखाना है, दूसरी ओर समाज में सक्रिय सांगठनिक हिंसा व कथाशैली को बचाये रखते हुए हिंसा के कारणों की पड़ताल करना रहा है। अकादमिक विश्लेषणों में किसी साम्प्रदायिक विचारधारा के बहुत सारे प्रतीकों तथा संगठनों की कार्यशैली व विचारधारा का अध्ययन किया जाता है ताकि समाज में जो साम्प्रदायिकता मौजूद है, उसके कारणों का उचित अध्ययन किया जा सके। पर समाज में कई बार किसी प्रतीक या संगठन के हस्तक्षेप अथवा योजना के वग़ैर भी साम्प्रदायिकता के कारण उपस्थित होते हैं तथा प्रतीक–संगठन उनकी उपज होते हैं न कि साम्प्रदायिकता उनकी उपज होती है। इसलिए कई लोग साम्प्रदायिकता के प्रतीक–संगठन के अध्ययन तक सीमित रह जाते हैं, साम्प्रदायिकता का समाजशास्त्रीय अध्ययन नहीं करते हैं। जबकि कई लोग केवल साम्प्रदायिकता का समाजशास्त्रीय अध्ययन करते हैं, उसके प्रतीकों–संगठनों के बारे में वस्तुगत व तथ्यात्मक सूचनाएँ न तो संकलित करते हैं और न दूसरों को प्रदान करते हैं। साम्प्रदायिकता का व्यापक–विस्तृत विवेचन साम्प्रदायिकता के समाजशास्त्रीय कारणों तथा साम्प्रदायिकता को विचारधारा की तरह फैलाने वाले संगठनों–प्रतीकों के सम्यक् सन्तुलित विश्लेषण से सम्पन्न होता है। जो कहानी इस दोहरी भूमिका को निभाती है, वह अधिक गहरी दृष्टि भी पैदा करती है।

नीलाक्षी सिंह की कहानी 'परिन्दे के इन्तज़ार–सा कुछ' भी बाबरी मस्जिद के ध्वंस और अपनी धर्मगत–सम्प्रदायगत संकीर्णता पर लोगों के बढ़ते भरोसे को एक मुस्लिम लड़की नसरीन की मनःस्थिति के माध्यम से

व्यक्त करने में सफलता प्राप्त करती है। वातावरण में बढ़ती हिंसा ने कोमल भावनाओं को भी ज़हरीला बनाना आरम्भ कर दिया है। वह एक हिन्दू लड़के को पसन्द करती है और यूनिवर्सिटी के दोस्तों में भी उसके ढेरों हिन्दू मित्र हैं। पर जब 1992 में बाबरी मस्जिद को कारसेवक ढहा देते हैं, तब सब कुछ बदलने लग जाता है। नसरीन की अम्मी ही उसे समझाने लगती हैं–'देख नसर, तू जिन दोस्तों से घिरी है ना, वे भोले हैं अभी बच्चे हैं। कुछ समझते नहीं। कुछ देखा नहीं लेकिन जिस रोज़ मज़हब की आग ज़ोर पकड़ेगी, सारा नक़्शा ही बदल जायेगा। तू उनके लिए मन्दिर को तोड़कर उस जगह अपने ख़ुदा को रख देने वाली कोई क़ाफ़िर बन जायेगी। उधर अयोध्या में कोई पण्डा एक पत्थर, किसी मुसलमान पर उठायेगा, इधर तू पत्थरों से लाद दी जायेगी। मज़हब की बात आते ही इन्सान वहशी बन जाता है।' कथानक में गति है जिसमें नसरीन के जीवन में कई आँधियाँ आकर गुज़र जाती हैं। कुल मिलाकर कथा कई उपकथाओं का, जो कई बार अनावश्यक ब्योरे में बदल जाती हैं, सहारा लेकर साम्प्रदायिकता के कई अनछुये मनोगत और वस्तुगत पहलुओं को उजागर कर देती है। इस तरह देखें तो 1990 के बाद के भारतीय समाज में साम्प्रदायिकता का तेज़ी से उभार हुआ है। उसने भूमण्डलीकरण से पैदा हो रहे विभिन्न क़िस्म के विकास तथा विकृतियों के बीच अपने लिए नया स्थान बनाया है। साम्प्रदायिकता के इसी दौर में धर्म की सत्ता के आगे व्यक्तिगत स्वाधीनता का पूरा विमर्श दिशाहीन हुआ है। केवल आधुनिकता या आधुनिकता बोध के प्रश्न महत्त्वपूर्ण नहीं रह गये बल्कि यह भी अनुभव किया गया कि सारी आधुनिकता के बावजूद धार्मिक कट्टरता तथा हिंसा की मध्यकालीन भावनाएँ निरन्तर सिर उठाती रहती हैं।

आज के समय में सजगता भी अधिक जटिल चीज़ हो गयी है और सजग बने रहने के लिए बहुत सारी झूठी सूचनाओं, झूठी छवियों और झूठे विचारों से लगातार संघर्षरत रहना पड़ता है। सजग रचनाकार वही हो सकता है जो दावों से नहीं बल्कि सच्चाई से प्रभावित होता है। वह गुलाबी तस्वीरों के भीतर की कालिमा को देख सकता है। इसलिए रचनाकार की आँख ही देख सकती है कि आधुनिकता के भीतर ही भीड़तन्त्र व बर्बर सामूहिकता पर टिका मध्यकाल स्वयं को जीवित कर लेता है और आधुनिकता के दावों को निरर्थक बना देता है। कैमरा, फ़ोटोग्रॉफ़ी, ब्राडकास्टिंग के युग में सम्बोधन की नयी संस्कृति का जन्म होता है जिसमें व्यक्ति को प्रवचन, व्याख्यान व सम्बोधनों की संस्कृति के

दायरे में खींच लाया जाता है। राजनेता की रैली, प्रवचन, सोशल मीडिया सभी में किसी भीड़ को सम्बोधित किये जाने के दृश्य बहुत आम होते चले जाते हैं। ऐसे दृश्य चारों ओर उत्पादित होते हैं जिनमें कोई एक प्रभावशाली व्यक्ति अपने सामने जमा भारी भीड़ या बड़े जनसमूह को उपदेश देने या उससे किसी ख़ास प्रकार का आचरण करने या समर्थन माँगने की अपील करने का काम कर रहा है। ये विराट दृश्य व्यक्ति की चेतना में दिनचर्या की दूसरी चीज़ों की तरह दर्ज होते रहते हैं तथा इन दृश्यों के माध्यम से व्यक्ति के मन में यह विश्वास पैदा कर दिया जाता है कि सारी सामाजिक वास्तविकताएँ या सारी अच्छी बातें व अच्छी चीज़ें किसी व्यापक जनसमूह को सम्बोधित आह्वानों के माध्यम से उत्पन्न हो रही हैं। इस प्रक्रिया में व्यक्ति स्वयं अपनी सत्ता को छोटा होता, निर्बल बनता या अप्रासंगिक होता महसूस करता है। या फिर सम्बोधन स्थल पर न उपस्थित रहते हुए भी वह आभासी रूप से स्वयं को किसी भीड़, रैली या समुदाय के मध्य में महसूस करता है। इससे उसकी व्यक्तिगत स्वाधीनता को किसी भी प्रकार के बलप्रयोग के बग़ैर ही सीमित कर दिया जाता है क्योंकि व्यक्तिगत स्वाधीनता का पूरा दर्शन उस समाज में कमज़ोर पड़ जाता है जहाँ लोग व्यक्ति ऐसे दृश्यों का सतत उपभोक्ता है जिसमें लोग किसी भीड़ या रैली का हिस्सा बनकर किसी शक्तिशाली नेता, कथावाचक, सन्त–बाबा के आदेशों व उपदेशों का पालन करने के लिए तत्पर नज़र आने लगे हैं। निजी जोख़िम या निजी भावनाओं की अभिव्यक्ति उस समाज में बहुत असंगत या अनावश्यक होने लगती है जहाँ लगातार शक्तिशाली लोगों के सम्बोधनों या विनम्र भाव से एकत्रित आज्ञाकारी भीड़ के दृश्य अतिप्रचारित तथा अतिप्रसारित होने लगते हैं। व्यक्ति की स्वतन्त्र इकाई का मूल्य व महत्त्व घट जाता है और उस पर किसी बड़े समूह में विलीन होते चले जाने का सामाजिक दबाव असामान्य रूप से बढ़ जाता है तथा असामान्य दबाव को सामाजिक मान्यता मिल जाने के कारण वह सामान्य प्रेरणा के रूप में ग्रहण किया जाने लगता है। साम्प्रदायिकता, धार्मिक अतिचार व सामूहिक असहिष्णुता के दौर में व्यक्ति के निर्बल होते जाने या व्यक्तिगत स्वाधीनता पर नये क़िस्म के पहरे लगाये जाने की कथाएँ भी रची गयी हैं। पिछले 10–15 साल में कई हिन्दी कहानियों ने साम्प्रदायिकता की समस्या को शिद्दत से उठाया है और साम्प्रदायिकता को सियासत और संस्कृति में दीर्घकालीन प्रोजेक्ट की तरह प्रयोग करने वाली शक्ति का उचित ही पर्दाफ़ाश किया है।

पीली छतरी का जादू

कहानियाँ लिखना व सुनना हर समाज की पुरानी परम्परा है और कहानियों ने समाज को उसकी औसत, जड़ हो चुकी और स्थूल बुद्धिमानी से आगे ले जाने तथा स्वप्नहीन नींदों से झकझोरने का काम भी किया है। इस कथा–प्रेम ने ही साहित्य की दुनिया में विज्ञान की धारणाओं के विपरीत इस सूक्ति को जन्म दिया–दुनिया अणुओं से नहीं, कहानियों से बनी है। कहानियों ने सदियों से मनुष्य के युग–बोध व व्यावहारिक बुद्धि को छीलने–तराशने के औज़ार का काम किया है। इसी परम्परा में हिन्दी में उदय प्रकाश की कहानियाँ गहरी सामाजिक बेचैनियों के दस्तावेज़ बनकर सामने आती रही हैं और ऊपर से बड़े सामान्य तथा अनुशासित दिख रहे समाज की भीतरी ऐंठन को पकड़ने में ख़ासी सफलता प्राप्त की। उनकी कहानियों में मौजूद सादगी भरे बेबाकपन ने उन्हें लोकप्रिय बनाने में ख़ास मदद की है। पहले के समय में कहानियों में बेबाक़ी और तल्ख़ी गुण नहीं माना जाता था, पर स्वातन्त्र्योत्तर कहानियों में यह कहानियों की एक प्रमुख विशेषता बनकर उभरा और उदय प्रकाश में इसकी सकारात्मक पराकाष्ठा नज़र आयी। उदय प्रकाश की विशेषता है कि वह यथार्थवाद को बनावटी तरीक़ों से नहीं अपनाते बल्कि यथार्थ की खोज के लिए मिथक, परम्परा और स्मृतियों की दुनिया में भी प्रवेश करते हैं। उनकी कहानियाँ यथार्थ के किसी एक पक्ष को संकीर्ण ढंग से दिखाकर यथार्थवादी होने का दावा नहीं करने लग जातीं और न इस आधार पर अपने लिए किसी विशेषाधिकार की माँग करती हैं। इस तरह के छद्म, निराधार और कला–विरोधी यथार्थवाद की लेबनान के प्रसिद्ध लेखक खलील ज़िब्रान ने अपनी कहानी 'बड़ा समुद्र' में ख़ासतौर पर आलोचना की है। उसमें उन्होंने एक ऐसे ही इन्सान का उल्लेख किया है जो समुद्र की ओर पीठ करके खड़ा है और सीपी को कान में लगाये उसकी आवाज़ सुन रहा है ताकि पूरे समुद्र का

रहस्य उसकी पकड़ में आ जाये। वह यथार्थवादी है जिसे किसी बात का रहस्य पूरी तरह न समझ में आने पर उसकी ओर से मुँह मोड़ लेता है और उस विषय के एक टुकड़े पर अपना ध्यान केन्द्रित करता है। इस तरह कथा–साहित्य में यथार्थवाद किसी स्थिति, सामाजिक दशा या संघर्ष के केवल संकीर्ण चित्रण तक यदि सीमित रह जाता है तो वह रचना और यथार्थ दोनों के लिए ही साधक कम बाधक ज़्यादा हो जाता है।

उदय प्रकाश अपनी कहानियों में विचार और विचारधारा को कहीं से छिपाते नहीं हैं, बल्कि कथावाचक (नैरेटर) के रूप में स्वयं ही उन्हें कहानियों में सामने ले आते हैं। उनकी कहानियों का नैरेटर हर जगह मौजूद रहकर पात्रों के वैचारिक चरित्र को गढ़ता है। वह अदृश्य रहकर नहीं बल्कि निरन्तर दृश्य में धमकदार उपस्थिति बनाये रखता है। एक प्रकार से वह कथा में जानबूझकर अन्तराल कायम करते हैं ताकि उस अन्तराल को मनमाफ़िक़ विचार से भरा जा सके। उस अन्तराल में ऐसी चुभती, पैनी वैचारिक बातें कही जा सकें कि पाठक को सन्देह न रहे कि कहानीकार के समाज–राजनीति आदि के बारे में विचार क्या हैं और जो बात कथा की स्वाभाविक परिणति में न उभर सकें, उन्हें उभारने के लिए कहानीकार स्वयं ही सामने आता रहे। पर उदय प्रकाश के पूरे लेखन में एक गहरा क्षोभ और विषाद है। लगता है जैसे कि वह दुनिया में हर तरफ़ सामने आते ट्रैजिक दृश्यों को देख रहे हैं और उसे कला में व्यक्त करने की पीड़ा से गुज़र रहे हैं। वह जीवन से ज़्यादा, अवचेतन के स्तर पर, जीवन की सीमाओं को लाँघकर ही इस पीड़ा को अपने ऊपर झेल पा रहे हैं। सम्भवतः इसीलिए वह रोलाँ बार्थ की इस उक्ति को बार–बार दोहराते हैं कि लेखन एक मृत्युपरान्त गतिविधि (पोस्थ्युमस एक्टिविटी) है। बोर्खेज द्वारा सृजनात्मकता को मृत्यु का प्रतिकार मानने की बात भी उनके मन में हमेशा गूँजती है।

उनकी दसियों कहानियाँ हैं जो पाठकों को याद हैं और इन्हीं में है उनकी साल 2001 में छपी कहानी 'पीली छतरी वाली लड़की'। यह कहानी उन्होंने राजेन्द्र यादव की सख्त डाँट व प्यार भरी माँग पर लिखी थी। उदय प्रकाश स्वयं भी इस कहानी के बारे में बात करते हुए बताते हैं कि किस प्रकार से राजेन्द्र यादव ने यह कहानी एक प्रकार से उनसे लिखवायी ही थी। राजेन्द्र यादव यानी डॉन ने। उनकी पत्नी को सख्त हिदायत मिली कि उदय प्रकाश को कमरे में बन्द कर दिया जाये और

बाहर से ताला लगा दिया जाये। आख़िरकार यह लम्बी कहानी उन्होंने साल 2000 में जुलाई से दिसम्बर के दौरान लगभग छह महीने में पूरी की। लम्बी कहानी उन्होंने लिखनी चाही थी, और लम्बी कहानी ही लिखी भी। वह ख़ुद मानते हैं–इतने सारे पृष्ठों के बावजूद इसमें जो चीज़ अनुपस्थित है, वह है 'औपन्यासिकता' या 'एपिकैलिटी'।

यह कहानी युवाओं में ख़ासतौर पर लोकप्रिय रही क्योंकि इसका नायक एक प्रेम करने वाला 22–23 साल का युवा है। वह माधुरी दीक्षित की नंगी पीठ पर मुग्ध है और वह गुलेल की बँटी से चोट खाने पर 'उई' कहकर जब किसी घायल हिरणी की तरह पलटकर देखती है तो उसे मर्दाना सुख मिलता है। जो जाति, ब्राह्मणवाद, लूट, भूमण्डलीकरण जैसी चीज़ों के ख़िलाफ़ अपनी मुखर अभिव्यक्तियों के बल पर भीड़ से अलग व्यक्तित्व गढ़ता नज़र आता है। कहानी में मध्य प्रदेश के विश्वविद्यालय का परिवेश है जो अपने बेहतर दिनों को जीने के बाद अब बढ़ती अराजकता, हिंसा तथा जातिवाद के कारण ढलान पर सरपट फिसल रहा है। कथानायक राहुल ऑर्गेनिक केपोस्ट्री छोड़कर पहले एंथ्रोपलॉजी से एम.ए. करने का निर्णय लेता है पर अंजली से प्रेम करने की शुरुआत होने पर किसी प्रकार एम.ए. हिन्दी में प्रवेश प्राप्त करने में कामयाब होता है। वह अपनी आँखों से देखता है किस प्रकार हिन्दी विभाग जातिवाद के केन्द्र बने हुए हैं और अध्यापक से लेकर छात्र तक सभी सामूहिक मूढ़ता को पाल–पोस रहे हैं। अध्यापकों का ज्ञान अभी मतिराम, बिहारी और देव से आगे नहीं बढ़ा है और वे हेमिंग्वे, अरुन्धति राय या प्रेमचन्द के बारे में पढ़ने–जानने में अपनी तीखी अरुचि प्रकट करते हैं। वे अपने अभिनन्दन समारोह आयोजित कराते हैं जिसमें अपने मित्रों व चेलों को बुलाकर अपनी प्रशंसा कराने जैसी अश्लील गतिविधियाँ करते हैं। पूरी कथा में हिन्दी विभाग की दुर्दशा व उसका प्रहसन प्रमुख रूप में उभरा है और हर सामाजिक विडम्बना को उभारने के लिए हिन्दी विभाग की कथित दुष्टता व मूर्खता को बारबार चित्रित किया गया है जो थोड़ा अतिवादी और प्रायोजित भी प्रतीत होने लगता है। पर शायद बात को इसी अतिवादिता तक पहुँचाकर व्यक्त करने में लेखक कथोपकथन की सफलता देख रहा है। सयाने लोगों ने कहा भी है कि न्याय के लिए लड़ते समय अतिवादी होना कोई अवगुण नहीं है और अन्याय का विरोध करते समय उदार दिखना कोई गुण नहीं है।

विश्वविद्यालय के पास के कम्प्यूटर सेंटर में शिक्षकों की डिफ़ेक्टो

फ़ाइलें बनती हैं जिनमें उनके बारे में हास्यास्पद सूचनाएँ मौजूद रहती हैं। मणिपुरी और आदिवासी लड़कों के साथ घिनौने कृत्य विश्वविद्यालय के भीतर होते रहते हैं पर वहाँ के शिक्षक व प्रशासन इन सब चीज़ों के बारे में संवेदनहीन बने रहते हैं। लड़कियों के साथ घूमने पर सड़क पर खड़े शोहदे पत्थर फेंकते हैं। गुण्डे छात्रावास में घुसकर छात्रों की पिटाई करते हैं और उनके घर से आया मनीआर्डर छीन लेते हैं। कथानायक राहुल इस पूरे पतनशील परिवेश का गवाह बनकर मौजूद है जो अपने भीतर आक्रोश पाल रहा है और न्यायवादी संघर्ष का पक्ष लेने की नैतिक बाध्यता को महसूस कर रहा है। कहानी का नायक युवाओं की संवेदनशीलता को व्यक्त करने वाला प्रातिनिधिक चरित्र बन जाता है। उसके आक्रोश में ही समय के यथार्थ की छवियाँ नज़र आती हैं। वह अपने हाथ की लकीरें दिखाकर बताता है कि उसके जैसे लोग या तो अधिनायक, साधू और पागल हो जाते हैं या आत्महत्या कर लेते हैं। विश्वविद्यालय के छात्र बाहरी आपराधिक तत्त्वों से लड़ने के लिए एकजुट हो रहे हैं और हिंसक तरीक़ों का प्रयोग करते हैं। पर बाद में उनकी पराजय होती है क्योंकि वाइस चांसलर, पुलिस और स्थानीय नेता–गुण्डे सब मिल जाते हैं। लक्खी भाई जैसे स्थानीय गुण्डे छात्रों के साथ जघन्य हिंसा करते हैं। कहानी में कई जगह अंजली व राहुल के बीच रति क्रियाओं के दृश्य भी टाँक दिये गये हैं। पर उन रति क्रियाओं में भी जाति–संघर्ष का भाव मौजूद है। अंजली जोशी से सहवास के चरम क्षणों में भी राहुल अनुभव करता है कि वह ब्राह्मणों की समूची जाति से प्रतिशोध ले रहा है। पर बाद में अंजली की सुख–मुद्रा देखकर डर जाता है कि कहीं उल्टा तो नहीं हो रहा कि वह इस लड़की के लिए केवल 'सेक्स टॉय' बनकर रह गया हो यानी फिर से ब्राह्मणों द्वारा ही छला जा रहा हो। यह पूरी कथा ब्राह्मणवाद से आक्रान्त युवक की कथा बन जाती है जो संभोग के नितान्त अन्तरंग क्षणों में भी जाति की ग्रन्थि से जूझता रहता है। इसमें एक नाटकीय अविश्वसनीयता होते हुए भी मनोवैज्ञानिक सत्यता दिखती है क्योंकि जाति–बोध का दंश किसी के अस्तित्व को पूरा का पूरा ग्रस सकता है और व्यक्ति को भीतर से क्रूर, मनोरोगी व प्रतिशोधी भी बना सकता है। जाति–बोध कैसे मनुष्य में हीनता बोध और उसी से उत्पन्न आक्रामकता उत्पन्न करता है और सबसे अन्तरंग भावनाओं में भी अपनी इन मानसिक दुर्बलताओं को छोड़ नहीं पाता, यह राहुल–अंजली के सम्बन्धों में प्रकट हो जाता है जहाँ

यौन–आनन्द के क्षण प्रतिहिंसा में बदलने लगते हैं। पाठक को ऐसा लगता है जैसे जाति का ज़हर स्त्री के ऊपर निकालकर स्त्री उत्पीड़न किया जा रहा है और उनकी कहानी इसे 'जस्टिफाई' कर रही है। राहुल के मनोभावों से सहानुभूति के नाम पर स्त्रियों के डीएनए में 'हेडोनिज्म' होने का दावा कर रही है। कहानी का स्त्रीवादी पाठ राहुल के नायकत्व को खलनायकत्व में बदल सकता है। इसी तरह से हिन्दी विभाग के विद्यार्थियों का जो कैरीकेचर उन्होंने तैयार किया है, उससे भी लगता है कि लेखक ग़रीब, निम्नपृष्ठभूमि से आये विद्यार्थियों का उपहास उड़ा रहा है। इस रूप में यह कहानी अपने समस्त गुणों के बावजूद कई अन्ध–बिन्दुओं से ग्रस्त है और जाति प्रथा के विरोध की लड़ाई इस तीव्रता से लड़ती है कि एक पूरा समुदाय शत्रु घोषित हो जाता है। पर इन सारे प्रसंगों के बारे में लेखक ने आगे बढ़कर अपना पक्ष रखा है। उसके अपने पक्ष को जान लेना भी उतना ही ज़रूरी है, जितना कहानी के पाठकीय बोध से जुड़े निष्कर्ष निकालना। जैसे कि अंजली–राहुल के रतिक्रिया प्रसंग के बारे में उदय प्रकाश अपने एक साक्षात्कार में बताते हैं–'राहुल मध्यवर्गीय पुरुषवादी ही है। वह नारीवादी और सर्वहारा वर्ग का पात्र ही नहीं है। और अंजली जोशी के साथ उसका सहवास एक रचनात्मक रूपक है। काम सम्बन्धों का एक जटिल सांस्कृतिक और राजनीतिक रूपक। लेकिन वह बलात्कार नहीं है, अन्ततः एक पराजित प्रेम ही है जो दोनों के बीच परिघटित होता है।' रचनाकार अपने पात्र की मध्यवर्गीय और पुरुषवादी सीमाओं को स्वीकारने की ईमानदारी का परिचय दे रहा है। पर इस ईमानदारी के आगे वह इस प्रसंग की जटिल मनोवैज्ञानिकता से भी अवगत रहने की सलाह देता है। उदय प्रकाश के ही शब्दों में–'राहुल के भीतर सहवास के पल जो प्रतिशोध की भावना है, यह ध्यान रखें कि वह सिर्फ़ एक मानसिक–बौद्धिक अवस्था भर है। राहुल के भीतर चलने वाला अन्तद्वन्द्व। अंजली जोशी उससे अनभिज्ञ है और उसके लिए वह राहुल के उद्दाम प्रेम की ही अभिव्यक्ति है। वह राहुल के उस तथाकथित प्रतिशोध से आनन्द प्राप्त करती है। दूसरे अर्थों में यह किसी ऐसे प्रतिशोध की सामाजिक निरर्थकता का प्रतीकांकन भी है।' पर ग़ौर से देखें तो पता चलता है कि जहाँ राहुल को पुरुषवादी–मध्यवर्गीय पात्र बताकर लेखक इस प्रसंग में निहित पुरुषवाद को स्वीकारता है, वहीं दूसरी ओर अंजली जोशी के कथित यौन सुख की बात कहकर उस पुरुषवाद पर ध्यान देने

की चेष्टा को निरर्थक ठहरा देता है। ठीक ही तो है, जब सुख मिल रहा है दोनों को, तो कौन इस पचड़े में पड़े कि नारीवाद क्या है और पुरुषवाद क्या है। एक तरफ़ यौन क्रीड़ा में राहुल का विरेचन हो गया और दूसरी ओर अंजली को उसके पुरुषवादी प्रतिशोध से शारीरिक आनन्द मिल गया। पुरानी कहावत है–जब मियाँ बीबी राजी तो क्या करेगा काजी।

हर कहानी अन्तरंग दुनिया व निजी मानवीय अनुभवों के माध्यम से सामाजिक त्रासदियों का चित्रण करने का प्रयत्न करती है और यह प्रयत्न करते हुए वह निजता व सामाजिकता के गाढ़े सम्बन्धों की परतें खोलती चलती है। वह सामूहिक मूल्यों से इन्सान के व्यक्तिगत टकराव को दिखाकर व्यक्ति की परिवेश से बाहर जाने की छटपटाहट को व्यक्त करने का प्रयास करती है। उदय प्रकाश की कहानियाँ परिवेश तथा व्यक्ति के टकराव की कहानियाँ हैं जिनमें व्यक्ति की हार से उसका बौनापन नहीं बल्कि उसकी उदात्तता सिद्ध होती है। उनकी कहानियाँ इतिहास के नष्ट किये गये, लुप्त होने के लिए मजबूर तथा कुचल दिये गये पक्षों के प्रति ख़ास सजगता भी ज़ाहिर करती हैं। इस तरह इतिहास की ख़ास तरह की 'ऑडिटिंग' उनकी कई कहानियों में मिल जाती है। 'पीली छतरी वाली लड़की' में एंथ्रोपोलॉजी के विशेषज्ञ किन्नू दा कथानायक राहुल को समझाते दिखते हैं कि किस तरह पुराने आदिवासियों को मिटाया जा रहा है और कुषाण, मंगोल, हूण व शक आदि सभी इतिहास में लुप्त होकर भी हमारी पूरी जीन संरचना में समाये हुए हैं। इसी तरह 'पाल गोमरा का स्कूटर' कहानी में पाल गोमरा की डायरी से जो कविता मिलती है वह इस प्रकार है : जो प्रजातियाँ लुप्त हो रही हैं/यथार्थ मिटा रहा है जिनका अस्तित्व/हो सके तो उनकी हत्या में हम न हों शामिल/और सम्भव हो तो/सँभालकर रखे लें/उनके चित्र...।

यानी संहार व हिंसा के ख़िलाफ़ कथात्मक–काव्यात्मक अभिव्यक्तियाँ उदय प्रकाश की रचनाओं की मुख्य प्रस्थापनाओं का रूप ग्रहण कर लेती हैं। उनकी कहानियाँ संहारक समय के ख़िलाफ़ मुखर गवाही देती हैं। वे मानव विरोधी ध्वंस की प्रक्रिया पर व्यक्त ध्वंस्तकारी अभिव्यक्तियाँ हैं। पिछले सौ साल में विकास व तरक्की के नाम पर जो अन्धाधुन्ध लूटपाट और छीना–झपटी मची है, उसने भी इन प्रश्नों को नये सिरे से हमारे सामने पेश किया है। नयी पीढ़ी अपनी तमाम ख़ुदगर्जी के बावजूद इस अपराध बोध से ग्रस्त है कि उसके ऐशोआराम के लिए न जाने कितने

भरे–पूरे जीवन–रूपों और नस्लों की बलि चढ़ा दी गयी। यह अपराध–बोध ठीक उन जर्मनों की तरह का होगा जिन्होंने यहूदियों के सफाये को अपनी आँखों से देखा और उसे भूल नहीं पाते हैं। उदय प्रकाश कहानियों का प्रयोग विस्थापन व उजड़ने की त्रासदी के लिए करते हुए यह नहीं भूलते हैं कि इसकी ऐतिहासिक जड़ें कहाँ है और इसीलिए उनकी कहानियों के भीतर से कई बार किसी प्रबुद्ध समाजशास्त्री और इतिहासकार का चेहरा भी झाँकता है। 'वारेन हेस्टिंग्स का साँड़' कहानी में वह भारत के पहले गवर्नर जनरल वारेन हेस्टिंग्स की कहानी को पूरे ऐतिहासिक ब्योरों के बीच पेश करते चलते हैं और उसमें एक लड़की चोखी और तिब्बत से लाये गये साँड़ के रूपक के माध्यम से औद्योगिक–पूँजीवादी ब्रिटेन के प्रतिरोध की कथा सुनाते हैं। यह वह साँड़ था जो जबरन ब्रिटेन ले जाया गया और वहाँ विस्थापित जीवन के बीच गाय व बछड़े पर जुल्म न सहने के कारण बागी हो गया। पहले उसने हेस्टिंग्स पर हमला कर उसे घायल किया और बाद में जब उसे गोली मारी गयी तो उसी की चर्बी से बने कारतूस का इस्तेमाल आगे चलकर 1857 में मंगल पाण्डे ने पहली गोली चलाने के लिए किया। इस कहानी के आधार पर ही उदय प्रकाश पर गो–प्रेमी, ब्राह्मणवाद की पक्षधरता तथा पोंगापन्थी होने के आरोप लगें क्योंकि वे गाय पर अत्याचार की फैंटेसी का प्रयोग उपनिवेशवाद के ख़िलाफ़ भावनाएँ व्यक्त करने के लिए करते हैं। पर लेखक स्वयं इसे भारत की अपनी परम्परा से जुड़े जादुई यथार्थवाद की शैली के रूप में देखता है। यह सही भी है कि यथार्थवाद के विविध रूपों की जो यूरोपीय परिभाषाएँ आयीं, वे भारत जैसे किंवदन्ती, आख्यायिका, क़िस्सा–कहानी, भूत–प्रेत कथा वाले देश में एक तरह से कल्पनाओं को सीमित करने और उन्हें जबरन किसी यथार्थवाद के साँचे में ढालकर प्रस्तुत करने की कोशिशों का परिणाम थीं। प्रत्यक्ष यथार्थ और उसके वस्तुगत रूप तक लेखक की दृष्टि को सीमित कर उसे परम्परा, स्मृति तथा संस्कृति से विच्छिन्न करने के प्रयास भी किये गये हैं। इस बारे में उदय प्रकाश के शब्दों को ही लें–'यूरोप से उधार ली गयी यथार्थवाद की समझ से आप भारतीय संस्कृति को और उसमें गाय के महत्त्व को नहीं समझ सकते हैं तो प्रेमचन्द के गोदान से उस तरह संवेदित नहीं हो सकते हैं, होरी की पीड़ा को वैसे नहीं समझ सकते, जैसे वास्तव में समझना चाहिए हमारे यथार्थवादियों ने जैसे यह मान लिया है कि कहानी में कोई मिथकीय कल्पना आ गयी तो

हमारे पाठक अन्धविश्वासी हो जायेंगे।' पाठक अन्धविश्वासी हो या न हों, पर इतना तो निश्चित है कि मिथकीय कल्पनाओं तथा यथार्थवाद के बीच हमेशा ही अन्तर्विरोध नहीं होता और नौसिखियों की जाने दें तो समर्थ रचनाकार दोनों के सम्बन्धों को एक विराट सन्तुलन पर ले जाकर निभा पाता है। उदय प्रकाश भी मानते हैं कि उन्होंने इतिहास और पुराण, स्वप्न और यथार्थ, अतीत और वर्तमान को मिलाकर जो कथासंसार रचा है, उसके पीछे भारतीय परम्परा में भीतर तक धँसे और आख्यात्मक संरचना के स्तर पर विलक्षण प्रयोग करने वाले कथाकार हजारी प्रसाद द्विवेदी की प्रेरणा रही है। एक तरह से उदय प्रकाश अपनी कहानियों में मिथकीय फैंटेसी का गाढ़ा रंग घोलते चलते हैं और उस फैंटेसी के भीतर से यथार्थ और मनोरंजन के सूत्र निकलते हैं। वे फैंटेसी के माध्यम से इतिहास के असम्बद्ध प्रतीत होने वाले पक्षों के बीच सम्बद्धता का सूत्र भी खोजते हैं। 'पीली छतरी वाली लड़की' कहानी एक विश्वविद्यालयीन जीवन के यथार्थ की भूमि पर टिकी होते हुए भी कहीं विराट फैंटेसी का आभास भी पैदा करती है जिसमें ब्राह्मणवाद के कई नृशंस रूपों की झलक दिख जाती है। 'मोटा सा, तुंदियल, डरावना व कामुक इन्सान' बार–बार नज़र आता है। वह हर चीज़ को मैनेज करना जानता है और मन्त्रियों–प्रधानमन्त्रियों को इशारों पर नचाता है। वह पूँजीवाद का खलनायकीय तथा फैंटेसी आश्रित रूप है जिसका भितरखाते ब्राह्मणवाद से गठजोड़ कायम हो चुका है।

उदय प्रकाश अपनी कहानियों में पात्रों को बहुत प्रभावशाली रूपों में गढ़ते हैं, उनकी ख़ूबियों और कमियों का ज़िन्दादिली से चित्रण करते हैं। उनकी कहानियों की लोकप्रियता का यह बड़ा राज है। वे कहानी के शिल्प से साथ खेलते हैं, उसमें तोड–फोड़ भी करते हैं, पर शिल्प को कथ्य का विकल्प नहीं बनाते, बल्कि कहानी में कथातत्त्व की रोचकता बनाये रखने में ख़ास मेहनत करते हैं। वे विचार को कथा की तरह और कथा को विचार की तरह प्रस्तुत करते हैं। 'वारेन हेस्टिंग्ज का साड' कहानी में जिस तरह से वह वारेन हेस्टिंग्स के चरित्र को खड़ा करते हैं, उसे पीताम्बर पहने, बाँसुरी बजाते व फटे–सूती कपड़ों में घूमते दिखाते हैं, वह वर्णन ख़ासा रोचक है। यही ख़ूबियाँ 'पीली छतरी वाली लड़की', 'और अन्त में प्रार्थना' तथा 'मोहनदास' नामक कहानियों में दिख जाती है जिनके केन्द्रीय चरित्र हमारे ज़ेहन में लम्बे समय तक बस जाते हैं। यानी उनकी कहानियाँ चरित्रों के विघटन के दौर में कथा–व्यक्तित्व व

चरित्रों को जीवित करती हैं और पाठकों के लिए अविस्मरणीय बन जाती हैं। हम कहानियों के भीतर कुछ लोगों को पहचानने लगते हैं और उनकी हार–जीत व संघर्षों में अपनी ज़िन्दगी की छवियाँ पा लेते हैं। कथाओं में जिस यथार्थ का अंकन होता है, वह पाठक की केवल सामाजिक नहीं बल्कि नैतिक चेतना को भी पल्लवित करता है। देश–दुनिया को भ्रष्ट तथा मूल्यहीन बनाने के प्रयासों से अनजान बने रहने पर नहीं बल्कि उन्हें देखने, उनके बारे में जानकारी एकत्र करने से भी नैतिक चेतना का विकास हो सकता है। नैतिक चेतना केवल सामाजिक यथार्थ की अनभिज्ञता पर नहीं टिकी होती, बल्कि गहन यथार्थ–बोध से उत्पन्न होती है। यथार्थ से पलायन या यथार्थ से अपरिचय आधुनिक नैतिक चेतना के विकास को बाधित कर सकता है। यथार्थ का तकलीफ़देह परिचय नैतिक चेतना के दुर्बल पड़ जाने, क्षरित–द्रवित होने या उसकी समाप्ति को रोक सकता है। उदय प्रकाश की कहानियाँ यथार्थ से तकलीफ़देह परिचय को गाढ़ा करने, गहरा बनाने, व्यापकता लाने का कार्य करती हैं।

दलित व्यथा की कथा

ओमप्रकाश वाल्मीकि ने अपनी आत्मकथा, कथा, कविता और आलोचना ग्रन्थों से हिन्दी लेखन में दलित चेतना के विकास का रास्ता निर्मित किया है। आज बहुत सारे दलित लेखकों की रचनाएँ सामने आ रही हैं, पर करीब 25 साल पहले सम्भवतः स्थिति पूरी तरह भिन्न थी। उस समय हिन्दी में दलित लेखन की नींव पड़नी थी और ख़ुद दलित लेखकों के मन में अपने लेखन को लेकर अनिश्चय का भाव दिखता था। उस समय वाल्मीकि दलित लेखन की पहली पीढ़ी के सशक्त प्रतिनिधि के रूप में उभरे थे। इसीलिए विभिन्न उलझनें, अनिश्चय और डर उनके आत्मानुभवों के अनिवार्य हिस्से के रूप में व्यक्त हुए। अपनी आत्मकथा 'जूठन' की भूमिका में उन्होंने लिखा है–'इन अनुभवों को लिखने में कई प्रकार के ख़तरे थे। एक लम्बी जद्दोजहद के बाद मैंने सिलसिलेवार लिखना शुरु किया। अपनी उपेक्षाओं और प्रताड़नाओं को एक बार फिर जीना पड़ा। उस दौरान गहरी मानसिक यन्त्रणाएँ मैंने भोगीं। स्वयं को परत–दर–परत उधेड़ते हुए लगा कि कितना दुखदायी है ये सब।' वाल्मीकि जी ने अपनी रचनाओं के प्रकाशन के लिए लम्बा संघर्ष किया है। 1980 के दशक में उन्हें यह चीज़ आश्चर्य में डालती थी कि मराठी भाषा में तो दलितों की रचनाएँ उत्साह से छापी जा रही हैं लेकिन हिन्दी की पत्रिकाएँ इसे लेकर उदासीन थीं। जिस हिन्दी प्रदेश में बेलछी काण्ड, कफल्टा, साढ़ू पुर काण्ड, नारायणपुर काण्ड जैसे दलित विरोधी काण्ड हो रहे थे, वहाँ दलित साहित्य के महत्त्व से यह कहकर इनकार किया जाता था कि दलितों का जैसा उत्पीड़न महाराष्ट्र या दक्षिण भारत में है, वैसा हिन्दी प्रदेशों में नहीं है। इसीलिए सम्पादकों के पते से अक्सर उनकी रचनाएँ वापस आती रहीं। एक बार तो सारिका में उन्होंने 1980 में अपनी कहानी 'जंगल की रानी' भेजी जो स्वीकृत हो गयी, पर दस साल बाद वह बिना छपे वापिस भेज

दी गयी। उनके आगे 'सार्वभौमिक विषय' बनाम 'दलित विषय' का द्वैत खड़ाकर सार्वभौमिक विषयों पर लिखने की सलाह दी जाती रही ताकि रचनाएँ पत्रिकाओं में प्रकाशित तो हो सकें। बाद में जब राजेन्द्र यादव ने 'हंस' में उनकी कहानियाँ प्रकाशित कीं तब जाकर उन्हें महसूस हुआ कि हिन्दी पत्र–पत्रिकाओं की 'अवहेलना और उदासीनता का तिलिस्म' टूट रहा है। दिसम्बर 1992 के राजेन्द्र यादव ने जब 'हंस' के अंक में उनकी कहानी 'बैल की खाल' प्रकाशित की तो उन्हें रचनाकार के तौर पर व्यापक हिन्दी समाज में नयी पहचान मिली। दलित साहित्य को लेकर यह बहस रही है कि वह हिन्दी में बहुत देर से आया। पर स्वयं दलित लेखकों ने स्वातन्त्र्योत्तर हिन्दी कविता में व्यवस्था के हाथों उत्पीड़ित मनुष्य का विश्लेषण कर यह पाया है कि आज़ादी के बाद जनवादी कविता में पूरा मनुष्य ही दलित के रूप में सामने आया है। पूँजीवाद, सामन्तवाद, अपाहिज लोकतन्त्र, सत्ता के दमन ने मनुष्य के साथ जो बर्ताव किया, उसकी विविध छवियाँ हिन्दी कविता में उपस्थित हुईं और वह दमित मनुष्य किसी दलित की तरह ही है। दलित विमर्श के अस्तित्व में आने से पहले जनवादी कविता में मनुष्य के दमन–दलन का यह चित्र समाज की ऐतिहासिक विसंगतियों को प्रकट करने में सफल रहा है। कंवल भारती ने 'दलित विमर्श की भूमिका' में लिखा है–'मार्क्सवादी साहित्य जिस प्रकार से वर्ग–चेतना का सवाल उठाता है, वह महत्त्वपूर्ण है और उसे ख़ारिज नहीं किया जा सकता है। वस्तुतः यह एक तथ्य है कि ग़रीबी में प्रतिभाएँ मर जाती हैं और ग़रीबी के विरुद्ध संघर्ष अपनी आर्थिक समस्याओं को हल किये बग़ैर सम्भव नहीं है। भारतीय समाज में यह महान क्रान्ति होगी अगर सारे ग़रीब और मज़दूर एक विशाल वर्ग–शक्ति बन जायें। प्रगतिशील साहित्य का दलित विमर्श वस्तुतः इसी अर्थवत्ता का है।'

उनकी कहानियों में दलितों की पीड़ा, उपेक्षा, उनके साथ होने वाली हिंसा, घृणापूर्ण व्यवहार के ढेरों जीवन चित्र उपस्थित हैं। दलित लेखन को मुख्यतः आक्रोश का लेखन माना जाता है। इसीलिए कुछ दलित विचारकों ने आक्रोश को भी साहित्यशास्त्र के एक अलग रस के रूप में स्वीकार कराने की वकालत की है। दलित साहित्य में दलित चेतना की चर्चा इसलिए होती है ताकि दलित चेतना तथा क्रान्तिकारी चेतना को एक मानकर प्रस्तुत किया जा सके। शरणकुमार लिंबाले ने अपनी पुस्तक 'दलित साहित्य का सौन्दर्यशास्त्र' में लिखा है–'दलित चेतना गुलाम को गुलामी से

अवगत करा देती है। दलित चेतना दलित साहित्य का महत्त्वपूर्ण जननबीज है। यह चेतना अन्य लेखकों की चेतना की अपेक्षा अलग और विशेष होती है।' दलित साहित्य में रस सिद्धान्त की चर्चा जिस प्रकार हुई है, उसमें क्रान्ति, आक्रोश और विद्रोह सभी को रस बताने का प्रयास किया गया है। उसी के समानान्तर इस प्रकार से रसों की संख्या बढ़ाने का विरोध भी किया गया है। लेकिन दलित साहित्यकारों में इस बिन्दु पर सहमति है कि दलित साहित्य आनन्दित नहीं बल्कि बेचैन करने वाला साहित्य है। 'रसिक वृत्ति' और 'दलित चेतना' दो भिन्न चीज़ें हैं। रसिक में सुसंस्कृतत्व होता है और सम्पूर्ण स्वास्थ्य तथा उल्लसित वृत्ति भी जो कि परिस्थिति जन्य होती है। इन वृत्तियों का सम्बन्ध जिन परिस्थितियों से होता है, वह दलित के भाग्य में नहीं होती हैं। इसलिए उसका सौन्दर्य विधान रसिकों के समान नहीं हो सकता है। उसका लेखन वेदना और विद्रोह का लेखन ही हो सकता है। जैसे भरा हुआ बाँध टूटता है, वैसे ही उसकी वेदना हरहराकर साहित्य में व्यक्त हुई है। उसमें जितनी वेदना है उतना ही आक्रोश भी। उद्दण्ड और बाग़ी रुख़ अपनाना उसका सहज चुनाव है। आक्रोश का अर्थ केवल यह नहीं होता कि कथा में किसी दलित चरित्र को अनिवार्य रूप से आक्रोश से भरा, लड़ता हुआ चित्रित कर दें, बल्कि इसका अर्थ यह है कि दलितों की पीड़ा को समझने के लिए दलितों के दृष्टिकोण से यथार्थ की आलोचना की जाये उस यथार्थ को किसी सरकारी पण्डाल, दीवार या टीन के पत्तरों से ढँकने के स्थान पर, उससे पलायन के स्थान पर, यथार्थ का चित्रण कर उसे बदला जाये इस आक्रोश का अर्थ यह भी है कि दलित विरोधी सामाजिक परिवेश की क्रूरता को बिना हिचक व्यक्त किया जाये दलित लेखन ने रस और आनन्द की धारणाओं को चुनौती देने के साथ–साथ यह भी दावा किया कि उच्च शिक्षित वर्ग ने साहित्य की श्रेष्ठता का निर्धारण करने वाली कसौटियों पर भी वर्चस्व जमाये रखा और साहित्य के बारे में जड़ सोच–विचार को जारी रखने का प्रयत्न किया। इसलिए दलित साहित्य केवल आम लेखन की तरह लिखा ही नहीं जाता है बल्कि साहित्य के मूल्यांकन सम्बन्धी पुरानी समझ को लगातार चुनौती देता है।

दलित लेखन अपने को वर्णाश्रम–जाति पर टिकी सामाजिक व्यवस्था में असुरक्षा महसूस करने के अनुभव से जोड़ता है। उसे लगता है कि असुरक्षा को ख़त्म करने में भारतीय लोकतन्त्र तभी सफल होगा जब उस

लोकतन्त्र में दलितों का राजनीतिक हस्तक्षेप बढ़ेगा। राजनीतिक हस्तक्षेप को सम्भव बनाने के लिए सांस्कृतिक मोर्चे पर भी सक्रियता की आवश्कता है। लोकतन्त्र को संकीर्णता से मुक्त कराने के कार्यभार को वह आगे बढ़कर ग्रहण करना चाहता है। साहित्य लेखन को उसी कार्यभार के अंग के रूप में देखना उसे कतई साहित्य–विरोधी गतिविधि नहीं लगती है। उसने साहित्य में सच्ची मानवीय संवेदना के अभाव की भी शिकायत की है या फिर उसकी मानवीय संवेदना की मौजूदा परिधि को नाकाफ़ी माना है। इसीलिए वाल्मीकि ने लिखा–'दलित कहानी का उद्देश्य सामाजिक मूल्यों की स्थापना के साथ मानवीय संवेदनाओं की पुनर्स्थापना भी है, जिसका अभाव साहित्य में परिलक्षित होता है।' दलित लेखकों ने केवल साहित्यिक मान्यताओं के स्तर पर ही नहीं बल्कि प्रकाशन, पत्रिका, विश्वविद्यालय की शैक्षणिक पद्धति आदि के स्तर पर भी अपने संघर्ष को रेखांकित किया है। उन्होंने अपने लेखन की इतिहास व समाज बदलने वाले लेखन के रूप में पहचान कराने का प्रयास किया है और यह भी दावा किया है कि उनके लेखन के बारे में बहुत सारी संस्थाएँ अगम्भीरता तथा बचकानेपन का परिचय देती हैं। जैसे कि 'अक्करमाशी' नामक आत्मकथा लिखने वाले शरणकुमार लिंबाले ने हिन्दी के प्रकाशकों पर भरपूर क्रोध जताया है। अपने प्रकाशक को मूर्ख कहा है क्योंकि उसने उनकी आत्मकथा को उपन्यास कहकर छापा और शरणकुमार लिंबाले को इसी वजह से लगता है कि मराठी की तुलना में हिन्दी में उनकी आत्मकथा इसलिए पर्याप्त रूप से चर्चित न हो सकी क्योंकि उसे आत्मकथा के स्थान पर उपन्यास बताया गया।

वाल्मीकि ने गोकशी, बँधुआ लोकतन्त्र, शवयात्रा, छतरी, सलाम, शाल का पेड़, मंगलवार, बपतिस्मा जैसी महत्त्वपूर्ण कथाओं की रचना की है। अच्छी बात यह है कि उन कथाओं का भावबोध नक़ली, दिखावटी या किताबी नहीं है। उनमें स्वानुभूति भी 'अन्य' की पीड़ा और पीड़ा के साथ–साथ बौद्धिक उत्तेजना के साथ मिलकर ज़्यादा व्यापक हो गयी है। चूँकि रचनाओं का स्रोत जीवन की सच्ची पीड़ा है और इसीलिए उनकी हर रचना में अंकित चरित्र, वातावरण व संवादों का संयोजन पाठकों के मन में पीड़ा का ही प्रभाव पैदा करते हैं। पाठकों के मन में समाज में व्याप्त पारम्परिक अन्याय, दमन–दलन, वर्णाव्यवस्था के घिनौने चरित्र को लेकर पीड़ा पैदा होती है। उनकी कहानियाँ ग़रीबी, विषमता व आत्मविघटन से

भरे समाज तक पहुँचने का ऐसा सेतु हैं जो ऊबड़–खाबड़ या कुरुचि से भरा नहीं बल्कि काफ़ी सीमा तक व्यवस्थित है। जिस पर पाठक रूपी पथिक काफ़ी आसानी से चलकर आगे बढ़ सकता है। कला के प्रति आग्रह को व्यक्त करना दलित लेखन की मूल स्थापना के ख़िलाफ़ रहा है। दलित लेखन कलावाद की बात सुनते ही भड़क उठता है और अपने समस्त अर्जित बुद्धिवाद का प्रयोग इस प्रवृत्ति पर तेज़ प्रहार करने के लिए करने लगता है। पारम्परिक कला और सौन्दर्यशास्त्र से अपनी दूरी को वह स्पष्ट तौर पर जताने में संकोच नहीं करता है। शिष्ट भाषा या प्रमाण भाषा के स्थान पर बस्ती की भाषा को स्वीकार करने पर ज़ोर है। उसका मत है कि जब एक ही गाँव में दलितों की भाषा–संस्कृति भिन्न होती है तो उससे यह उम्मीद नहीं की जा सकती है कि वह साहित्य में सवर्णों की तरह लेखन करने लगेगा। शरणकुमार लिंबाले ने अपनी पुस्तक 'दलित साहित्य का सौदर्यशास्त्र' में लिखा है–'दलित साहित्य में व्यक्त हुआ जीवन दर्शन आज तक व्यक्त हुए अनुभव संसार की अपेक्षा अलग है। एक नया संसार, एक नया समाज, एक नया मनुष्य पहले पहल साहित्य में व्यक्त हुआ। दलित साहित्य का यथार्थ अलग है। इस यथार्थ की भाषा अलग है। यह भाषा दलितों की गँवार–असभ्य भाषा है। यह भाषा दलितों की बोली भाषा है। यह भाषा शिष्ट संकेत और व्याकरण के नियम न मानने वाली भाषा है। ऐसा कहा जाता है कि हर दस कोस पर भाषा बदलती है किन्तु दलितों के सम्बन्ध में अन्तर का गणित ग़लत ठहरता है। एक ही गाँव में–गाँव की भाषा और अछूत टोली की भाषा में भेद दिखाई देता है।' पर जो सजग दलित रचनाकार हैं उन्होंने कला का विरोध करते हुए भी कहानी जैसी विधा की बुनियादी संरचना को समझने का प्रयास किया है। वाल्मीकि भी उन्हीं सजग रचनाकारों में हैं जिनकी कहानी कला पर अलग से विचार किया जा सकता है। उनकी कहानियों का प्रभाव इतना सटीक होता है कि कहानी की कला पर प्रश्न करना, उसकी सूक्ष्मताओं में जाना या उसका विश्लेषण करना भी अनावश्यक प्रतीत होता है। सम्भवतः सबसे परिपक्व कहानी कला वहीं होती है जहाँ कहानी के अचूक मार्मिक प्रभाव के कारण अलग से कहानी–कला पर सोचना भी कहानी के साथ अन्याय लगने लगे। उस पर अलग से वक़्त निकालकर विचार करना अप्रासंगिक हो जाये।

उदाहरण के लिए उनकी कहानी 'गोकशी' को लें जो आज के

राजनीतिक माहौल पर एकदम सटीक टिप्पणी की तरह प्रतीत होती है। वर्तमान सरकार ने गोहत्या के विषय को जिस प्रकार से उठाया है, उसमें गाय किसी देवी–देवता या हिन्दू धर्म का प्रतीक बनाने के स्थान पर अल्पसंख्यकों व दलितों के ख़िलाफ़ घृणा का प्रतीक बन गयी है। पिछले दो साल में गोहत्या के मामले में उग्र भीड़ ने कई स्थानों पर दलितों व मुस्लिमों की हत्याएँ कर दी हैं। यक़ीन नहीं आता कि आज के राजनीतिक माहौल पर सटीक ढंग से लागू होने वाली ऐसी कहानी वाल्मीकि जी कई साल पहले ही लिख चुके थे। 'गोकशी' नामक कहानी में गाँव से मरे पशुओं की खाल उतारकर शहर के गोदाम में पहुँचाने वाले ग़रीब दलित व मुस्लिम की कथा है। ये वे ग़रीब–गुरबे हैं जो रोज़ मेहनत न करें तो भूखे मर जायें। जब वे ट्रक में कुछ पशुओं की खाल ले जाते रहे होते हैं, तो ड्यूटी पर खड़ी पुलिस उनसे घूस माँगती है। घूस की माँगी गयी रक़म न चुकाने पर उनकी पिटाई करती है और बाद में वहीं से गुज़र रहे हिन्दू सेना के लोगों को सौंप देती है जो उन्हें फिर से पीट–पीटकर अधमरा कर देते हैं। बाद में तेज़ी से अफ़वाह फैल जाती है कि गाय की खाल की नाजायज ढंग से तस्करी हो रही थी। उग्र भीड़ पुलिस थाने पर हमला कर पाँचो दलित–मुस्लिम मज़दूरों की हत्या कर देती है। लोकतन्त्र पर विश्वास जताने वाले देश में जारी ऐसी भयानक बर्बरता पर लिखी कहानी अपने प्रभाव में इतनी मार्मिक और हृदय को झिंझोड़ देने वाली है कि इसके बाद यह प्रश्न ही उठाना बेकार हो जाता है कि कहानी में कला, रस, शिल्प की क्या विशेषता है। वाल्मीकि की अधिकांश कथाओं की यही विशेषता है कि जब तक कोई उसे न पढ़े तब तक तो वह विद्वतापूर्ण अदाओं के साथ कथा–शिल्प, कथा–प्रयोग, कथा की सम्प्रेषणीयता आदि की जटिल आलोचना सम्बन्धी पदावली का प्रयोग करेगा। पर कहानी पढ़ते ही उसे लगने लगेगा कि वह ख़ुद को आलोचक समझने के अहं में कहानी पर कितनी ग़लत कसौटियों को लागू करने की कोशिश कर रहा था। कहानी के बाहर रहकर कथा–आलोचना करने वाली बनावटी क़िस्म की निर्मम आलोचना पद्धति वहाँ काम नहीं आती है।

दलित कथालेखन में दलितों का चित्रण दो प्रकार से हुआ है। एक ओर उन्हें बड़े बेबस, असहाय ढंग से अत्याचार का शिकार होते दिखाया गया है। यह प्रदर्शित किया गया है कि उनकी विनम्रता व सहनशक्ति का उनके ख़िलाफ़ ही प्रयोग किया जाता है। यथार्थ में हिंसा पर आधारित

जाति संरचना के भीतर दलितों की विनम्रता के प्रति किसी प्रकार के सम्मान का भाव नहीं है। दूसरी ओर उन्होंने दलितों के उग्र प्रतिरोध और आक्रोश को भी दिखाया है। इस प्रकार कुछ कहानियों में दलित भीतर गुस्सा पालकर अत्याचार को सहते हैं, तो कुछ में वे अत्याचार का सामना करने के लिए ग़ुस्से को प्रकट करते हैं।

उनकी एक और कहानी है 'बँधुआ लोकतन्त्र'। यह कहानी पंचायती राज लागू होने के बाद ग्रामीण स्तर पर दलितों को आरक्षण मिलने और उस आरक्षण के बावजूद गाँव में उच्च जातियों के पारम्परिक वर्चस्व की निरन्तरता को बयान करती है। एक ओर 'जाति के राजनीतिकरण' की परिस्थितियाँ तैयार हो रही हैं और इस बारे में मशहूर चिन्तक रजनी कोठारी ने कहा था कि यह काल 'वास्तविक राजनीतिक अभिनेताओं' के उभार का काल है। इसे जातिवादी राजनीति कहकर इसका तिरस्कार करने वाले अभिजन बुद्धिजीवियों के बारे में उन्होंने लिखा था–'राजनीति में जातिवाद का रोना रोने वाले भारतीय बुद्धिजीवी ऐसे हैं जो दरअसल एक ऐसी राजनीति की चाह से ग्रस्त हैं जिसका समाज में कोई आधार ही नहीं है।' (रजनी कोठारी : राजनीति की किताब, पृ. 192)

दूसरी ओर सत्ता पर काबिज़ पारम्परिक जातियाँ दलित उभार को हिंसक ढंग से रोकने की कोशिश कर रही हैं। इस हिंसा में सवर्ण जातियों के साथ दबंग पिछड़ी जातियाँ भी गठजोड़ करने लगी हैं। प्रशासन और असामाजिक तत्त्व एकजुट होकर राजनीति में दलितों के प्रवेश को रोकने में लगे हैं। दलित जातियाँ चुनाव को केवल आर्थिक विकास और सामाजिक हैसियत बढ़ाने के रूप में देखने के बजाय उसे सीधे–सीधे राजनीतिक सत्ता प्राप्त करने के माध्यम के रूप में देखने लगी हैं। वे अब 'संस्कृतिकरण' के मार्ग पर चलने के स्थान पर अपनी चेतना व अपने समुदाय के 'राजनीतिकरण' के मार्ग की ओर बढ़ चली हैं तथा दर्शकदीर्घा में बैठकर लोकतन्त्र का तमाशा देखने के लिए तैयार नहीं हैं। प्रतिस्पर्धी लोकतन्त्र में अपना ख़याल ख़ुद रखने के सिद्धान्त पर यक़ीन करने लगी हैं। उन्हें अब पूँजीवाद व आधुनिकता की सीमाएँ दिखने लगी हैं। भारत में जाति–व्यवस्था को केवल पूँजीवाद के प्रसार से परास्त नहीं किया जा सकता है क्योंकि पूँजीवाद अन्ततः जिन शक्तियों के अधिकार में होता है, वे शक्तियाँ ख़ुद भी यह तय करती हैं कि जाति–व्यवस्था को परास्त करना उनके हित में है या नहीं। वे जाति–व्यवस्था के बारे में कुछ रणनीतिक फ़ैसले करने की

स्थिति में आ जाती हैं और जाति–व्यवस्था के क्षरण को रोकने या उसे तेज़ करने का बटन इस्तेमाल करने लगती हैं। लोकतन्त्र में जाति का नये ढंग से जन्म होने लगा है पर विभिन्न प्रकार की सामाजिक हिंसाएँ उसे रोकने की भी कोशिश कर रही है। बहुत–सी सामाजिक रिपोर्टें बताती हैं कि गाँवों में दलित आरक्षण लागू होने के बावजूद दलितों का सशक्तिकरण नहीं हो सका है। उन्हें पंचायत अधिकारियों या दबंग ऊँची जातियों के सामने सरपंच होने के बावजूद ज़मीन पर बैठना पड़ता है। उनके कामकाज में बाधा डाली जाती है या फिर उन्हें चुनाव जीतने के बावजूद 'चार्ज' लेने से रोका जाता है।

'बन्धुआ लोकतन्त्र' नामक कथा इसी विषय पर केन्द्रित है जिसमें गाँव में ऊँची जातियों और दलितो के मध्य पंचायत के चुनाव के कारण आर–पार की नौबत आ गयी है। चौधरियों की दशकों से चली आती ग्रामीण सत्ता पर तब ख़तरा पैदा होने लगता है जब गाँव की पंचायत को आरक्षित की श्रेणी में डाल दिया जाता है। चौधरियों के हाथ से सरपंची जाने लगती है तो वे बौखला जाते हैं। गाँवों में राजनीति में हिंसा एक निर्णायक फैक्टर की तरह प्रयोग की जाती रही है और पारम्परिक उच्च जातियाँ इसके बग़ैर राजनीति की कल्पना भी नहीं कर पाती हैं। उनके पास मारपीट, विरोधी के घर में आग लगाना, दलित स्त्रियों से बलात्कार के पुराने अनुभव होते हैं। लोकतन्त्र में वे अपने को संयमित तो करते हैं पर हिंसा करने के अपने अनुभव का बार–बार इस्तेमाल करते हैं। हिंसा का एक पैटर्न यह भी होता है कि वे दलितों को पुलिस से न्याय प्राप्त करने से रोकते हैं। स्थानीय थाना–पुलिस उनके प्रति कठोर बने रहते हैं। कहानी में गाँव का दलित युवक रूपचन्द किसी भी तरह चौधरियों की धौंस के आगे झुकता नहीं और अन्ततः वह निर्विरोध सरपंच निर्वाचित हो जाता है। पर गाँव के डरे हुए, भयभीत दलित उसकी विजय का जश्न मनाने का साहस भी नहीं कर पाते। प्रायः पंचायत आरक्षण इसलिए भी नाकाम हो जाता है क्योंकि दलित परम्परा से ऊँची जातियों के खेत जोतते रहे हैं और उनके पास ज़मीन का मालिकाना हक़ नहीं होता है। सरपंच बनने के बावजूद उन्हें खेतीबाड़ी के लिए ऊँची जातियों के खेत का सहारा होता है। जातिगत वंचना और आर्थिक वंचना की दोहरी मार उन्हें दबंग जातियों के सामने खड़ा नहीं होने देती है। कहानी में दलित युवक संघर्ष कर सरपंच तो बन जाता है पर उसे खेती से वंचित होना

पड़ता है। उसकी सरपंची पर गाँव की ऊँची और पिछड़ी जातियाँ व्यंग्य करने लगती हैं। उसे पंचायत भवन में नहीं घुसने दिया जाता है, हालाँकि काग़ज़ों में सरपंच की जगह उसका नाम लिखकर सारे काम किये जाते रहते हैं। कथाकार के शब्दों में–

'एक छोटे से गाँव में अपने अधिकार का इस्तेमाल करते हुए लोकतन्त्र को बंधक बना लिया था। जिसे छुड़ाने के लिए रूपचन्द अपने पूरे परिवार के साथ शहर की सड़कों पर भटक रहा था। दाने–दाने को मोहताज होकर वह भुखमरी की कगार पर पहुँच गया था। लोकतन्त्र ने उसे सरपंच तो बना दिया था, पर सिर्फ़ काग़ज़ों पर।'

भारत में जाति–व्यवस्था मनुष्य के मनोविज्ञान के निर्धारण के मामले में भी मूलभूत भूमिका निभाती है। मनुष्य के बहुत सारे पछतावे, अन्तःवेदना, आसक्ति, प्रायश्चित्त, विरोधाभास को निर्मित करने व उन्हें व्यक्तित्व को विघटित कर देने वाली शक्ति में रूपान्तरित करने में जाति–व्यवस्था की भूमिका होती है। जाति–व्यवस्था किसी को अहंकार की बीमारी का शिकार बनाती है तो किसी के स्वाभिमान को कुचलती है। जाति ने हिन्दू मानस की कंडीशनिंग इस तरह की है कि हिन्दू मानस दलितों के साथ क्रूरता को अमानवीय आचरण समझने के स्थान पर धर्म–व्यवस्था व परम्परा के पालन के रूप में देखता है। अस्पृश्यता को ईश्वर की रचना के तौर पर स्वीकार कराया जाता रहा है। अस्पृश्यता के इस धार्मिक पक्ष को देखते हुए ही अम्बेडकर को लगता था कि लाख प्रयत्न किये जाये पर अस्पृश्यता की हिन्दू धर्म से पूरी तरह से विदाई असम्भव है। 1932 में लगभग निराशाजनक स्वर में उन्होंने लिखा था–'हिन्दू धर्म में अस्पृश्यता भविष्य में भी जारी रहेगी क्योंकि इसे धर्म के साथ जोड़ा जाता है।' यह बात उन्होंने गाँधी के उस मत के ख़िलाफ़ जाकर कही थी जिसके अनुसार अस्पृश्यता धीमे–धीमें हिन्दू धर्म के भीतर से समाप्त हो जायेगी। अस्पृश्यता ने हिन्दू समाज व्यवस्था के अभिन्न हिस्से के रूप में अपना स्थान बनाये रखा है और इस कारण अम्बेडकर की जाति–व्यवस्था को लेकर अन्तर्दृष्टि ज़्यादा विश्वसनीय और टिकाऊ साबित हुई है। भारत में कम्युनिस्ट पार्टियाँ भी भारत के मुख्य दल कांग्रेस की तरह जाति–व्यवस्था के प्रश्न को मौलिक ढंग से हल करने के स्थान पर इस आशावाद की शिकार रहीं कि यह अपने आप लुप्त हो जायेगी। लुप्त नहीं होगी, तो भी

इस सीमा तक क्षरित हो जायेगी कि उसे लेकर चिन्तित रहने की ज़्यादा ज़रूरत नहीं रहेगी। मार्क्सवादी इतिहासकार विपिन चन्द्र ने लिखा है–

'अपने डेढ़ सौ वर्षों के इतिहास में मार्क्सवाद जनतन्त्र अथवा राष्ट्रवाद को समझने या उसे विश्लेषित करने में असफल रहा है। राज्य के बारे में इसके सिद्धान्त वर्गों अथवा राजनीति के सहसम्बन्ध, मध्यवर्ग की भूमिका, लिंगभेद की समस्या, नीतिशास्त्र अथवा नैतिकता की भूमिका और यहाँ तक कि धर्म आदि के बारे में इसके सिद्धान्त बहुत ही प्रयोगात्मक, कामचलाऊ तथा पैबन्दयुक्त हैं।' (विपिन चन्द्र–समकालीन भारत, पृ.229)

देखा जा सकता है कि विपिन चन्द्र जैसे मार्क्सवादी इतिहासकार भी जाति के प्रश्न पर कम्युनिस्ट पार्टियों की आलोचना करने से स्वयं को रोक नहीं पाते हैं। इतिहास के विशेष कालखण्ड में मार्क्सवादी विचारकों और मार्क्सवादी दलों की वैचारिक सीमाएँ अलग नहीं बल्कि परस्पर पूरक होती हैं। पर उन वैचारिक सीमाओं की आलोचना भी विकसित होती रहती है।

वाल्मीकि की कहानियों में मनुष्य के अन्तःकरण पर जाति–व्यवस्था के बहुपक्षीय नकारात्मक प्रभावों का भी सफल चित्रण किया गया है। कहानी में मनोविज्ञान तथा आन्तरिक भाव–संवेदना जैसे तत्त्वों की खोज करने वालों को उनकी कथाओं में काफ़ी सामग्री मिल सकती है। प्रेम, करुणा, लगाव, स्नेह और वफ़ादारी जैसे मूल्य सार्वभौमिक होने के स्थान पर जाति–व्यवस्था की संस्थानिक अमानवीयता के लगातार शिकार होते रहे हैं। उनकी कई कहानियाँ इसी विडम्बना को चित्रित करती हैं कि शिक्षित दलित तो पुराने सामाजिक रिश्तों को ध्यान में रखकर सवर्ण के साथ मिलकर रहने को तैयार हैं लेकिन सवर्णों में दलितों के प्रति जो नफ़रत है, वह सामाजिक ताने–बाने को तोड़ रही है। वाल्मीकि की कहानी है 'रामेसरी अथकथा'। इस कहानी में एक प्रकाशक हैं सूर्यनाथ शर्मा। वे मानते हैं कि जाति को ध्यान में रखकर वे किताबें नहीं छापते लेकिन उनके प्रकाशन से अधिकांशतः सवर्णों की पुस्तकें छपती रही हैं। उन्हीं के घर में रामेसरी नामक एक दलित स्त्री कई वर्ष से घरेलू काम करती रही है और शर्मा जी यह प्रदर्शित करते हैं कि वे उसकी जाति के कारण कोई भेदभाव नहीं करते हैं। यह दिखावा करना उनकी मजबूरी है ताकि रामेसरी के रूप में उन्हें घर में वफ़ादार नौकरानी की सेवाएँ मिलती रहीं। उन्हें पता है कि निम्न जाति की स्त्री को थोड़ा बराबरी का दर्जा दे दो तो वह एहसान तले दब जाती है। रामेसरी भी इसी भ्रम की शिकार

रहती है कि उसके साथ बराबरी का बर्ताव किया जा रहा है। लेकिन जब रामेसरी के घर में उसकी बेटी का विवाह होता है, तो शर्मा जी के परिवार के लोग वहाँ नहीं पहुँचते हैं। उन्हें भय होता है कि किसी दलित के घर के समारोह में शामिल होने से उनकी जाति के लोग नाराज़ हो जायेंगे। रामेसरी की सारी उम्मीदें भरभराकर टूट जाती हैं और बेटी की विदाई से ज़्यादा तकलीफ़देह उसे लगता है शर्मा जी के द्वारा दिखायी बेरुख़ी। कहानी के अन्त में वह ख़ाली पड़ी एक चारपाई पर निढाल होकर लुढ़क जाती है। उसका इस तरह से हताश होना वास्तव में दलितों के आक्रोशपूर्ण तर्क को ही वजन प्रदान करता है कि सवर्ण समाज जातिगत दुराग्रहों के कारण अपनी बुनियादी मानवता से भी समझौता करने में पीछे नहीं रहता है। वाल्मीकि ने केवल सवर्ण और दलितों के टकराव पर ही नहीं बल्कि दलितों के आपसी अन्तर्विरोध पर भी 'शवयात्रा' जैसी कथा लिखी है जिसमें दलितों में ही चमार और बल्हार जाति के बीच मौजूद छूआछूत का सम्बन्ध व्यक्त होता है। गाँव में ही चमार जाति के लोग अपने से नीची बल्हार जाति के परिवार से दूरी रखते हैं और उस परिवार में होने वाली मृत्यु में शवयात्रा में भी नहीं जाते हैं।

जाति का यह वीभत्स यथार्थ न केवल मानवीय बराबरी का विरोध करता है बल्कि मानवीय बराबरी की सम्भावनाओं का उपहास उड़ाता है। उसका उपहास बहुत मौलिक क़िस्म का नहीं है बल्कि परम्परा–रिवाज को लेकर सड़ी–गली, जर्जरित व दकियानूसी भरी समझ पर दयनीय ढंग से निर्भर है। वाल्मीकि ने इस विषमता का चित्रण करने के लिए दलितों के बच्चों, स्त्रियों, नौकरीपेशा वर्ग के लोगों, छात्रों सभी के माध्यम से कथाएँ रची हैं। उनमें शायद सबसे मार्मिक कथाएँ बाल जीवन की हैं। दलित आत्मकथाओं में भी प्रायः बाल जीवन के दुःख–त्रासदी का विस्तार से चित्रण मिलता है। 'जूठन' में वाल्मीकि ने द्रोणाचार्य रूपी मास्टरों की ख़बर ली है जो उन्हें चूहड़ा कहकर पढ़ने से रोकते थे। इसका कारण यह है कि मध्यवर्ग के दलित लेखक ही दलित संवेदना की कहानी लिख रहे हैं और मध्यवर्ग में शामिल हो जाने के बाद बाल जीवन के उत्पीड़न और व्यथा को वे बार–बार याद करते हैं। आत्मकथा के प्रसंगों के साथ–साथ उनकी 'छतरी' नामक कहानी को इस सन्दर्भ में विशेष रूप से याद किया जा सकता है। इस कहानी में भी गाँव है जिसमें हिन्दू–मुसलमानों की साझी आबादी है। आठवीं में पढ़ने वाले बच्चे की स्कूल से लौटते समय

जब किताबें भीग जाती हैं तो उसके लिए ग़रीब बाप छाते का प्रबंध करने की कोशिश करता है। गाँव में छतरी बनाने वाले शौक़त चाचा हैं, जो सस्ते में छाता बनाने के लिए तैयार हो जाते हैं। छतरी किसी तरह से तैयार हो भी जाती है और बच्चा उसे लेकर शान से स्कूल जाता है। पर वहाँ उसका सामना मास्टर ईश्वरचन्द्र नामक सवर्ण अध्यापक से होता है जो अपने को दूसरों से अधिक देशभक्त बताते थे। लेखक के ही शब्दों में–'लोग उन्हें राष्ट्रभक्त कहते थे। जब भी मैंने उन्हें देखा, ज़ोर–ज़ोर से बोलते, देशप्रेम की ह्रास होती भावना पर कुढ़ते देखा।' वही देशभक्त अध्यापक अपने छात्रों को माँ–बहन की गाली देकर पीटते भी थे। उसी अध्यापक ने बच्चे की नयी छतरी को पीटने वाले डण्डे की तरह इस्तेमाल कर उसे तोड़ दिया। बड़े शौक़ से बनवायी गयी छतरी का टूटना बच्चे को भी तोड़ देता है। पूरी सभा में माखनलाल चतुर्वेदी की देशभक्ति की कविताएँ पढ़ी जा रही थीं और दूसरी ओर 12–13 साल का दलित लड़का अपनी टूटी छतरी को देखकर रो रहा था। वाल्मीकि की ही एक कविता 'शम्बूक का कटा सिर' भी बरबस याद आ जाती है। लेखक का व्यंग्य फिर से देखने लायक है–

'पूरी सभा देशप्रेम में डूब चुकी थी, और मैं अपनी छतरी के तोड़ दिये जाने का मातम मना रहा था। सभा के लिए मेरी छतरी का टूटना अर्थहीन था। देशप्रेम के सामने छतरी एक नगण्य वस्तु थी। लेकिन मेरे लिए छतरी का टूट जाना सपने के टूट जाने जैसा था। मैंने मास्टर ईश्वरचन्द्र की ओर देखा। वह शान्त मुद्रा में कविता पर झूम रहा था।'

कहानी में समूचा दृश्य दलित संवेदना बनाम छद्‌म देशभक्ति में बदल जाता है। जिन्हें एक साधारण बच्चे के रोने और उसके सपने टूटने की परवाह नहीं है वे देशभक्ति की कविता के रस में सराबोर हुए जा रहे हैं। राष्ट्रीय गौरव पर झूमने वालों को मनुष्यता के लिए किसी प्रकार की फुर्सत नहीं है। राष्ट्र की कल्पित कथाएँ ज़िन्दगी में रोज़ घटित हो रही असल कथाओं के सीने पर चढ़ी हुई हैं। इन कथाओं से सहज ही यह चुभती हुई अन्तर्दृष्टि जन्म लेती है कि भारत में राष्ट्रवाद के प्रति सबसे अधिक मोह वे लोग उजागर करते रहे हैं जो जनविरोधी क़िस्म के संस्कारों से घिरे रहते हैं, जबकि भारत के राष्ट्रीय आन्दोलन में विकसित हुआ राष्ट्रवाद इससे ऐतिहासिक रूप से पूरी तरह भिन्न था।

वाल्मीकि ने दलित जीवन के बाहर आदिवासियों और मुस्लिमों के

जीवन पर भी कथा–रचनाएँ कर यह साबित किया है कि उनका अनुभव संसार, दृष्टिकोण और रुचि व्यापक है। कुछ कथाओं में ज़रूर ऐसा लगता है कि उन्होंने समाचार–पत्रों की ख़बर के आधार पर कहानी लिखने का प्रयास किया है। अख़बारों में दलित उत्पीड़न की ख़बरें प्रकाशित होती रहती हैं और कथा शैली यह आभास कराती है कि उन्होंने उन्हीं ख़बरों से अपने अनुभव को जोड़कर कहानियाँ लिखी हैं। कुछ कहानियों में इसीलिए ख़बरों के जैसी ही जल्दबाज़ी, औचकपन और नर्वस संक्षिप्तता दिखती हैं। ऐसी कहानियों में चरित्रों पर घटनाएँ हावी रहती हैं और कहानी बीच से ही टूटकर, हाँफती हुई किसी पूर्वनिश्चित अन्त पर जाकर ज़ोर–ज़ोर से साँस लेने लगती है। उनमें यथार्थ के प्रति संवेदनशील दलित दृष्टि तो उभर आती है पर रचना अस्वाभाविक ढंग से दुर्बलता की शिकार हो जाती है। ऐसा अक्सर ही दलित रचनाकारों के साथ होता है कि वे रचना में समाज को स्वाभाविक ढंग से व्यक्त करने के स्थान पर कथानक में लम्बी छलाँगें लगाने लगते हैं और रचनाएँ किसी नोटबुक पर खींची गयी टेढ़ी–मेढ़ी लकीरों जैसी प्रतीत होने लगती हैं जिन्हें सुधारकर छपाया जा सकता था। लेकिन वाल्मीकि के यहाँ मौजूद अपवादस्वरूप ऐसी कथाओं को अलग रखकर हम पूरे विश्वास के साथ कह सकते हैं कि उनकी कथाएँ किसी भी महान हिन्दी कथाकार की कथाओं से टक्कर ले सकती हैं। वे भारतीय समाज के सबसे वंचित लोगों की कथाएँ हैं और उन वंचितों की कथाएँ सबसे मज़बूत तथा सबसे समर्थ कलम के ज़रिये व्यक्त हुई हैं।

संघर्ष-काल में साक्ष्य

आज की कहानियों के बहुलतावादी नज़रिये को कई बार रेखांकित किया जाता है। समीक्षकों का आकलन है कि स्त्रीवाद तथा दलितवाद जैसी प्रवृत्तियाँ कहानियों के उसी बहुलतावाद के प्रसार में सहायक बनकर उभरी हैं। उन्होंने कहानियों को मध्यवर्ग की फैंटेसियों से बाहर निकाला है और उसे बड़े फलक तथा नये जीवनानुभवों की ओर खींचा तथा सींचा है। इसलिए कहानी की किसी केन्द्रीय वृत्ति को निर्धारित करने के प्रयास करने को भी कहानी को समझने की दृष्टि से दोषपूर्ण तरीका माना जाता है। पर इस बहुविज्ञापित बहुलतावाद की समस्या यह ज़रूर है कि यह कहानियों के कई महत्त्वपूर्ण सत्य तथा उपलब्धियों को भी कहानियों का कोई सामान्य अंग, साधारण हिस्सा, विशिष्ट प्रवृत्ति, सहज धारा बताकर उसे धीरे से उपेक्षित कर देता है और उन पर लम्बे समय तक चर्चा को बाधित करता है। विविधता पर मुग्ध मन कई बार विविधता से ही इतना ग्रसित हो जाता है कि वह सामने के सामान्य सच को ठीक से, संवेदनशीलता से समझने के स्थान पर उसे किसी विविधतावाद के यान्त्रिक ढाँचे में फिट करने की समझदारी में बह जाता है। उदारता की आड़ में बेपरवाही या उपेक्षा की प्रवृत्तियाँ फलती–फूलती हैं। इससे लम्बे समय तक टिकने वाले आलोचना–मानदण्डों का भी विकास अवरुद्ध होता है। इसका नुकसान यह भी होता है कि निरन्तर बदलने वाली स्थितियों के मध्य भी तर्क–विचार का जो केन्द्रीय तार जुड़ा होता है, वह दृष्टि से ओझल हो जाता है। इसमें प्रवृत्तियों की बहुलता को इस कदर प्रशंसित किया जाता है कि महत्त्वपूर्ण कथा–प्रवृत्तियाँ भी चर्चा के केन्द्र से निकलकर नेपथ्य में चली जाती हैं। हर ओर बहुलता का मधुर लेकिन भ्रामक आलाप सुनाई देने लगता है। यानी, आलस्य को उकसाने वाला विविधता का तर्क स्वयं में उन चीज़ों की उपेक्षा का सबब बन जाता है जो विविधता का निर्माण करती हैं।

पर इन आलोचना सम्बन्धी समस्याओं के परे हमेशा की तरह कहानियाँ आज भी यही बुनियादी काम कर रही हैं कि वे विकट बेचैनियों के रास्ते पर चलकर जीवन की अर्थपूर्ण गम्भीरता को ग्रहण करने की प्रेरणा दे रही हैं। इसीलिए कहानियों में ज़िन्दगी के कितने ही रूप नज़र आते हैं! किसी ने ठीक कहा है कि कहानियों को जितनी बार सुना और सुनाया जाता है, ज़िन्दगी में आस्था भी उतनी ही गहरी होती जाती है। कहानियों ने अराजक और अर्थहीन प्रतीत होने वाले जीवन को अर्थपूर्ण बनाने और दिखाने में सहायता की है। पुरानी कहावत है कि दुनिया अणुओं से नहीं बल्कि कथाओं से बनी है। कहानियों की विशाल परम्परा में कहानियों ने सैकड़ों रूप बदले हैं और हर युग की कहानी युग के सरोकारों का शक्तिशाली बिम्ब बनती रही है। बीसवीं सदी के आरम्भ में ही कहानी पंचतन्त्र, हितोपदेश, पुराण, महाकाव्य, अरबेयिन नाइट्स की कथाशैली से आगे निकल आयी थीं और विगत पूरे सौ वर्षों से अधिक कालखण्ड में वे सरोकारों, इहलौकिक प्रश्नों और आधुनिक–सामाजिक मूल्यों पर आधारित कहानी बनने के लिए प्रयासरत नज़र आती है। उसके कन्धों पर बडी ज़िम्मेदारियाँ और बड़े नैतिक लक्ष्य रहे हैं। बीच में ऐसा कालखण्ड आया था, जब लगा था कि कहानियाँ अब विषयवस्तु को लेकर गहरे असमंजस में हैं। वे तय नहीं कर पा रही हैं कि गाँव की तरफ़ मुड़ें या शहर जाने वाली बस में बैठ जायें। अतीत की महान प्रगतिशील–जनवादी कथा–परम्परा से अपना रिश्ता बनायें जहाँ लाल परचम और लाल भविष्य के आह्वान हैं। या पूरी तरह से गाँव–शहर में बदल रही परिस्थितियों के हिसाब से अपने को बदलें। एक ऐसा समाज जो हर तरह से मूल्यहीनता का पक्षधर हो, वहाँ किस प्रकार से ख़ुद को मूल्य निरपेक्ष होने से बचायें! ऐसे ही संकट के दौर में कहानियों ने नवविकसित अस्मितावाद को अपनाया तो दूसरी ओर लोकतान्त्रिक समाज के आदर्श को। पर ये आदर्श पुराने नैतिकता, संयम, देशभक्ति या त्याग के आदर्श नहीं हैं, उनका रूपान्तरण होता हुआ नज़र आता है। ये आदर्श अब स्त्री को न्याय दिलाने के, किसी दलित की पीड़ा को उजागर करने, किसी वृद्ध के मानसिक–भौतिक निर्वासन को व्यक्त करने या युवाओं के उत्पीड़न के ख़िलाफ़ कहानियों के मोर्चे पर सबसे सशक्त प्रहार करने के रूप में घटित होते नज़र आते हैं। अपने आसपास के जीवन में चीख़, दुःख–दर्द और पीड़ा को ढूँढ़ना

और उसे कहानियों में ढालने की मशक़्क़त करना लेखक द्वारा भुगती जा रही सबसे बड़ी अभिशप्त सचाई है। माना जा सकता है कि कहानियों ने अपने आदर्शों की नये सिरे से खोज की है और उन्हें यथार्थवाद के शिल्प में नये प्रयोग करते हुए प्रस्तुत किया है। यथार्थ को वे मशीनी ढंग से व्यक्त नहीं कर सकती हैं, उन्हें अपने लिए मूल्य अथवा आदर्श की खोज करनी ही होती है। आज की कहानी के ऊपर यह श्राप है कि वह बहुत अधिक लोकप्रिय नहीं हो सकेगी। पर श्राप की काट भी श्राप देने वाला ही बता देता है। उसकी काट भी यही है कि कहानी भले लोकप्रिय न हो पाये पर वह गाढ़े वक़्त में, जब ख़बर देने वाली एजेंसियाँ झूठ का सहारा ले रही हों, वह सच कहती और सुनाती रहेगी। लोकप्रियता से वंचित रह जाने का श्राप अन्त में कठिन और मुश्किल वक़्त में सत्य को व्यक्त करने की विश्वसनीयता के बल पर कम त्रासद और कम कष्टमय हो जायेगा।

बात बहुत अमूर्त न हो जाये, इसके लिए इधर के दो संग्रहों को केन्द्र में रखकर चर्चा की जा सकती है। पहले लेते हैं उमाशंकर चौधरी के संग्रह 'अयोध्या बाबू सनक गये हैं' को। उमाशंकर के संग्रह में आठ कहानियाँ शामिल हैं जिनमें गाँव–देहात की कहानियों से लेकर निजी क्षेत्रों में कार्यरत लोगों तक की कथाएँ हैं। संग्रह के शीर्षक वाली कहानी 'अयोध्या बाबू सनक गये हैं' नये परिवेश के नये विघटनों को बयान करती है। पूरी कहानी प्रखण्ड स्तर के एक छोटे सरकारी कर्मचारी अयोध्या बाबू के जीवन संघर्ष और उनके मानसिक सन्तुलन गँवाने की कथा है। वह अपने बेटे की बेरोज़गारी और स्वार्थ के आगे झुकते हैं और अपनी पत्नी की दवा–दारू तक बन्द कर देते हैं ताकि पत्नी के स्थान पर बेटे को नौकरी मिल जाये कहानी अपनी समूची मार्मिकता में नयी पीढ़ी तथा पुरानी पीढ़ी के टकरावों को व्यंजित करती है और ज़ेहन में प्रेमचन्द से लेकर यशपाल, अमरकान्त तथा भीष्म साहनी तक की कहानियाँ कौंध जाती हैं जिनमें घर के भीतर का स्वार्थों का महासंग्राम ही पूरे सामाजिक जीवन में छाये नैतिक मूल्यों के संकट का सबसे बड़ा स्रोत नज़र आता है। ऐसा लगता है कि संयुक्त परिवारों में बुज़ुर्गों का महत्त्व संयुक्त परिवारों के विघटन के साथ ही ख़त्म हो गया और जो नयी पारिवारिक संरचनाएँ पैदा हुईं, उनमें वृद्ध होना सबसे बड़ा अभिशाप है। उन्हें जबरन संन्यास में भले ही न धकेला गया हो पर उनसे ये उम्मीदें ज़रूर की गयीं कि वे अपना सब कुछ नयी पीढ़ी को सौंपकर पूर्ण रूप से आश्रित और फालतू

हो जायें। अपने को किसी स्टोर–रूम में रखे पुराने बक्से या टूटे–फूटे पलंग की तरह एक कोने में समेट लें।

हमारे साहित्य में वृद्धों पर बहुत सारी कथाएँ लिखी गयी हैं। उन कथाओं में वृद्धों के अकेलेपन के साथ–साथ नयी पीढ़ी में उनके प्रति उपयोगितावादी दृष्टि का वर्णन हुआ है। जबसे सरकारी पदों पर आश्रितों को नौकरी मिलने की नीतियाँ आरम्भ हुईं, तभी से सेवारत वृद्धों का जीवन उनके ही आश्रित पुत्र–पुत्रियों ने ख़तरे में डाल दिया। छोटे–एकल परिवारों की वृद्धि के कारण किसी–न–किसी रूप में वृद्ध–बुज़ुर्ग लोग नयी परिवार–संस्कृति में खपने के अयोग्य मान लिए गये और उनकी दीर्घायुता का दण्ड उन्हें फालतू हो जाने या मानसिक अवसाद के रूप में मिलने लगा। अयोध्या बाबू गलाकाट प्रतिस्पर्धा में फँसे पारिवारिक जीवन के प्रतीक हैं जो बेटे के साथ मिलकर पत्नी की हत्या करते हैं ताकि पत्नी की जगह बेटे को सरकारी नौकरी मिल सके और उस अपराध–बोध को सहने में असमर्थ होने के कारण ही मानसिक सन्तुलन खो देते हैं। उनकी स्मृतियाँ लुप्त हो जाती हैं। अक्षर तक नहीं पहचान पाते हैं और सक्रिय सामाजिक जीवन से विलग हो जाते हैं। उनके पागलपन का चित्र उनके निजी पागलपन से ऊपर उठकर पूरे समाज के पागलपन की विकृत तस्वीरों में समा जाता है और उन तस्वीरों को और भयावह बनाता है। दिमाग़ी सन्तुलन बनाये रखने का ढोंग करने वाले लोग ही पागलपन के सबसे बड़े स्रोत की भूमिका निभा रहे हैं। पर सामाजिक विसंगतियों के इतने बारीक मनोविज्ञान को खोलने वाला लेखक कैसे राजनीतिक ज़मीन पर जाकर फिसलता है और अपने ही पात्र को सन्दिग्ध बनाता है, इसे देखना हो तो कहानी में वर्णित राजनीतिक घटनाओं को ध्यान से पढ़ें और पात्र, लेखक और पाठक के तिहरे सम्बन्धों व उनकी प्रतिक्रियाओं को समझें। लेखक की संवेदनशीलता जब अधूरे व अपरिपक्व विचारों के हाथों परास्त होती है तो कैसा उल्टा परिणाम निकलता है, यह देखा जा सकता है। जो अयोध्या बाबू इतने विवेकशील और संवेदनशील हैं कि गुजरात दंगों व बाबरी मस्जिद विध्वंस पर खाना–पीना तक छोड़ देते हैं, दिमाग़ी सन्निपात की दशा में पहुँच जाते हैं, वहीं अयोध्या बाबू आरक्षण विरोधी आन्दोलन के पक्ष में खड़े हैं और जेपी आन्दोलन से 1990 के आरक्षण विरोधी आन्दोलन की तुलना करते दिखते हैं। दोनों में समानता बस यही है कि दोनों में ही छात्रों की भागीदारी है, इसके अलावा इन दोनों आन्दोलनों

की विचारधारा, सार व लक्ष्य में कोई समानता नहीं है। राजीव गोस्वामी का आत्मदहन उन्हें सुकून देता है और वे इसे सामाजिक क्रान्ति के लिए आत्मदान के प्रतीक के रूप में देखते हैं। एक अच्छी कहानी को कोई लेखक कैसे अपनी अधकचरी राजनीतिक दृष्टि के कारण विवादास्पद बना देता है, यह कहानी इसकी मिसाल है। जेपी के सम्पूर्ण क्रान्ति आन्दोलन से आरक्षण विरोधी आन्दोलन की तुलना कहाँ तक जायज है? आरक्षण विरोधी आन्दोलन कैसे सिस्टम के ख़िलाफ़ आन्दोलन था? उसमें क्या किसी व्यवस्था को बदलकर नयी व्यवस्था स्थापित करने की सोच निहित थी? क्या वह सत्ता–संसाधन–शक्ति के सामाजिक–राजनीतिक पुनर्वितरण का समर्थक था या केवल सवर्ण प्रतिक्रिया थी जिसने सवर्ण समाज के भी कितने ही भोले–भाले युवक–युवतियों को लील लिया। जो अयोध्या बाबू साम्प्रदायिकता को गहराई से समझते हैं, वे कैसे नहीं इस आन्दोलन की असल डायनमिक्स को समझते हैं! या अयोध्या बाबू नहीं बल्कि लेखक के अपने पूर्वग्रहों के भीतर से यह नासमझी झलक रही है? आरक्षण विरोधी आन्दोलन का एक बड़ा हिस्सा ही बाद में रामजन्म भूमि आन्दोलन का सबसे बड़ा समर्थक बनकर उभरा था। हर लेखक को ध्यान रखना चाहिए कि कला–कहानी में ज़िन्दगी की नीमरोशनी में धुँधले नज़र आ रहे सत्य को व्यक्त करने का प्रयास होता है। पर लेखकीय पूर्वग्रह प्रायः सत्य को भी ग़लत दिशा में मोड़ देता है। उसके सामाजिक पूर्वग्रह स्थितियों का व्यंग्यपूर्ण व त्रासद चित्र प्रस्तुत करने की कोशिशों को विफल बना सकते हैं। कहानी में अपने ही नायक को कम समझदार प्राणी बना डालते हैं। उसके पश्चाताप और आत्मभर्त्सना को तो दिखाता है, पर चरित्र की नासमझी में केवल चरित्र की नहीं बल्कि लेखक की वैचारिक अपरिपक्वता भी व्यक्त होती है। उमाशंकर की एक और कहानी अपने कथा–मूल्य और रोचकता के कारण ध्यान आकृष्ट करती है। वह है 'ईर–बीर अत्ते–फत्ते'। बाईस से पच्चीस साल के बैचलर लड़कों की यह कहानी बहुत कुछ एक साथ सम्प्रेषित करती है। यह ऐसा सम्प्रेषण है जो कल्पनाशीलता के सहारे यथार्थ का अभिज्ञान करता है, अघटित को व्यक्त करता घटित चीज़ों को जता देता है। इसमें यथार्थ का अतिक्रमण ही यथार्थ के वास्तविक सृजन का सहायक बनता है। निजी क्षेत्र में कार्यरत चार लड़के यह जानने के लिए कि एफएम पर बजने वाले मनोरंजक गाने बम–धमाकों के समय बजते हैं या नहीं, बम विस्फोट करने की योजना तैयार कर लेते हैं। वे

ऐसी पीढ़ी के नुमाइन्दे हैं जो बहुत जल्दी में है, जिसे सब कुछ फटाफट चाहिए और मनचाही चीज़ों के लिए इन्तज़ार करना उसकी निगाह में सबसे बड़ी बेवकूफ़ी है। यह ऐसी पीढ़ी है जो या तो प्रश्न करती नहीं है और अगर प्रश्न दिमाग़ में आ गया तो उसका उत्तर उसे हर हाल में तत्काल चाहिए होता है। यहाँ कहानी के तथ्य या तथ्यात्मकता सबसे कम महत्त्वपूर्ण है। महत्त्वपूर्ण है अघटित की काल्पनिक घटना तथ्य के साथ पर कहानी का दर्जा ऊँचा है। अंग्रेज़ी की पुरानी पंक्ति भी हैं–To hell with facts, we need good stories. लेखक ने इस कहानी को इसी पैटर्न पर ढाला है कि वहाँ काल्पनिक–सी स्थिति ही सम्भावित वास्तविकता की सबसे बड़ी प्रवक्ता बन सके। चारों बैचलर लड़के जाकर बम रखते हैं ताकि एफएम पर गाने बजने या न बजने की सचाई का पता लगे सके। लेकिन बाद में उनके हाथों के भी तोते उड़ जाते हैं, जब पाते हैं कि बम विस्फोट की ज़िम्मेदारी जमातल मोहसिना नामक आतंकवादी संगठन ने ली है और कुछ ही दिनों पर पुलिस मुस्लिम बहुल इलाके में पाँच मुस्लिम युवकों को गुनहगार बताकर उन्हें एनकाउंटर में मार गिराती है। शिनाख़्त और जाँच के बारे में पुलिस का बड़ा सीधा–सरल 'नैरेटिव' ही अन्त में पुष्ट होता है कि अपराध हुआ है तो इसके पीछे मुसलमानों का ही हाथ होगा। एक पूरी क़ौम का पुलिसिया दृष्टि से अपराधीकरण वास्तव में पुलिस और सत्ता की अस्तित्वगत चिन्ता का ही परिणाम होता है जिसमें पुलिस और सत्ता–प्रतिष्ठान अल्पसंख्यकों का उत्पीड़न करके ही सुरक्षा के बारे में अपनी गम्भीर चिन्ताओं का इजहार कर सकते हैं। ख़ुद को राष्ट्र–समाज का सर्वश्रेष्ठ रक्षक सिद्ध करने के लिए अतार्किक ढंग से जाँच रिपोर्ट तैयार करना और अतार्किक निष्कर्ष निकालकर अल्पसंख्यकों को झूठे मुक़दमों में फँसाना उसकी प्राथमिकता है। या फिर सत्ता–पुलिस पूरे राष्ट्र की उस प्रतिशोधमूलक ग्रन्थि के प्रतीक हैं जो अल्पसंख्यकों से किसी पुराने हिसाब को चुकता करने और हिन्दू आत्मसम्मान को पुनर्स्थापित करने की दबी आकांक्षा से बनी है। इसमें लगातार लोकतन्त्र को विफल संरचना के रूप में प्रस्तुत करने की योजना भी काम करती है। भारत में लोकतन्त्र की जड़ें भले 70 साल पुरानी हों और यहाँ इन 70 सालों में विराट लोकतान्त्रिक संस्थानों का विकास हो चुका हो पर भारत किसी भी फासीवाद विचारधारा का आसानी से शिकार बन सकता है। इसका कारण यह है कि भारत में विराट लोकतान्त्रिक संस्थान भीतर से उतने सशक्त कभी नहीं

रहे हैं, जितने वे बाहरी आवरण में प्रतीत होते हैं। इसके अलावा भारत में लोकतन्त्र को एक विफल, देश को कमज़ोर करने वाली, विश्वासघाती राजनीतिक प्रणाली के रूप में प्रस्तुत करना इसलिए आसान है क्योंकि भारत में सचमुच ही लोकतन्त्र जनता की समस्याओं का उचित समाधान खोजने में पूरी तौर पर सफल नहीं हो सका है। इस प्रकार लोकतन्त्र की विफलताओं की लम्बी सूची तैयार कर, उस सूची में मनमाने तथ्य व सूचनाएँ जोड़कर, उस सूची पर लम्बे समय तक बहस कराकर लोकतन्त्र को 'एग्जॉस्टेड', भविष्यहीन प्रणाली के रूप में पेश करने का वातावरण पैदा किया जा सकता है।

कहानियों की भूमिका केवल यथार्थ को दर्शाना नहीं बल्कि यथार्थ के साथ कई स्तरों और कई आयामों में बनते इन्सानी रिश्तों को व्यक्त करना भी होता। होता यह है कि कहानीकार मान लेता है कि वह इन्सान और उसके यथार्थ का बहुत बड़ा पारखी है और वह सब कुछ जानने के आत्मविश्वास का सुख बटोर लेना चाहता है। लेकिन इन्सान किस तरह यथार्थ को झेलता है, उस यथार्थ से कितने नये–नये सम्बन्ध बनते हैं, किन तरीक़ों से वह यथार्थ की क्रूर–बेरहम पिटाई से अपना बचाव करता है, इसे देखे बिना रचनाकार की आँख उस सत्य की अन्वेषक नहीं बन पाती जिसके बारे में सबसे महान दावे करने की उसे वक़्त–बेवक़्त ज़रूरत पड़ती रहती है। उसका एक बड़ा काम स्थितियों तथा घटनाओं के बारे में अविश्वास पैदा करना भी है। तन्त्र–व्यवस्था के प्रति अधिक विश्वास ने मनुष्य को दास, अनुयायी, सेवक और उपभोक्ता तो बना दिया पर सजग मनुष्य और लोकतन्त्र का चौकन्ना नागरिक होने के गुणों से उसे वंचित कर दिया। एक स्वस्थ अविश्वास ही उसे अब ज़िन्दगी के तकलीफ़देह रास्तों को अधिक सहजता से बर्दाश्त करने का बल दे सकता है, अविश्वास ही उसे करोड़ों लोगों की हक़ीक़त के प्रति हमदर्द बनाता है और समाज के वास्तविक खलनायकों और उनके बहुविध खलकर्मों की पहचान में समर्थ बनाता है। उमाशंकर के इस संग्रह की कथाएँ चारों ओर फैले झूठ के प्रति बौद्धिक अविश्वास जताने का सफल प्रयत्न करने वाली कथाएँ हैं।

संग्रह की 'छुटकी' नामक कहानी में फर्स्ट क्लास में ग्रैजुएट पास करने वाली लड़की, जिसके सपनों में बाजीगर फ़िल्म के शाहरुख ख़ान जैसे प्रेमी की तस्वीरें आती हैं, वह अन्त में इतनी कुण्ठित और असहाय बना दी जाती है कि घर में ही चुन्नी से लटककर ख़ुदकुशी कर लेती

है। केवल क़द–काठी में छोटा रह जाने का दुत्कार उसे जीवन का अन्त करने के लिए मजबूर करता है। वह समाज में किसी से प्रतिशोध लेने के लिए नहीं निकलती, बल्कि ख़ुद से ही बदला लेती है। अपनी पीड़ा का ज़िम्मेदार समाज को मानने के बजाय ख़ुद को मान लेती है और दूसरों को उत्तरदायित्व से मुक्त करने के लिए जान दे देती है। यानी विवाह, विवाह के तरीक़े और स्त्री की विवशताएँ इतनी खुलकर सामने आती हैं कि परिवार व विवाह व्यवस्था को लेकर हमारे समस्त विश्वासों की दीवारें ही दरकने लगती हैं। संग्रह में शामिल उमाशंकर की कुछ अन्य कहानियों में गाँव के जीवन को भी बड़े भरोसेमन्द तरीक़े से उभारा है, ख़ासतौर पर 'शेक्सपीयर क्या तुम उससे मिलना चाहोगे' में। यह ऐसी कहानी है जो गाँव में मर्द–औरत के रिश्तों के बीच में खड़ी परम्परा, रूढ़ि तथा पर्दादारी के नुकसानों की तस्वीर पेश करती है। बहुत कम उम्र में ब्याही लड़की विधवा हो जाती है तो उसे अपने पति की फ़ोटो भी नहीं देखने दी जाती। वह अपने पति का चेहरा भी नहीं देख पाती क्योंकि सुहागरात के वक़्त भी ढिबरी बुझा दी गयी थी और फिर पति पढ़ने के लिए बाहर चला गया, जहाँ उसकी मृत्यु हो गयी। एक दिन संयोग से जब पति की फ़ोटो किसी किताब से गिरती है तो भी उसे साथ की काकी फाड़कर टुकड़े–टुकड़े कर देती हैं। उसके मुँह से निकलता है–'काकी, कम–से–कम उ चेहरा क बढ़िया स देख ते लैल ल देथो र जकरा ल हमर इ जिनगी राख होय गेलै। जेकरा ल हम आकाश ओतने गो देखलियै जेतना इ अंगना स दिखलै। जेकरा ल हम पूरी जिनगी कोनो मरद का बढ़िया स चेहरा नाय देखलियै।' इस तरह हम देख सकते हैं कि आज भी कहानी में गाँव कई तरह से मौजूद है, ख़ासतौर पर संस्मरण के तौर पर। संस्मरणात्मक चित्रों ने कहानी का रूप ग्रहण कर लिया है। डायरी–पत्र शैली की कहानियाँ कम हुई हैं पर संस्मरण शैली अभी भरपूर जीवित है। कहानीकार गाँव के परिवेश के बाहर जा चुका है पर उस परिवेश के बाहर जाकर भी उससे मुक्त नहीं है। इसीलिए पीछे छूटा ग्रामीण परिवेश चेतना के स्तर पर साथ चला आया है और परिवेश की स्मृतियाँ कहानी बनकर उभर रही हैं। गाँव की ज़िन्दगी के बदलाव तो दर्ज हो ही रहे हैं, साथ ही पीछे छूटे अतीत और संस्कृति के प्रामाणिक चिह्न कहानियों में बिखरे नज़र आ जाते हैं। यानी स्मृतियों, पुनर्यात्राओं तथा पुनर्सम्बन्धों ने गाँव तथा शहर के ध्रुवीकरण को अप्रासंगिक बनाने का भी काम किया है।

कहानियों पर विचार करते वक़्त थोड़ा उसकी पूर्व परम्परा को भी याद कर लेते हैं। ज़रा याद करें 50 और 60 के दशक की कहानियों को, जब परिदृश्य में नयी कहानी आन्दोलन का व्यापक असर था। अर्थहीनता, लापता दिशाओं, मोहभंग, राष्ट्रीय विघटन की शब्दावली सबसे सार्थक शब्दावली लगती थी। तटस्थता और प्रतिबद्धता, दोनों ही वहाँ एक ही साथ सम्भव होने लगे और तटस्थता के भीतर प्रतिबद्धता तथा प्रतिबद्धता के भीतर तटस्थता की कल्पनाओं ने कहानियों को अधिक प्रामाणिक बनाने की प्रमुख युक्ति के रूप में प्रस्तुत किया। माना जाता था कि पहले केवल फार्म के स्तर पर कहानी में यथार्थवाद आया है पर वही यथार्थवाद अब कथ्य के स्तर पर संतरित हो चुका है। आदर्श और आदर्शवाद के आगे की बात सोचना कहानीकार की आधुनिकता की प्रमुख पहचान बनती चली गयी। कहानी का बँधा–बँधाया ढाँचा ढहाने और उसमें विविधता लाने में यह दृष्टि, जिसे आधुनिकतावादी या यथार्थवादी बताया गया, ख़ासतौर पर उपयोगी मानी जाती रही। लेकिन 90 के दशक के बाद से मोहभंग तथा विघटन का युग लगता है कि समाप्त होता चला गया। भूमण्डलीकरण ने पुराने मोह और आदर्शों को ही जब समाप्त कर दिया, तब क्या विघटन और क्या मोहभंग। नये को स्थापित करने, परिवर्तन की मुहिम में हिस्सेदारी करने और वक़्त के इशारों को भाँपने की निगाह पैदा कर लेना अचानक से लेखन व रचनाशीलता की सबसे अनिवार्य शर्त बनती चली गयी। नयी कहानी का दावा था कि वह सांकेतिकता, अभिव्यंजना तथा अछूती कलाभूमियों की तलाश से आगे निकलकर अस्तित्व, सन्त्रास, विसंगति, अनिर्णय आदि की मानवीय स्थितियों से जुड़ चुकी है। वह शाश्वत मूल्यों के अस्वीकार की आधुनिकता में अधिक दिलचस्पी लेती थी। पर आज की कहानी उस चरण को भी पार कर गयी है। विसंगति और सन्त्रास पूरी तरह से व्यक्तिगत के स्थान पर सामाजिक हो चुके हैं और अनिर्णय या दिशाहीनता के स्थान पर निर्णय व दिशाबद्धता का सवाल प्रमुख है। निर्णय सुनाने पर बल (वैल्यू जजमेंट) या दिशाबद्धता अस्मिता को प्रधान मानने वाले साहित्य की विशेषता है जहाँ वह बहुत साफ़ शब्दों में बताता है कि अन्याय कहाँ है और कैसे उसे दुरुस्त किया जा सकता है। वह सरलीकरण के आरोपों का सामना करते हुए बहुत साफ़ लफ़्ज़ों में, बिना हकलाये–तुतलाये जेंडर–जाति–धर्म की सियासत की निन्दा करता है और मनुष्य की मुक्ति के उपायों की ओर संकेत करता है। कह सकते हैं कि

हम सब धीरे–धीरे आर्थिक वृद्धि–दर के लिए चिन्तित राष्ट्र के नागरिक बनते चले गये। हमने चेतना के स्तर पर भी विकास और वृद्धि–दर के दर्शन को अपना लिया। साहित्य–कला में भी समाज को समझने का हमारा नज़रिया ज़्यादा सांख्यकीय–गणतीय पद्धति के पास पहुँच गया। इसीलिए कथा–क़िस्सों में चीज़ें अधिक स्पष्ट, दुविधामुक्त या सपाट रूप मे प्रकट करने पर ज़ोर बढ़ता गया।

आज की कहानियाँ बदलावों की गति व तस्वीर की साक्षी हैं। हालाँकि भारत को ऐसा राष्ट्र बनाने का प्रयास चलता रहता है जिसके पास अपनी तरक्की के लिए भविष्य कम और अपने को ढुलमुल, अस्थिर व संकोची बनाये रखने वाला अतीत अधिक हो। वह अतीत के लिए वफ़ादार ज़्यादा हो, भविष्य को लेकर प्रतिबद्धता उसके मन में एक जटिल क़िस्म के अपराध–बोध को पैदा करे और यह अपराध–बोध क्यों पैदा हो रहा है, इसका जवाब तलाशना आसान न हो। कहानियाँ भारत के भविष्य के प्रति आस्थावान बना रही हैं क्योंकि वे वर्तमान व अतीत के बारे में हर पाठक की आलोचनात्मक चेतना को विकसित करती हैं। पर कोई भी बदलाव केवल एक दिशा या पूर्व–योजना से हमेशा नहीं बँधा रहता है। बदलाव की चमकदार ऊपरी परत के नीचे बहुत सारी जड़ताएँ व पुरानी प्रवृत्तियाँ आराम फरमाती मिल जाती हैं। इसीलिए बदलाव की रचनात्मक ही नहीं बल्कि विध्वंसात्मक प्रवृत्तियों को नोटिस में लेना भी कहानीकार के सजग विवेक का सबसे ज़रूरी कर्तव्य बन जाता है। इसीलिए वर्तमान कहानियों में दो स्वर प्रमुख रूप से उभरते हैं। एक ओर तो नयी सामाजिक स्थितियों में नये आशावाद से भरे उत्पीड़ित तबके हैं तो दूसरी ओर उन्हीं स्थितियों में मनुष्यता से वंचित लोग और उनकी घुटन, जो सारे आशावाद को निरर्थक साबित करता है। हर युग के कहानीकारों के भीतर यह विश्वास ज़रूर होना चाहिए कि वह पहले की पीढ़ी के कथाकारों की तुलना में ज़्यादा विश्वसनीय ढंग से सचाई को पहचानने लगे हैं और समाज के वास्तविक विकास को अवरुद्ध करने वाली शक्तियों के ख़िलाफ़ अपने को ज़्यादा सुसंगत रूप से 'पोज़ीशंड' कर चुके हैं। अपने अस्तित्व को सम्मानजनक बनाने के इस तरीक़े व आवश्यकता से आज की कहानी भी वंचित नहीं है।

इस नज़रिये से चीज़ों को खँगालें तो अल्पना मिश्र का कथा संग्रह 'कब्र भी क़ैद औ' ज़ंजीरें भी'स्त्री की निगाह से आदमियों की दुनिया की ख़बर सुनाने वाला संग्रह है। जिस रफ़्तार से समाज बदला है, उसी

रफ़्तार से कथानकों को रूपान्तरण की प्रक्रिया से गुज़रना पड़ा है और जो औरतें घर–परिवार तक सीमित रहकर प्रेम, प्रपंच, सौहार्द और संघर्ष की स्थितियों का सामना करती थीं, वहीं स्त्रियाँ खुले समाज में कन्धे से कन्धा भिड़ाकर ज़िन्दगी को जीती हुई नज़र आने लगती हैं। ख़ूबसूरत साड़ी, झुकी निगाहें, पतले होंठ आदि से बनी ममतामयी मूर्तियाँ खण्डित होकर बिखरने लगीं और उनकी जगह ऐसी स्त्रियाँ आयीं जो बसों, दफ़्तरों, किराये के मकानों और बाज़ारों में पुरुषों से अलग पर पुरुषों जैसे जीवन को जीती हुई दिखने लगी हैं। जनमानस या राष्ट्रमानस जैसे शब्द कहीं खो गये और उसके स्थान पर स्त्री मानस या दलित मानस जैसे शब्द ज़्यादा चलन में आते चले गये। जैनेन्द्र तथा यशपाल की स्त्रियाँ धीरे–धीरे ज़िन्दगी के यथार्थ धरातल पर आ रही थीं, और नयी कहानी आन्दोलन की स्त्रियाँ उस धरातल के और पास पहुँच चुकी थीं। पर स्त्रियों की असल कहानियाँ बड़े पैमाने पर स्त्री रचनाकारों के साहित्य लेखन में प्रवेश के साथ ही प्रवेश करती हैं। ख़ुद को सुपरवुमैन, लवर, विच, डायन की रूढ़ छवियों से मुक्त कराने की लड़ाई उन्हें कभी सैद्धान्तिक तो कभी कथात्मक ज़मीन पर जाकर लड़नी पड़ी है। अपनी ओर मदद के लिए बढ़े मर्दाने हाथों और मीठी बातों से उसे ख़ुद को बचाना पड़ा। कई बार तो बुरी, लड़ाकू या ख़ुदगर्ज़ औरत के खिताब हासिल करके ही उसे अपनी स्वाभाविक ज़िन्दगी को जीने की छूट भी मिली। बाहर निकली लड़कियाँ जान चुकी हैं कि अवसरों के दरवाज़े उनके लिए खोल दिये गये हैं, अब उन्हें बस उन अवसरों का इस्तेमाल करने के सारे पैंतरे सीखने हैं और आगे बढ़ना है। अल्पना की कहानियाँ हर जगह इसी संघर्षशील स्त्री की दुविधाओं और संघर्ष को व्यक्त करती हैं जो पुरुषों के 'रोमांटिक एटिट्यूड' से आगे की शख़्सियत है। वह काव्यनायिका के गुणों से सम्पन्न होने के लिए तैयार नहीं है और न घर बैठकर किसी योग्य मर्द की प्रतीक्षा में अपना जीवन होम करने के लिए सहमत है। संग्रह की पहली ही कहानी 'ग़ैरहाज़िरी में हाज़िर' में शहर के किसी कोने में किराये के मकान को ढूँढ़ने वाली स्त्री की मुश्किलें दिखती हैं और उसी तरह 'मेरे हमदम, मेरे दोस्त' में दफ़्तर में मदद का लालच देने वाले बाबुओं से ख़ुद को होशियारी और हाज़िरजवाबी के बल पर बचाती नौकरीपेशा लड़कियों की स्थितियाँ दरपेश होती हैं।

पर ज़्यादा वीभत्स पक्ष वहाँ दिखता है जहाँ 'उनकी व्यस्तता' नामक

कहानी में चुस्त, हुनरमंद और ख़ूब बोल्ड बनाकर पाली गयी लड़कियाँ ही बाद में दकियानूस क़िस्म के ससुरालों में जाकर क़ैद कर दी जाती हैं। वहाँ उनकी परवरिश के तरीक़े तथा ससुराल के वातावरण के बीच एक अनिवार्य टकराव पैदा हो जाता है। उनके भीतर के सपनों को पहले तो पंख लगने दिये जाते हैं, पर बाद में कहा जाता है कि अपने हाथों से वे उन पंखों को काटकर फेंक दें। अगर न माने तो ज़िद्दी, एडजस्ट न करने वाली या झगड़ालू कहकर उन्हें बदनाम कर दिया जाये ताकि वह बदनामी के भय से स्वयं को बदल लें। 'उनकी व्यस्तता' में ऐसी ही एक लड़की शैलजा का बिम्बनुमा चित्र उभरता है जिसे बहुत आत्मनिर्भर तथा साहसी होना था, पर उससे माँग की गयी कि वह स्वयं को कायर और आज्ञाकारी बना ले। उसका व्यक्तित्व उसके पिता ने ख़ास तरह से गढ़ा तो, पर वह व्यक्तित्व अपने सकारात्मक प्रतिफलन को अर्जित करने से पहले ही परम्परा–शासन के हथौड़ों से क्षत–विक्षत कर दिया गया। कहानी के अन्त में ससुराल से विद्रोह कर भागती शैलजा दिखती है जिसके बदन पर केवल पैंटी–ब्रा है और अख़बारों की सुर्खियाँ बटोर रही है। उसकी इस हरकत पर लोग भारतीय संस्कृति के पतन का रोना रो रहे हैं, औरत के जिस्म की खुली नुमाइश होने पर भले घर के लोग हाय–तौबा कर रहे हैं। सोच–संवेदना के स्तर पर जड़ तथा बीमार समाज को जीते–जागते इन्सान के दर्द से ज़्यादा प्रिय हैं अपनी परम्पराएँ। स्त्रियों के लिए संस्कृति का अर्थ हो चुका है, पितृसत्ता–धर्मतन्त्र की दासता स्वीकारना। कहानी में पोर्नोग्राफ़ी और कामुक देहवाद का समय है। ऐसे ही समय में स्त्री ख़ुद विवशता के कारण अपने शरीर का प्रदर्शन करने के लिए बाध्य है और उसके लिए शरीर–प्रदर्शन प्रतिरोध का आक्रोशपूर्ण तथा आवेशपूर्ण हथियार भी है।

कोई रचनाकार अपनी संवेदना को अगर सीमित कर केवल अपनी जाति–जेंडर के अनुभवों को व्यक्त करे, अपनी रचनाओं में उसके बाहर के संसार की प्रति उपेक्षा करे तो वह अपनी रचनाशीलता के विकास को बाधित ही करता है। ख़ुद को दोहराने के लिए अभिशप्त होता चला जाता है। अपना बाड़ा तैयार करता है और उसमें उछल–कूद मचाता है। पर यह सौभाग्य है कि नयी सदी के कहानीकारों ने इस स्थिति को सामान्य मानने के स्थान पर समस्या के रूप में देखा है। अल्पना के इस संग्रह में ही, जिसमें स्त्री–दृष्टि का ख़ासा प्रभाव है वहाँ 'महबूब ज़माना और

ज़माने में वे' जैसी कथाएँ भी हैं जो एक बार फिर हमें आतंकवाद और अल्पसंख्यकों के उत्पीड़न की याद दिलाती हैं। मनुष्य की गरिमा का प्रश्न इसमें महत्त्वपूर्ण है। ऊपर 'ईर बीर अत्ते फत्ते' कहानी में आतंकवाद रोकने के नाम पर अल्पसंख्यक समाज के निर्दोष युवाओं की ग़ैर–क़ानूनी हत्या का उल्लेख किया गया है। अल्पना ने भी इसी से मिलते–जुलते विषय पर 'महबूब ज़माना और ज़माने में वे 'कहानी में रहमत मियाँ और रामसू नामक ग़रीब समुदाय के लोगों की कहानी लिखी है जो टी.वी. चैनलों पर विस्फ़ोटों की ख़बर से स्वयं आहत हैं।इसमें भिन्न धर्मों के दो पक्के दोस्तों को मुस्लिम आतंकवाद की समाप्ति के नाम पर पुलिस द्वारा उत्पीड़ित किये जाने और उनके ऊपर आतंकवादी होने का बिल्ला लगाने की मर्मस्पर्शी कथा उभरती है। साम्प्रदायिकता और आतंकवादी विरोधी अभियान प्रायः समाज के अशक्त और कमज़ोर वर्गों के साथ हिंसा कर अपना विस्तार करने में यक़ीन रखते हैं। उन्हें आत्मरक्षा के अवसर नहीं दिये जाते हैं। स्टेट तथा पुलिस मशीनरी पहले उनकी हत्या करती है, फिर टीवी में उनकी लाशों की फ़ोटो दिखाकर साबित कर दिया जाता है कि पुलिस को आतंकवादियों को मार गिराने में कितनी बड़ी सफलता मिली है। यानी भारतीय राज्य, जिसका काम अपनी कार्यप्रणाली में धर्मनिरपेक्षता का पालन करना है, वह भी आतंकवाद के सफाये के समय साम्प्रदायिक संगठनों की तरह सोचने लगता है। कहानी में निम्नवर्ग के दो मित्र हैं रामसू और रहमत। एक हिन्दू और एक मुसलमान। रामसू का पूरा नाम पहले राम सुयश था। बाज़ार में वे हर माल दस रुपये के हिसाब से छोटा–मोटा सामान जैसे कंघी, हेयरपिन, रबरबैंड, छोटे पर्स और मोमबत्ती स्टैंड बेचते हैं और उनकी मित्रता ऐसी है कि दूसरे दुकानदारों की सलाह और एक जैसा सामान होने के कारण नुकसान होने पर भी अगल–बगल दुकान लगाते हैं। वे ठेला लगाने की भी सोचते हैं और वह भी साथ–साथ। शहर में बम धमाका होता है तो पक्ष–विपक्ष के सारे नेता गरजने लगते हैं और पुलिस चारों ओर छा जाती है। एक रात जब दुनिया के सबसे असमर्थ और बेसहारा लोगों में से एक रामसू और रहमत भारी बारिश में टीन के एक शेड के नीचे किसी तरह रात काट रहे होते हैं, ठीक उसी समय पुलिसबल आता है और वे चिल्लाते हैं–साले सब यहीं छिपे बैठे हैं। उन्हें भी घसीटकर जीप में लाद लिया जाता है और सुबह के अख़बारों में ख़बर आती है–दो खूँखार आतंकवादी पुलिस के हत्थे चढ़े। उनके नाम

भी बदलकर हो जाते हैं गफ़्फ़ार और वसीम। कहानी ठीक इस सच को दिखाती है कि लोग गायब हो जाते हैं, मारे जाते हैं और निरपराधी लोग अपराधी घोषित होते चले जाते हैं। पर दुनिया उसी तरह से चलती रहती है क्योंकि राष्ट्रीय सुरक्षा के नाम पर निरपराधी मनुष्यों की बलि लिए जाने का विरोध करना भी राष्ट्रदोह की श्रेणी में डाल दिया गया है।

यह गत बीस–तीस साल की कहानी की विशेषता है कि इसने राज्य की हिंसा को प्रमुख कथा–विषय के रूप में देखा है, मानवीय जीवन तथा समाज पर उसके विघटनकारी प्रभावों को उसने संवेदनशीलता से चित्रित किया है। नेहरू युग या उत्तर नेहरू युग में राज्य नामक संस्था ने मानवाधिकारों को औपचारिक ही सही, पर स्वीकृति प्रदान की थी। लेकिन भूमण्डलीकरण के बाद सरकार व राज्य ने मानवाधिकारों को समस्या की तरह देखना तथा प्रस्तुत करना आरम्भ कर दिया और इस कारण जो उत्पीड़न–दमन बढ़े, उन पर कथाएँ भी पहले की तुलना में अधिक रची गयी हैं। राज्य–राष्ट्र की संगठित हिंसा ने जिस प्रकार अपनी क्रूरताओं को समाज के हित के रूप में प्रस्तुत करने की चेष्टा की है, उसके इस बेहूदा स्वाँग पर कहानीकारों की कलम ने बेबाक बयानी की है। कितने ही कथानायकों की दर्दनाक मृत्यु सामने है और उनके शव पुलिस तथा राज्य के शर्मनाक हिंसक चेहरे के गवाह बनकर हमारे सामने पड़े हैं। प्रत्यक्षा की कहानी 'आईने में' में एक नाज़ुक, पीले शरीर वाले नौजवान की प्रेमकथा है जो पत्रकार है और अन्त में पुलिस की पिटाई में मारा जाता है। वह मरा लड़का ही कहानी में नैरेटर बन जाता है और मरे लड़के की कहानी सुनाता है। वह पुलिस की पिटाई में मरे आदिवासी शिक्षित पत्रकार के बारे में बताता है–'उसका मर जाना ही बेहतर था। उसके भीतर ख़तरनाक विचार थे, क्लासलेस सोसायटी की बात करता था...ऐसे विचार और ऐसी सोच के साथ इस अन्याय भरी दुनिया में, इस घृणा और हिंसा और रिडिक्यूल के बीच मर जाना ही अच्छा था।' कहानी का सबसे चुभता वाक्य–'उसका मर जाना ही बेहतर था...वह क्लासलेस सोसायटी की बात करता था।' यह वाक्य आज की कथा में निहित करुणा और आक्रोश की पहचान एक साथ कराता है। अल्पसंख्यकों की पिटाई, युवाओं को झूठे मुक़दमे में फँसाना, पुलिस के दमन आदि पर कथाएँ इसी दौर में सर्वाधिक लिखी गयी हैं। यानी एक स्तर पर कहानी ने राजनीति का बन्धक या अनुयायी बनने से इनकार किया है। वह 'राजनीति के आगे चलने

वाली मशाल' की तरह स्वयं को परिभाषित करना चाहती है। वहीं दूसरी ओर, उसने जीवन में राजनीति व राजनीतिक हस्तक्षेपों के प्रति समझदारी अर्जित करने की चेष्टाएँ की हैं। इसे हिन्दी कथा का राजनीतिकरण कहने से अच्छा होगा कि यह कहा जाये कि हिन्दी कहानी नये समय में नये तरीक़े से अपनी विजनरी भूमिका को खोज रही है। केवल इसलिए नहीं कि उसे नवीन विषयों का मोह है, या राजनीति को लेकर कोई बचकाना उत्साह। इसलिए भी कि बड़े मुद्दों को जिस प्रकार से ग़लत तरीक़े से पेश करने का ज़िम्मा पेशेवर पत्रकारिता से लेकर राजनीति ने ले रखा है, उसे वह सही दृष्टिकोण व मानवीय तरीक़ों से प्रस्तुत कर सके। आज कहानी यह दावा कर सकती है कि उसकी बौद्धिक संवेदना पर सन्देह करना जल्दबाज़ी होगी और उसके विचारों में निहित व्यापकता को न समझना एक दूसरी आलोचकीय सीमा होगी।

भटकती ज़िन्दगियाँ, पराजय और स्वप्न

चित्रा मुद्‌गल हिन्दी की उन लेखिकाओ में हैं जिन्होंने स्त्री विमर्श, निजी भाव–संसार और प्रगतिशील मूल्यों को एक जगह लाने का काम किया है। उनकी कथाएँ महानगरों से लेकर गाँव–जवार से जुड़े लोगों की दुनिया तक फैली हैं। यह इस बात का स्पष्ट संकेत है कि वे अपनी संवेदना से ही कहानियाँ नहीं लिखतीं बल्कि संवेदना का निरन्तर विस्तार करते हुए कहानियाँ लिखती हैं। उनकी कथाएँ ख़ुद को दोहराती हुई कम बल्कि समाज को निरन्तर अन्वेषित करती हुई अधिक लगती हैं। साहित्य में एक समय रोमांटिसिज़्म और प्रयोगवाद के मिल–जुले असर से अनुभव पर आश्रित लेखन पर ख़ास ज़ोर बढ़ा था। इधर के अस्मितावादी लेखन ने उसे नये तरीक़े से समर्थन प्रदान किया है और बड़ी मात्रा में औसत रचनाओं का पहाड़ खड़ा कर दिया है। इन प्रवृत्तियों ने साहित्यकार के आत्मानुभवों से बाहर निकलकर लेखन के लिए नये विषय जुटाने की संवेदनात्मक क्षमता पर सवाल खड़े कर दिये। अनुभव को भी सीमित, जड़ तथा स्थिर मानकर उसका दोहन करने की बातें दोहराई जाने लगी थीं। मानो अनुभव न हों कोई क़ैदखाना हों जिसमें एक बार डाल दिये गये तो निकलना जुर्म है। बस इस क़ैदखाने में पड़े रहकर 'अनुभव–अनुभव' का शोर मचाते रहो। लेखक स्वयं के अनुभवों की गतिशीलता को ही नकारने लगा है। पर चित्रा मुद्‌गल अनुभव और प्रेक्षण, दोनों ही का सहारा लेकर कथा लेखन करती हैं जो इस बात का प्रमाण है कि संवेदनशील प्रेक्षण भी प्रामाणिक अनुभव बन सकता है और लेखन में खाद–पानी का काम करता है। संवेदना गहरी हो तो अनुभवों की आत्मारोपित सीमाओं को लाँघा जा सकता है। स्वप्नदर्शिता इसमें सर्वाधिक सहायक होती है। संसार से कथाएँ निकलती हैं और कथाएँ ही उस संसार को दूर तक, देशकाल की सीमाएँ लाँघकर प्रभावित करती हैं। चित्रा मुद्‌गल भी कथाओं

में संसार को नहीं गढ़ती हैं बल्कि संसार को भी कथाओं के माध्यम से गढ़ने का स्वप्न देखती हैं। कथाओं के विषयगत वैविध्य में उदास व हताश मानव–चरित्र को रचा गया है। कथाओं में दिखाया गया है कि अन्ततः इन्सान निराशाजनक पराजयों से घिरा हुआ है पर उसकी पराजय से ही जीवन के सबसे महान स्वप्नों का जन्म होता है। पराजय न होती तो स्वप्न न होते। पराजित होना उसका स्वभाव नहीं है पर यह व्यवस्था सारे गुलाबी वादों–उत्सवों के बीच उसे पराजित ही देखना चाहती है। मनुष्य अगर जीत गया तो व्यवस्था हार जायेगी और व्यवस्था की विजय के लिए यह होने नहीं दिया जा सकता है।

लेखिका चित्रा मुद्गल ने अपने कथा संग्रह 'पेंटिंग अकेली है' की भूमिका में लम्बे समय तक कहानियाँ न लिखने की स्थितियों पर भी चर्चा की है और कुछ ऐसे महत्त्वपूर्ण संकेत छोड़े हैं जो सृजनात्मक बंजरता और साहित्य–विमुख होने के कारणों पर प्रकाश डालते हैं। उन्होंने ख़ुद ही अपने से सवाल पूछा है कि क्या कारण है कि 14 साल में मैंने केवल आठ–दस कहानियाँ ही लिखीं, हालाँकि उपन्यास प्रकाशित होते रहे हैं। परिस्थितियों के आगे सृजनात्मकता की हार को लेकर हर लेखक जीवन के किसी–न–किसी मोड़ पर चिन्तित अवश्य हो जाता है। वह तब स्वतः ही कहानी के ही नहीं बल्कि अपने पूरे समय के समाजशास्त्र को समझने के लिए उन्मुख हो जाता है। ऐसे ही आत्मावलोकन के क्षणों में लेखिका ने लिखा है–'समस्त विश्व भूखण्ड को अपने हाट में बदलते पूँजीवादी देशों की बाज़ारवादी साज़िशों ने जिस चतुराई से विकास के झाँसे में विकासशील देशों को आर्थिक दबावों की लीलती खाइयों में धकेल, उसे चारों ओर से निहत्था कर विकल्पहीनता के मानसिक अनुकूलन से अनुकूलित कर संघर्ष विमुख किया है, क्या आमजन की उसी विकल्पहीनता ने मुझसे मेरी कहानियों को छीन लिया है, कि अब वे उस तरह से मेरे पास नहीं आतीं जैसे पहले आया करती थीं। क्या कहानियाँ भी स्वयं को निहत्था महसूस कर रही हैं।' दुनिया की विकल्पहीनता को कहानियों से अपने लगाव के कमज़ोर पड़ने, उन्हें लिखने में असमर्थता का मुख्य ज़िम्मेदार माना है। यह स्थिति आज बहुत सारे लेखकों के साथ है। वे जिन संघर्षों और आन्दोलनों की शक्ति से प्रेरित होकर साहित्य लिखते थे, वे संघर्ष–आन्दोलन परिदृश्य से लुप्त होने के बाद उन लेखकों को भी काफ़ी अकेला कर गये हैं। उनकी हताशाएँ भी कहानियों का रूप लेने से इनकार करने लगीं। बीसवीं सदी

में साहित्य व राजनीति का जो गहरा आत्मीय रिश्ता बना था, वह ख़ास तरह के दुःखान्त की ओर बढ़ता प्रतीत होने लगा है। राजनीति के साथ चलने की कोशिश कर रहे साहित्य के पास अपनी सबसे प्रिय राजनीति की मृत देह ही बची है। पर एक चीज़ और भी है जो कहानियों से कई बार लेखक को दूर करती है। वह है अपने अनुकूल किसी दूसरी बेहतर विधा का चयन। जैसे कि स्वयं चित्रा मुद्गल के उपन्यास इस बीच आये जिनमें उन्होंने आत्मानुभवों तथा समाज के विविध पक्षों को व्यक्त किया और इसकी पूरी सम्भावना है कि उपन्यास लेखन ने उनके कहानी लेखन के कौशल को निरन्तर स्थगित किया है। कभी अज्ञेय ने इसी समस्या के बारे में बात करते हुए कहा था–'उपन्यास लिखने वाला लेखक बाद में कहानी के चुस्त फार्म के भीतर लिखने से बचने लगता है।' इसका कारण यह होता है कि वह विस्तार से लिखने का आदी हो चुका होता है और कहानी के छोटे फार्म में अपनी बात को पूरा करने का कौशल वह भूलने लगता है।

संग्रह में चित्रा मुद्गल की दस कहानियाँ शामिल हैं–पेंटिंग अकेली है, ठेकेदार, आँगन की चिड़िया, हथियार, जंगल, गिल्टी रोज़ेस, तर्पण, जोंकें, तकिया और सन्निपात। उनकी ये कहानियाँ दस वर्षों के दौरान पत्रिकाओं में प्रकाशित हुईं। इन कहानियों में घर के बूढ़ों, सतायी गयी लड़कियों, ग़रीब मज़दूरों और स्वार्थी मध्यवर्ग के विभिन्न चित्र उभरे हैं। उदाहरण के लिए संकलन की कहानी 'ठेकेदार' हिन्दी कहानी में विलुप्त होते कामगार वर्ग की कठिनाइयों पर रचित है। यह गाँव से आजीविका की खोज में आये किसान के रिक्शाचालक बनने, पुलिस के डण्डे खाने और लगभग तबाह हो जाने की मार्मिक कथा है। वहाँ सरकार का मतलब है डण्डा नचाता एक मामूली कान्स्टेबल और उससे ज़बानदराजी की हिमाक़त करने का मतलब है सरकार पर शक करना। सरकार अगर रिश्वत माँगे और न दी जाये तो सरकार के पास किसी को भी अपराधी घोषित करने के सभी क़ानूनी अस्त्र–शस्त्र मौजूद रहते हैं। यहाँ समाज के सबसे कमज़ोर इन्सान के लिए व्यवस्था का सबसे कमज़ोर प्रतीक ही व्यवस्था–क़ानून का प्रतीक होता है। इसीलिए मामूली इनकार के बदले में पिटायी–धुनाई। गिड़गिड़ाने और पैर पकड़ने से सरकार नामक प्राणी का दिल नहीं पसीजता। आज की कहानियों में गाँव के विलुप्त होने को लेकर कुछ जायज़ चिन्ताएँ व्यक्त की जाती हैं। पर गाँव के बाहर

गाँव से जुड़े लोगों के जो संकट व संघर्ष हैं, वे भी गाँव–देहात की ही अभिव्यक्तियों का ज़रूरी पक्ष है। शहरों में रोज़ी–रोटी की लड़ाई लड़ते ग्रामीण मज़दूर–किसानों के चित्र हमें गाँव में फैले रोज़गार संकट के बारे में भी बताते हैं और शहरों में उनके साथ होने वाली ठगी, बदमाशी तथा धोखाधड़ी के बारे में भी जागरूक करते हैं।

संकलन की एक अन्य कहानी 'जोंकें' इसलिए ध्यान आकृष्ट करती है क्योंकि यह कहानी समाजसेविका के जीवन की दुविधाओं को दर्शाती है। साथ ही यह भी कि मनुष्यता से जुड़े सरोकार अन्ततः मनुष्य के सामने खड़े स्वार्थों के आगे गौण पड़ जाते हैं। कहानी में आठवीं कक्षा की छात्रा पुष्पा है जो बड़ी होनहार है पर बेहद ग़रीबी के कारण पढ़ाई नहीं कर पाती। तब उसकी मदद के लिए स्त्रियों के लिए लड़ने वाली समाजसेविका आगे आती है और उसे स्कूल में प्रवेश दिलाती है, उसकी आर्थिक मदद करती है। उसी पुष्पा पर एक लड़का प्रेम–कुण्ठा में तेज़ाब डाल उसे घायल कर देता है। कहानी में घटना इतनी–सी है और बाक़ी उस समाजसेविका की मनःस्थिति। वह अपने दूसरे कामों के लिए पटना जा रही और उस लड़की को देखने अस्पताल नहीं जा पाती। सहानुभूति उसके भीतर उमड़कर झाग की तरह वापस बैठ जाती है। उसके निर्णय उसे धिक्कारते हैं पर वह व्यावहारिकता को अपने अन्दर से झटककर निकाल नहीं पाती है। भीतर चलने वाले अन्धड़ में मन किसी तिनके की तरह उड़ रहा है। ट्रेन में बैठी वह सोच रही है–'वह बच्ची मुझसे किये वादे पर दृढ़ता से कायम रही किन्तु मैंने शायद उसके साथ होने के उसके भरोसे को तोड़ दिया।' मानव जीवन अपराध–बोध की शृंखला भी होता है क्योंकि उसके पास चुनाव के लिए हमेशा ही स्वतन्त्रता नहीं रहती है। इस स्वतन्त्रता के अभाव ने उसे अनचाहे फ़ैसलों का शिकार बनाया और दुःखद परिस्थितियों से ख़ुद को अलग करने से रोका। कहानीकारो का काम केवल यह नहीं होता कि वे मनुष्य के कर्म का लेखाजोखा लिखने वाले मुनीम का कार्य करें बल्कि यह भी होता है कि वे स्थितियों के संघात से क्षत–विक्षत होते मनुष्यों की चेतना की पड़ताल करें। यह कहानी इस अर्थ में सफल है कि वह समाजसेविका के उदात्त व्यक्तित्व को उभारने के साथ–साथ उसकी चेतना को खरोंचते अपराध–बोध को भी व्यक्त कर देती है।

इन प्रभावशाली कथाओं में पहली कहानी 'पेंटिंग अकेली है' भयानक

रूप से उलझी हुई कहानी के रूप में सामने आती है। इसमें कहाँ का परिवेश है, समझ में नहीं आता। अमेरिकी शहर वाशिंगटन डीसी, दिल्ली व हाथरस, सबका एक साथ उल्लेख है। कहानी क्या है, पहेली है। लिव–इन सम्बन्धों पर प्रतीत होती है पर लगता है कि जो समझ रहे हैं वह नहीं, बल्कि कोई और ही विषय है। एक ऐसी स्त्री की कहानी है जो दूसरों के लिए बच्चे जनती है और आत्मनिर्भर है। कहानी में ज़रूरत से ज़्यादा संवाद नहीं लिखने चाहिए, बीच में नैरेटर को पात्रों के नाम और कहानी का मर्म बताने के प्रवेश करना चाहिए पात्रों के नाम–पहचान बताये बग़ैर कई पृष्ठों को केवल वर्णनों के सहारे नहीं खींचना चाहिए। पाठक इस कहानी को पढ़ने की कोशिश करता है पर बहुत बाद में उसे पता चलता है कि वह जिसके बारे में पढ़ रहा है वह कौन है। कहानीकार बडे एहसान जताने के अन्दाज़ से बताता है कि वह किसका ज़िक्र कर रहा है और कौन–सा देशकाल है। तब तक पाठक की आधी रुचि कहानी में समाप्त हो चुकी होती है। जिस कहानी को मुख्य कहानी की तरह पेश किया गया है, वह इसी उलझन में पाठक को डालती है। कथा लेखन का यह फार्मूला न तो मनोवृत्तियों को उभार पाता है और न प्रसंग को। कई बार लगता है कि बेहद आधुनिक परिवेश को अमूर्त चित्रकला, जिसका सम्बन्ध ख़ुद भी आधुनिकता से है, की शैली में व्यक्त करने का प्रयास किया जाता है। पर कहानी अमूर्त पेंटिंग नहीं है क्योंकि वह अन्ततः तो पात्रों का जीवित संसार है जिसमें पाठक को भी शामिल करना है। कहानी ऐसा चित्र नहीं जिसमें दर्शक बाहर खड़ा होकर उसके अर्थों पर माथा–पच्ची करता रहे। पर गनीमत है कि इस कथा की तरह अमूर्तन व फालतू के संवादों को भरने की चेष्टा कहानीकार ने दूसरी कहानियों में नहीं की है। कहानी में प्रयुक्त शब्दबिम्ब भी कहीं–कहीं असंगत प्रतीत होते हैं। जैसे एक स्थान पर ऐसा ही बिम्ब है–'लंगूरों की ललाई से अरुणिम, गदबदे खिलखिलाते बच्चे।' अब ललाई की उपमा के लिए लंगूर के मुख का सहारा लेना काफ़ी विचित्र है। ख़ासकर तब जब भारत में लंगूरों के मुँह भी लाल नहीं काले ही होते हैं। बाक़ी खिलखिलाते बच्चों के लिए 'गदबदे' शब्द का प्रयोग भी सामान्य बातचीत में नहीं होता। इसलिए इस शब्द की भी आवश्यकता न थी। कई बार प्रवाह में लिखने के कारण भी ऐसी भाषा का प्रयोग होने लगता है पर भाषायी प्रवाह को शब्दों के उचित प्रयोग के अनुशासन के भीतर ही स्थान मिलना चाहिए।

इसी संग्रह की कहानी 'हथियार' भारत में बदलते परिवारों, बच्चों की बदलती दुनिया और तलाक़शुदा पुरुषों की दशा पर लिखी गयी है। भारत में तलाक़ के मामले बढ़ रहे हैं और तलाक़ मध्यवर्ग में भी स्वीकार्य हो रहे हैं। विवाह को जन्म–जन्माँतर का सम्बन्ध मान उसे निभाने की विवशता कम हुई है। विवाह को सम्बन्ध, घटना या जीवन–अवस्था माना जाने लगा है जिसे किसी असुविधाजनक स्थिति में उसकी समीक्षा कर उसे समाप्त **किया** जा सकता है। यह होगा कि पहले की अधिकांश कथाएँ केवल दाम्पत्य सम्बन्धों के तनाव को व्यक्त करने तक सीमित थीं। उनमें परिवार टूटने की कगार पर थे पर समझौते के बल पर बचा लिए जाते थे। पति–पत्नी बेहद तनावग्रस्त हाल में रहकर जीवन जीते थे पर परिवार के बाहर निकलकर अकेले जीवन जीने के जोख़िम से बचते थे। पर आज की कहानियाँ परिवारों के टूटने के बाद की हालत पर भी निगाह दौड़ाती हैं। किसी समय पति–पत्नी रह चुके लोगों के जीवन को व्यक्त करती हैं। उसमें बच्चों और बुज़ुर्गों को क्या झेलना पड़ रहा है, वह भी उनका अनिवार्य विषय है। 'हथियार' कहानी में भी एक तलाक़शुदा व्यम्क्ति है जिसकी पत्नी कई साल पहले उसे छोड़कर किसी अन्य के साथ चली गयी थी और साथ में अपनी बेटी को भी ले गयी थी। वह व्यक्ति अपनी बेटी से मिलता–जुलता रहता है। न तो अकेलापन महसूस करता है और न अकेलेपन की ऊब से डरकर दूसरा विवाह करता है। उसे लगता है कि बेटी हमेशा उसके आसपास है। पिता की मनोदशा का यह मार्मिक चित्र है–'दूसरी शादी क्यों नहीं की उन्होंने? शादी वह करे, जिसे अकेलापन काटे। उस घर में रहते हुए प्रतिपल वह उसके पास बनी रहती है। घर के प्रत्येक कोने में उसकी तस्वीर सजी है। घर की कुण्डी खोलते ही वह किसी भी तस्वीर से छलाँग लगाकर, उनके स्वागत में दौड़कर उनकी टाँगों में लिपट जाती है।' पिता और पुत्री का यह बेहद नाज़ुक व आत्मीय सम्बन्ध वहाँ नाटकीय मोड़ लेता है जब बेटी स्वयं पिता पर निर्भर नहीं बल्कि उनसे अलग रहकर जीवन बिताने का फ़ैसला सुना देती है। वह 'वन रूम विद किचन' वाले घर में रहना चाहती है, न कि माँ या पिता के साथ। यानी परिवार केवल एक बार नहीं टूट रहे हैं बल्कि निरन्तर टूटने की प्रक्रिया में हैं। अब वे बसने से कम बिखरने से ज़्यादा पहचाने जाने लगे हैं। वे मनुष्य की एकजुटता की भावना से अधिक उसकी आत्मरति के प्रतीक हैं। चेतना को ख़ास क़िस्म के अहं–केन्द्रित व्यक्तिवाद की दिशा में ढाला जा

रहा है जहाँ परिवार स्वतन्त्रता में बाधा की तरह प्रतीत होने लगता है। बच्चे स्वयं माँ–पिता के सामने यह घोषणा करने के लिए उतावले हैं कि वे बालिग हो चुके हैं। बालिग होने का ऐलान उन्हें बग़ावत लगता है। पर बालिग होने को वे दायित्व, कर्तव्य, बड़प्पन, सहनशीलता या दूसरों का बोझ बाँटने की भावना की अभिव्यक्ति के स्थान पर स्वार्थपूर्ण होना समझते हैं। उन्हें बालिग होने की घोषणा इसलिए करनी है क्योंकि अपने लिए अधिकारों से सुसज्जित स्वतन्त्र दुनिया बसानी है। यह छोटी–से–छोटी बात पर झल्लाने, दूसरों का तिरस्कार करने और दूसरों से चिढ़कर स्वयं को उनसे अलग करने का प्रयास करने वाली पीढ़ी है। दूसरों की बातों का अकारण बुरा मानना स्वयं में एक बुराई हो सकती है। पर यह पीढ़ी दूसरों की बातों पर बुरा मानने को नये युग की समझदारी समझने की भूल कर बैठी है। वह अकारण बुरा मानने, निजी दुर्बलताओं के कारण चिढ़ने व स्वार्थवश नाराज़ होने को नैतिक रूप से गर्हित, बदतर कर्म समझने के स्थान पर नैतिक रूप से उच्चतर कर्म के रूप में देखती है।

परिवार के विषय पर एक अन्य कहानी 'तर्पण' भी इसी संकलन में मौजूद है। यह कहानी परिवार के फालतू, नकारा या बोझ घोषित कर दिये गये वृद्धों के प्रति नयी पीढ़ी के दुर्व्यवहार को व्यक्त करती है। किसी ज़माने में उम्र बढ़ने पर पुरुष को परिवार के भीतर नये अधिकार मिलते थे और लोगों को डाँट–डपट कर सही रास्ते पर लाने वाले के व्यक्ति के रूप में उसे स्वीकार किया जाता था। अक्सर नयी पीढ़ी को सम्पत्ति सौंपने वाले वर्ग के रूप में भी उन्हें सम्मान मिल जाता था। पर अब बाज़ार ने, जहाँ हर किसी को लाभ पैदा करने वाले श्रमिक के रूप में देखा जाता है, वृद्धों को अनुपयोगी करार दिया है। मौज–मस्ती, उपभोग और'वीकेंड' की संस्कृति में वृद्धजन खप नहीं सकते हैं। घर में फ़ोन, बिजली, साग–सब्ज़ी के बिल उनके ही बच्चों को खटकते हैं। इस विषय पर सबसे सशक्त कथा कभी भीष्म साहनी ने 'चीफ़ की दावत' या प्रेमचन्द ने 'बूढ़ी काकी' के नाम से लिखी थीं जिसमें घर के वृद्धजनों की उपेक्षा का मार्मिक अंकन हुआ था। अन्तर यह आया है कि पहले जहाँ वे कोने में डाल दिये जाते थे और लोग उनकी केवल उपेक्षा करते थे, वहीं अब वे निरन्तर धिक्कारे जाते हैं और उनका अनादर करना किसी को अजीब नहीं लगता है। उन्हें अब सम्मानजनक अकेलापन भी नहीं मिल पाता है। अब वे इसलिए ज़्यादा अकेले प्रतीत होते हैं क्योंकि समुदाय से

उनका सम्बन्ध टूट चुका है और एकाकी परिवारों में उनके लिए किसी के पास ख़ास वक़्त नहीं बचा है। बाहर की दुनिया और परिवार के भीतर, दोनों जगह वे अपमानजनक ढंग से अकेले ही हैं। संकलन की आख़िरी कहानी 'सन्निपात' गाँव से जुड़े एक ठाकुर साहब की वृद्धावस्था के दिनों के अकेलेपन, पुराने प्रेम की स्मृति तथा मायूसियत को उभारने के लिहाज़ से याद रखने योग्य कहानी है। उनके पास लखनऊ में शानदार कोठी है, गाँव में एक ग़रीबी स्त्री से उनका प्रेम है और अपनी ही सन्तान से तीखा वैमनस्य भाव है। ये सन्तान अपने पिता से विवाहेतर सम्बन्ध रखने वाली स्त्री को बदजात बेड़िन और पतुरिया कहकर पुकारता है और पिता का अपमान करता है। ये वह सन्तान भी है जो नोएडा में बसी पीढ़ी की प्रतीक है जिसकी निगाह गाँव की ज़मीनों पर भी है और पुरखों की ज़मीन को वह निवेश के माध्यम के रूप में देखने लगी है। एक छोटे, तीन–चार कमरे वाले फ्लैट की एवज में वह खुले आसमान, दूर तक चली गयी मेड़ों तथा लहलहाती फसलों वाले खेत को बिकवा देना चाहती है।

इन कहानियों में आधुनिकता की विकृतियाँ हैं तो परम्परा के निरर्थक होते जाने की टीस भी है। आज की शायद अधिकांश कहानियाँ इन्हीं दोनों चीज़ों और उनसे जुड़ी समस्याओं पर केन्द्रित हैं। ख़ासतौर पर भूमण्डलीकरण के आगमन के बाद आधुनिकता व परम्परा के सवाल और उलझ गये हैं। उपनिवेशवाद की प्रक्रिया में जिन समाजों ने आधुनिकता को अर्जित किया है, वे समाज एक ओर तो आधुनिकता की ज़रूरत को समझते हैं, दूसरी ओर मिली हुई आधुनिकता पर निरन्तर सन्देह करने की स्थिति में रहते हैं। अस्मिता सम्बन्धी पुरानी चिन्ता बार–बार सिर उठाती है और वे आधुनिकता को अपनी सांस्कृतिक पहचान का शत्रु समझने लगते हैं। वे आधुनिकता को ठीक से विकसित करने से पहले ही उसे त्यागने व छोड़ने का काम करने लगते हैं। वे मिसटेकेन मॉडर्निटी (भ्रान्त आधुनिकता) के साथ ही मिसटेकेन ट्रेडिशन (भ्रान्त परम्परावाद) के जाल में एक साथ फँसते जाते हैं। वे आधुनिकता की उन्नत समझ के साथ ही परम्परा की उन्नत समझ का भी विकास नहीं कर पाते हैं। वे आधुनिकता को बहुवचन में ग्रहण करने की समझदारी का परिचय देना चाहते हैं पर अन्ततः आधुनिकता के बुनियादी मूल्यों को कमज़ोर करने का भी काम करते हैं।

सजग पाठक देख सकता है कि चित्रा मुद्‌गल जैसी परिपक्व स्त्री

संवेदना वाली लेखिका बड़े अनोखे तरीक़े से घर–गाँव के वृद्ध पुरुषों के जीवन की कहानियाँ लिख रही है। वे अघोषित तरीक़े से स्त्रीवादी हैं और स्त्रीवादी होकर केवल स्त्रियों की पीड़ा को व्यक्त नहीं कर रही हैं बल्कि समाज में जो कमज़ोर, ग़रीब, असमर्थ व लाचार पुरुष हैं, उनकी भी कथाएँ लिख रही हैं। नारीवाद के भीतर से जो 'जेंडर थ्योरी' निकली है, उनकी कथाएँ उसके ज़्यादा नज़दीक हैं। इस 'जेंडर थ्योरी' में माना जाता है कि लिंगवादी धारणा से केवल स्त्री–पुरुष के सम्बन्ध को नहीं समझा जा सकता बल्कि यह देखना पड़ता है कि किसी सम्बन्ध विशेष में कौन–सा लिंग ज़्यादा कमज़ोर और कौन सशक्त है। नारीवाद न्यायोचित प्रतिशोध का सिद्धान्त नहीं बल्कि न्यायवादी दृष्टिकोण के विकास का माध्यम है। यानी, नारीवाद का यह दायित्व भी है कि वह समाज के कमज़ोर, अपाहिज, अकेले व निर्वीर्य पुरुषों की समस्या को भी अपने विमर्श के दायरे में ले आयें। अगर वह ऐसा नहीं कर पायेगा तो पुरुषवाद का ही कोई संस्करण (alter ego) बनता जायेगा।

चित्रा मुद्गल की कहानियाँ अजनबियत को बढ़ावा देते समाज में दुनिया से ख़ास ढंग की आत्मीयता को विकसित करती हैं। ये कथाएँ इस बात की भी गवाह हैं कि लेखिका की सामाजिक संवेदना निरन्तर पैनी तथा सूक्ष्म होती चली गयी है और उन्होंने कथा लेखन में दिखावे की या सतही संवेदनाओं का नहीं बल्कि असली व खरी संवेदनाओं का परिचय दिया है।

रौनक में उदासी का चेहरा

भूमण्डलीकरण अब यथार्थ है, परिघटना है और परिदृश्य है। ये हमारी आलोचनाओं से काफ़ी आगे निकल चुकी सचाई है। सामाजिक जीवन पर अब इसके बहुत सारे प्रभाव स्थायी रूप से दिखने लगे हैं। ये प्रभाव नब्बे के बाद, नयी पीढ़ी उभरने के साथ ही ख़ास तरीक़े से स्वीकार्य हो चुके हैं। लेकिन स्वीकार्य मान ली गयी चीज़ें भी प्रश्न, प्रश्नाकुलता व प्रश्नावलियों से मुक्त नहीं हो पाती हैं। व्यापक रूप से स्वीकारी जा चुकी चीज़ों के बारे में सन्देह उत्पन्न करने काकाम साहित्य भी करता है। इसीलिए बाज़ारू भूमण्डलीकरण ने कैसे इन्सान को मक्कार, छल–फ़रेब से भरा हुआ और अपने स्वार्थों में डूबा अकेला बनाया है, इसका सबसे सही दस्तावेज़ी प्रमाण कहीं मौजूद है तो साहित्य में है। वह ऊपरी जीवन की भीतरी तहों में छिपे सैकड़ों अवसाद व तनाव को व्यक्त करने के प्रयास में ही अपनी कामयाबी देखता है। पढ़ा–लिखा या समाज की समस्याओं पर विचार करने वाला वर्ग भी इन अवसादों से अछूता नहीं है। विचारों का सारा तन्त्र, कारोबार या माध्यम भी मनुष्य की समस्याओं का हल नहीं निकाल पाते क्योंकि सारी वैचारिकता स्वयं उस समस्या का हल नहीं बल्कि उसका हिस्सा बन जाती है।

संजय कुन्दन के नये कथा संग्रह 'श्यामलाल का अकेलापन' की कथाएँ भी विगत बीस–पच्चीस साल में भारतीय समाज के कुछ हिस्सों में बढ़ती चमक–दमक के पीछे छिपे हताशा के अन्धकार को व्यक्त करती हैं। इस अन्धकार में स्वार्थ ने कुण्ठा का रूप धारण कर लिया है। निराला की कविता के शब्दों में, 'गहन है यह अन्धकारा/स्वार्थ के अवगुंठनों से/हुआ है लुंठन हमारा।' अक्सर ही यह हताशा छिपा ली जाती है पर लोगों को भीतर–ही–भीतर तोड़ रही है। कुन्दन पेशे से पत्रकार हैं और उन्होंने पत्रकारिता के पेशे में आते बदलाव, उसमें बढ़ती अनिश्चितता

और होड़ को भी एक सशक्त सम्प्रेषणीय भाषा के सहारे रचा है। संग्रह में उनकी कहानियाँ हैं—हीरो, अगला जनम, हेलीकाप्टर वाले भइया, निवेशक, महानगर के क़िस्से, श्यामलाल का अकेलापन, रैली, बाउंसर, डार्क रूम, टैगोर वाटिका और मेरा मोहल्ला ज़िन्दाबाद। संग्रह की शीर्षक कहानी 'श्यामलाल का अकेलापन' व्याकरण की दृष्टि से 'अन्य पुरुष' की शैली में विज्ञापनों और उपभोक्ता सामानों के बोझ में दबे जा रहे मनुष्य के आर्तनाद की कथा है। चारों ओर विशाल रंगीन होर्डिंग का युग आ चुका है और संस्कृति का मतलब हो गया है बाज़ार की संस्कृति। संस्कृति के दूसरे सारे रंग व आयाम इसके मातहत हो चुके हैं। इसी तरह व्यक्ति अब नागरिक, मनुष्य या किसी का सम्बन्धी होने से पहले मुख्यतः उपभोक्ता हो चुका है। वह हर वक़्त कुछ बेच रहा है या कुछ ख़रीद रहा है। यह ऐसी विज्ञापनी संस्कृति का युग है जिसमें पेशाब कर रहे इन्सान को डर लगता है कि ठीक उसकी बगल में खड़ा पेशाब कर रहा इन्सान उससे पूछ न बैठे कि 'आपको बीमा पॉलिसी तो नहीं चाहिए!' पैसा ख़र्च करने के मामले में दूसरों से बीस दिखना फ़ैशन है। बाज़ार के ऐसे चौतरफ़ा आतंक से घिरे इन्सान का मनोविश्लेषण आज की सामान्य ज़रूरत बन चुका है। यह काम कम–से–कम वर्तमान में साहित्य से बेहतर और कोई नहीं कर पा रहा। कुन्दन की यह कहानी भी यही करने की सफल चेष्टा करते हुए हमें वहाँ ले जाती है जहाँ हम देख सकते हैं कि फिलहाल हर कोई बाज़ार के बीच रहते और उसका लाभ उठाते हुए भी उससे भागना चाहता है। घुटन में जीने की लाख आदत डालने के बावजूद वह घुटन असहनीय हो जाती है। श्यामलाल जो दफ़्तर में साधारण नौकरी करते हैं वे कार, इंश्योरेंस, अपार्टमेंट, महँगे चश्मे और महँगे कुत्तों के बाज़ार में इतने अकेले पड़ चुके हैं कि उन्हें लगता है कि वे दिनोदिन छोटे या दूसरों के लिए फालतू होते जा रहे है। खुद को किसी केंचुए में तब्दील होता महसूस करते हैं। लोग पचास हज़ार का कुत्ता पालते हैं और पड़ोसियों को उसकी क़ीमत बताते हैं। इसी ख़रीदफरोख़्त की संस्कृति में इन्सान का केंचुए में बदलना इस दौर का सबसे सशक्त और ज़रूरी बिम्ब है। अच्छी कथाएँ अक्सर ऐसे ही चन्द बिम्ब हमारी चेतना पर अंकित करती हैं और झटके से सच्चाई की कौंध पैदा कर देती है। ऐसे बिम्ब बाज़ार की क़ैद से हमारी संवेदनाओं की आज़ादी की तड़प को व्यक्त करते हैं। उनकी एक और कहानी 'बॉस की पार्टी' में भी एक चरित्र आता है जो हँसने

का प्रयास करता है लेकिन वह अपने ही दफ़्तर के बास के प्रति घृणा, भय, क्षोभ तथा आशंका के परस्पर जुड़े भावों से इतना भरा हुआ है कि हँसने के समस्त अभिनय के बावजूद उसके मुँह से कुत्ते की तरह भौंकने या सुअर की तरह गुर्राने जैसी ध्वनियाँ निकलने लगती हैं। वह विरोधी परिवेश में मनोवैज्ञानिक दुर्बलताओं का शिकार होकर अपनी ही मनुष्यता को खोने की कगार पर पहुँच चुका है। कथा–साहित्य तथा कविताएँ प्रकृति या परिवेश के विभिन्न अंगों का मानवीयकरण (personification) करती हैं और उन्हें निर्जीव वस्तुओं से ऊपर उठाकर जीवित वस्तुओं के जीवन्त पर्याय में परिवर्तित करती हैं। पर इसके विपरीत प्रक्रिया वह होती है जिसमें जीवित मनुष्य भी मनुष्यता खोकर किसी निर्जीव वस्तु या मनुष्येतर वस्तु में परिणत हो जाता है जो 'डीह्यूमनाइज़ेशन' के प्रक्रिया है और इसे भी चित्रित करना साहित्य का उद्देश्य रहा है। मनुष्य का अपने ही मानवीय बोध से कटते जाने की प्रक्रिया एक अन्य कारण से भी घटित होती है। वह यह कि आमतौर पर आधुनिक राजनीतिक संस्कृति तथा राजनीतिक प्रणाली को इस प्रकार से डिज़ाइन कर दिया गया है कि उसमें किसी नागरिक का सच्चा विवेक कभी ठीक से न स्वीकार जा सकता है और न उसे विवेक को व्यक्त करने के लिए अधिक अवसर प्राप्त हो सकते हैं। पर यह कष्टप्रद अन्तर्विरोध बना रहता है कि सारी ग़लत व्यवस्थाएँ किसी नागरिक विवेक की अनुमति प्राप्त करने के झूठ पर टिकी भी रहती हैं। इसने आधुनिक नागरिक को लगातार अलगाव तथा बेबसी की दशा की ओर धकेला है। वह बहुत सारे अधिकारों के होते हुए भी उनका प्रयोग न कर पाने की विचित्र विडम्बना से घिर गया है और खुद को जीविका व सुरक्षा के लिए बुरे समझौते करता पाता है।

संजय कुन्दन की कथाओं में नवउदारीकरण की प्रक्रियाओं से निर्मित मध्यवर्गीय जीवन–शैली के संकट और उसका अकेलापन भी चित्रित होता है। पहले की कथाओं, ख़ासतौर पर नयी कहानी आन्दोलन के दौर की कथाओं से आज की कथाएँ इस मामले में भिन्न है कि पहले व्यक्ति तब अकेला दिखता था जब वह विद्रोही हो जाता था। या वह परिवार, समाज अथवा सम्बन्धों की एकरस दुनिया से छिटककर अलग पड़ जाता था और संघर्ष करता था। पर आज की कहानियाँ दर्शाती हैं कि व्यक्ति किसी विद्रोह या बग़ावत की दिशा में न जाने के बावजूद किसी गहरे अकेलेपन से पीड़ित है। वजह यह कि अकेलेपन का उत्पादन उस नयी व्यवस्था का

अनिवार्य काम है जो लोगों को महँगी वस्तुओं के संसार की क़ैद में रखना चाहती है। इसलिए अब विद्रोही व नवोन्मेषी हुए बग़ैर भी व्यक्ति अकेला हो चुका है। भौतिक संसाधनों को जुटाने में लगा परिवार उसकी भौतिक ज़रूरतों के साथ तो खड़ा है पर उसकी भावनात्मक ज़रूरतों को पूरा नहीं कर पाता। उसका मन किसी ख़ास भावावेग, आदर्श या किसी उदात्त मोहभंग से कोसों दूर है और वस्तुओं के संसार में ख़ुद को मनुष्य बनाने के लिए छटपटा रहा है। विकल्पहीन संसार की विकल्पहीन जीवन–शैली। इसी का एक पक्ष यह भी है कि मध्यवर्ग को आज़ादी के बाद उसकी बाहरी जीवन–शैली तथा उसकी मूल्यगत निष्ठाओं, दोनों प्रकार से पहचाना जा सकता था। पर समाज में जैसे–जैसे भौतिक समृद्धि का महत्त्व बढ़ा और भौतिक रूप से समृद्ध होने के अवसरों में वृद्धि हुई, मध्यवर्ग केवल अपनी उपभोग्य वस्तुओं तथा जीवन–शैली से ही पहचाना जाने लगा और उसकी शिक्षा, सुधार, शहरी जीवन के विकास या लोकतन्त्र के प्रति निष्ठाओं के कारण उसे अलग से पहचाना जाना ज़्यादा कठिन होता चला गया। अब तो सीधे–सीधे मध्यवर्ग को शिक्षा के मानदण्ड से मुक्त कर दिया गया है। इस प्रकार मध्यवर्ग की बहुआयामिता धीरे–धीरे संकटग्रस्त होती चली गयी और बहुआयामिता को खोने की प्रक्रिया का इतना अभ्यास हो गया कि वह फिर अपनी ही बहुआयामिता का सम्मान करना या उसे स्वीकार करना भी भूल गया। अपनी बहुआयामिता को खो देने के कारण वह अपनी ही निगाह में पहले से अधिक अकेला हो गया है। वह अब ऐसा इन्सान है जिसमें जीवन में नित नवीन प्रयोग कर जीवन में मौलिक सार्थकता व विशिष्टता पैदा करने का साहस नहीं बचा है। समाज द्वारा निर्धारित व प्रदत्त एकायामी जीवन स्वयं इन्सान के ऊपर भाँति–भाँति के प्रयोग कर रहा है और उन प्रयोगों को सहते–सहते इन्सान ख़ुद ही निस्सहाय वस्तु में तब्दील होने लगता है।

संजय कुन्दन की कहानियाँ हारे और निराश लोगों के मन के भीतर की अपार तरलता में झाँकने का मौक़ा देती हैं। यह तरलता और मानवीयता ऊपर की सूखी मिट्टी के नीचे दबी नमी जैसी होती है। लेखक ने अपनी कथा में श्यामलाल को केवल पागल या सनकी नहीं बल्कि स्वस्थ मनुष्य के रूप में चित्रित किया है जिसकी संवेदनाएँ पराजित नहीं की जा सकी हैं। इसीलिए वह रात में घर से तब बाहर निकलता है जब दिन–भर चिल्लाने, दौड़ने और छोटी–छोटी बातों में टुच्चापन व लालच दिखाने

वाले लोग निढाल होकर सो चुके हैं। वह घर के बाहर निकलकर सोते हुए लोगों को चुनौती देने लगता है। पर फिर मुड़कर अपार्टमेंट के गार्डों के बीच जा बैठता है और लोकगीत गाने लगता है। उसे ख़ुद आश्चर्य होता है कि ये गीत कैसे उसके भीतर दबे हुए थे। हालाँकि जिन लोगों के बीच रात में जाकर बैठता है, वे भी कम मुसीबत में नहीं हैं। इन ग़रीब चौकीदारों की बेरोज़गारी, थकान और शोषण ने उन्हें बुरी तरह चूस लिया है। एक चौकीदार का चेहरा देखकर वह सोचता है–'आज से दो–तीन साल पहले तक वह बहुत स्वस्थ और सुन्दर लगता था। अब उसके चेहरे पर गड्ढे नज़र आने लगे थे।' लेखक ने बहुत विस्तार से नहीं बल्कि संकेतों में उनकी ग़रीबी और लाचारी को व्यक्त कर कहानी कला की परिपक्वता को व्यक्त किया है। ग़रीबी की महिमा गाने की मूर्खता नहीं की है, पर उस मध्यवर्गीय इन्सान की दुर्दशा को दिखा दिया है जो हर तरफ़ बाज़ार की लूट–खसोट और प्रतिस्पर्धा के बीच विघटित–विखण्डित होकर नौकरी–सम्पत्ति की मशीन में बदल रहा है। जीवन के सारे छन्द, रस और अलंकार उससे छिन चुके हैं और साथ ही छिन गयी है गीत गाने की स्वतन्त्रता। पूँजीवाद भले ही स्वतन्त्रता का ढोल पीटता हुआ आया हो पर अब उसी ने कहना शुरु कर दिया है कोई भी स्वतन्त्रता अब अर्हणीय या शाश्वत नहीं है, सब कुछ बाज़ार के अधीन है। आज की कहानी में असली समस्या जीवन के दोहरेपन की है। दोहरा चरित्र, दोहरी ज़िन्दगी या दोहरा आचरण मनुष्य की नियति बन चुका है। पहले की तरह अब बग़ैर किसी का नुकसान किये सीधा–सरल जीवन जीना लगभग असम्भव हो गया है। जीवन की इस विडम्बना को चित्रित करना व्यथित मन में जन्म ले रही नयी गाँठों और विकृतियों को दिखाना है। इसी का एक आयाम यह भी है कि पहले के ज़माने में लोग अपने दुःख को साझा करना जानते थे, उन्हें अपनी कमियों और अभावों पर बात करने में शर्म नहीं आती थी। कोई आसानी से किसी से महीने के अन्त में उधार माँग सकता था, या किसी से जाकर कह सकता था कि उसकी कमाई अब ख़र्च उठाने लायक नहीं रही। पर 21वीं सदी में तेज़ी से भारतीय समाज में घुस आये पूँजीवाद ने अभाव जताने या दुःख साझा करने जैसी मानवीय सरलता को भी रौंद दिया, क्योंकि अब सभी पर दूसरों से ज़्यादा खुदहाल दिखने का दबाव है। इसलिए बहुत सारा दुःख अनकहा रह जाता है और वह लोगों की भीतरी दुनिया को ज़्यादा समस्याग्रस्त बनाता है।

श्यामलाल को लगता है–'उनके पड़ोसी बंसल साहब ने उन्हें यह नहीं बताया कि उनका हाल में ऑपरेशन हुआ है। उन्होंने यह भी नहीं बताया कि उनका बेटा फेल हो गया है। लेकिन यह ज़रूर बताया कि वह एक और फ्लैट लेने की सोच रहे हैं। यह क्या मतलब है! यह कैसा सम्बन्ध है जिसमें सुख की ही बातें होती हैं, अपने दुःख–दर्द के बारे में कोई कुछ नहीं बोलता। हर समय इन्सान सामने वाले पर चढ़ने की कवायद में लगा रहता है।' यह भारतीय समाज की ठेठ, अपने ढंग और अपने ही समय की समस्या है जिसमें दुःख से जुड़ा हुआ समाज अब दिखावे तथा अहंकार के कारण टूटकर बिखर रहा है और इन्सान को अपने ही इस बिखराव में अपनी तरक्की तथा सफलता नज़र आती है। इसमें मनुष्य भावनाओं व विचारधारा के स्तर पर भौतिक–जैविक रूप में बुरी तरह आत्मबद्ध तथा अकेला होता है पर वह चेतना में मौजूद कल्पनाशीलता के गुण के कारण स्वयं को आत्मबद्ध या अकेला महसूस करने के स्थान पर समाज व परिवेश से जुड़ा होने की मिथ्या अनुभूति का शिकार होता है। यह मिथ्या अनुभूति उसे मन–ही–मन विचार व भावों के कारण बहुत सारी मिथ्या जवाबदेही, निराधार सम्बद्धता, निरर्थक जुड़ाव से घिरा हुआ महसूस कराती है और इस प्रकार अकेला पड़ चुका मनुष्य चेतना में समाज का भारी बोझ लेकर घूमता है। दूसरी ओर समाज से जुड़ा मनुष्य भी मन पर अकेलेपन का बोझ लेकर घूमता है। अकेला इन्सान अपने अकेलेपन को नहीं स्वीकार कर पाता है और समाज की चिन्ता करता रहता है। सामाजिक मनुष्य पूरी तरह से अपनी सामाजिकता को नहीं स्वीकार कर पाता है तथा अकेलेपन की चिन्ता के बोझ से त्रस्त रहता है। यानी, वह परिवेश जो मनुष्य में अकेलेपन को पैदा करता है, वह सामाजिकता तथा अकेलेपन दोनों तरह की स्थितियों में रहते मनुष्य को चिन्तित करता है तथा उसे लघुता व दुर्बलता का अनुभव कराता है। इसी का एक पक्ष यह भी है कि पहले के ज़माने में मनुष्य ख़ुद अपने अहंकार को फुलाता था। उसे आवश्यकता से अधिक विकसित कर लेता था, और अपने बेहिसाब ढंग से फूल चुके अहं के कारण समाज को दुःखी करता था और स्वयं को भी करता था। वर्तमान समाज में वह भले ही अपने अहंकार को न बढ़ाना चाहे पर तरह–तरह की दूसरी चीज़ें उसके अहं को फुलाती हैं और उसके फूले, बेढंगे अहं के सहारे लाभ कमाती हैं। इस प्रकार मनुष्य का अहं भी उसके हित में न होकर बाज़ार व वस्तु प्रचार के हित के लिए

किया जाता है। उसका अहं भी पूँजी, मुनाफ़ा तथा समृद्ध जीवन–शैली को उत्पन्न करता है, पर मनुष्य को खींचकर अलगाव की ओर ले जाता है।

संसार की सफलतम कथाएँ वे रही हैं जिन्होंने कोरे नीरस उपदेश के गड्ढों में गिरे बग़ैर जीवन की सारी हरियाली तथा उसके सूखेपन को कथापात्रों के माध्यम से प्रकट किया है। 'श्यामलाल का अकेलापन' कहानी भी अकेलेपन की समस्या को किसी अमूर्त या वायवीय परिवेश में नहीं ले जाती है जहाँ खँडहर या पेड़ पर उलटे लटके चमगादड़ों को देखकर ही समस्या की भयावहता का आभास हो। यह कहानी हाड़–माँस के लगातार स्थितियों से जूझते एक साधारण इन्सान की चक्राकर–भवरपूर्ण ज़िन्दगी के ठीक बीचोंबीच से उस समस्या को उठाती है और हमें उस पर सोचने के लिए विवश करती है। चरित्र के मन में उमड़ते–घुमड़ते बहुत सारे विचार कथा के मूल विषय के अनुरूप ही घटित होते हैं, उनका फ़ोकस बिगड़ता नहीं है। कथा किसी केन्द्रीय विषय का आदि से अन्त तक बोझ उठाये बग़ैर ही बहुत सारे वर्णनों में आगे बढ़ती है और अन्त में पाठक की चेतना को पूँजीवादी नौकरियों के मानव विरोधी चरित्र के बारे में सोचने के लिए बाध्य कर देती है। कहानी का पाठ महसूस कराता है कि आधुनिकता अपने साथ ऐसे परिवेश लेकर आती है जिसमें मनुष्य को बहुत सारे अपरिचितों, अनजान लोगों तथा अजनबी समुदायों के मध्य अपने जीवन की बुनियादी ज़रूरतें पूरी करने के लिए निरन्तर अवस्थित रहना पड़ता है। इस कारण वह जिस अकेलेपन के अनुभव से गुज़रता है, उसमें ऐसे परिवेश को कोई नुकसान पहुँचाने के स्थान पर वह लगातार स्वयं अपना नुकसान करता चला जाता है। यहाँ व्यक्ति के अकेलेपन के कारण सामाजिक संरचना से भी जुड़े होते हैं। व्यक्ति उस अकेलेपन को व्यापक सामाजिक सन्दर्भों में तर्कसंगत रूप में व्याख्यायित करता रहे, तो वह अकेलेपन को निजी अभिशाप या व्यक्तिगत स्तर की त्रासदी की तरह देखने से बचेगा। बहुत सारी आत्मभर्त्सना से भी मुक्ति हासिल कर सकेगा। वह अपने अकेलेपन के लिए अपने को अभियुक्त समझने के स्थान पर उसके वास्तविक सामाजिक स्रोतों का ठीक से अनुसन्धान करने की बौद्धिक तैयारी भी करता चलेगा। मानसिक स्थितियों के सामाजिक आयामों को ओझल न करके ही वह उन मानसिक स्थितियों पर वस्तुगत ढंग से विचार करने में समर्थ होगा।

संजय कुन्दन की दूसरी कहानियों में भी सफलता के पीछे भागती

दुनिया में व्यक्ति के हाथों से छिनती उसकी अपनी स्वतन्त्रता और सहजता के चित्र मिलते हैं। इन्हीं में हैं 'महानगर के क़िस्से' जिसमें कुछ छोटी कथाएँ हैं। इन कथाओं में दलाल, बिल्डर, पत्रकार और सामान्य नौकरीपेशा लोगों की रोज़मर्रा की मुश्किलें ही नहीं बल्कि उनकी खोखली होती आत्मा की सूक्ष्म जाँच की गयी है। पिछले लगभग पचास सालों से महानगर की कहानियाँ लिखने की परम्परा रही है। कुछेक संकलन भी देखने में आये हैं जिनमें महानगरीय जीवन से सम्बन्धित विभिन्न कहानियों को संकलित किया गया है। कमलेश्वर की प्रसिद्ध कहानी 'खोई हुई दिशाएँ' अनायास ही याद आती है जिसमें एक अर्धबेरोज़गार नौजवान कनॉट प्लेस में अकेला भटक रहा है और महसूस कर रहा कि इतने बड़े शहर में उसका कोई हमसाया या दोस्त नहीं है। बाद में वह पुरानी प्रेमिका के घर जाता है पर उसे यह जानकर धक्का लगता है कि वह उसकी आदतों को जैसे चाय में कम चीनी पीने की आदतों तक को भूल चुकी है। उसकी अपनी ज़िन्दगी है। घर लौटकर वह पत्नी के साथ संभोग कर अपने अस्तित्व को महसूस करने की चेष्टा करता है पर फिर भी उसे लगता है कि कोई उसे पहचान नहीं रहा। अजनबीपन का अनुभव उसके पोर–पोर में धँसा जा रहा है। ज़ाहिर है कि महानगर की ये कहानियाँ उस समय की हैं जब महानगर केवल मानवीय सम्बन्धों की ऊष्मा की अनुपस्थिति के प्रतीक बन रहे थे। अजनबियत के आतंक का अहसास दिलाते थे। इसे मूल्यांकन के प्रचलित फार्मूले में आधुनिकता व आधुनिकता–बोध के संकट के रूप में पेश कर दिया जाता था। पर इसी बीच महानगर अजनबीपन, अकेलेपन या सम्बन्धहीन जीवन से भिन्न चरम उपभोक्तावाद और होड़ के केन्द्र बन गये, 'करेला और ऊपर से नीम चढ़ा' वाली हालत हो गयी। सामान्य मध्यवर्गीय लेखक उपभोक्ता वस्तुओं के बाज़ार की मार से चिन्तित हो गया और बाज़ार की आक्रामक गतिविधियों में उसे मनुष्य का लहूलुहान स्वरूप बहुत पास से दिखने लगा। नगर व महानगर, दोनों ही विकासमान होकर किसी बड़े बाज़ार में परिवर्तित हो गये। इस नये दौर का साक्षी होने के लिए नयी दृष्टि के बग़ैर काम नहीं चल सकता। इसलिए आज़ादी के बाद जिस तरह से साठ–सत्तर के दशक में महानगर की कहानियाँ लिखी गयीं, उनसे आज महानगर के बारे में लिखी जा रही कथाएँ गुणात्मक रूप से भिन्न हैं। पहले महानगर में अकेलेपन से जुड़ी मानसिक पीड़ा थी पर उस अकेलेपन से लड़ा जा सकता था। अब अकेलेपन के बाहर मनुष्य

को लघु, गुलाम, बेबस बना देने वाली बड़ी शक्तियाँ अधिक संगठित हो गयी हैं और उनसे लड़ाई लगभग असम्भव हो चुकी है। कहीं दूर किसी शक्तिशाली केन्द्र से भूमण्डलीकरण को जिस तरह से नियोजित किया जाता है, उसके जो दुष्परिणाम हैं, उन्हें व्यक्त करने के दायित्व से कथाएँ स्वयं को मुक्त नहीं कर सकती हैं। जिस तरह बाज़ार अब हाशिये के करोड़ों असमर्थ लोगों के हितों की क़ीमत पर विकास कर रहा है, उसी तरह वह मनुष्य की बहुत सारी संवेदनाओं की क़ीमत पर भी अपना विस्तार कर रहा है। संवेदनाओं के क्षय पर उसकी कामयाबी टिकी है। मनुष्य की सदियों से विकसित हुई जिन मानवीय संवेदनाओं, सौन्दर्य–बोध, पारम्परिक मूल्यों की आहुतियों के सहारे बाज़ार तथा भूमण्डलीकरण का यज्ञ जारी है, उसे कथाएँ व कविताएँ ही व्यक्त कर सकती हैं।

कभी अंग्रेज़ी के प्रसिद्ध आलोचक और 'नयी समीक्षा' नामक आलोचना पद्धति के संस्थापक आई.ए. रिचर्ड्स ने कला को मूल्यों का 'स्टोर–हाउस' कहा था। उनका कथन था–'आर्ट्स आर स्टोर हाउस ऑफ़ ऑल रिकॉर्डेड वैल्यूज़।' पर कलाएँ मूल्यों की अभिव्यक्ति उनके ह्रास, संकट व तनाव के स्तर पर ही कर सकती हैं, उन्हें तटस्थ रूप से महिमामण्डित करके नहीं। इसी तरह लेखक को कई बार लोग अतिरेक में 'आत्मा का शिल्पकार' या 'समाज का दर्पण' कह देते हैं। ये बात ज़्यादा ग़लत नहीं है पर इस अन्दाज़ से कही जाती है जैसे लेखक स्वयं केवल बड़े स्वायत्त ढंग से यह काम करता है। सच तो यह है कि समाज भी लेखक की आत्मा को गढ़ता है और लेखन जिस तरह से समाज का दर्पण होता है, उसी तरह से समाज भी लेखन की छवियों और बिम्बों की निगरानी करता है। यानी अगर दर्पण किसी व्यक्ति का प्रतिबिम्ब प्रस्तुत कर रहा है तो वह व्यक्ति भी दर्पण के बारे में विचार, प्रतिबिम्ब या प्रतिच्छवि को धारण करता है। इसलिए वे कथाएँ हमारे लिए अधिक महत्त्वपूर्ण हैं जिनमें लेखन ही समाज को प्रतिबिम्बित नहीं करता है बल्कि समाज की पुतलियों में लेखन स्वयं भी प्रतिबिम्बित होने लगता है और प्रतिबिम्बित होने का अर्थ है कि उसकी छवियाँ, दृश्य तथा कथावस्तु बड़े साफ़ ढंग से हम तक पहुँच सके। संजय कुन्दन की कथाओं में भी समाज प्रतिबिम्बित हो रहा है और उसकी छवियाँ बड़े अगूढ़ तथा अर्थगर्भित ढंग से हमारी चेतना तक पहुँच जाती हैं। यहाँ अपनी ही कथाओं को समाज कई बिम्बों व वर्णनों के सहारे हासिल करता है।

'महानगर के क़िस्से' में एक कथा है–'सफल पत्रकार'। इसमें उन्होंने सफल पत्रकार बनने वालों पर बहुत तीखे व्यंग्यपूर्ण प्रहार किये हैं। कथा–नायक के तौर पर यहाँ वरिष्ठ पत्रकार ओंकारनाथ हैं जिन्हें लगता है कि उन्हें अब कोई गम्भीरता से नहीं लेता है। वे अपनी सारी विचारशीलता तथा गम्भीरता को तिलांजलि देकर अपने को समाज की मुख्यधारा में लाने के लिए अगम्भीर बनने का अभ्यास करने लगते हैं। जीवन में तीन 'सी' यानी सिनेमा, क्रिकेट और कार पर ध्यान देने लगते हैं। इसके अलावा बिना मतलब ही हँसना, नयी नायिकाओं का नाम तथा करिअर ग्राफ़ रटना और हर अख़बार में फ़िल्म समीक्षा पढ़ने जैसे काम करने लगते हैं। इसके बाद–लेकिन उन्हें इतने भर से सन्तोष नहीं हुआ। उन्हें लगा कि मुख्यधारा में इसी से जगह नहीं बन पायेगी। अब उन्होंने विचारों को गरियाना शुरु किया। वे जब–तब बिना भूमिका के शुरू हो जाते, 'बताइए, यह विचार क्या होता है? कुछ नहीं होता विचार वग़ैरह। बड़े–बड़े विचारक आये और चल गये, क्या हुआ उनका हश्र? अपने इसी अभियान के तहत वे साहित्य को भी गाली देते। कभी अचानक कविता की कोई किताब उठा लेते और हँसते हुए कहते, पता नहीं लोग क्यों साहित्य लिखते हैं। ख़ुद ही लिखते हैं, ख़ुद ही पढ़ते हैं। सोचते हैं इससे दुनिया बदल जायेगी। हा...हा...ही...ही... ।' यह सब करने के बावजूद आईने में अपनी शक्ल को किसी फ़िलॉसफ़र या विचारक की तरह देख डर जाते हैं। सब कुछ करने के बावजूद चेहरे पर छपी ईमानदारी और समझदारी को वे किसी तरीक़े से मिटा नहीं पाते हैं। यानी ऐसे दौर का यथार्थ जब व्यक्ति की समस्या यह नहीं है कि वह क्यों ईमानदार है, बल्कि यह हो चुकी है कि वह जल्द–से–जल्द अपना पतन करने में असफल हो रहा है। स्वयं का पतन करने के लिए जितना समय चाहिए, वह भी उसे ठीक से नहीं मिल पा रहा है और इसीलिए मूल्यों के स्तर पर त्रिशंकु होकर रह गया है। इसी संकलन में उनकी 'निवेशक' नामक कहानी भी है जो दुनिया में हर चीज़ को निवेश व लाभ के नज़रिये से देखने की मार्मिक विडम्बना को प्रकट करती है। यहाँ तक कि एक प्रॉपर्टी डीलर मित्र के कहने पर एक पिता अपनी बेटी को अंग्रेज़ी सिखाने लगता है ताकि उसका एनआरआई से विवाह हो सके और घर की हालत दुरुस्त हो जाये।

अगर एक रचनाकार सचमुच ईमानदार है तो यथार्थ को व्यक्त करने का जोखिम उठाना उसकी नियति होती है। जोखिम से बचना और

रचनाशीलता का निर्वाह एक साथ सम्भव नहीं होता है। हालाँकि अब जोखिम से बचने वाला लेखन चलन में है पर वह कितना उपयोगी है, इसका फ़ैसला आसानी से इतिहास कर देगा। संजय कुन्दन ने अपनी कहानियों में कुछ ख़ास तरह के बौद्धिक जोखिम लिए हैं। मसलन कि जब लोग बाज़ार का विरोध करने को समय की प्रचलित धारा का अनावश्यक विरोध करना मान रहे हों, तो उसी बाज़ार की विकृतियों को खुलकर कहानी में प्रकट करना। बाज वक़्त ऐसे विचारक हुए हैं कि जो हवा में घुलते प्रदूषण, बढ़ने बेगानेपन और क़र्ज़ की समस्याओं के उल्लेख को भी बाज़ार का अनुचित विरोध समझ लेते हैं। संजय कुन्दन की कहानियाँ उन्हीं विकृतियों को प्रकट करने के लिए चरित्रों के मनोवेग, द्वन्द्व, तीव्र उलझन से भरी मनःस्थिति को गढ़ने और उसे कथा की संरचना के भीतर से सम्प्रेषित करने की चेष्टाएँ हैं। उनकी कहानियाँ दूसरे विषयों तक भी फैली हैं। इनमें 'हीरो' या 'हेलीकाप्टर वाले भइया' जैसी कहानियाँ हैं जिनमें समाज का निम्नवर्ग अपने सरल स्वभाव, निष्कपटपन और भलमनसाहत के कारण शिकार होता है। कम संसाधनों में जीवित लोग जब महत्त्वाकांक्षी बनने की चेष्टा करते हैं तो स्पर्धारत संसार में दमन का सामना भी करते हैं। सम्पन्नता व शक्ति प्राप्त कर चुके अमानवीय लोगों के निशाने पर आसानी से आ जाते हैं।

ये सारी कहानियाँ केवल विचार–स्फुलिंगों या विचार की शक्ति को नहीं बल्कि भाषा की सर्जनात्मक शक्ति को भी प्रकट करती हैं। हिन्दी का सम्बन्ध कभी अभिजात राष्ट्रवाद से था और उसके परिणामस्वरूप द्विवेदीयुगीन तथा छायावाद की भाषा का निर्माण हुआ। आज़ादी के बाद भाषा के नये रूप गढ़े गये ताकि वह मध्यवर्ग के जीवन की कशमकश को अनुभूतिपरक ढंग से व्यक्त कर सके और तब नयी कहानी आन्दोलन की भाषा सामने आयी। उसका लम्बे समय तक असर रहा क्योंकि देश में सरकारें भले बदलती रही हों पर मध्यवर्ग तेज़ी से नहीं बदला। अब मध्यवर्ग में भी बड़ा बदलाव दिखता है और हिन्दी को लेकर उसकी प्रयोगशीलता घटी है। ऐसे में हिन्दी को प्रयोगशील बनाने या उसे नया करने के स्थान पर हिन्दी को विघटित होने या उपेक्षित करने के प्रयासों से लड़ना लेखक का बहुत बड़ा दायित्व बन चुका है। कभी उर्दू की हालत बयान करने के प्रसंग में अकबर इलाहाबादी ने शे'र पढ़ा था–

'फारसी उठ गयी, उर्दू की वह इ़ज़्ज़त न रही
है जबाँ मुँह में मगर उसकी वह कुव्वत न रही'

ज़बाँ की कुव्वत छिनती है तो पूरे समाज की जीवन्तता छिनने लगती है। समाज की आत्मा में मायूसी का रंग चढ़ने लगता है और उसमें पस्तहिम्मती फैलती है। इसके ख़िलाफ़ भिन्न–भिन्न विधाओं में लेखक भाषा की ताक़त को सामने लाने का काम कर रहे हैं और संजय कुन्दन की कथाएँ भी हिन्दी भाषा की शक्ति को प्रकट करती हैं और उसके विघटन के ख़िलाफ़ खड़ी हैं। हिन्दी की उस क्षमता को विशेष रूप से रेखांकित करने की ज़रूरत है जिसमें वह भावगत उथल–पुथल, जटिल मनःस्थितियों तथा सामाजिकता को प्रकट करती रही है। आज के परिवेश में यह ज़रूरी ऐतिहासिक कार्य है और संजय कुन्दन की कहानियाँ इस भाषिक क्षमता के उदाहरण के तौर पर हमारे सामने हैं।

भद्र चेहरों की कुटिलताओं का कथा-दर्पण

कहानियाँ कभी चाकू या पिस्तौल नहीं होती हैं जो किसी निशाने की तरफ़ उठी हुई होती हैं, बल्कि वे 'मैग्नीफाइंग ग्लास' हो सकती हैं जो बहुत-सी संवादी-वादी-विवादी प्रवृत्तियों से बने समाज के अन्तरंग व बहिरंग को प्रकट करती हैं। योगेन्द्र आहूजा की कहानियाँ भी किसी निशाने को ध्वस्त करने, किसी का शिकार करने, किसी को निष्प्रभ कर देने या किसी को कलंकित करने के काम से बचते हुए भी उस पूरे सामाजिक परिदृश्य को आलोकित करती हैं जहाँ पर ये सारे हिंसक खेल बहुत शराफ़त और मासूम मुद्राओं के बल पर खेले जाते हैं। वे भूमण्डलीकरण के प्रभावों से समाज में पैदा जटिलताओं को कथाओं में अभिव्यक्ति प्रदान करने वाले प्रमुख लेखक हैं। उनकी कहानियों पर केन्द्रित इस आलेख में उनकी प्रमुख छह कथाओं को केन्द्र में रखा गया है। ये कहानियाँ हैं-खाना, लफ़्फ़ाज़, ग़लत, कुश्ती, इतने सारे शब्द और स्त्री विमर्श।

हर रचनाकार का एक लोकेल (परिवेश), निजी भाषा और यथार्थ-बोध होता है। वह इन तीनों के प्रति सचेत रहकर विभिन्न कलाकारों, लेखकों व संस्कृतिकर्मियों वाले समाज की सामूहिक सृजनयात्रा में सम्मिलित होता है। जहाँ इनमें सन्तुलन टूटता है, वहाँ कहानी भी खण्डित हो जाती है। कहानी को सन्तुलन के इस महीन धागे से जोड़े रखने के लिए कहानी के चरित्रों की भूमिका होती है। ऐसे चरित्र जिनका मानवीय पक्ष जितना सांद्र, पारदर्शी व नरम होगा वह सन्तुलन उतना ही मज़बूत रहेगा। कथाओं में किसी चरित्र की अनुपस्थिति के बावजूद उसकी उपस्थिति के बोध या मौजूदगी की सम्भावना के बल पर ही सारे अमूर्त आदर्श या स्थितियों के चित्रण की व्यंजना की जाती है। इसलिए अधिकांश बड़े कथाकारों ने, ख़ासतौर पर हमारे महाकाव्यों ने, समाज के बुरे व पतित चरित्रों को भी अक्सर ही बहुत सहानुभूति के साथ चित्रित

किया है। उनकी मृत्यु व पराजय का इस्तेमाल किसी विराट करुणा की विजय को स्थापित करने के लिए किया है। योगेन्द्र की कथाएँ नायक–खलनायक के विभाजन से कहानी को मुक्त रखती हैं। पर वे आधुनिक कहानी के उस मानवीय सरोकारों के प्रति निष्ठावान हैं जिसके तहत साधारण जन की विडम्बना को उभारने के लिए व्यवस्था के खलनायकत्व को परिपक्व दृष्टि से चित्रित करना होता है। व्यवस्था को जनविरोधी चेहरा प्रकट किया जाना पसन्द नहीं होता और इसलिए वह साहित्य में 'जन' (पीपुल) की अवधारणा को कमज़ोर करती है। वर्तमान कालखण्ड में जब हर तरफ़ मिथकों और उनके अलौकिक चमत्कारों का फिर से उभार हो रहा है तथा आम आदमी को कथाक्षेत्र में गायब किया जा रहा है, तब यह सवाल फिर से उठना लाजिमी है–'क्या साधारण इन्सान जल्द ही साहित्य से बेदख़ली का शिकार होने वाला है। क्या बदलती राजनीतिक संस्कृति के कारण कहानी पर फिर से विलक्षण, अलौकिक, चमत्कारिक श्रीमन्तों का क़ब्ज़ा हो जायेगा?' यह सवाल किसी को अतिरेकपूर्ण लगे तो उसे आसपास नज़र डाल लेनी चाहिए जहाँ लगातार कहानी–उपन्यास जैसी विधा में अभूतपूर्व ढंग से मिथकों की वापसी हो रही है। 'माइथोलॉजी' का मोह ऊपर से बौद्धिक कर्म या सांस्कृतिक परम्पराएँ जानने की जिज्ञासा से भरा लगता है, पर वास्तव में वह समाज में बढ़ती आधुनिकताविरोधी प्रवृत्तियों का विस्तार है। इस समय भारत जिस प्रकार के आधुनिकताविरोधी अधिनायकवाद की गिरफ़्त में फँसता जा रहा है, वहाँ कला–साहित्य में धर्म, अध्यात्म, मिथक और तिलिस्म की वापसी की भरपूर आशंकाएँ हैं। अनोखेपन या विलक्षणता की चाहत ने विलक्षण पात्रों की खोज में मिथक की ओर देखने के लिए प्रेरित किया है। पर आधुनिक कहानी के इतिहास से परिचित लोग जानते हैं कि कहानी में विलक्षणता वहाँ नहीं होती है जहाँ कोई विलक्षण पात्र सृजित होता है, बल्कि वहाँ होती है जहाँ किसी साधारण चरित्र को भी विलक्षण दृष्टि सम्पन्नता व गहराई से अभिव्यक्त किया जाता है। इस साधारण व्यक्ति से हमदर्दी का सम्बन्ध लेखक की अपनी नगण्यता व साधारणपन से भी होता है। प्रायः रचनाकार अपनी उपेक्षित एवं नगण्य स्थिति की शिकायत करते हैं, पर यह स्थिति उनके लेखन के लिए शक्तिस्रोत का काम करती है। जहाँ रचनाकार ख़ुद को बहुत सफल, लोकप्रिय, ग्लैमर से भरा तथा चमकदार समारोहों का हिस्सा समझ रहा है वहाँ वह लेखन के स्तर पर निरन्तर विफल हो रहा है। मुक्तिबोध

ने कभी पूछा था–'पार्टनर तुम्हारी पॉलिटिक्स क्या है?' वे आज जीवित होते तो पूछते–'पार्टनर तुम्हारी ऐसी पॉलिटिक्स क्यों है?' नगण्यता से न घबराने तथा संघर्ण के गुणों की महिमा व्यक्त करने के लिए ही सारा साहित्य रचा जाता है। एक समय नामवर सिंह ने भी अपने लेख 'युवा लेखन पर बहस' में यह प्रश्न उठाया था कि लेखक का नगण्य होना या उसमें नगण्यता की अनुभूति क्या सचमुच बुरी चीज़ है? इसका उत्तर भी इस रूप में दिया था कि लेखक अपनी नगण्यता का प्रयोग समाज के नगण्य लोगों से सहानुभूति विकसित करने में कर सकता है, और करना भी चाहिए। इससे साहित्य में सामान्य, साधारण, तुच्छ लोगों के बारे में लेखन सम्भव होता है। वह उनके भी मानवीय पक्षों को व्यक्त करता है। यह स्वीकार किया जाना चाहिए कि एक साहित्यिक विधा के रूप में कहानी विभिन्न क़िस्म के टाइप, यान्त्रिक या पूर्वनिर्धारित चरित्रों को ही नहीं बल्कि चरित्रों के मानवीय पक्षों के साथ–साथ उनके जीवन के 'बैलेंस' से अधिक 'एम्बीवैलेंस' (द्वैधवृत्ति) को व्यक्त करने पर बल देती है। योगेन्द्र की कथाएँ आधुनिक शहरी चरित्रों के इन्हीं मानवीय पक्षों तथा विविध विषयों पर केन्द्रित हैं।

नयी समाज व्यवस्था ने हमारे मूल्यबोध को सिर के बल खड़ा कर दिया है। पहले का मूल्यबोध हमें बताता था कि अनैतिक और ग़लत क्या है। आज जीवनमूल्यों में अनैतिक या ग़लत चीज़ें समस्या नहीं है, समस्या है पराजित होना या पीछे रह जाना। इसीलिए वर्तमान मध्यवर्ग अब लालची प्रॉपर्टी डीलर, भ्रष्ट पत्रकार, शेयर मार्केट का दलाल, दबंग रिकवरी एजेंट, चमकते समारोहों में बैठा लेखक जैसा कुछ बनने के लिए सारे जोड़तोड़ करना सीख रहा है। यानी महत्त्वाकांक्षाओं ने जीवन के सारे नियम–क़ानूनों और लाज–शर्म को बुरी तरह कुचल डाला है। योगेन्द्र की अधिकांश कथाएँ इसी नये वर्ग के उदय से जुड़ी कथाएँ हैं। इस वर्ग का उदय पूँजीवाद के द्वारा लिबरल संस्थानवाद की समाप्ति के परिणामस्वरूप हुआ है। इसने हर संस्थान, हर क़ानून, हर नियमावली के ऊपर ताक़तवरों की शख़्सियत को स्थापित करने का प्रयास किया है। इसमें लोकतन्त्र धीमी गति से चलने वाली ऊबाऊ, नीरस परिघटना हो जाती है, जबकि ताक़तवर चरित्र के तेज़ी गति वाले कारनामों पर विश्वास पैदा करना ही हर सूचना–माध्यम का दायित्व बना दिया जाता है। मनुष्य ने सफलता के लिए धूर्तता और दिखावे की शराफ़त को बहुत मेहनत से

हासिल कर लिया है और दुनिया की हर चीज़ से वह मुनाफ़ा पैदा करने की कोशिश में लगा है। उनकी एक कहानी है—लफ़्फ़ाज़। यह कहानी एक श्रीमान लफ़्फ़ाज़ की कहानी है जो नक़ली कागज़ात पर भारी—भरकम लोन लेकर हमेशा के लिए गायब हो जाता है। ऐसे धूर्त लफ़्फ़ाज़ की जो बहुत जहीन तबीयत का है और हमेशा मुल्क की चिन्ता कर लोगों को प्रभावित करने का प्रयास करता है। वह कभी ग़रीब बच्चों को शिक्षा देने का ढोंग कर बैंक लोन लेकर गायब हो जाता है तो कभी ग़रीबों का इलाज करने वाले डॉक्टर का रूप धारण कर किसी बैंक मैनेजर को ठग लेता है। शब्दों की शराब पिलाकर लोगों को बेहोश करना जानता है। उसकी विशेषता थी—'उसके पास बेशुमार लफ़्ज़ थे, लफ़्ज़ ही लफ़्ज़, जो साफ़ उच्चारण और सटीक आरोहों—अवरोहों से, डरावनी मुस्कान और गर्वीले ग़ुस्से के साथ, जैसी ज़रूरत हो, उसके मुँह से इस तरह निकलते थे जैसे साँपों की पाँत...।' जिस मैनेजर से उसने लोन लिया था, वह सज़ा स्वरूप एक दूरदराज के इलाके में ट्रांसफ़र कर दिया गया। पर कुछ कथाप्रसंगों की अनावश्यक उपस्थिति के बावजूद यह कहानी आज के पाठक की बहुत सारी चिन्ताओं व सवालों का उत्तर देती है। जैसे कि यही सवाल कि सारे महान आदर्श, आप्त वचन—वाक्य और गूढ़ फ़लसफ़े आख़िर भारत के सामाजिक जीवन को क्यों नहीं आगे ले जा सके! आख़िर भारतीय मध्यवर्ग, जो ऊँचे आदर्शों को रोज़ पानी की तरह पीना--गटकना सीखता है, वही इतना मूल्यहीन ही नहीं बल्कि मूल्य—विरोधी क्यों बनता जा रहा है। महान तो छोड़िए, वह एक साधारण मूल्यसम्पन्न व्यक्ति की तरह भी सोचना व व्यवहार करना भूलता जा रहा है। प्रतिमानहीनता, पाखण्डपूर्ण जीवन—शैली तथा आचरण—आदर्श में बढ़ता विरोध क्यों समाज में आसानी से स्वीकार किया जाने लगा है। कहानीकार ने एक कथानायक को गढ़ा है जो भारतीय समाज के सबसे बड़े खलनायक 'लफ़्फ़ाज़' की फ़ाइल तैयार कर रहा है। यह कथानायक लफ़्फ़ाज़ के बारे में पाठक की जिज्ञासाएँ जगाकर उसे शान्त करने की चेष्टा करता रहता है। वह न तो व्यवस्था को बदल सकता है, न किसी को दण्डित नहीं कर सकता है। पर वह किसी स्वाभाविक जिज्ञासा के कारण लफ़्फ़ाज़ के बारे में सारी सूचनाएँ जुटाता है। वह यह बताता चलता है कि भारतीय समाज ने महत्त्वाकांक्षाओं को तो बहुत पैदा कर दिया है, पर उसी के साथ महत्त्वाकांक्षाओं के लिए हर ग़लत--अनैतिक रास्ते पर चलने वाले धोखेबाज वर्ग का भी

निर्माण किया है जिसे अब 'सफ़ेदपोश वर्ग' व 'सफ़ेदपोश अपराध' जैसी अवधारणा भी ठीक से व्याख्यायित नहीं कर सकती है। भूमण्डलीकरण के बाद जो स्पर्धा विकसित हुई है उसने जैसी तोड़फोड़ तथा आपाधापी मचायी है, उसके चलते कहानी के पास यही विकल्प बचा है कि वह उस सामाजिक जीवन की प्रत्यक्ष गवाह बने जो सीरियल अपराधियों, डिफॉल्टरों, मनोरोगी क़िस्म के झूट्ठों को ही जन्म दे सकता है। कहानी के पास आदर्शवाद नहीं बचा है पर वह जटिल परिस्थितियों, पाप–पुण्य के टूटते प्रतिमानों, नैतिक अन्तर्विरोधों से स्वतः ही सम्बद्धता महसूस करने के लिए विवश है। वह अपनी महान निरपरेक्षता या सामाजिक तटस्थता के अवसरों से पूरी तरह वंचित की जा चुकी है। प्रेमचन्द के बाद के हर युग की कहानी का सामना अगर मिथ्या आदर्शवाद से हुआ है तो उसका सामना आदर्शवाद के मिथ्या विरोधों से भी हुआ है। आदर्शवाद के विरोध में खड़ी न तो हर कहानी यथार्थवादी होती है और न यथार्थवाद का गुणगान करने वाला हर कथाकार सचमुच यथार्थ का कलापूर्ण चित्रण करने वाला कलाकार ही होता है। कहानी सचमुच में वहीं पर कामयाब होती है जहाँ वह दोनों की सीमाओं से टकराती है और दोनों की शक्ति का प्रयोग करती है। पर आश्चर्यजनक रूप से योगेन्द्र की कहानी 'लफ़्फ़ाज़' अपने ही खलनायक के प्रति सहानुभूति से भरी हुई है। उसकी अक्ल, योग्यता और मेहनत के प्रति प्रशंसा भाव ऐसा कि पाठक को ख़ुद लगने लगे कि लफ़्फ़ाज़ किसी पतनशील भ्रष्ट पूँजीवादी सभ्यता का प्रतीक नहीं बल्कि कोई जीनियस और रोमांटिक क़िस्म का इन्सान है। ऐसा इन्सान जो अपने लाभ से अधिक अपने शौक़ के लिए सारी लूटपाट का तिलिस्म रचता है। लेखक से मिली सहानुभूति के कारण वह लफ़्फ़ाज़ कभी सुख–सम्पत्ति का भोग करता नहीं दिखता, बल्कि वह किसी तंग गली में किसी मकान में लोगों के बीच घिरा नज़र आता है, या फिर थका–हारा अपने परिवार से त्रस्त। वह किसी फ़ाइवस्टार होटल के कमरे में ऐय्याशी करता या देश छोड़कर भागता पात्र नहीं है। वह आततायी या दुष्ट व्यक्ति से अधिक कई बार प्यारा इन्सान लगने लगता है जो बस अपने लच्छेदार वाक्यों और सुन्दर शब्दजाल की ताक़त का इस्तेमाल करना जानता है। इसे कथानक का अन्तर्विरोध माना जा सकता कि कहानी का चरित्र कुछ है, और कहानी का नैरेटर कहानी में दूसरी ही बातें सुना रहा है। यह लफ़्फ़ाज़ पुराने ज़माने की चौपाल पर गली–मोहल्लों के आवारा लोगों से मिलता–जुलता

है जो अक्सर कुशल वक्ता, चुटकुलेबाज़ या महफ़िलबाज़ होते थे। ऐसा लगता है कि कहानीकार किसी ऐसे ही पात्र के सहारे कहानी को विकसित करने की कशमकश करता रहा, पर लफ़्फ़ाज़ का चरित्र और कथानक विसंगतिपूर्ण सम्बन्धों के शिकार हो गये

योगेन्द्र की एक कथा है–'ग़लत'। यह कहानी भी चरित्रों के माध्यम से मध्यवर्ग में बढ़ती लम्पटपन की प्रवृत्ति पर केन्द्रित है। कहानी आरम्भ होती है प्रॉपर्टी डीलरों की खरी–खरी आलोचना से, पर आगे वह बहुत सारे प्रतिनिधि व्यवसायों के प्रतिनिधि चरित्रों का तानाबाना बुनती चली जाती है। डॉक्टर, कैशियर, एलआईसी एजेंट, उत्तरआधुनिक लेखक सभी कहानी की देह में फैले हुए हैं। जैसाकि ऊपर भी चर्चा हुई, योगेन्द्र की कई कहानियाँ मध्यवर्ग के संकटों को नहीं बल्कि ख़ुद मध्यवर्ग को ही संकट के रूप में चित्रित करती हैं। वे मध्यवर्ग को बहुत लाचार व बिचारा दिखाने के स्थान पर फ़रेबी, जालसाज दिखाने में संकोच नहीं करती हैं। इस कहानी में भी अधिकांश चरित्र, जो पहले मित्र की तरह साथ रहते थे और 'जलयान की तरह' रात में चमकते किसी पुराने मकान के कमरे में मार्क्सवाद, सुन्दर लड़कियों, ईश्वर और दुस्साहसिक यात्राओं पर प्रचण्ड बौद्धिक बहसें किया करते थे, वे सब अब अपनी–अपनी चालाकी से भरी जीवन–शैली में व्यस्त हो गये हैं। इनमें एक सर्वेश्वर नामक चरित्र, जो छोटी जगह पर रहकर लोगों के अधिकार के लिए लड़ता है, वह किसी गुमनाम रेलवे स्टेशन पर मरता है। उसकी मृत्यु उस सम्भावना की मृत्यु की प्रतीक है जिसने अभी तन्त्र या भीड़ से अलग रहने का विकल्प त्यागा नहीं था। कहानी में चरित्रों के नाम ज़्यादा होने के कारण कहीं–कहीं कहानी पढ़ने में बाधा पैदा होती है पर अपने कुल प्रभाव में यह स्वप्नहीन भीड़ की कथा है। ऐसी भीड़ जिसमें लोग पहले तो अपने विचार व व्यक्तित्व के लिए सजग थे पर अब वे जल्दी से जल्दी किसी भेड़चाल का हिस्सा बन जाने के लिए आतुर हैं। योगेन्द्र की कहानियों में लेखक वर्ग को भी भ्रष्ट मध्यवर्ग का हिस्सा दिखाया जाता है। कहीं साहित्य के प्रोफ़ेसर का अपनी बीवी को पीटने का क़िस्सा है, तो कहीं उत्तर आधुनिक लेखक की खिंचाई है जो हमेशा साहित्य को 'इवेंट' या 'मैनेजमेंट' की तरह इस्तेमाल करने में विश्वास रखता है। कहानी या कविता में इस प्रकार से रचनाकारों की आलोचना कोई नयी चीज़ नहीं है। मुक्तिबोध व धूमिल की कविताओं में कवियों–आलोचकों पर तीव्र प्रहार किये गये हैं। उन्हें

फासीवादी जुलूस में शामिल होते तथा अपराधियों के संयुक्त परिवार का अंग तक बताया गया है। नयी चीज़ यह है कि आज की कथावस्तु में लेखक अपराधी की तरह नहीं प्रस्तुत होता है बल्कि वह साहित्य में सक्रिय कोई व्यावहारिक संवेदनहीन इन्सान की तरह सामने आता है। सत्ता का पक्षधर होने के कारण वह अविश्वसनीय नहीं है, बल्कि वह सुबह से शाम तक सत्ता व विपक्ष दोनों को साधने की अपनी चुस्त, स्मार्ट कोशिशों के कारण अविश्वसनीय हो चुका है।

उनकी कहानी 'स्त्री विमर्श' थोड़ी अलग क़िस्म की कहानी है। इस कहानी के केन्द्र में शहर के एक मोहल्ले में लड़कियों को बॉयलाजी की शिक्षा प्रदान करने वाली अध्यापिका की कहानी है। वह अध्यापिका पहले अपने सम्पन्न बिजनेसमैन पति के साथ बड़ी कोठी में रहती थी, पर अपनी उपेक्षा व दासता से तंग आकर पुराने घर में आकर लड़कियों को शिक्षा प्रदान करने लगी। पर वहाँ उसे गली के शोहदों और लफंगों के आतंक का सामना करना पड़ता है और वह उनका सामना बहादुरी से करती भी है। आत्मरक्षा के लिए वह ढीठपने को भी अपना लेती है। वह लड़कियो को शिक्षित करती है कि वे अपने भावनात्मक आवेगों, कामेच्छाओं को नियन्त्रण में रखें तथा उसकी अभिव्यक्ति के लिए सही वक़्त की प्रतीक्षा करें। सिमोन द बोउवार ने अपनी किताब 'द सेकेंड सेक्स' में लिखा है– 'समाज भी चाहता है कि स्त्री अपने को कामवासना का साधन बनायें वह नहीं चाहता कि स्त्री अपनी योजनाओं को स्वतन्त्र रूप से आगे बढ़ाए, बल्कि वह उसकी गति में बाधा डालता है।' पूरी कहानी में लड़कियों का पीछा करते लफंगे हैं और अपने जीवन के लिए लड़ती–जूझती हिम्मती लड़कियाँ। बीच में पुलिस है, अमीर जन हैं और बिजनेसमैन पति के क़िस्से। पूरी सामाजिक प्रणाली जिसमें भद्र और अपराधी–लुच्चे क़िस्म के जितने पुरुष चेहरे हैं, सभी स्त्री की प्रगति के ख़िलाफ़ खड़े हैं। योगेन्द्र कहानी में जब बहुत सारे प्रसंग बुनते हैं, तो कहानी बिखराव की शिकार भी होती है। वे प्रसंग कहानी को छोटे–छोटे खण्डों में अकारण विभाजित कर देते हैं। इन छोटे खण्डों में कहानी फँसकर रह जाती है। इसीलिए लगता है कि योगेन्द्र कहानी को जिस गहरी सृजनात्मक क्षमता के साथ आरम्भ करते हैं, कहानी के अन्त तक आते–आते वे उस क्षमता को गँवा देते हैं। सुन्दर प्रभावशाली वाक्यों के साथ आरम्भ हुई कहानी मध्य व अन्तिम हिस्से में अधिक विस्तार ग्रहण करने तथा अधिक दिशाओं में फैलने के प्रयास में

विश्रृंखलित और विकेन्द्रित होने लगती है। शहर की गलियों में कोचिंग पढ़ने वाली लड़कियों की भयंकर मुश्किलों जैसे विषय पर यह अच्छी कथा बनते–बनते चूक गयी। 'लफ़्फ़ाज़' नामक कहानी में भी बहुत सारे फालतू के विवरण और विस्तार हैं, जिन्हें सम्पादित कर हटाया जा सकता था। जैसे कि कथानायक से लफ़्फ़ाज़ की जो बार–बार की मुलाक़ात होती है, उसे केवल एक मुलाक़ात में समेटकर कहानी को समाप्त किया जा सकता था या फिर गली, फर्नीचर, पार्टी आदि के अप्रासंगिक प्रसंगों को भी छोटा किया जा सकता था। कहानी का केन्द्रबिन्दु होना चाहिए, वह अधिक प्रसंगों के कारण बिखरकर अपना प्रभाव खो बैठता है। लफ़्फ़ाज़ के चरित्र को भी कहानी के भीतर संक्षिप्तता के गुणों के बल पर केन्द्रबिन्दु की तरह और फैलाया जा सकता था। कहानी में किसी सीमित स्थान को तेज़ व सीधी रोशनी से आलोकित करना होता है। जैसे ही यह 'स्पॉटलाइट' छितराती है, कहानी भी पाठक से दूर जाती प्रतीत होने लगती है। लेखक जैसे स्वयं भूल गया कि वह कहानी लिख रहा है जिसे कसावट और सारगर्भिता के गुणों का पालन करना होता है। वह सब्ज़ी का झोला नहीं है जिसमें सब साथ में ठूँस दिया जाये कहानीकार को अपने पाठक की रुचि पर भले भरोसा न हो पर उसकी बुद्धि पर भरोसा करना चाहिए। यह मान लेना ख़तरनाक है कि पाठक बहुत मोटी बुद्धि का है और जब तक उसे सब कुछ खोलकर साफ़–साफ़ समझा न दिया जाये, वह कुछ समझ ही नहीं सकता है। कहानीकार जैसे ही अपनी बौद्धिकता का गुमान पाल लेता है, कहानी की जीवन्तता उसके हाथ से छूटने लगती है। आज की अधिकांश कथाओं की सीमा यही है कि उनमें विचार को मद्धिम, अमूर्त या अदृश्य बनाने के स्थान पर उसे बहुत ठोस, मूर्त और तीखा बनाकर प्रस्तुत किया जाता हैं। इससे कहानी के चरित्र दुर्बल हो जाते है क्योंकि वे हाड़–मांस के इन्सान होने के स्थान पर विचार के ढुलमुल–भुरभुरे पिण्ड–भर होते हैं और अपना स्वतन्त्र प्रभाव उत्पन्न नहीं कर पाते हैं। वे ऐसे व्यक्ति के रूप में नहीं उभर पाते जो विचार और जीवन, दोनों के प्रति सहज हैं और इस कारण हमेशा उस तरह के नाटकीय मनोभाव की गिरफ़्त में नहीं रहते हैं जैसा कहानीकार उन्हें चित्रित करना चाहता है।

योगेन्द्र की एक कहानी 'इतने सारे शब्द' है। यह एक मध्यवर्गीय स्त्री की कहानी है जिसके पति की नौकरी चली गयी है। वह घर में अवसादग्रस्त स्थिति में पड़ा रहता है जबकि वह ख़ुद एक प्रकाशक के दफ़्तर में काम

करती है। शादी से पहले उसका एक प्रेमी था जो अब बहुत ही चर्चित कवि बन चुका है। वह उससे मिलने जाती है तो अजीब–सी माँग उसके सामने रख देती है। माँग यह कि वह उसके पति को दोबारा नौकरी पर रखने की सिफ़ारिश कर दे। बेचारा चर्चित कवि इस काम के लिए मना नहीं कर पाता पर अपनी असमर्थता प्रकट कर देता है। फिर वही स्त्री शराब पीकर घर जाती है जहाँ उसका पति पीटता है। रात में वह अर्धनिद्रा की दशा में सपना देखती है कि वह अपने सबसे विश्वासपात्र नेपाली नौकर के साथ घर से भाग रही है। कहानी में बहुत सारी तहें आपस में मिली हुई हैं। एक जटिल कथा न होते हुए भी बहुत सारे सवाल पीछे छोड़ जाती है। पहला तो यह कि उसकी निराशा किस चीज़ से है! इस बात से कि उसका पुराना प्रेमी उसके पति की नौकरी बचाने में मदद नहीं कर पाता है। या इस बात से कि सारी कविता, साहित्य व अच्छे विचार अन्ततः गाढ़े वक़्त में उसकी सहायता नहीं कर पाते हैं। किसी कवि से नौकरी दिलाने व बचाने का अनुरोध करना स्वयं प्रेम और प्रेम की स्मृति के साथ खिलवाड़ है। कम–से–कम भारत में शायद ही कोई स्त्री है जो ऐसा करती है। कुछ फ़िल्मी कथाओं को छोड़ दें तो बड़े शहरों में भी महिलाएँ अपने पतियों के लिए पूर्व प्रेमियों के दरवाज़े तक भी नहीं जाती हैं। इसका कारण यह है कि भारत में प्रेम स्वयं में अपराध है और अपराध की स्मृति को भी विवाह के बाद अधिकांश स्त्रियाँ धो–पोंछकर साफ़ कर देती हैं। पर इसके बावजूद यह कहानी बहुत सारे मार्मिक प्रसंगों का गुलदस्ता है। कई चरित्र पाठक को अपने जीवन का अंग प्रतीत होते हैं। उन्नत कहानी कला की पहचान ही यह होती है कि उसमें पाठक किसी चरित्र के साथ सहजता से तादात्म्य स्थापित कर लेता है। वह लोगों को यह अहसास नहीं होने देती कि वे किसी अन्य अपरिचित–अनजान व्यक्ति की कहानी पढ़ रहे हैं। उन्हें कहानी पढ़ते–पढ़ते अनुभव होने लगता है कि वे अपने किसी जीवनानुभव को फिर से घटित होता देख रहे हैं, भले ही वे पूरी तरह नये यथार्थ, यथार्थ–बोध व यथार्थ को व्यक्त करने की दृष्टि से गुज़र रहे हों। कहानी विषयवस्तु के स्तर पर यह व्यक्त करती है कि निजीकरण व ठेकेदारी प्रथा ने परिवारों को खोखला कर दिया है। प्राइवेट नौकरियों ने घर में पुरुष को बहुत आत्महीन बना दिया है और वह जब बेरोज़गार होता है, तो स्त्री की स्थिति पर भी नकारात्मक प्रभाव पड़ता है। बाज़ार और निजी नौकरियों, दोनों ने स्त्री–पुरुष को अर्धदास बना लिया

है। यह थ्योरी अब निरर्थक साबित होने लगी है कि अधिक निजीकरण व प्राइवेट क्षेत्र में नौकरियों के विस्तार से स्त्रियों के बन्धन टूटेंगे। वे अपने व्यक्तित्व को विकसित कर सकेंगी। कहानी दिखाती है कि किस प्रकार से कच्ची–अस्थायी नौकरियों ने परिवार नामक व्यवस्था में पुरुष व स्त्री दोनों की स्थिति को कमज़ोर किया है। पति की नौकरी जाने के बाद सारा बोझ स्त्री पर पड़ता है, उधर स्त्री नौकरी सम्बन्धी अनगिनत तनावों के भयानक मानसिक संकटों की शिकार होती है और वह परिवार के भीतर स्वयं को भावनात्मक रूप से असहाय महसूस करती है। इन परिस्थितियों में शराब, विवाहेतर सम्बन्ध, घर से भाग जाने की इच्छाएँ आदि किसी प्रगतिशीलता या मुक्तिकामी मानसिकता से नहीं बल्कि अवसादग्रस्त मूड में लिए जाने वाले आत्मघाती फ़ैसले हैं। साहस के साथ नये जीवन का निर्माण करने के स्थान पर सारा साहस स्वयं को पीड़ित करने व पीड़ा को शहीदाना भाव से भोगने के रूप में है। पूँजीवादी अर्थतन्त्र ने घरेलू तनावों, मानसिक अवसाद और भय पैदा कर सामाजिक वातावरण को विषाक्त कर दिया है। निजीकरण ने केवल सार्वजनिक उद्योग–धन्धों को नहीं बल्कि मनुष्य के सार्वजनिक जीवन को तहस–नहस कर दिया है। जो लोग नौकरियों व तरक्की के लालच में तेज़ी से भारत की शहरी अर्थव्यवस्था में शामिल हुए थे वही लोग अब शहरी अर्थव्यवस्था में भी हाशिये के जीवन को जी रहे हैं। बहुत सारे परिवार तथा पति–पत्नी भी स्नायविक विकारों व आय सम्बन्धी अनिश्चितता के कारण उत्पादक श्रमिक होने के बावजूद सामूहिक भविष्य का निर्माण करने में नाकाम हो रहे हैं। उन्हें हर पल व्यवस्था की उपेक्षा का सामना करना पड़ता है और परिणामस्वरूप उन्होंने स्वयं की उपेक्षा करना आरम्भ कर दिया है। उन्होंने स्वयं को हर विफलता के लिए उत्तरदायी मान लिया है और वे निरन्तर स्वयं को प्रताड़ित करने के अभ्यस्त हो चले हैं। कथा की स्त्री चरित्र मीनाक्षी अपने पति का हाल बताते हुए कहती है–'घर में एकदम सन्नाटा रहता है। बेटियाँ भी सहमी रहती हैं। मैं जानती हूँ कि वह पूरी रात नहीं सोता, अकेले में चुपचाप रोता है। कभी–कभी रात के सन्नाटे में कोई आवाज़ सुनकर मेरी नींद टूट जाती है, तब सुनती हूँ उसकी दबी–दबी सिसकियाँ।' इस अर्थतन्त्र ने मन्दी, छँटनी, बेरोज़गारी को जीवन का सबसे बड़ा सत्य बना दिया है। लोग दुनिया से मुँह छिपाकर जीने की कोशिश में रहते हैं ताकि कहीं दुनिया उनसे पूछ न बैठे कि कितना कमा रहे हो और नौकरी ठीक चल

रही है कि नहीं! कमाई और रोज़गार के अलावा इन्सान की कोई पहचान नहीं बची है। कहानी में मीनाक्षी का प्रेम–सम्बन्ध, अपने प्रेमी से मुलाक़ात, उससे पति की नौकरी बचाने का अनुरोध जैसे प्रसंग महत्त्वपूर्ण हैं पर कहानी का मुख्य केन्द्र बेरोज़गारी की समस्या है। पूँजीवाद के द्वारा लोगों को नये सिरे से ग़रीब व फटेहाल बनाने की कोशिश का खुलासा है। इससे वह स्वयं अपने लिए किस प्रकार के संकट पैदा कर रहा है, इसकी व्याख्या करना अर्थशास्त्रियों का विषय है। पर एक संवेदनशील कथाकार के रूप में योगेन्द्र ने स्पष्ट संकेत दिये हैं कि किस प्रकार 21वीं सदी का तीसरी दुनिया के देशों के बाज़ार व अर्थव्यवस्थाएँ लोगों को विपन्न व विवश बनाने के लिए सारी नीतियों का निर्माण कर रही हैं। योगेन्द्र की कहानियाँ राजनीतिक दृष्टि से लैस हैं, पर कहानियों में राजनीतिक चिन्तन के स्थान पर मानवीय भावबोध व संवेदनशीलता का उपयोग करना उनकी कहानियों की विशेषता है। वे ठेठ महानगरीय जीवन के अनियन्त्रित बदलावों और उन बदलावों के दुष्प्रभावों की कथाएँ हैं। कहानियों के निम्न मध्यवर्गीय चरित्र लगातार जीवन के साथ उल्लासजनक संगति व स्वस्थ तालमेल को टूटता हुआ देखते हैं और उनकी संवेदनाएँ अस्वस्थ होती जाती हैं। वे लगातार जीवन को किसी सुनियोजितपन की दिशा में गति प्रदान करना चाहते हैं, पर जहाँ पहुँचते हैं वहाँ सब कुछ अव्यवस्थित है तथा हर बार नयी शुरुआत करने की चुनौती सामने खड़ी मिलती है। पूँजीवाद केवल लूटने या शोषण करने का ही कार्य नहीं करता है, बल्कि वह एक नितान्त सुरक्षित वर्ग का निर्माण भी करता है ताकि वह उस वर्ग को सामने रखकर लुटेरा होना या शोषक विचारधारा होने के आरोपों का सफलतापूर्वक सामना कर सके। वह उत्पादन, विनिमय व उपभोग के माध्यम से ऐसे अल्पसंख्यक सुरक्षित वर्ग का निर्माण कर एक प्रकार से अन्य वर्गों को यह लालच देने में सफल हो जाता है कि मौजूदा पूँजीवादी तन्त्र में समावेश करने की सम्भावनाएँ हैं तथा सुविधाभोगी वर्ग की स्थिति को आसानी से प्राप्त किया जा सकता है। योगेन्द्र की अधिकांश कथाओं में यही विषयवस्तु है कि सुविधाभोगी वर्ग में प्रवेश के लिए जो लोग दौड़ रहे हैं, हाँफते हुए भागे जा रहे हैं वे किसी–न–किसी हताशा की तरफ़ बढ़ रहे हैं। योगेन्द्र आहूजा की इन कहानियों को पढ़ने से यह पता चलता है कि कहानियाँ ही क्यों आज के वक़्त की सर्वाधिक बेचैन विधा है! कहानी बहुत बेचैन विधा है क्योंकि वह बेचैन मनुष्य की कथा लिखने

के लिए प्रयासरत हैं। अब वह जिस ऐतिहासिक मनुष्य की कथा रच रही है वह न तो किसी जंगल–पहाड़ के एकान्त में है, न किसी देवालय का साधक और न क़स्बे के ठिठके हुए परिवेश का मनुष्य। अब वह सड़क पर भागता–हाँफता मनुष्य है जो अपने दिमाग़ में भयंकर तनावों को लेकर जीता है। जिस पर स्वयं को व्यस्त रखने के लिए भारी दबाव हैं। जो किसी फ़ोन या इंटरनेट से चिपका है और लगातार किसी की 'अप्रेजल रिपोर्ट' या 'वार्षिक असेसमेंट' की दया पर जी रहा है। वह बाज़ारवाद की चक्की में पिस रहा है और उसी चक्की की तारीफ़ भी हर तरफ़ से सुन रहा है। वह रोज़ पिट रहा है और प्रताड़ित हो रहा है पर अपने ही शोषक का चेहरा पहचानने से इनकार करता है। कहानियाँ इस सत्य की साक्षी हैं कि वर्तमान दौर का इन्सान पहले की तुलना में सम्भवतः अधिक बदहवासी और थकान से भरा हुआ है। जिस तरह हर इन्सान सफल होने के लिए सारे अच्छे–बुरे तरीक़ों को किसी उन्मादित मनःस्थिति के साथ अपना रहा है, उसमें उसकी यह हालत होनी ही है। योगेन्द्र की कहानियाँ एक ओर मनुष्य के उस रूप की झलक प्रस्तुत करती हैं जिसमें वह नयी विकट परिस्थितियों के आगे परास्त हो रहा है। दूसरी ओर उस मनुष्य के चरित्र को प्रकट करती हैं जिसने परिस्थितियों से पैदा हुई नयी मूल्यहीनता के अनुसार ख़ुद को ढाल लिया है। इस सच को प्रकट करती हैं कि किसी देश व उसके आम लोगों का भविष्य उस विचारधारा से नहीं तय होता है जो उस देश के लिए ज़रूरी होती है, बल्कि उस विचारधारा से तय होता है जिसे उस देश पर शक्तिशाली वर्गों के द्वारा विभिन्न सही तथा ग़लत क़िस्म के उपायों के द्वारा थोप दिया जाता है।

योगेन्द्र की कहानी 'खाना' इस समाज व्यवस्था में इन्सान से रोबोटिक आचरण की उम्मीद पालने की विडम्बना की कहानी है। 18वीं सदी के बाद विज्ञान के विकास ने मनुष्य को आत्मविश्वास तथा जीवन के रहस्यों को समझने का अवसर प्रदान किया था। अगली दो सदी तक मनुष्य को उसकी भरपूर गरिमा प्रदान करने में विज्ञान का भी बड़ा योगदान था। पर पिछले कुछ दशकों से विज्ञान की ऐतिहासिक भूमिका बदलती चली गयी क्योंकि विज्ञान का विकास स्वयं में लक्ष्य न ही रह गया बल्कि समस्त वैज्ञानिक उपलब्धियों का प्रयोग मानवीय लक्ष्यों के लिए किये जाने के स्थान पर केवल उपभोग व मुनाफ़े के लिए किया जाने लगा और इसने मनुष्य तथा मशीन को एक–दूसरे के विरोध में खड़ा कर दिया है। इसीलिए आज की

कई कथाएँ तकनीक द्वारा मनुष्य के ख़िलाफ़ छेड़े युद्ध पर भी केन्द्रित हैं। मनुष्य को अधिकाधिक मशीन की तरह प्रयोग किया जाता है तथा मशीन को मनुष्य की तरह प्रयोग किया जाता है। मनुष्य पर इस बात को लेकर खीज आती है कि वह मशीन की तरह क्यों नहीं काम कर पा रहा है और मशीन पर खीज आती है कि वह जल्द–से–जल्द क्यों नहीं मनुष्य की तरह समस्त व्यवहार, गुण तथा समझदारी को अर्जित कर लेती है। मनुष्य को मनुष्य की तरह व्यवहार करने की छूट नहीं रह गयी है जबकि मशीन को मनुष्य व मशीन दोनों ही प्रकार से व्यवहार करते देखने की आकांक्षा पैदा हो चुकी है। मनुष्य से अधिक एकायामी व्यवहार की उम्मीद की जाती है जबकि मशीन से बहुविध, बहुरूपी व बहुआयामी योगदान व व्यवहार की अपेक्षा की जा रही है। इस प्रकार इतिहास में जो मनुष्य अपने विविधतापूर्ण मानवीय गुणों के कारण सभ्यता व संस्कृति को नवीन ऊँचाइया प्रदान कर सकता था, उससे ही बहुआयामिता को छीनकर उसे मशीन को थमा दिया गया है। मनुष्य एकायामी होते जाने तथा मशीन बहुआयामी होते जाने के लिए बाध्य हो चुकी है। 'खाना' नामक कहानी में रतनलाल नामक पत्रकार है जो पहले कभी दिल्ली में ट्रेनी पत्रकार के रूप में आया था और दुनिया को बदलना चाहता था। किताब, नाटक, पेंटिंग्स, सिनेमा और संगीत के कार्यक्रमों की समीक्षाएँ लिखा करता था। लेकिन अब वह बड़े–बड़े होटलों, रेस्तराँ में तैयार होने वाले खानों की समीक्षा लिखने लगा है। वह हर प्रकार के लज़ीज़ से लज़ीज़ खाने के स्वाद, गन्ध और रस का सूक्ष्म विश्लेषण करता है। पर एक दिन डॉक्टर के पास जाकर कहता है कि उसे किसी चीज़ का स्वाद नहीं आता। डॉक्टर जब हैरानी से पूछता है कि आप जैसे फेमस फूड रिव्यूवर कैसे यह कह सकते हैं। तब वह बताता है कि वह बिना किताब पढ़े समीक्षा लिखने वालों अथवा ऑफ़िस में बैठकर फ़िल्म समारोहों की रिपोर्ट लिखने वालों की तरह ही चन्द जुमलों व शब्दों से काम चलाता है। स्वर्गिक, दिव्य, अद्भुत आदि शब्दों के सहारे खाने की समीक्षा लिख देता है, पर ख़ुद वह किसी चीज़ का स्वाद न ग्रहण कर सकने की बीमारी का शिकार हो चला है। यही रतनलाल अपने जनवादी मित्र को पत्र लिखता है और उसके माध्यम से भारत की ग़रीबी, यमुना इलाके के फटेहाल लोग, झोपड़ियाँ आदि भी कथा में दृश्य की तरह प्रयोग होते हैं। समृद्धि और अति भोज–भोग के मध्य अति विषमता–दरिद्रता का प्रतिलोम। पर कहानी का सार इस विलोम में

नहीं है, बल्कि वहाँ है जहाँ रतनलाल नामक पत्रकार दिल्ली के मीडिया जगत में एक मशीन की तरह तब्दील हो गया है। उसकी ज़बान, आँत, मन, आँख सभी कुछ दिल्ली के ऊँचे होटलों ने ख़रीद लिए हैं और उससे अपने तरह–तरह के सामिष–निरामिष भोजन का प्रचार कराते हैं। वह एक पुर्जा है जिसे ठीक से अपना काम करना है। आज के कथा–परिदृश्य की यह प्रतिनिधि कहानी है क्योंकि यह किसी चरित्र की आन्तरिक घुटन तक ही नहीं सिमटी हुई है। यह उस पूरे समाज की घुटन की ओर संकेत करती है जिसमें 'आनन्द' नामक चीज़ आसानी से मिल भले जाती हो पर वास्तव में वह मन को निराश व बीमार बना देती है। एक ओर समाज में प्रसन्नता दुर्लभ होती जा रही है तो दूसरी ओर आनन्द की भोग, नशे, वासना आदि के बाहर कोई स्वीकार्य परिभाषा ही नहीं बची है। चीज़ों का इस प्रकार से भ्रष्ट हो जाना कहानी के भीतर चरित्रों के उद्वेलन के रूप में प्रकट होना चाहिए। उद्वेलित व हताश चरित्र समाज में चीज़ों के पतन व वस्तुस्थिति की अमानवीयता को निजी भावनाओं से प्रकट करने का कार्य करते हैं। इस कहानी में रतनलाल का भीतरी उद्वेलन समाज के एक क़िस्म के यथार्थ का मुखर आईना है। आज की अधिकांश कहानियाँ बाहरी समस्याओं से अधिक उन समस्याओं से लड़ते मनोजगत की कथाएँ हैं। लगभग हर कहानीकार यह कोशिश कर रहा है कि वह बाहरी दुनिया के ब्योरे व सूचनाएँ देने के समानान्तर लगातार किसी चरित्र या कथापात्र की मानसिक दुविधाओं के माध्यम से यथार्थ को आलोकित कर सके। जिन्हें मानवीय दुविधाओं और दुविधाओं के मानवविरोधी स्वरूप की पहचान नहीं है, वे यथार्थ को भी पहले की तरह सपाट विवरणों के सहारे व्यक्त कर रहे हैं और लगातार नाकाम कथाकार साबित हो रहे हैं।

योगेन्द्र की एक और कहानी 'कुश्ती' भिन्न विषयवस्तु लेकिन जातिप्रथा की क्रूरता जैसे प्रचलित विषय पर है। हिन्दी में 'सहानुभूति बनाम स्वानुभूति' का जो विमर्श छिड़ गया है, उसकी ऐतिहासिक उपलब्धियाँ बहुत हैं। पर सीमा यह है कि वह साहित्य में 'सहानुभूति' नामक तत्त्व को बहुत सीमित व छोटा बनाकर प्रस्तुत करता है, जबकि साहित्य में इसकी बहुत निर्णायक भूमिका होती है। यह रचनाकार को ही नहीं बल्कि उसकी कृति को भी शक्ति व संघर्ष के गुणों से जोड़ती है। इसीलिए कभी प्रेमचन्द ने 'कहानी कला' नामक निबन्ध में लिखा था–'शक्ति संघर्ष में ही है और संघर्ष से ही साहित्य उत्पन्न होता है।' अर्थात जो साहित्य संघर्ष की भूमिका को

बड़ा बनाता है, वही मनुष्य को शक्ति भी प्रदान करता है। लेकिन संघर्ष के मूल्य को वही बड़ा बनाकर प्रस्तुत कर सकता है जिसमें उस जनता से विराट सहानुभूति हो जिसे वह संघर्ष के लिए प्रेरित करना चाहता है। जिसे विश्वास है कि लोग केवल अन्याय सहते नहीं है, बल्कि उसका डटकर विरोध भी करते हैं। जब जनता के संघर्ष पर विश्वास नहीं रहता तो जनता से सहानुभूति भी नहीं रह जाती है। इसीलिए सहानुभूति की भूमिका भी विशाल होती है। सवर्ण लेखक की जाति के प्रश्न पर केन्द्रित कथा भी कितनी मार्मिक और प्रभावशाली हो सकती है, यह कहानी इसकी गवाह है। कहानी में लगभग 35 साल का एक शख़्स, जो ख़ुद को पत्रकार बताता है, एक पुराने पहलवान का इंटरव्यू करने के बहाने उसकी पुरानी व्यायामशाला में आता है। बातों–बातों में वह शख़्स गुरु सदानन्द नामक उस पहलवान को कुश्ती के लिए उकसाता है, पर वह यह कहकर मना करता है कि 18 बरस पहले उसने आख़िरी कुश्ती लड़ी थी। पर उकसावे में आकर पहलवान उससे लड़ता है और उसे ज़मीन पर चित कर देता है। वह शख़्स कई बार उकसाता है और कई बार पहलवान उसे पटकता है। अन्त में रहस्य खुलता है कि वह शख़्स पेरिस में साइकोलॉजी पढ़ाने वाला नामी प्रोफ़ेसर है। वह अन्त में पहलवान को बताता है कि दरअसल उसके पिता बहुत ताक़तवर थे, पर दलित थे। एक दिन कुश्ती के अखाड़े में उस पहलवान ने उनसे यह कहकर लड़ने से मना कर दिया था कि 'अब ये दिन आ गये हैं कि भंगी, चमार भी कुश्ती लड़ने लगे हैं!' इस वाक्य ने उसके ताक़तवर पिता को हमेशा के लिए हरा दिया। शरीर की सारी ताक़त मन की पराजय के कारण व्यर्थ हो गयी। इस अट्ठारह साल पुराने क़िस्से को सुनकर पहलवान के शरीर का पानी सूख जाता है। बदन बर्फ़ की तरह ठण्डा पड़ जाता है। अखाड़े मे वह चित पड़े दिखते हैं। यह कहानी पराजय बोध को वास्तविक विजय या पराजय से अधिक गम्भीर सत्य की तरह प्रस्तुत करती है। कहानी का अन्त सूक्ष्म अर्थविन्यास को संकेतित करता है जहाँ कहानीकार यह भी प्रकट करना चाहता है कि संसार के समस्त संघर्ष मनोविज्ञान के बारीक हथियारों से लड़े जा रहे हैं। विरोधी को मैदान से बाहर करने के लिए उसे शारीरिक बल से नहीं परास्त किया जाता बल्कि मानसिक व मनोवैज्ञानिक बल का प्रयोग किया जाता है।

योगेन्द्र आहूजा की कथाएँ भारतीय समाज के उस ऐतिहासिक चरण

की कथाएँ हैं जहाँ मध्यवर्ग बहुत अधिक सुविधाभोगी तथा एकायामी होते जाने के कारण अधिक असुरक्षित व लहूलुहान दिखने लगा है। व्यवस्था पर आवश्यकता से अधिक भरोसा करने के कारण वह यह भूल गया है कि बतौर एक वर्ग के तौर पर जन्म लेने के साथ ही उसने मूल्य, विचार, सत्ता व परम्परा से किन महान ऐतिहासिक टकरावों को अंजाम दिया था। वह यह याद नहीं करना चाहता है कि आधुनिकता के साथ विकसित हुई किस महान सामाजिक नैतिकता के रक्तकण अभी भी उसकी खाल के नीचे छिपे हुए हैं। योगेन्द्र की कथाएँ साहित्य के नाम पर लोक या संस्कृति के किसी मेले–तमाशे में नहीं ले जाती हैं, बल्कि सीधे–सीधे मानवीय नियति, अस्तित्व और गहरी आन्तरिक वेदना के प्रश्नों के सामने हमें अकेला छोड़ देती हैं।

कहानी की परम्परा

पहली आधुनिक कथा : कुछ पुनर्विचार

चन्द्रधर शर्मा गुलेरी को हिन्दी साहित्य में 'उसने कहा था' नामक कहानी से अमर ख्याति मिली। गुलेरी जी को जो ख्याति मिली सो मिली, पर हिन्दी में अल्पलेखन का फ़ैशन चलाने वालों और कम लिखकर अमर होने का लोभ पालने वालों के लिए गुलेरी जी की यह सफलता किसी महान आदर्श की तरह रही है। अपनी प्रतिभा को लेकर आश्वस्त ढेरों लेखक मिल जाते हैं जो कहते हैं कि–'इतना लिखकर क्या होगा, गुलेरी जी से सीखो।' इस तरह बड़े अद्‌भुत ढंग से लेखन की श्रमसाध्य प्रक्रिया से बचने वाले आलसियों द्वारा गुलेरी जी ज़्यादा याद किये जाते हैं। कम लेखन करने वाले महत्त्वपूर्ण लेखन करते हैं, इसे सिद्ध करने के लिए लोगों को गुलेरी जी से अच्छी कोई मिसाल नहीं मिलती। यह भी नहीं भूलना चाहिए कि गुलेरी जी ने अपने 39 साल के अल्पायु जीवन में कहानियाँ तो कम लिखीं पर पुरातत्त्व, इतिहास, वेधशाला या भाषा आदि के बारे में कई महत्त्वपूर्ण निबन्धों की रचना की। 'उसने कहा था' कहानी के अलावा उन्हें 'कछुवा धर्म' या 'पुरानी हिन्दी' जैसे महत्त्वपूर्ण निबन्धों के लिए भी याद किया जाना चाहिए। गुलेरी जी के पूर्वज हिमाचल के कांगड़ा नामक ज़िले के गुलेर गाँव से सम्बन्धित थे, इसलिए 'गुलेरी' उपनाम से उन्हें भी जाना गया। वह अजमेर के मेयो कॉलेज में संस्कृत अध्यापक रहे जहाँ वह खेतड़ी के राजा के पुत्र राजकुमार जय सिंह के अभिभावक का कार्य भी करते थे। मृत्यु के कुछ समय पूर्व मदन मोहन मालवीय के आग्रह पर उन्होंने बनारस हिन्दू विश्वविद्यालय में प्रोफ़ेसर के पद को भी ग्रहण किया। गुलेरी जी पराधीन भारत के उस दौर के रचनाकार थे जब परम्परा मुक्त आधुनिकता का कोई स्थान समाज में नहीं था। आधुनिकता के लिए अभी भौतिक ढाँचा तैयार हो रहा था। समस्त नवजागरण के बावजूद हिन्दी प्रदेश में सुधारवादी क़िस्म की आधुनिकता का विकास बहुत धीमी गति से

ही हो रहा था। इसीलिए गुलेरी जी भी विचारों से कुछ तो आधुनिक और अधिकांशतः परम्परावादी ही रहे। उनकी मृत्यु बड़ी ही दुःखद स्थितियों में हुई। उनके समकालीन रहे राय कृष्णदास ने गुलेरी जी की मृत्यु के बाद उन पर संस्मरण लिखा था। उसमें उन्होंने बताया है कि गुलेरी जी जब 1922 में नौकरी के सिलसिले में अजमेर से बनारस पहुँचे तो कुछ ही समय पश्चात उनके छोटे भाई की पत्नी का देहान्त हो गया। बीमारी में वह दाह–संस्कार करने पहुँचे पर तेज़ ज्वर के कारण गंगा स्नान नहीं करना चाह रहे थे। इस पर उन्हीं के रिश्तेदार पण्डित नित्यानन्द ने उन्हें ललकारा–'तेरी भाभी मर गयी हैं और तू स्नान नहीं करता!' रायकृष्णदास के शब्दों में–'गुलेरी जी ने कहा, ले चाण्डाल, एक ब्राह्मण की हत्या करनी है तो ले। फिर वे गंगा में कूद पड़े। ज्वर कुपित हो गया और वे अच्छे न हो सके।' 12 सितम्बर 1922 को उनका 109 डिग्री बुखार में निधन हो गया। धार्मिक कर्मकाण्डों के कारण दुनिया में हज़ारों लोग मारे जाते हैं और यह दुःखद है कि गुलेरी जी जैसा प्रतिभाशाली रचनाकार भी उन्हीं दुर्भाग्यशाली लोगों में था।

गुलेरी जी की कहानी 'उसने कहा था' हिन्दी की आरम्भिक आधुनिक कहानी, महान प्रेमकथा या उत्कृष्ट कथा संरचना वाली रचना के रूप में भी हिन्दी समाज की स्मृति में उपस्थित है। गुलेरी जी की अन्य कथाएँ जैसे 'सुखमय जीवन' तथा 'बुद्धू का काँटा' इस कहानी जैसी लोकप्रियता अर्जित नहीं कर सकीं। इसका कारण यह भी था कि 'उसने कहा था' कहानी नाटकीयता से सम्पन्न और यथार्थ के अधिक निकट थी। जबकि उनकी बाक़ी कहानियाँ केवल नाटकीयता तथा संयोग जैसे गुणों का सहारा लेकर रह जाती हैं। उनकी शेष कहानियाँ नायक के किसी बड़े धीरोदात्त गुण को भी नहीं उभार पाती हैं। नायकत्व के उभार के लिए 'विपरीत स्थितियों का सृजन' ज़रूरी होता है पर उस काम में लेखक का ज़्यादा मन नहीं लगा। इसीलिए प्रेम–कथाओं की शैली का आभास प्रदान करते हुई भी प्रभावशाली प्रेम–कथा नहीं बन पाती हैं। उनमें प्रेम की इच्छा महसूस करने वाले मनुष्यों को बिना किसी बड़ी उलझन के झटपट विवाह करते दिखा दिया जाता है। 'सुखमय जीवन' कहानी का नायक जयदेवशरण वर्मा गृहस्थ जीवन पर रचित अपनी एक सुखमय जीवन नामक पुस्तक के बहाने नायिका के सम्पर्क में आता है और उससे उसका विवाह भी हो जाता है। इसी तरह 'बुद्धू का काँटा' का नायक रघुनाथ, जो प्रयाग में

इंटरमीडिएट की पढ़ाई कर रहे, घर लौटते समय भगवन्ती नामक लड़की से मिलता है और उसी से उसका संयोग से विवाह भी सम्पन्न हो जाता है। इन कहानियों में दुःखान्त की ओर बढ़ते 'ट्रैजिक नायक' की छवि भी नहीं उभरती जैसाकि 'उसने कहा था' में उभरती है। वे ट्रैजिडी के महान साहित्यिक तत्त्व का सहारा नहीं लेती हैं और इसीलिए लम्बे समय तक याद नहीं रह पाती हैं। 'उसने कहा था' कहानी में अन्त में 77 सिख रायफ़ल्स जमादार लहना सिंह की मौत की सूचना छपती है और लहना सिंह का शव केवल युद्ध के मोर्चे पर उसकी वीरता से भरी कठोर–ठण्डी कुर्बानी नहीं बल्कि किसी से किये वादे के लिए कोमल–भावमय दिल से जान लुटा देने का भी प्रतीक बन जाता है। उनकी बाक़ी दोनों कहानियाँ 1911 में लिखी गयी थीं और चाल साल बाद 1915 में उन्होंने 'उसने कहा था' लिखी थी जो महावीर प्रसाद द्विवेदी द्वारा सम्पादित 'सरस्वती' में प्रकाशित हुई थी। इस कहानी के कुछ अश्लील प्रसंगों को द्विवेदी जी का नैतिकतावादी मन स्वीकार नहीं कर सका और उन्होंने उसमें काँट–छाँट कर उसे सम्पादित कर दिया। पहले की कहानियों की तुलना में 'उसने कहा था' कहानी में भी बाल–जीवन में पनपी प्रेमानुभूति का वर्णन है पर यह कहानी प्रेम को विवाह या सफल दाम्पत्य में परिणत करने के स्थान पर उसे भिन्न परिणाम पर पहुँचता दिखाती है। आश्चर्य होता है यह देखकर कि एक ही कहानीकार कैसे कहानी कला को अपनी सभी कहानियों में नहीं निभा पाता है। एक या दो रचनाओं में ही उसकी कहानी कहने की सम्पूर्ण प्रतिभा हमें चमत्कृत कर देती है।

'उसने कहा था' कहानी का नायक लहना सिंह हिन्दी के सबसे अमर पात्रों में गिना जाता है। एक सिख जो फ़ौजी है और दिल में सच्ची रूमानियत लिए किसी भी नेक काम में अपनी जान लुटा देने के जज़्बे से भरा है। प्रतियोगितावादी और परस्पर वैमनस्य से भरी सभ्यता ने अभी उसके चरित्र पर चालाकी या मक्कारी के दाग नहीं छोड़े इसीलिए वह वीरतापूर्ण त्याग के लिए भी सहज रूप से तैयार है। मार्क्स ने एक जगह लिखा है कि बुर्जुआ सभ्यता वीरत्व की भावना से शून्य होती है। लहना सिंह उस बुर्जुआ सभ्यता का हिस्सा न बनने के कारण वीरत्व व शौर्य के पारम्परिक गुणों से भरा हुआ है। उस फ़ौजी सिख में और भी कई गुण हैं। जैसे वह साथियों की मदद करता है, दुश्मन की चालाकियों को भाँप लेता है और मृत्यु के प्रति निर्मम बेफ़िक्री प्रकट करता है। इसके अलावा हँसोड़

होना, निश्छलता और साफ़दिली उसके अन्य गुण हैं। पंजाब का है और अपनी संस्कृति के कण–कण से उसका गहरा राग–रिश्ता बचा हुआ है।

कहानी के देशकाल में नायक लहना सिंह 37 वर्ष का है जो फ्रांस व जर्मनी की सीमा पर तैनात उन आम भारतीय फ़ौजियों जैसा ही है जो इस विश्वव्यापी लड़ाई में ब्रिटेन के पक्ष से जर्मनी इत्यादि के ख़िलाफ़ लड़ने–कटने के लिए भेजे जाते थे। ऐतिहासिक आँकड़े बताते हैं कि करीब 75 हज़ार भारतीय सैनिक इस पहले बड़े विश्वयुद्ध में जान गँवा बैठे थे और हज़ारों आजीवन अपंग–लाचार हो गये थे। लहना सिंह नामक कथापात्र भी उन ढाई करोड़ फ़ौजियों में ही था जिसे ब्रिटिश भारतीय सेना ने अगस्त 1914 में छिड़े युद्ध में लड़ने के लिए यूरोप के मोर्चों पर भेज दिया था। वहाँ वह अपने संगी–साथियों के साथ घण्टों कीचड़ में बैठा दुश्मन का इन्तज़ार करता है और अपने बीमार–परेशान साथियों को हौसला देता है कि रिलीफ़ आने वाली है, बस थोड़ा और धैर्य रखो। वह गुलाम देश के शासकों के लिए भी हँसकर जान न्योछावर करने को तैयार है। एक प्रकार से वह उन करोड़ों भारतीयों का प्रतीक है जो देशभक्ति तथा उपनिवेशवाद के बीच के जटिल अन्तर्विरोध के विषय में सजग नहीं थे। वह उन भारतीयों के जैसा भी है जो फिलहाल भारत के किसी राजनीतिक राष्ट्र के रूप में संगठित होने की प्रक्रिया से अनभिज्ञ हैं और देश की औपनिवेशिक अस्मिता को छल–बल से पुख्ता करने के लिए जंग में भेजे जाते हैं। अकसर ही पूरा परिवार यानी बाप–बेटा, चाचा–भतीजा सब एक ही साथ लड़ाई के मैदान में भेज दिये जाते थे ताकि वे मुल्क से दूर ख़ुद को अकेला न महसूस करें। बताते हैं कि पंजाब के कई गाँव आज भी ऐसे हैं जिसमें पुरुषों की पूरी आबादी ही साफ़ हो गयी और गाँव में केवल स्त्रियाँ, छोटे बच्चे या चन्द वृद्ध ही बचते थे। इस तरह 'उसने कहा था' कहानी केवल अनूठी प्रेमकथा नहीं है बल्कि वह भारतीय राष्ट्र–राज्य की दासता तथा औपनिवेशिकता की ख़तरनाक परिणतियों की भी करुण कथा है। उपनिवेशवाद ने देश के किसानों को कंगाल कर दिया था और उनकी सन्तानों को दूसरे औपनिवेशिक प्रतिस्पर्धियों की संगीनों–रायफ़लों के आगे झोंक दिया था। यह उन फ़ौजियों की कहानी भी है जिनके पीछे छूटे परिवार उनकी सलामती के लिए ईश्वर के आगे हाथ जोड़ रहे हैं। रोते–रोते उन्हें विदा कर रहे हैं और अंग्रेज़ों के कमांडर उन्हें पशुओं की तरह हाँककर जंगी जहाज़ों में लादकर कभी यूरोप, कभी चीन या कभी

अफ्रीका भेज रहे हैं। ये सिपाही शरीर पर वर्दी पहनकर गर्व तो कर रहे हैं पर उनकी वर्दी उन्हें तरह–तरह की भावनात्मक व भौतिक समस्याओं से बचा नहीं पा रही है। कहानी में सूबेदार की पत्नी की बात इस विडम्बना को तीव्रता से उजागर करती है। उसी से बचपन में लहना सिंह ने पूछा था–'तेरी कुड़माई हो गयी?' और 25 साल बाद वही शर्मीली–बचकानी लड़की बड़े होने पर कलपते स्वर में कह रही है–'सरकार ने हम तीमियों की घघरिया पल्टन क्यों न बना दी जो मैं सूबेदार के साथ चली जाती।' लाम पर जाते मर्दों के परिवार की पीछे छूटी औरतें यह तो नहीं कह सकतीं कि युद्ध न हो क्योंकि उन्हें शायद यही लगता है कि युद्ध भी बारिश या सूखे जैसी प्राकृतिक आपदा है और झेलनी है। पर वह यह ज़रूर चाहती हैं कि उन्हें घर पर बिठाकर धीरे–धीरे मारा जाये, इससे अच्छा है कि लड़ाई में उनकी भी जानें चली जायें। वे पुरुषों जैसा पराक्रम दिखाने के लिए उतावली नहीं हैं पर अपने पतियों–बेटों को मौत के मुँह में जाते देख आहत मन से उनके साथ ही चल देना चाहती हैं। पर उनकी घरेलू भूमिकाएँ अभी उनके जीवन के लिए अहम हैं और वीरता–पराक्रम के कार्य पुरुषों के लिए निश्चित कर दिये गये हैं। औरतों–बच्चों का दर्द मुनाफ़े के लिए छिड़े युद्धों के शोर शराबे में कहीं खो जाता है। वहाँ फ़ौज की नौकरी तथा फ़ौजी होने की पहचान के आगे व्यक्ति की पारिवारिक या पारम्परिक पहचान को व्यवस्थित तरीक़े से पहले ही गौण बना दिया गया है। राष्ट्रों ने तय किया है कि संसाधनों को लूटना है और उसमें मनुष्यों का ख़ून बहा दिया जाना है। इस तरह लहना सिंह तथा उसके साथी फ़ौजियों के जीवन के दुःख दर्द और सुदूर जगहों पर उनकी निरर्थक कुर्बानियाँ भी कथा की संरचना का प्रमुख हिस्सा हैं। निरर्थक कुर्बानियाँ इसलिए हैं क्योंकि हज़ारों भारतीयों की जान चली जाने पर भी पहले विश्वयुद्ध से भारत को कुछ नहीं मिला था। उस समय गाँधी तक को लगा था कि भारत के साथ धोखा हुआ है और अंग्रेज़ों ने जर्मन–तुर्कों को तो हरा दिया लेकिन भारत के हाथ कुछ नहीं लगा।

अगर कहानी को प्रेम–कथा के तयशुदा रूप में पढ़ें और उसी दृष्टिकोण से कहानी का मूल्यांकन करें तो प्रथमदृष्टया यह बहुत सारी परम्परागत प्रेम–कथाओं की कसौटियों को तोड़ती हुई लगती है। समाज में पारम्परिक प्रेम–कथाएँ वे रही हैं जिनमें स्वकीया प्रेम रहा है या परकीया। यानी या तो पत्नी से प्रेम है या प्रेमिका से। ऐसी कथाएँ रही हैं जिनमें

स्त्री–पुरुष प्रेम करने के कारण एक–दूसरे के साथ सामाजिक रूप से एक होने की कामना कर रहे हैं। वे स्वाभाविक रूप से अपने लिए ऐसा जीवन तलाश रहे हैं जिसमें प्रेम केवल आकांक्षा बनकर न रह जाये बल्कि यथार्थ बन जाये प्रेम के बारे में सजगता से ही प्रेमी के चरित्र तथा वेदना की अभिव्यक्ति होती है। विरह हो या मिलन, प्रेम में अपने प्रिय की स्मृति बनी रहती है। ऐसी भी कथाएँ लोकजीवन में फैली हैं जिसमें प्रेमिका और प्रेमी एक–दूसरे के लिए जीने–मरने की क़समें खाते हैं और प्राणोत्सर्ग के सिवा उनके पास कोई विकल्प नहीं होता। पंजाब के प्रेम के क़िस्से तो ख़ास मशहूर हैं और सूफ़ी कवियों ने भी उन्हें अमर कर दिया। बताते हैं कि मुसाफ़िरी और प्रेम का अटूट रिश्ता वहाँ कायम हो गया है। घर–बार से दूर अजनबी दुनिया में किसी लड़की को देखकर किसी मुसाफ़िर को प्यार हो जाता है और वह वहाँ बस जाता है। प्रेम और यायावरी आपस में घुल–मिल जाते हैं। अपने प्रान्त से दूर जाकर भ्रमण करते सिख गुरुओं ने पहले ही यायावरी को आदर्श के तौर पर स्थापित कर दिया था। पर पंजाब के इश्क़िया क़िस्सों में दुःखान्त का गहरा भाव है। वहीं के क़िस्सों में हीर–राँझा, सोहनी–महिवाल, मिर्ज़ा–साहिबाँ इन सभी कहानियों में दुःखान्त है। ये कथाएँ हमारी आँखों को नम कर जाती हैं। प्रेम के लिए प्राणोत्सर्ग एक–दूसरे को पाने की चाह का ही हिस्सा है। पर उसी पंजाबी समाज की कथा 'उसने कहा था' में न तो प्रेम किसी स्पष्ट आकांक्षा के रूप में आता है और न स्वप्न के रूप में व्यंजित होता है। अमृतसर के भीड़ से भरे बाज़ार में 12 साल के लड़के और 8 साल की लड़की की सामान्य बातचीत से आरम्भ हुई कहानी में पता नहीं चलता कि यह प्रेम कहानी बनने जा रही है। इसमें प्रेम के लिए साथ मरने की जगह अपनों को बचाने के लिए किसी से जान देने की याचना ज़्यादा है। बीसवीं सदी के आरम्भ में रचित यह कहानी आज के समय में तो और भी अजीब लगती है जहाँ परिवार नियोजन तथा विवाह या संभोग आदि को लेकर न्यूनतम आयु के कड़े निर्धारण के कारण प्रेमकथा के लिए इतने कमउम्र पात्रों का चित्रण उपयुक्त नहीं लगता है। बालविवाह की तरह ही बालजीवन के प्रेम भी समाज की निगाह में पहले से ज़्यादा बेतुके और अस्वीकार्य हो चुके हैं। पतली टाँगों वाला निकर पहने लड़का या छोटी फ्रॉक पहने बच्ची अब प्रेमकथा के पात्र नहीं बनते क्योंकि शायद बाल्यवस्था को हमने खींचकर ज़्यादा उम्र तक बढ़ा दिया है और वयस्कों पर बच्चों के विकास

की ज़िम्मेदारियाँ पहले से ज़्यादा आ गयी हैं। 'जब हम जवाँ होंगे...' जैसे फ़िल्मी गीतों की रूमानियत भी अब उनके स्वतःस्फूर्त प्रेम को न तो उभारती है और न सही ठहरा पाती है।

इसी तरह कहानी के आरम्भिक भाग में तो पाठक यही सोचता है कि सम्भवतः यह युद्धरत सैनिकों की कहानी है। कहानी का बड़ा हिस्सा लहना सिंह, सूबेदार और उसके बेटे बोधा सिंह तथा अन्य सैनिकों के इर्द–गिर्द घूमता है। बहुत बाद में मरते हुए लहना सिंह की स्मृतियों से पता चलता है कि बचपन के किसी प्रेमानुभव को भूलने, फिर उसकी याद दिलाये जाने तथा उस प्रेम का वास्ता देकर किसी की प्राणरक्षा को लेकर दिये वचन की स्थितियों से वह गुज़र रहा है। उसका सबसे बड़ा गुण यह है कि वह आत्मप्रेम तो करता है पर स्वार्थ से ऊपर है। नायक लहना सिंह उस परम्परा से आया है जहाँ जीवन के फ़ैसले पूरी तरह से निजी लोभ को ध्यान में रखकर नहीं लिए जाते। उसका आत्मप्रेम उसके स्वार्थ से दूषित नहीं हुआ है। एरिकफ्राम ने एक स्थान पर लिखा भी है कि स्वार्थ और आत्मप्रेम में गहरा अन्तर होता है। स्वार्थी व्यक्ति आत्मप्रेम से नहीं बल्कि आत्मघृणा से संचालित होता है जबकि आत्मप्रेम करने वाला व्यक्ति ही दूसरों से प्रेम करता है और उस प्रेम का प्रतिदान देने में समर्थ होता है। इसी तरह लहना सिंह का चरित्र आधुनिक कथाओं के अनुकूल अधिक है क्योंकि महाकाव्यों या पारम्परिक कथाओं में मर्यादा का पालन करने वाले चरित्र हैं। वे किसी बड़ी विशाल सामाजिक आचार संहिता से बँधे होते हैं। मर्यादापालन या धर्म का अनुकरण करते हुए वे नवीन क़िस्म के जोखिम नहीं ले पाते हैं। जबकि लहना सिंह किसी मर्यादा या धर्म के अनुकरण से अपनी उदात्तता प्रमाणित नहीं करता है। वह किसी क्षण भर की अनुभूति में पैदा भाव तथा स्मृतियों की ताक़त से बड़ा जोख़िम ले सकता है। प्रेम यहाँ क्षणमात्र में पैदा होता है, किसी लम्बी जीवनावधि में नहीं फैला है। प्रेम के जितने भी रूप या अभिव्यक्तियाँ हैं जैसे यौन–इच्छा, साहचर्य, संवाद, शारीरिकता और सन्तानोत्पत्ति आदि उनसे वही परिचित नहीं है। पर भावजगत में प्रेम के धुँधले पड़ जाने पर भी वह प्रेम की किसी स्मृति से संचालित होने के लिए तैयार भी है। धुँधलके और विस्मरण में डूबा ऐसा सुप्त प्रेम धीरे से कुछ अन्य भावों को उत्तेजित करने लगता है। उन भावों को जो नायक के चरित्र में उपस्थित हैं जैसे त्याग, बलिदान, जान न्योछावर करने की इच्छा। पहले के कथापात्रों में भी ऐसे सुप्त प्रेम

के भाव झलकते थे पर उसकी अभिव्यक्ति कहानी की आधुनिक शैली में ही ज़्यादा प्रभावशाली अभिव्यक्ति प्राप्त कर सकी। इसलिए भी क्योंकि आधुनिक कहानी प्रेम के कुछ तय या रूढ़ रूपों को नहीं बल्कि उसके बहुत सारे अनदेखे रूपों तथा आयामों की खोज करने में भी रुचि प्रकट करती है। यह कहानी प्रेम की सांद्र अनुभूति के अलावा त्याग के एक विशिष्ट, अनदेखे और अमुखर रूप से हमें परिचित कराती है।

कहानी कुछ प्रश्नों को भी अपने पीछे छोड़ती है। मसलन यह प्रश्न कि लहना सिंह का परिवार कहाँ है? उसकी पत्नी तथा बच्चों की स्थिति कैसी है? वह 25 साल पुराने प्रेमानुभव को याद कर एकदम से तरंगित तो हो जाता है पर क्या वह किसी निजी परिवार की ज़िम्मेदारी से नहीं बंधा है जो उसे प्रेम के लिए गोली खाकर मरने से रोक सके! प्रश्न यह भी है कि लहना सिंह किसी स्त्री से किये गये वादे को दृढ़तापूर्वक निभा रहा है या वह प्रेम के प्रति अपने समर्पण के कारण मरने के लिए तैयार हो जाता है। या फिर वादे निभाने की भव्य उदात्त परम्परा तथा प्रेम, दोनों एक साथ उसके फ़ैसले को प्रभावित कर रहे हैं। बाज़ार में 8 साल की जिस लड़की से वह मिला था, वह अब बाल–बच्चेदार औरत में बदल चुकी है। वह सूबेदारिनी के नाम से जानी जाती है। उससे मिलने पर वह लगभग मूक ही रहता है। अतीत को याद दिलाने का काम वही स्त्री करती है। सूबेदारनी ही उससे कहती है–'तुम्हें याद है, एक दिन ताँगेवाले का घोड़ा दहीवाले की दुकान के पास बिगड़ गया था। तुमने उस दिन मेरे प्राण बचाये थे, आप घोड़ों की लात के नीचे चले गये थे, और मुझे उठाकर दुकान के तख्ते पर खड़ा कर दिया था। ऐसे ही इन दोनों को बचाना। यह मेरी भिक्षा है। तुम्हारे आगे आँचल पसारती हूँ।' इस पूरे वाक्य को ध्यान से पढ़िए, क्या ऐसा नहीं लगता कि सूबेदारनी को ये तो याद है कि लहना ने उसकी जान बचायी थी पर लहना के प्रति उसके दिल में कोई मुहब्बत है, ऐसा कम ही लगता है। कुड़माई वाले प्रसंग का उपयोग भी वह लहना से पुरानी पहचान को याद दिलाने के लिए कर रही है, इससे अधिक वह कुछ नहीं सोचती। तर्क दिया जा सकता है कि एक पिछड़े, सामन्तयुगीन समाज में स्त्री के पास वह वैयक्तिकता होती ही नहीं है कि वह खुलकर प्रेम जता सके या पुराने प्रेमी से मिलने पर अपनी ही भावनाओं को ठीक से पहचान ले और अनायास अन्तरंगता दिखा सके, ऐसा उसके लिए सम्भव नहीं है। यह स्त्री मनोविज्ञान का

सूचक भी है जिसमें वह परिवार को प्रेम से ऊपर मानती है। पुराने क़िस्म के बन्द समाजों में उसकी सामाजिक स्थिति ऐसी नहीं है कि वह अपनी स्वतन्त्र, स्वाभाविक या स्वाभाविक इच्छा को प्रदर्शित करे और उन इच्छाओं को अवचेतन से बाहर निकालकर उन्हें चेतना के स्तर पर स्वीकार करे। प्रेम या यौन सम्बन्धों में एक ख़ास तरह के ठण्डेपन या उदासीनता को गरिमपूर्ण आचरण का प्रतीक माना जाता है। स्त्री का जीवन उस गरिमा को हा!सिल करने में ही बीत जाता है। यह उसकी मजबूरी होती है कि प्रेम की भीतरी आँच में झुलसती रहे और बाहरी व्यवहार में ठण्डेपन का दिखावा करती रहे। लेकिन सारी सामाजिक दशाओं को ध्यान में रखकर भी अगर सूबेदारनी के हृदय को देखना चाहें तो वहाँ प्रेम कम बल्कि परिवार की सुरक्षा का भाव ही प्रमुख दिखता है। वह लहना से मिलने पर खुद नहीं हो रही है बल्कि अपने सूबेदार पति हजारा सिंह से बिछड़ने पर दुःखी ज़्यादा हो रही है। सूबेदारनी के लहना के प्रति लगभग ठण्डे, निरपेक्ष भाव को दिखाकर गुलेरी जी ने यथार्थ को ज़्यादा विश्वसनीय तरीक़े से प्रदर्शित किया है। अगर वही सूबेदारनी लहना को देख खुशी से उछलने लगती, नाचने लगती और कहीं एकान्त में मिलने की बात कहती तो सम्भवतः वह अधिक अस्वाभाविक होता। तब यह कहानी किसी सस्ते, बनावटी तथा मनोरंजन मात्र के लिए लिखे साहित्य की श्रेणी में चली जाती। चरित्रों को स्थिति विशेष में संयमित व्यवहार करते दिखाना ही कहानी को प्रामाणिक तथा यथार्थपरक बनाता है। पच्चीस साल बाद जब लहना सिंह उस लड़की से मिलता है और उससे बातचीत होती है उसमें लहना को कुछ न बोलते हुए, केवल आँसू पोछते दिखाया गया है। वह चाहता तो उस लड़की से कुछ गप–मज़ाक, पुरानी बातें या हालचाल लेने के बहाने उसके साथ ज़्यादा समय काटने की कोशिश करता, पर कथाकार ने उसकी भावनात्मक प्रतिक्रिया को भी बेहद संयत तथा विनम्र रूप में पेश कर कहानी को रोचक बना दिया। गुलेरी की इस कला से उन कथाकारों को भी सीख लेनी चाहिए जो इस विषय पर लिखते समय प्रेमी–प्रेमिका के संभोग, रति तथा शारीरिक क्रियाओं का विस्तार से वर्णन करने लगते हैं और स्त्री–पुरुष सम्बन्धों की गहन प्रतीकात्मकता तथा औदात्य को चित्रित कर ही नहीं पाते हैं। बड़े संयम व गहराई से गुलेरी जी ने लिख दिया–'रोती–रोती सूबेदारनी ओबरी में चली गयी। लहना भी आँसू पोंछता हुआ बाहर आया'। पूरा का पूरा वर्णन संयत प्रेम

से आलोकित है और उनके सम्बन्धों को केवल प्रेम–संवेदना तक सीमित करने का प्रतिरोध भी कर रहा है।

कहानी में प्रेम–तत्त्व की उपस्थिति को स्वीकार कर लेने पर भी न जाने क्यों लगता है कि न तो स्त्री के मन में ख़ास प्रेम है और न उपन्यास नायक लहना के मन में कोई पुराना प्रेम बचा है। पच्चीस साल की दूरी ने उनमें कुछ भी ऐसा नहीं छोड़ा है कि वे एक–दूसरे को प्रेमी–प्रेमिका के रूप में देख सकें। एक विचित्र संयोग ने उन्हें कई साल बाद मिला तो दिया पर उनकी मुलाक़ात में भावनाओं के उबाल की सम्भावनाएँ काफ़ी नगण्य–सी हैं। स्त्री को अपने घर–परिवार की सुरक्षा की फ़िक्र है और नायक हल्के–तरंगित हृदय के बावजूद वादा निभाने की विवशता से ख़ुद को बाँध लेता है। स्त्री को 25 साल बाद लहना से मिलकर इतना ही लगा कि वह उससे पति–बेटों की रक्षा की भीख माँग ले। उधर नायक लहना, जो सारी बचपन की बातें भूल चुका है, वह जीवन बचाने का वचन ही दे पाता है। स्त्री का चरित्र बड़े व्यावहारिक चरित्र के रूप में उभरता है जो वचन माँग लेती है। जबकि नायक का चरित्र वीर, पौरुषपूर्ण तथा किसी को दिये वचन से बँधे उदात्त चरित्र के रूप में। लगता है जैसे हम किसी पौराणिक–महाकाव्यात्मक दृश्य के भीतर प्रवेश कर गये हैं। न जाने कितनी ही पुरानी पौराणिक तथा महाकाव्यात्मक कथाएँ हैं जिनमें वादा निभाने तथा दूसरों के लिए जीवनदान करने के वाकये हैं। महाभारत व रामायण तो वचन देने वाले ऐसे प्रसंगों से भरे हुए हैं। भीष्म ने अपने पिता शान्तनु का विवाह निषादराज की कन्या से कराने के लिए उस निषादराज को वचन दे दिया था कि वह आजीवन अविवाहित रहेंगे। उनका वचन महान भीष्म प्रतिज्ञा के रूप में याद किया जाता है। इसी तरह कर्ण का वचन, गांधारी का वचन, युधिष्ठिर का सत्यनिष्ठा का वचन ऐसे ही प्रसंग है। रामायण में दशरथ अपनी रानी कैकयी से किये वादे के कारण राम को वनवास जाने को कह देते हैं। वही राम 'वाल्मीकि रामायण' में मृग मारकर लौटते हैं तब सीताहरण की आशंका से वचनबद्धता की विडम्बना पर सोचते हैं–'अब कैकेयी सुखी होंगी।' वचनबद्धता के भाव पर शंका उठाने वाले ऐसे प्रसंग को तुलसीदास ने राम के, रामचन्द्र शुक्ल की भाषा में कहें तो, नारायणत्व रूप को उजागर करने के लिए रामचरितमानस से हटा ही दिया। इसी तरह राम पहले से दिये वचन के कारण विभीषण को लंका की गद्दी सौंप देते हैं। लोकजीवन में प्रचलित मुहावरा 'हाँथी का दाँत,

मरद की बात' भी एक बार किये वादे पर अडिग रहने को महिमान्वित करता है। हमारी परम्परा में वादे और वचन निभाने के क़िस्से भरे हुए हैं। यह कहानी भी लोकजीवन और पौराणिक परम्परा में मौजूद वचन निभाने व बात से न डिगने के आदर्श पर आधारित कहानी है। गोली खाकर मरते हुए लहना सिंह को स्त्री का प्रेम नहीं याद आ रहा। उसके पास स्त्री के साथ बिताये भावपूर्ण क्षणों की स्मृतियाँ नहीं हैं। मरते हुए ज़ेहन में जो वाक्य गूंज रहा है, वह था–उसने कहा था। यानी किसी ने कुछ माँगा था और उसे वह देकर ही शान्तिपूर्वक मरा जा सकता है। देश के लिए मरने और किसी से किये वादे को पूरा करने के लिए मर जाने के भाव आपस में उलझ से गये हैं। यानी, इसे प्रेम कहानी ठीक से नहीं कहा जा सकता, हालाँकि प्रेम के कुछ कोमल, मर्मस्पर्शी तथा संवेदनशील भाव इसमें मौजूद हैं। प्रेम का एक धीमा–तरल संगीत इसमें सुनाई देता है पर वह कहानी के मुख्य स्वर की तरह नहीं प्रतीत होता है। कुछ प्रसंगों को ध्यान में रखकर इसे प्रेम कहानी की तरह पढ़ा जा सकता है, पर कहानी के दूसरे कई प्रसंग इसे प्रेम कहानी के धरातल से उठाकर लहना के व्यक्तिगत गुणों पर केन्द्रित कर देते हैं। कहानी का मध्य व अन्तिम भाग प्रेमियों की भावनात्मक अशान्ति व विडम्बना को उजागर करने के स्थान पर केवल लहना सिंह की त्रासद मृत्यु का विवरण देता है। यह प्रसंग भी यह सोचने पर विवश करता है कि क्या सचमुच यह केवल प्रेमकथा है! ऐसे में इस कहानी को इसलिए नहीं याद रखना चाहिए कि यह प्रेम कहानी है। प्रेम इसका मुख्य नहीं बल्कि गौण प्रतिपाद्य प्रतीत होता है। इसे पहले विश्वयुद्ध में भारतीय फ़ौजियों की त्रासदी, औपनिवेशिकता के हाथों देश के युवाओं के बल–आत्मविश्वास की दुर्दशा और वचनबद्धता की परम्परा का सटीक चित्रण करने वाली कथा के रूप में भी हिन्दी साहित्य में स्थान प्राप्त होना चाहिए।

प्रेमचन्द, स्त्रियाँ और दलित प्रश्न

प्रेमचन्द ने साहित्य को जनसाधारण और सामाजिक–राजनीतिक आन्दोलनों से जोड़ा तो दलित–उपेक्षित वर्ग के लोग भी उनकी कथाओं के विषय बने। उन्होंने साहित्य को राजाओं–सामन्तों तथा ऊबे व निष्क्रिय मध्यवर्ग के निर्जीव जीवन की सीमा से बाहर निकाला तो स्वाभाविक रूप से उनकी निगाह कमज़ोर वर्ग की ऐतिहासिक पीड़ा और नये बनते समाज में उनकी ऐतिहासिक भूमिका की ओर भी गयी। आज़ादी का आन्दोलन जिस तरह धीरे–धीरे ख़ासकर 1920 के बाद से चन्द अभिजनों के विवेक और नेतृत्व देने के स्वाभाविक अधिकार से मुक्त हुआ, उसी तरह साहित्य में भी मुक्ति अभियान का प्रभाव दिखने लगा था। ऐसे में प्रेमचन्द ने साहित्य की शिल्पगत दुरूहता और विषयगत अमूर्तनता, दोनों ही का विरोध करते हुए अपने गद्य साहित्य को विकसित किया। उन्होंने यथार्थवाद का प्रयोग केवल समाज के ठहराव तथा जड़ता को व्यक्त करने के लिए नहीं बल्कि उसकी पूरी गतिशीलता को पकड़ने के लिए भी किया। उनकी कहानियों और उपन्यासों के चरित्र कल्पनालोक की उपज होने के कारण नहीं बल्कि यथार्थ से सीधे सम्बन्धित तथा उसके प्रतिनिधि की तरह उपस्थिति के कारण पाठकों के लिए महत्त्वपूर्ण थे। कल्पनाशीलता के गुण का दुरुपयोग उन्होंने कभी अपनी हवाई भावनाओं को सही ठहराने के लिए नहीं किया। प्रेम, वेदना, संघर्ष, त्याग और धूर्तता जैसे जितने मानवीय गुण तथा दुर्गुण समाज में हो सकते हैं, वे सारे के सारे उनके द्वारा निर्मित कथा–चरित्रों के माध्यम से हमारे सामने आते चले जाते हैं। हर रोज़ हथेली पर ज्वालामुखी उगाने की हड़बड़ी वहाँ नहीं है लेकिन सामन्ती समाज के दरकने और लोकतान्त्रिक मूल्यों के उभार को वे बड़ी स्पष्टता से व्यक्त करने के मामले में कभी संकोच नहीं करते हैं। कथा की संरचना को उन्होंने बदला और इस तरह से बदला कि कथा किसी सुखद नाटकीय प्रसंग का निर्वाह कर सके तो साथ ही

ग़ैर–बराबरी का पोषण कर रहे समाज में मानव त्रासदी को भी अभिव्यक्त कर सके। यानी कथा संरचना के लिए उन्होंने परम्परागत क़िस्सागोई की शैली को अपनाया, साथ ही उसकी संरचना को ऐसा लचीला भी बनाया कि उसमें आधुनिक समस्याओं और जनचेतना पर टिकी कथा–शैली का भी सफल विन्यास सम्भव हो सके। इसीलिए उनके यहाँ देसी निजंधर कथाओं वाली शैली, व्यंग्यपूर्ण कथा शैली और यथार्थवादी शैली, कई तरह से कथा कहने की शैलियाँ आसानी से मिल जाती हैं। मन्द और शिथिल घटना प्रवाह को वह कला की ऊँचाई के तौर पर नहीं देखते थे बल्कि उसे कहानी की समस्या मानकर अपनी कहानियों में मनोरंजन पैदा करने और सामाजिक विद्रूपताओं का उद्‌घाटन, दोनों ही काम करते थे। प्रेमचन्द के उपन्यासों और कहानियों का दलितवादी पाठ तैयार करने के दौरान ही पाया गया कि आधुनिक साहित्य में प्रेमचन्द को अलग रखकर दलित साहित्य पर सिलसिलेवार तरीक़े से बात करना कुछ लोगों को सम्भव भले लगे, पर वह ख़ास अक्लमन्दी का काम न होगा। ग़ैर–दलितों के साहित्य की दलित साहित्यकारों द्वारा आलोचनात्मक पड़ताल किये जाने का महत्त्व है, पर किसी भी साहित्यकार की अपने समय से आगे बढ़ी हुई, निरन्तर विकासशील और मानवीय समाज के लिए संकल्पबद्ध चेतना को केवल पूर्वग्रहों या नकारवादी रवैये के कारण ख़ारिज कर देना कोई स्वागत योग्य स्थिति नहीं कहलायेगी।

प्रेमचन्द जितना पुरुष–जीवन का अंकन करने वाले कथाकार हैं, उतना ही स्त्रियों के जीवन के भी विविध पक्षों को कथा में व्यक्त करते हैं। उनकी कहानियों में हर स्तर की स्त्री का चित्रण मिल जाता है। जिस तरह से उन्होंने सवर्णों के जीवन को कथा–सामग्री के तौर पर चुना है, उसी तरह गाँव के सामान्य निम्न जातीय लोगों के जीवन को भी। दलित आलोचक उनके द्वारा चित्रित दलित जीवनसे जुड़ी समस्याएँ निकाल सकते हैं पर ये नहीं कह सकते कि प्रेमचन्द दलितों की स्थितियों के प्रति बेपरवाह थे। यह कथा–साहित्य में संयुक्त मोर्चा बनाने जैसी राजनीतिक चिन्ता का प्रतिफल नहीं बल्कि संवेदना की व्यापकता का परिणाम है। ख़ासतौर पर उनके कथा–साहित्य में दलित स्त्रियों के चुनौतीपूर्ण जीवन और उत्पीड़न को लेकर गहरा दर्द उपस्थित है। वह वर्णाश्रम व्यवस्था के बोझ तले दबी दलित आबादी में दलित स्त्री की कराहों को भी सुनते हैं। आलोचकों के बीच भी यह सामान्य मान्यता है कि प्रेमचन्द ने दलितों की

समस्याओं का जैसा वास्तविक चित्रण अपनी कहानियों में किया है, वैसा उपन्यास में भी नहीं किया है। नामवर सिंह अपने निबन्ध 'दलित साहित्य और प्रेमचन्द' में इसके कारणों पर प्रकाश डालने की कोशिश में बताते हैं कि उपन्यासों में चूँकि बड़ी विचारधारा और बड़े नैरेटिव का ढाँचा होता है, इसलिए दलित जीवन की कहानी गौण हो जाती है।

प्रेमचन्द ने कहानियों में दलित समस्या को दलित स्त्रियों की समस्या से अलग करके नहीं देखा है। किसी भी दलित स्त्री के जीवन में श्रम, देह और सामाजिक गरिमा के स्तर पर जो तिहरा शोषण होता है, प्रेमचन्द उसे व्यक्त करने में काफ़ी सफलता प्राप्त की है। दलित–पिछड़े वर्ग के स्त्री जीवन की पीड़ा को उजागर करने वाली उनकी कहानियाँ जैसे दूध का दाम, सुभागी, घासवाली, ठाकुर का कुआँ, कफ़न, सद्‌गति आदि में वर्णव्यवस्था जैसी अमानवीय व्यवस्था के शिकार बनते दलित पुरुष और स्त्रियों की व्यथा का वर्णन है तो कुछ में केवल उन समस्याओं का ज़िक्र है जिनका सामना दलित पुरुष को नहीं बल्कि दलित स्त्रियों को करना पड़ता है।

उनकी कहानी 'दूध का दाम' इस दृष्टि से महत्त्वपूर्ण है, इसमें दिखाया गया है कि सवर्ण समाज किसी दलित स्त्री के शरीर का अपने हित के लिए प्रयोग कर लेता है पर जब उसके अधिकार या जीवन की रक्षा का प्रश्न आता है, तब उसे दुत्कार देता है। दलितों में आदमियों के श्रम का अवैधानिक प्रयोग होता है तो दलित स्त्री की देह का दुरुपयोग होता है। यहाँ तक कि धर्मग्रन्थों में वर्णित अस्पृश्यता के कठोर अमानवीय सिद्धान्त भी दलित स्त्री को दैहिक सुरक्षा नहीं प्रदान करा पाते हैं। उसकी देह आखेट के लिए सर्वसुलभ मानी जाती है। कहानी में भूंगी नामक दलित स्त्री को बड़े मान–मनौव्वल के साथ गाँव के ज़मींदार महेशनाथ अपने घर इसलिए ले आते हैं क्योंकि उनकी पत्नी प्रसव के बाद अपने लड़के को दूध नहीं पिला सकती है और भूंगी ही अपने बच्चे को छोड़कर उनके नवजात शिशु को दूध पिलाने लगती है। भूंगी इस बात को अच्छी तरह से जानती है कि वर्णव्यवस्था ने बड़े–छोटे का जो भेद किया है, उसे मान्यता प्रदान करना दलितों की मजबूरी भले हो पर वह पूरी तरह ग़लत है। 1921 में 'आज' में प्रकाशित इस कहानी में प्रेमचन्द दिखा रहे थे कि वर्णव्यवस्था का आतंक दलित पुरुष ही नहीं बल्कि दलित स्त्रियों के मन में भी आक्रोश को जन्म दे रहा है। उन्होंने वर्णव्यवस्था की सैद्धान्तिकी की आलोचना के लिए ही उपन्यासों में विशेष प्रसंग लिखे और अपनी

कहानियाँ ब्राह्मणों की सत्ता की आलोचना के लिए लिखीं। इसका परिचय सबसे अच्छे ढंग से 'दूध का दाम' कहानी के एक विशेष प्रसंग में मिलता है। इसमें ज़मींदार महेशनाथ भूंगी पर कटाक्ष करते हुए कहते हैं–'दुनिया में और चाहे जो कुछ हो जाये, भंगी भंगी ही रहेंगे। इन्हें आदमी बनाना कठिन है।' यह सुनकर भूंगी भी चुप नहीं रहती है और तीखे शब्दों में पलटकर जवाब देती है–'मालिक, भंगी तो बड़ों–बड़ों को आदमी बनाते हैं, उन्हें कोई क्या आदमी बनायें' इसके बाद ज़मींदार साहब की मक्कारी और चतुराई पर व्यंग्य करते हुए प्रेमचन्द लिखते हैं–'यह गुस्ताख़ी करके किसी दूसरे अवसर पर भला भूंगी के सिर के बाल बच सकते थे? लेकिन आज बाबू साहब ठठाकर हँसे और बोले–'भूंगी बात बड़े पते की कहती है।' इसी कहानी में भूंगी का बेटा बाद में ज़मींदार के घर पर फेंके हुए टुकड़ों पर पलता दिखाया जाता है जो एक प्रकार से भूंगी के एहसानों को भूल जाने का उदाहरण है। कहानी में भूंगी दलित स्त्री है जो स्वाभिमानी तो है पर दरिद्रता के कारण विवश है। वह दरिद्रता के दुष्चक्र में फँसी हुई है और अपनी ग़रीबी और जाति दोनों के कारण दमन सहने के लिए मजबूर है। वह पीड़ा की मूक भोक्ता नहीं है बल्कि कई बार अपने तीखे तेवर भी व्यक्त करती है। इस तरह प्रेमचन्द का यथार्थवाद भी गतिशील दिखता है क्योंकि वे बीसवीं सदी में दलितों में आती जागरूकता, पलटकर जवाब देने की हिम्मत और सवर्णों से नफ़रत को उभारने का प्रयास करते हैं।

प्रेमचन्द ने वर्णव्यवस्था की अमानुषिकता का चित्रण करने के लिए 'मन्दिर' नामक कहानी भी रची थी जो हिन्दी मासिक 'चाँद' के अछूत अंक में मई 1927 में प्रकाशित हुई थी। चाँद का यह अछूत अंक एक ब्राह्मण नन्दकिशोर तिवारी ने सम्पादित किया था और इसके पहले पृष्ठ पर उन्हें सरयूपारी ब्राह्मण बताया गया। उनकी प्रेस के हिन्दी विभाग के कम्पोज़िटर वंशीलाल कोरी (चमार) के संग भोजन करते तस्वीर भी प्रकाशित की गयी। इसके ठीक अगले पृष्ठ पर राम को शबरी के जूठे बेर खाते चित्रित किया गया और काव्य के रूप में यह सन्देश दिया गया कि या तो लोग राम को ईश्वर का अवतार मानें या फिर जाति के विचार को स्वीकारें। ये पंक्तियाँ इस प्रकार थीं–

कह दे हिन्दू जाति कहाँ वह छुआछूत का गया विचार।
अथवा श्रीमुख से यह कह दे राम न ईश्वर अवतार।।

प्रेमचन्द की यह कहानी चाँद के इस ऐतिहासिक अंक में प्रकाशित होने के कारण व्यापक तौर पर पढ़ी गयी। यह कहानी वर्णव्यवस्था के साथ–साथ हिन्दू मन्दिरों में व्याप्त छुआछूत की बुराइयों, दलितों के साथ हिंसा और धर्म के भय को अपना प्रमुख विषय बनाती है। कहानी सुखिया नामक दलित स्त्री की व्यथा पर केन्द्रित है जिसके दो बच्चे और पति पहले ही मर चुके हैं और उसका एकमात्र पुत्र काफ़ी बीमार है। सुखिया को लगता है कि उसके सपने में उसके मृत पति ने आकर कहा है कि ठाकुरद्वारे के मन्दिर में जाकर पूजा करने से उसका पुत्र ठीक हो जायेगा। वह आशा से भर जाती है और अपने कड़े बेचकर पूजा का सामान जुटाती है। पर जब वह पूजा करने पहुँचती है तो वहाँ पुजारी जी उसे चमारिन बताकर ठाकुर जी के मन्दिर में प्रवेश कराने से इनकार कर देते हैं। वहाँ पर एक भक्त कहता है–'चमार भी ठाकुर जी की पूजा करने लगेंगे तो पिरथी रहेगी कि रसातल में चली जायेगी? उधर सुखिया जो केवल एक बार ईश्वर के चरणों में गिरना चाहती है, वह मन–ही–मन सोचती है कि ठाकुर जी क्या इन्हीं के हैं, हम ग़रीबों का उनसे कोई नाता नहीं है? बाद में पुजारी दया कर और सुखिया के पैसे हड़पने के लिए कपड़े में बाँधकर जन्तर देते हैं और सुखिया घर लौट आती है। पर रात में बच्चे का ज्वर बढ़ता है तो वह फिर मन्दिर की ओर भागती है। कहानी में रात के तीन बजे, गहन अन्धकार और ठण्ड में अपने बच्चे को कम्बल में ढाँपे, हाथ में पूजा की थाली लिए जंगल के बीच से मन्दिर की ओर भागती असहाय दलित स्त्री का चित्र उभरता है। वर्णव्यवस्था का सबसे क्रूर रूप सामने आता है जिसने दलित के मन में धर्म का आतंक पैदा कर उसकी चेतना को क़ैद कर लिया है। मनुष्य ने ईश्वर और नरक के डर से स्वाधीनता व विवेक को स्वीकारना बन्द कर दिया है। 'सवा सेर गेहूँ' कहानी के किसान शंकर के मन में भी विप्र और धर्म का ऐसा आतंक था कि वह सवा सेर गेहूँ का ऋण चुकाने के लिए हमेशा के लिए विप्र महाजन का दास हो गया। उसकी पत्नी और बेटा भी दास हो जाते हैं। कर्मफल, पुनर्जन्म, श्राप–दण्ड की व्यवस्था ने उसे इस प्रकार से घेर रखा है कि वह अगले जनम को विप्र के श्राप से बचाने के लिए इस जनम के सारे दुःख और दमन को सहने के लिए ख़ुद तैयार हो जाता है। वह प्रचलित सामाजिक व्यवस्था और उसके विधि–विधानों के बीच किसी शिकार की तरह है। लोग उसकी नियति को उसके श्रम, परिवार या मानव जीवन के रूप में

नहीं बल्कि 'पण्डित जी के शिकार' की हैसियत से देखते हैं। कर्मफल के जिस भय से दलित बहुत चिन्तित है, वह भय विप्र से महाजन बने व्यक्ति के मन में लेशमात्र भी नहीं है। वह निश्चिन्त है, मगन है। वह स्वयं लोक व लोकोत्तर जीवन को जोड़ने वाली ब्राह्मणों की विराट सर्वव्यापी व्यवस्था के बारे में कहता है–'वहाँ तो सब अपने ही भाई बन्धु हैं। ऋषि–मुनि सब तो ब्राह्मण ही हैं, देवता ब्राह्मण हैं, जो कुछ बने–बिगड़ेगी, सँभाल लेंगें। 'मन्दिर' कहानी भी ईश्वर पर क़ब्ज़ा जमाये बैठे ब्राह्मणों के अत्याचार का दुःखान्त प्रतिवाद है। सुखिया जब रात के अन्धकार में मन्दिर में प्रवेश करने का प्रयास करती है तो पुजारी पहले शोर मचाता है और फिर सभी एकत्र जनों को बताता है कि सुखिया मन्दिर में जाकर ठाकुर जी को भ्रष्ट कर आयी है। उसके बाद भीड़ के लात–घूँसे में पहले तो उसके बच्चे का प्राणान्त होता है और फिर वह स्वयं भी प्राण त्याग देती है। मृत्यु से पूर्व वह दाँत पीसकर सभी को सुनाती है–'मेरे छूने से ठाकुर जी अपवित्र हो जायेंगे? मुझे बनाया तो छूत नहीं लगी? लो, अब कभी ठाकुर जी को छूने नहीं जाऊँगी...ताले में बन्द रखो, पहरा बैठा दो।' यह उल्लेखनीय है कि 1920 और 1930 के दशक में देश में कई स्थानों पर दलितों के आन्दोलन चल रहे थे और उसमें मन्दिर प्रवेश के लिए भी आन्दोलन शामिल थे। यह कहानी जिस वर्ष लिखी गयी, उससे तीन साल पहले केरल में वायकोम (त्रावणकोर) में दलितों का मन्दिर प्रवेश आन्दोलन हो चुका था जिसने देश के समस्त राष्ट्रीय समाचार–पत्रों में सुर्खियाँ बटोरी थीं। प्रेमचन्द ने दलित स्त्री के माध्यम से दलितों के मन्दिर प्रवेश आन्दोलन का इस कहानी में समर्थन किया था। उन्होंने राष्ट्रवाद के विकास के साथ सार्वजनिक और निजी की जो परम्परागत धार्मिक परिभाषा थी, उसको चुनौती दी थी। धर्म की मान्यताएँ मन्दिर व उपासना स्थलों को केवल सवर्णों का निजी स्थान मानती थीं पर प्रेमचन्द जैसे प्रबुद्ध रचनाकार राष्ट्रवाद और सामाजिक परिवर्तन के नयी भावनाओं के अनुरूप सार्वजनिक धार्मिक स्थलों को किसी जाति या धार्मिक भेदभाव की क़ैद में रखने के विरोधी थे। आश्चर्य यह है कि उन्होंने मन्दिर प्रवेश के अधिकार को दलित स्त्री के संघर्ष तथा पीड़ा के माध्यम से प्रकट किया और इसका कारण सम्भवतः यह था कि वे धर्म को केवल जातियों नहीं बल्कि स्त्री को दास बनाने वाली संस्था के रूप में भी देख रहे थे। कहानी के अन्त में मन्दिर के दरवाज़े के बाहर पड़ी सुखिया की लाश धर्म, वर्णव्यवस्था, पुरोहित, अन्धविश्वास की पूरी पिशाची

व्यवस्था को बहुत मार्मिक रूप से व्यक्त करती है। कहानी केवल दलित स्त्री की असहायता को नहीं बल्कि पूरे हिन्दू धर्म की विवशता को जताती है जो बहुविध सामाजिक बुराइयों, धार्मिक अनाचारों और अन्धविश्वासों के आगे स्वयं भी असहाय बना हुआ है।

प्रेमचन्द की ही एक और कहानी है 'घासवाली' जो1929 में 'माधुरी' में प्रकाशित हुई थी। यह कहानी प्रेमचन्द की जीवन–दृष्टि और हृदय परिवर्तन सम्बन्धी विश्वासों का परिचय देती है। इस कहानी में प्रेमचन्द का मुख्य उद्देश्य दलित स्त्री पर अत्याचार करने वाले सामन्त के हृदय में सुधारवादी भाव पैदा होते दिखाना है। पर बावजूद इसके यह कहानी श्रम के बल पर सम्मानजनक जीवन जीने की दलित स्त्री की आकांक्षा की राह के बाधक तत्त्वों का सफलतापूर्वक उदघाटन भी करती है। प्रेमचन्द अपनी अधिकांश कहानियों में दलित स्त्री का सकारात्मक चित्र खींचते हैं और उसे अपने सम्मान के लिए संघर्ष करते दिखाते हैं। वहाँ स्त्री परास्त होने की प्रबल सम्भावनाओं के बावजूद लगातार प्रतिरोध करती है और हर तरह के लोभ–लालच को ठुकराना जानती है। वह बहुत दब्बू या समझौतावादी नहीं है बल्कि अपने आक्रोश को प्रकट करती है। वर्णव्यवस्था के कारण भले वह हर तरफ़ से दबायी जाती हो पर वह अपने मानवीय आत्मबल और आत्मसम्मान को नहीं खोती है। ज़ाहिर है कि प्रेमचन्द के मन में इस बात को लेकर कोई दुविधा नहीं है कि स्त्री अपनी चरम असहायता की अवस्था में भी लड़ना नहीं छोड़ती है। इसी तरह प्रेमचन्द दलित स्त्रियों के चरित्र को लेकर उच्च जातियों के मन में बैठी ग़लत धारणाओं का निर्ममता से खण्डन करते हैं। दलित स्त्री को स्वभावतः लालची, दुश्चरित्र, बदमाश और वासनापूर्ण माना जाता है और ये मान्यताएँ दलित स्त्री के किसी भी प्रकार के प्रतिरोध और संघर्ष को नकारने में प्रयोग की जाती हैं। इस कहानी में ठाकुर जाति के चैन सिंह और चमार जाति की स्त्री मुलिया के बीच के संवादों से पता चलता है कि किस तरह प्रेमचन्द निम्न जातियों के सम्मान के विषय और उच्च जातियों के अहंकारपूर्ण पाखण्ड के बारे में निरन्तर दृष्टि का विकास कर रहे थे। कहानी में ठाकुर चैन सिंह जब घास काटकर उसे बाज़ार में बेचने वाली मुलिया का ग़लत इरादों से हाथ पकड़ता है तो मुलिया का चेहरा ज्वाला की तरह दहक उठता है और प्रेमचन्द के शब्दों में–'चैन सिंह को आज जीवन में नया अनुभव हुआ। नीची जातों में रूप माधुर्य का इसके सिवा और काम ही क्या था

कि वह ऊँची जाति वालों का खिलौना बने। ऐसे कितने ही मार्क उसने जीते थे, पर आज मुलिया के चेहरे का वह रंग, उसका वह क्रोध, वह अभिमान देखकर उसके छक्के छूट गये उसने लज्जित होकर उसका हाथ छोड़ दिया।' प्रेमचन्द अपनी कहानियों में दलित स्वाभिमान और सम्मान की लड़ाई को दो रूपों में दिखाते हैं। एक ओर वे दलित पात्रों की प्रतिरोधपूर्ण मुद्रा को कथाओं में प्रसंगबद्ध करते हैं, दूसरी ओर सवर्णों की कुत्साओं और अधम आचरण का खुलासा करते हैं। वह दलित स्त्री को दुर्गा–काली बनाकर भले न पेश करते हों पर एक सामान्य मनुष्य की तरह न्याय की लड़ाई के प्रति उसके झुकावों को साफ़ तौर पर दर्ज करते हैं।

भारत में जाति–व्यवस्था ने मनुष्यों को ही नहीं बाँटा बल्कि एक बड़ी जनसंख्या से मनुष्यतापूर्ण आचरण करने को ही धर्म और शास्त्र के विरुद्ध ठहरा दिया। उसने मनुष्य को कर्मफल और पूर्वजन्म की अवधारणाओं की ज़ंजीरों से जकड़कर उसके जीवन को नारकीय बना दिया। यूरोप की तर्ज पर कुछ समाजशास्त्रियों ने जाति–व्यवस्था को भारतीय समाज को एकजुट रखने, श्रम विभाजन या लोगों को रोज़गार दिलाने वाली संस्था के रूप में उसका बचाव करने की कोशिश की है। अम्बेडकर ने अपनी पुस्तक 'जातिभेद का उच्छेद' में जाति–व्यवस्था का महिमामण्डन करने वाली इन सारी चीज़ों को स्पष्ट तौर पर नकारा था। इसी पुस्तक में उन्होंने लिखा था–'हिन्दू केवल जातियों का एक झुण्ड ही नहीं वरन् अनेक युद्धरत समूह हैं जिनमें प्रत्येक अपने लिए और स्वार्थपूर्ण उद्देश्यों की पूर्ति के लिए जुटा है।' प्रेमचन्द की रचनाएँ भी दिखाती हैं जाति–व्यवस्था मूल रूप से भारत का अभिशाप रही हैं और इसे तोड़ने के बजाय अनपढ़ों, नवशिक्षितों, पढ़े–लिखे लोगों यानी एक प्रकार से सभी वर्गों ने इसके साथ समझौता कर लिया। 'घासवाली' कहानी में अन्यत्र भी ऐसे संवाद हैं जो दलित स्त्री मुलिया के बहाने सवर्णों की कोकशास्त्रीय जीवन–शैली की तीखी आलोचना करते हैं। वह चैन सिंह को फटकारते हुए कहती है–'मुझसे दया माँगते हो, इसलिए न कि मैं चमारिन हूँ, नीच जाति हूँ और नीच जाति की औरत जरा–सी घुड़की–धमकी व जरा–सी लालच से तुम्हारी मुट्ठी में आ जायेगी। कितना सस्ता सौदा है। ठाकुर हो न, ऐसा सस्ता सौदा क्यों छोड़ने लगे?' फिर आगे वह यह भी बताती है कि बड़ी और ऊँची जाति वालों के घर में किस तरह से अनैतिकता का राज है पर फिर भी माना जाता है कि नीची जाति की स्त्री अनैतिक, चरित्रहीन और लालची

होती है और उसे आसानी से अपनी यौन लिप्साओं के लिए फुसलाया जा सकता है। एक ख़ास तरह की चरित्रगत रूढ़ि (essentialism) के सहारे ही उनके दमन को लम्बे समय तक सम्भव बनाया गया। पर कथाओं में दलित स्त्री खुलकर उन सवर्ण स्त्रियों की चारित्रिक विशेषताओं को भी उजागर करती है जिनकी महानता का वर्णन कर हिन्दू स्त्री आदर्शों का निर्माण किया जाता है। स्त्री के बारे में जितने बद्धमूल विचार हैं जो उसे मनुष्य से कमतर मानने की बात कहते हैं, प्रेमचन्द उन सभी का खण्डन करते हैं। प्रेमचन्द ने दलित स्त्रियों को केन्द्रीय पात्र बनाकर लिखी सारी कहानियों में वर्णवस्था के प्रश्न को एक जैसी गम्भीरता से नहीं उठाया है और 'शूद्रा' जैसी कथा तो काफ़ी कुछ बम्बइया फ़िल्मों के फार्मूले से लिखी प्रतीत होती है। गाँव में रहने वाली स्त्री का सवर्ण पुरुष से विवाह, पुरुष का परदेस जाना और फिर उसे ढूँढ़ते हुए स्त्री का किसी प्रकार उसके पास पहुँचना। लेकिन वहाँ विपरीत स्थितियों के कारण स्त्री और उसके पति दोनों की जान चली जाना। पर 'शूद्रा' कहानी में प्रेमचन्द ने धोखेबाज ब्राह्मण का चरित्र निर्मित किया है जो औरतों को फुसलाकर उनका एक प्रकार से अपहरण करता है। इस प्रकार इस कहानी में भी, जो वर्णव्यवस्था से सीधे सम्बन्धित नहीं लगती, उसके केन्द्र में भी एक दुष्ट और धोखेबाज ब्राह्मण है जिसके कारण गौरा जैसी योग्य निम्न जाति की स्त्री का जीवन नष्ट हो जाता है। कथानक की संरचना से लगता है कि प्रेमचन्द के मन में ब्राह्मण शब्द को सम्मान, अध्यात्म या धर्म के साथ जोड़ने से सख़्त एतराज़ था और इसीलिए इस कहानी में वह बूढ़े ब्राह्मण को मानव तस्करी जैसे जघन्य अपराध में लिप्त चित्रित करते हैं।

प्रेमचन्द व्यापक छूआछूत की समस्या, दलितों के मन में बैठे आतंक और सवर्णों की क्रूरता पर रचित कथाओं में भी दलित स्त्री के मन की बातों को लिखने का प्रयास करते हैं। उनकी कहानी 'ठाकुर का कुआँ' के एक प्रसंग के माध्यम से दलित स्त्री के जीवन की अनन्त पीड़ा व रोज़मर्रा की दुर्घटनाओं की अभिव्यक्ति मिल जाती है। हर महान कहानीकार की तरह उनकी कहानियों का भी यही कौशल है कि वह क्षण विशेष या किसी घटना विशेष के माध्यम से किसी बड़ी ऐतिहासिक–सामाजिक सचाई को व्यक्त कर देते हैं। कहानी की दलित स्त्री चरित्र गंगी अपने बीमार पति जोखू के लिए पानी तलाश रही है और मजबूरन उसे पास के 'ठाकुर के कुएँ' पर जाना पड़ता है। वहाँ ठाकुर और उसके कारिन्दों का पहरा है

और वह छिपकर कुप्पी की धुँधली रोशनी में नज़र आते कुएँ को देखती रहती है। वह जानती है कि इस कुएँ का पानी सारा गाँव पी सकता है। केवल वही बदनसीब लोग हैं जो पानी नहीं ले सकते। प्रेमचन्द की कहानी–कला का ही कमाल है कि वे एक नाटकीय दृश्य का निर्माण करते हैं। इसमें ठाकुर के दरवाज़े पर लोग बैठे हैं जो अपनी–अपनी चतुराइयों के क़िस्से बता रहे हैं और दूसरी तरफ़ दलितों से अपने धर्म को बचाने में लगे हैं। पृथ्वी की एक सर्वसुलभ व प्राकृतिक चीज़ है पानी और वह भी वर्णव्यवस्था के कारण ठाकुर के क़ब्ज़े में है। उस पानी के कुएँ पर कुप्पी की धुँधली रोशनी पड़ रही है। कहानी में ऐसे दृश्यात्मक रूपों का सृजन ही प्रेमचन्द की कहानी कला को विशिष्ट बनाता है। ठाकुर के कुएँ के पास खड़ी गंगी की मनोदशा पर वे लिखते हैं–'गंगी का विद्रोही दिल रिवाजी पाबन्दियों और मजबूरियों पर चोट करने लगा–हम क्यों नीच है और ये लोग क्यों ऊँचे हैं? इसलिए कि ये लोग गले में तागा डालते हैं। यहाँ तो जितने हैं, एक से एक छँटे हैं। चोरी ये करें, जाल–फ़रेब ये करें, झूठे मुक़दमे ये करें। ...इन्हीं पण्डित के घर में तो बारह मास जुआ होता है। यही साहू जी तो घी में तेल मिलाकर बेचते हैं। काम करा लेते हैं, मजूरी देते नानी मरती है।' कहानी में पात्र या चरित्र को केवल यथार्थ रूप में दिखाना महत्त्वपूर्ण नहीं होता बल्कि उसके मन के आन्तरिक तनाव व आन्तरिक संवाद आदि से जुड़ी नाटकीय सम्भावनाओं को भी सामने लाना ज़रूरी होता है। यह सम्भव है कि कोई आलोचक यह कह दे कि ऐसी विवशता में फँसी स्त्री इतनी बड़ी बातें नहीं सोच सकती और प्रेमचन्द ने अपने विचारों का प्रतीक बनाकर उसके चरित्र की स्वाभाविकता को नष्ट कर दिया है। यह भी कहा जा सकता है कि प्रेमचन्द अशिक्षित स्त्री की मनःस्थिति में जबरन असन्तोष ढूँढ़ रहे हैं जबकि 1930–32 के युग की सीमाओं को देखते हुए यह अतिरेक ही कहलायेगा। पर कहानी का यही काम है कि वह चरित्र के सपाटपन को नहीं बल्कि किसी युग की सम्भावनाओं को भी व्यक्त करे। वह चरित्र के इकहरेपन तथा एकरसता को तोड़कर उसमें युग के विकासशील संवेदनों को भी जोड़ सके ताकि पाठक केवल यथार्थ ही नहीं बल्कि यथार्थ में निहित और प्रायः अनदेखी कर दी गयी गतिशीलता को भी पहचान सकें। इस अर्थ में प्रेमचन्द सफल कथाकार हैं कि वे यथार्थ का यान्त्रिक प्रतिबिम्बन नहीं करते हैं बल्कि यथार्थ में निहित उलट–फेर की सम्भावनाओं को पहचानकर यथार्थ

के बारे में हमारी सीमित समझ को विस्तार प्रदान करते हैं। 'ठाकुर का कुआँ' कहानी में भी वह एक ओर गंगी के विद्रोही दिल का उल्लेख कर दलितों में आ रही चेतना से परिचित कराते हैं तो दूसरी ओर अपनी दैहिक सुरक्षा के लिए चिन्तित स्त्री मनोविज्ञान का भी चित्रण गंगी द्वारा सोचे इन शब्दों में करते हैं–'कभी गाँव में आ जाती हूँ तो रस–भरी आँखों से देखने लगते हैं। जैसे सबकी छाती पर साँप लोटने लगता है। परन्तु घमण्ड यह कि हम ऊँचे हैं।' यहाँ एक स्त्री सबसे पहले तो दलित होने के कारण प्रताड़ित है तो दूसरी ओर स्त्री होने के कारण भी। जो सवर्ण दलितों के शरीर को गन्दा मानकर सबसे ज़्यादा छुआछूत की बात करते हैं वही दलित स्त्री की देह की कामना करते हैं। प्रेमचन्द सवर्ण समाज में स्त्रियों को नौकरानी की तरह देखने वाली मानसिकता पर भी चोट करना जानते थे। ठाकुर के घर से कुएँ पर आयी औरतें भी आपस में बातें कर रही हैं कि उन्हें लौंडिया समझा जाता है और जो मन चाहे, उनके ऊपर हुक्म चला देता है।

इस प्रकार प्रेमचन्द एक ओर तो दलित स्त्री की दर्दनाक स्थिति को उजागर करते हैं, तो दूसरी ओर सवर्णों की घर की औरतों की विषम स्थितियों को अनदेखा नहीं कर पाते हैं। यहाँ वे जाति और लैंगिकता, दोनों की दमनकारी भूमिका की पहचान कराने की चेष्टा करते हैं और इन दोनों के कारण स्त्रियों के जीवन पर जैसा विनाशकारी असर पड़ा है, इसके बारे में सजगता पैदा करते हैं। उनकी कहानी 'सुभागी' भी पिछड़े वर्ग की स्त्रियों के प्रति सहानुभूतिपरक दृष्टि के कारण ध्यान आकृष्ट करती है। इस कहानी में वे सुभागी नामक विधवा स्त्री के कर्मठ तथा स्वावलम्बी स्वभाव का वर्णन करते हैं, हालाँकि कहानी के अन्त में उच्च जाति के घर उसका विवाह होते दिखाकर वह कहानी को कमज़ोर कर देते हैं। सुभागी के रूप में वह पिछड़ी जाति की स्त्रियों की ईमानदारी तथा आत्मविश्वास को प्रकट करते हैं। वह अपने पिता के मरने पर धूमधाम से तेरहवीं करती है और आठ गाँव के ब्राह्मणों को भोजन कराती है। इस कारण उस पर तीन सौ रुपये का क़र्ज़ भी चढ़ जाता है। सुभागी अपनी माँ के मरने पर भी दो सौ रुपये क़र्ज़ लेकर उनकी तेरहवीं भी काफ़ी धूमधाम से करती है और उस पर कुल क़र्ज़ चढ़ जाता है पाँच सौ रुपये का। इस क़र्ज़ को चुकाने के लिए ही वह प्रेमचन्द के शब्दों में, 'दिन–भर खेती बारी का काम करने के बाद वह रात को चार–चार पसेरी आटा पीस डालती।' इस कहानी में प्रेमचन्द का

अन्तर्विरोध भी सामने आता है कि वह पिछड़ी जाति की स्त्री की श्रमनिष्ठा को दिखाने के माध्यम से मृत्यु के बाद होने वाले ब्राह्मणवादी संस्कारों का महिमामण्डन करते हुए लगते हैं। प्रेमचन्द वैसे तो कर्मकाण्ड और अन्धविश्वासों का विरोध करते हैं पर इस कहानी में वह सुभागी के माध्यम से क्यों तेरहवीं में ब्राह्मणवादी विधि–विधानों, जिसके कारण क़र्ज़ चढ़ने की नौबत आ जाती है, का महिमामण्डन करते हैं यह समझना अधिकांश लोगों को कठिन लगता है। इसी प्रकार उर्दू मासिक 'ज़माना' के फरवरी 1928 के अंक में प्रकाशित 'मन्त्र' कहानी में वे झाड़–फूँक, तन्त्र–मन्त्र के माध्यम से साँप के ज़हर से लगभग मृत व्यक्ति को जीवित किये जाने के विषय पर कहानी रचकर अन्धविश्वासों को बल प्रदान करते नज़र आते हैं। प्रेमचन्द का कथासंसार जितना आधुनिक विचारों तथा विज्ञानसम्मत दृष्टिकोण के निकट था उतना ही लोकविश्वासों, लोकसंस्कृति व लोकजीवन से सम्बद्ध था। लोकसंस्कृति का बड़ा हिस्सा अन्धविश्वास और मिथ्या मान्यताओं से जुड़ा होता है। प्रेमचन्द अपने यथार्थवादी आख्यानों को प्रभावशाली बनाने के लिए लोकसंस्कृति के इन पक्षों का भी कुशलतापूर्वक इस्तेमाल करते थे। वे लोकप्रिय कथाकार थे और ऐसा कथाकार लिखते समय छलनी लेकर नहीं बैठ सकता कि केवल आधुनिक, श्रेष्ठ विचार ही कहानी में प्रवेश करें और बाक़ी सामाजिक तत्त्वों को छानकर अलग कर दिया जाये वैसे भी प्रेमचन्द के समय तक तिलिस्म, रोमांच, रहस्य और अतिलौकिक विश्वासों पर कथाएँ लिखने का बड़े पैमाने पर प्रचलन था। प्रेमचन्द की कहानी कला स्वयं उनसे मुक्त थी, पर मुक्ति के बावजूद उस पुरानी कहानी परम्परा के कुछ लक्षणों को प्रकट भी करती थी। उनकी कहानियाँ भारत के ग्राम समाज के अनुभवों की उपज थीं और भारतीय ग्राम समाज के युगों पुराने विश्वासों व मान्यताओं से यान्त्रिक रूप से स्वयं को अलग नहीं कर सकती थीं। पर इन सीमाओं के बावजूद वह सुभागी जैसी स्त्री के आत्मसम्मान, भरपूर मेहनत करने की क्षमता और स्वावलम्बन को जिस प्रकार चित्रित करते हैं, वह कहानी में बाई–प्रोडक्ट की तरह आयी कर्मकाण्डी व्यवस्था को महत्त्वहीन बना देता है।

इन कहानियों के आलोक में उनके उपन्यास 'गोदान' को देखें तो इसका अन्दाज़ा लगाया जा सकता है कि किस तरह प्रेमचन्द दलित और दलित स्त्रियों के सर्वाधिक महत्त्वपूर्ण सामाजिक प्रश्नों पर निरन्तर विचार कर रहे थे। अपनी कहानियों में उन्होंने ब्राह्मणों के प्रति दलितों के बढ़ते

रोष को व्यंजित कर दिया था। पर गोदान तक आते–आते उस रोष को चरमोत्कर्ष पर पहुँचता हुए देखने लगे थे। इससे पहले वह 'कर्मभूमि' उपन्यास में उच्च जाति की बलत्कृत तथा अपमानित स्त्री मुन्नी को दलितों के बीच आश्रय प्राप्त करते दिखा चुके थे। इसके माध्यम से जता चुके थे कि हिन्दू धर्म की ऊँची कहलाने वाली जातियाँ केवल दलितों नहीं बल्कि अपने समुदाय की स्त्रियों के अधिकारों के मामले में भी बेहद संकीर्ण हैं। वे जनवरी 1931 में हंस के अंक में 'नारी जाति के अधिकार' विषयक टिप्पणी में इस बात पर उम्मीद जता चुके थे कि राष्ट्रीयता और सद्बुद्धि की जो लहर आ चुकी है वह स्त्री–पुरुष के भेदों को मिटा देगी तथा पुरुषों का शासन करने का जो उन्माद है उससे जल्द–से–जल्द उन्हें मुक्त हो जाना चाहिए। अपनी कहानियों में वे दलित स्त्री के मन की कोमल से कोमल भावना की उपेक्षा करके उसे केवल विरोध करने वाले यन्त्र के रूप में नहीं दिखाना चाहते थे बल्कि उसकी सम्पूर्ण आन्तरिकता की भी खोज करते थे। उन्होंने दलित स्त्रियों के मन में पैठी प्रेम–श्रृंगार, स्नेह तथा सुरक्षा की भावनाओं के प्रति संवेदनशीलता दिखाकर भी एक नयी तरह की स्त्री चेतना के विकसित होने की सूचना दी है। गोदान के उस प्रसंग से सब परिचित हैं जिसमें गाँव के चमार एकत्र होकर पण्डित मातादीन के मुँह में एक बड़ी–सी हड्डी का टुकड़ा डाल देते हैं। सारा संघर्ष इस बात पर है ब्राह्मण धर्म निम्न जातियों को स्वीकारने को तैयार नहीं है पर वह दलित स्त्रियों के दैहिक उपभोग के लिए सारे जाल बिछाता रहता है। गाँव के चमार एकत्र होकर ललकारते हैं–'हमारी इज़्ज़त लेते हो तो अपना धरम हमें दो।' धर्म का असमान वितरण सामाजिक असमानता का कारण दिखता है। पर इस घटना को देख रही दलित सिलिया की प्रतिक्रिया का वर्णन प्रेमचन्द ने अनोखे तरीक़े से किया है। उसकी अवस्था का वर्णन करते हुए प्रेमचन्द लिखते हैं–'सिलिया जहाँ अनाज ओसा रही थी, वहीं सिर झुकाये खड़ी थी। मानो यह उसी की दुर्गति हो रही है।' प्रेमचन्द स्त्री चेतना के कथाकार नहीं थे बल्कि मनुष्य मनोविज्ञान के सच्चे पारखी थे। उन्होंने दलित सिलिया के हावभाव को बड़े स्वाभाविक ढंग से पकड़ा भी। आगे भी वह सिलिया की सूक्ष्म भावनाओं पर ध्यान केन्द्रित करते हैं और उसकी मनःस्थिति पर लिखते हैं–'अभी जरा देर पहले उसका मन मातादीन के निष्ठुर व्यवहार से खिन्न हो रहा था, पर अपने घरवालों और बिरादरी के इस अत्याचार ने उस विराग को प्रचण्ड अनुराग का रूप दे

दिया।' यहाँ सिलिया केवल दलित नहीं बल्कि एक सामान्य हाड़–माँस वाली स्त्री भी है। प्रेमचन्द उसे केवल दलित स्त्री की तरह चित्रित नहीं करते बल्कि सामान्य स्त्री के रूप में भी चित्रित करते हैं जो अपने प्रेमी की दुर्दशा देखकर उसके पापों को भूलकर पिघल जाती है। इस तरह वह सच्चा प्रातिनिधिक चरित्र निर्मित करने में सफलता प्राप्त करते हैं। वह स्त्री मन की परतें भी खोलकर दिखाना चाहते हैं और उसके भीतर की उग्रता तथा प्रेम दोनों को समझते हैं। वे दलित स्त्री के स्वाभाविक स्त्रीत्व को दिखाकर एक प्रकार से दलित स्त्री के भी मानवीय गुण पर ध्यान केन्द्रित करते हैं और उसे यान्त्रिक प्रतिरोध के फार्मूले से बचा लेते हैं। ऐसा नहीं है कि प्रेमचन्द मातादीन के आचरण को लेकर किसी भी स्त्री के मस्तिष्क में जो क्रोध पैदा होना चाहिए, उसे दर्शाना नहीं चाहते थे। पर उस क्रोध को दर्शाने के लिए उन्होंने मातादीन से प्रेम करने वाली दलित स्त्री सिलिया को नहीं चुना बल्कि पिछड़ी जाति की धनिया को चुना। जब होरी को लगता है कि सिलिया के घरवालों ने मतई (मातादीन) को बेधरम करके ग़लत किया तो धनिया ही उसे फटकार लगाकर कहती है–'अच्छा रहने दो, बड़े न्यायी बने हो। मरद–मरद सब एक होते हैं। इसको मतई ने बेधरम किया तब किसी को बुरा नहीं लगा। अब जो मतई बेधरम हो गये तो क्यों बुरा लगता है। क्या सिलिया का धरम धरम नहीं?' इसी प्रकार गोबर व अहीर जाति की विधवा स्त्री झुनिया के प्रेम–प्रसंग में तो उन्होंने जाति के भेदभाव को भूलकर पूर्णतः एक स्त्री के रूप में उसे सफलतापूर्वक चित्रित किया है। वह स्त्री वहाँ अपने जाति–वर्ग से नहीं पहचानी गयी है बल्कि स्त्री होने के गुणों के कारण महत्त्वपूर्ण है। कुछ क्षणों के लिए तो वह पाखण्डपूर्ण जाति–व्यवस्था के बाहर खड़ी स्त्री है जो स्त्री होने के दर्द व संघर्ष को झेलते हुए भी प्रेम, लालसा, वासना, इच्छा, सुन्दरता, कौमार्य आदि से बनी है। सारे सामाजिक दुष्चक्रों से परे उसके चरित्र की बुद्धिमानी, चतुराई व समझदारी को प्रकट कर प्रेमचन्द जैसे घोषणा करते हैं कि स्त्रियों, वह भी निम्न जाति की स्त्रियों को, बुद्धिहीन, घामड़ और समाज के ऊँच–नीच से बेख़बर समझने वाला पुरुष समाज स्वयं कितना नासमझ है। एक से एक बाबू, महाजन, ठाकुर, वकील, अमले और अफ़सर उसे रसियापन दिखाते हैं पर वह सभी को 'तिरछी नज़र' से देखती है। कोई उसके प्रेम में बेहोश हो जाने का नाटक करता है तो कोई रुपया दिखाता है। अपने ऊपर पड़ने वाली कुदृष्टियों के बारे में वह

गोबर को बताती है–'सब मेरी गुलामी करने को तैयार रहते हैं, उमिर भर, बल्कि उस जनम में भी, लेकिन मैं उन सबों की नस पहचानती हूँ। सब के सब भौंरे हैं रस लेकर उड़ जाने वाले...वह मुझे गधी बनाते हैं, मैं उन्हें उल्लू बनाती हूँ। मैं मर जाऊँ तो उनकी आँखों में आँसू न आयेगा। वह मर जायें, तो मैं कहूँगी, अच्छा हुआ निगोड़ा मर गया। मैं तो जिसकी हो जाऊँगी, जनम भर के लिए हो जाऊँगी। 'इस प्रकार प्रेमचन्द की कलम से जन्मी स्त्रियाँ एक ओर जाति–व्यवस्था का 'क्रिटीक' रचती हैं, तो दूसरी ओर वही स्त्रियाँ सम्पूर्ण मानवीय भावों के साथ अपनी उपस्थिति को प्रकट कर निम्न जाति की स्त्रियों को गरिमापूर्ण प्रतिनिधित्व प्रदान करती हैं।

प्रेमचन्द के ऊपर तत्कालीन अम्बेडकरवादी आन्दोलन का गहरा असर था और 'गोदान' में इसे स्पष्ट ढंग से लक्षित किया जा सकता है। वे दलित आन्दोलन से शिक्षित हो रहे थे और दलित पुरुषों के साथ–साथ दलित स्त्रियों के सम्मान, अधिकार तथा स्वाभिमान के प्रश्न को समझने लगे थे। उनका 1936 का 'महाजनी सभ्यता' जैसा निबन्ध उनपर मार्क्सवाद के प्रभाव को दर्शाता है तो दलित प्रतिरोध की कथाएँ अम्बेडकरवाद के असर को। प्रेमचन्द के दलित स्त्री चरित्र अपनी विवशता के कारण प्रामाणिक लगते हैं तो अपनी संघर्ष चेतना के कारण अधिक वास्तविक भी प्रतीत होते हैं। उन्होंने वर्णाश्रम व्यवस्था का खण्डन अपने कथा–साहित्य में अनेक स्थानों पर किया और वर्णाश्रम के खण्डन के साथ–साथ सवर्णों की पितृसत्ता पर भी प्रहार किया है। पितृसत्ता का वह केवल यह अर्थ नहीं लेते थे कि उसके अन्तर्गत परिवार की स्त्रियों को नियन्त्रित किया जाता है बल्कि यह भी मानते थे कि इससे ख़ास तरह के मर्दवाद का जन्म होता है जो परिवार के बाहर की सामान्य व कमज़ोर स्त्रियों पर भी अत्याचार के लिए उकसावा पैदा करता है। प्रेमचन्द की दलित स्त्रियाँ उनकी कहानियों तथा उपन्यासों, दोनों में इस मर्दवाद के विरुद्ध लड़ती हैं और कभी पराजित होती हैं और कभी विजयी। वे जुल्म सहने वाली रुई की गुड़िया के रूप में सामने नहीं आती हैं बल्कि कभी प्रकट तो कभी अप्रकट रह जाने वाली प्रतिरोध की चेतना से लैस दिखती हैं। प्रेमचन्द ने दलित स्त्रियों के बारे में अपनी सोच को ऐतिहासिक रूप से ज़्यादा अग्रगामी तथा विकासशील बनाकर प्रस्तुत किया था। वर्तमान दलित स्त्री आन्दोलन उनकी कमियों पर ध्यान देकर ही नहीं बल्कि उनके साहित्य में निहित मानवीय दृष्टि, ख़ासतौर पर वर्णव्यवस्था से पीड़ित दलित स्त्रियों से जुड़ी संवेदना को

समझकर भी अपने लिए सकारात्मक प्रेरणा जुटा सकता है। प्रेमचन्द की कलादृष्टि और कथादृष्टि पर संस्कृति के बारे में आधुनिकतावादी चिन्तन का प्रभाव दिखता है। मनुष्य का संस्कृति के साथ आवश्यकताओं की पूर्ति का सम्बन्ध होता है लेकिन संस्कृति कई बार मनुष्य की आवश्यकताओं की पूर्ति करने में असमर्थ होने के बावजूद मनुष्य के लिए अनिवार्य बनी रहती है। इस प्रकार संस्कृति मानवीय ज़रूरतों को पूरा न करने के बावजूद मनुष्य पर अपना नियन्त्रण बनाये रखती है। सांस्कृतिक संरचना इस प्रकार की हो जाती है कि मनुष्य वैकल्पिक संस्कृति का या तो स्वयं निर्माण कर लेता है या फिर वह उस संस्कृति को खोजना आरम्भ कर देता है जो उसकी विभिन्न क़िस्म की आवश्यकताओं को न केवल स्वीकार कर ले बल्कि उनकी पूर्ति के लिए एक सहायक वातावरण का निर्माण कर सके। इस प्रकार हर संस्कृति अन्ततः मानवीय ज़रूरतों के लिए सहायक वातावरण का निर्माण करने के गुण के आधार पर पहचानी जाने लगती है, न कि अपने किन्हीं अन्तर्निहित विशिष्ट गुणों के कारण वह स्वीकारी या अस्वीकारी जाती है। संस्कृति के दिव्य–भव्य अन्तर्निहित मूल्यों के स्थान पर समाज के विकास व मानवीय अधिकार को सम्भव बनायें। उसकी सहायक, पूरक, सामर्थ्य उत्पन्न करने वाली भूमिका पर विचार करना आधुनिक चिन्तन के कारण अस्तित्व में आया। प्रेमचन्द भी अपनी कथाओं के माध्यम से भारतीय समाज–संस्कृति के बारे में आधुनिक चिन्तन के विकास को प्रेरित करते हैं।

परिवार, स्त्री और कथाएँ

यथार्थवाद शब्द सबसे पहले 19वीं सदी में अस्तित्व में आया था। वह भी उपन्यासों के सन्दर्भ में। फ्रांस में बाल्जाक, इंग्लैंड में जॉर्ज इलियट और अमेरिका में विलियम हावेल के उपन्यासों के आधार पर इस शब्द का आलोचना में प्रयोग होने लगा था। बाद में यथार्थवाद का अन्य बहुत सारी कृतियों, विभिन्न युगों के साहित्य और संवेदनाओं के मूल्यांकन में प्रयोग किया जाने लगा। जैसे कबीर के यथार्थवाद और तुलसी के यथार्थवाद की भी चर्चा होने लगी। रामचन्द्र शुक्ल ने तुलसीदास के काव्य के मूल्यांकन में लोकसंग्रह, लोकधर्म, सर्वांगपूर्णता, मार्मिक स्थलों की पहचान आदि जिन प्रतिमानों का प्रयोग किया है, उनका एक सिरा यथार्थवाद से जाकर अवश्य ही जुड़ता है। कथाओं में यथार्थवाद में वास्तविक जीवन के चित्रण के साथ–साथ पाठक के मन पर पढ़ने वाले प्रभावों का भी ध्यान रखा जाता था। यानी यह स्वीकार किया जाता था कि पाठक के मन में जीवन की ठोस स्थितियों तथा सचाइयों का स्पष्ट बोध पैदा हो सके, तभी यथार्थवाद की सफलता है। यथार्थवाद की जो धारणा यूरोपीय साहित्य तथा आलोचना से हमारे यहाँ आयी थी, वह स्वयं भी कई आयामों में विकसित हो रही थी। उसने अयथार्थवादी प्रतीत होती कृतियों के प्रच्छन्न यथार्थ को खोजने की ज़िम्मेदारी भी ग्रहण की। जैसे अंग्रेज़ी के ही अठारहवीं सदी के डेनियल डिफो के उपन्यास 'रॉबिन्सन क्रूज़ो' में साहसपूर्ण व जोख़िम से भरे नाविक के जीवन की कहानी है और इसी उपन्यास में माल फ्लेंडर्स नामक स्त्री पात्र के जोख़िम का भी वर्णन है। कई उपन्यास सचेत रूप से यथार्थवादी दृष्टिकोण से न लिखे जाने के बावजूद अपने ढेरों दूसरे वर्णनों तथा अतिरंजित ब्योरों आदि के कारण भी यथार्थवादी आलोचना के लिए महत्त्वपूर्ण माने जाते रहे हैं। उदाहरण के लिए हिन्दी में तिलिस्म साहित्य का विश्लेषण भी यथार्थवादी आलोचना दृष्टि का विस्तार है।

यथार्थवाद के कई रूप प्रचलित रहे हैं जैसे समाजवादी यथार्थवाद, जादुई यथार्थवाद, मनोवैज्ञानिक यथार्थवाद आदि। हिन्दी में यथार्थवाद प्रेमचन्द के साहित्य में सबसे पहले सशक्त रूप में उभरता है। शिक्षित मध्यवर्ग के बीच प्रेमचन्द के साहित्य की लोकप्रियता का कारण भी यही था कि प्रेमचन्द इस मध्यवर्ग को अपने ही समाज के बारे में यथार्थवादी शैली में परिचित कराते थे। उनकी कथाएँ पहले से चली आती कथाशैलियों का यथार्थवाद के साथ मेल करके ही प्रभावशाली बनती थीं। पर हिन्दी में यथार्थवाद की अवधारणा भी वैसी स्थिर नहीं रही है, जैसी प्रतीत होती है। जैसे कि नयी कहानी आन्दोलन, जिससे मन्नू भण्डारी भी प्रभावित रही हैं, प्रेमचन्द के यथार्थवाद और जैनेन्द्र की व्यक्ति–मनोविज्ञान से जुड़ी दृष्टियों के बीच एकता व समन्वय कायम करने की तरफ़ बढ़ा। उसने निजी अनुभवों की आँच के सहारे समाज के विषमतम सच को उभारने का रास्ता अपनाया और निजता व सामाजिकता परस्पर विरोधी ध्रुव बनने के स्थान पर परस्पर जुड़े हुए प्रतीत होने लगे।

मन्नू भण्डारी की कथाएँ यथार्थ–बोध, यथार्थ–दृष्टि या यथार्थवाद के बारे में नयी कहानी आन्दोलन के सूत्रों से प्रभावित रही हैं। जिस तरह से नयी कहानी आन्दोलन की यथार्थपरक चेतना में व्यापक जनसमाज से लगाव और सहानुभूति का गुण रहा है, वही प्रभाव उनकी कथाओं पर भी है। लिखने के पीछे मौजूद कारणों पर उन्होंने बताया–'अपने भीतरी 'मैं' के अनेक–अनेक बाहरी 'मैं' के साथ जुड़ते चले जाने की चाहना में मुझे कुछ हद तक इस प्रश्न का उत्तर भी मिला कि मैं क्यों लिखती हूँ।' उनकी कहानियाँ नब्बे के दशक के स्त्री विमर्श से इस रूप में भिन्न हैं कि कहानियों में स्त्रियों के विविध जीवन चित्र व्यापक दायरे से उत्पन्न होते हैं। वे केवल लेखक की वैयक्तिकता, निजी सम्पर्क या अनुभव के हिस्से से नहीं निकले हैं। नब्बे के दशक के बाद पनपे स्त्री विमर्श ने 'सब्जेक्टिविटी' या वैयक्तिकता की अवधारणा को स्थापित करने व उसका व्यवस्थित सूत्रीकरण करने के नाम पर स्त्री लेखन को केवल निजी पीड़ा या निजी जीवनानुभवों की अभिव्यक्ति तक समेटने का काम किया है। यक़ीनन इसने स्त्री रचनाशीलता को नया आयाम प्रदान किया और अपने साथ होने वाले अन्याय को रचना में ढालने का आत्मविश्वास भी स्त्रियों में उत्पन्न किया। आत्मानुभूति या निजी अनुभव भी साहित्य के माध्यम से ज्ञानोत्पादन के लिए प्रयोग किये जाने लगे। पर इसकी सीमा यह है

कि निजी पीड़ा या अनुभवों की सीमा से बाहर के जीवन को व्यक्त करने के मामले में ख़ुद स्त्री रचनाकारों की रुचि कम होती चली गयी। स्त्री रचनाकारों ने कई बार तो अनावश्यक रूप से स्वयं के बारे में 'हाशिये की अस्मिता' होने का बोध विकसित कर जीवन के व्यापक रूपों से स्वयं को जोड़ने में अक्षम मान लिया।

मन्नू भण्डारी की कहानियों में निम्न–मध्यवर्ग, नौकरीपेशा, रोज़गार के लिए भटकती, महत्त्वाकांक्षी, राजनीतिज्ञ, प्रेमातुर, फ़रेबी, ट्यूशन पढ़ाकर गुजारा चलाती, अड़ियल–ज़िद्दी, प्रताड़ित और अकेली हर तरह की स्त्री का सजीव चित्र मौजूद है। उनकी कथाओं की स्त्रियों में प्रेम की कोमलता और कठोरता, दोनों चारित्रिक गुण कहीं अलग तो कहीं एक ही साथ उपस्थित हैं। कभी जॉन स्टुअर्ट मिल ने अपनी प्रसिद्ध किताब 'द सब्जेक्शन ऑफ़ वीमेन' में लिखा था–'अधिकारों की समानता के आगमन के बाद स्त्री की आत्म–आहुति का बढा–चढ़ाकर बनाया गया मिथक ज़मीन पर उतरेगा और तब एक श्रेष्ठ स्त्री श्रेष्ठतम पुरुष से ज़्यादा त्यागमयी नहीं नज़र आयेगी।' मिल को इस बात की भी शिकायत रहती थी कि धर्म और दर्शनशास्त्र ने कभी स्त्री के बारे में फैली भ्रान्तियों को दूर करने का काम नहीं किया। इसके विपरीत उन्हें और पुख्ता तथा मज़बूत बनाने का काम किया। यह शिकायत उचित थी क्योंकि पिछड़े और सामन्तवादी कीचड़ में धँसे समाजों में स्त्रियों के बारे में रूढ़िगत नज़रिया विकसित करने का शौक पुरुषों में बहुत आम होता है। वे अपने इस शौक़ के लिए सच से घृणा करने लगते हैं। वे स्त्री के कौमार्य तथा देह के यौनिक अन्वेषण में जितनी रुचि रखते हैं, उसका एकांश भी उसके अस्तित्व के बारे में अपने भ्रमों को मिटाने में नहीं रखते हैं। उसके बारे में वेश्या, पत्नी या रखैल सम्बन्धी विचारों के पोषण के बाद वे सीधे बहन, देवी या माँ के सम्बोधनों से मोहाच्छन्न रहते हैं।

मन्नू भण्डारी की कई कहानियाँ युवकों को सिर्फ़ इसलिए पढ़ानी चाहिए ताकि वे केवल कामसूत्र, अपराध–कथा, पोर्नोग्राफ़ी या चुटकुलों के सहारे अपने मन में जिस स्त्री छवि को लेकर घूमते हैं, वह कितनी अवास्तविक और मिथ्या है इसके बारे में उन्हें ठीक से पता चल जाये उनके अवचेतन में जो पितृसत्तावादी कूड़ा–कबाड़ बरसों से जमा है, उसके बोझ से वे ख़ुद को मुक्त कर सकें। मन्नू भण्डारी की कहानियों में 'विरहणी स्त्री' के महिमामण्डन के प्रति ख़ास तरह का नकार का भाव है। वह पति या पिता

के संग–साथ अथवा संरक्षण के बग़ैर जी रही स्त्रियों को बहुत बेचारा या बेबस देखने के सामाजिक संस्कार को तोड़ती हैं। साठ के दशक में विवाह करने वाली दूसरी लाखों साधारण स्त्रियों की तरह मन्नू भण्डारी अपने पति राजेन्द्र यादव के साथ बरसों तक रहीं। विवाह के सामाजिक लक्ष्य पूरे होते रहे और साथ ही स्वयं उनकी दृष्टि में विवाह की सीमाएँ तेज़ी से स्पष्ट होती चली गयीं। मुक्ति या अकेलेपन की चाह ने सम्भवतः उनसे ऐसे स्त्री पात्रों को निर्मित कराया जो पति की छत्रछाया के बिना ही ज़्यादा सुख–चैन से रहने का अभ्यास विकसित कर चुकी हैं। उनकी कुछ कहानियाँ ऐसी हैं जिनमें पति अपनी पत्नी से दूर रहता है और जब वह कई महीनों के बाद आता है तो पत्नी केवल प्रेम का दिखावा करती है। वह कुछ दिनों के लिए अच्छी पत्नी हो जाती है। असलियत में तो उसे पति का वापस आना चुभता है। उदाहरण के रूप में 'घुटन' और 'अकेली' कहानी को पढ़ा जा सकता है। 'घुटन' में पति नौसेना में है और साल में केवल एक महीने पत्नी के साथ रहता है। पत्नी को उस एक महीने के उमस भरे दिनों में, जब लाइट भी कट जाती है, पति के साथ बिस्तर पर सोने की कल्पना तक डराती है। वह उसके प्रति अपनी नफ़रत को केवल इसलिए सहती है क्योंकि उस पति पर उसे मन–ही–मन दया आती है। वह ऐसा पति है जो सैकड़ों मील दूर से केवल एक महीने के लिए उसके पास आता है। दूसरी ओर 'अकेली' नामक कहानी है जिसमें वृद्ध स्त्री है जिसका बेटा मर चुका है और पति संन्यास लेकर हरिद्वार में जा बसा है। वह भी साल में केवल एक बार आता है। तब उस स्त्री को लगता है कि पति के स्नेहहीन–संवेदनहीन व्यवहार का अंकुश उसके रोज़मर्रा के अबाध गति से चल रहे जीवन तथा उस जीवन की स्वच्छन्द धारा को कुण्ठित कर देता है। उसकी इच्छाओं का संसार पति के जीवन से अलग होकर, उससे बाहर निकल गया है। वह अपनी जीवनेच्छाओं को स्वतन्त्र कर चुकी है।

इसी तरह उनकी कहानियों में परिवार के भीतर रहते हुए भी पारिवारिक सीमाओं से बाहर निकलने के लिए संघर्षरत स्त्रियाँ भी चरित्रों के रूप में प्रमुखता रखती हैं। ये ऐसी स्त्रियाँ हैं जो अपने प्रेमी या पति के प्रति कठोर नहीं लेकिन उन्हें अपने जीवन की स्वतन्त्रता चाहिए, उन्हें कोई लाख ख़ुदगर्ज़ कहकर दबाये पर वे समाज–परिवार के बहुत सारे बासी–जर्जर ढाँचों के पार जाने की नियति को पहचान चुकी हैं। वे शिक्षित

हैं और अपनी महत्त्वाकांक्षा के लिए प्रेम के भावुक बन्धनों में बन्धने के लिए तैयार नहीं है। प्रेम को वे पैर की बेड़ी बनाने के लिए तैयार नहीं, केवल उसे अपनी स्वतन्त्रता के लिए आवश्यक मानती हैं। ग़ौर करने लायक बात यह भी है कि वे अपने बारे में कुछ ग़लतफ़हमियाँ तो पालती हैं पर प्रयास कर, झटके से उनकी क़ैद से बाहर निकल जाती हैं। आत्मभ्रान्ति को किसी महान दर्शन या विचार के सहारे और पुख्ता करने के स्थान पर, जीवन के व्यावहारिक लक्ष्यों के लिए, अपने भीतर से निकाल फेंकती हैं। ये कथाएँ भारत में जारी ऐतिहासिक प्रक्रिया की परिचायक हैं कि यहाँ जो भी दमित अस्मिताएँ हैं, वे बाहरी समाज के साथ संघर्ष करने के अलावा अपनी भीतरी दुर्बलताओं के साथ भी लड़ रही हैं। ये भीतरी दुर्बलताएँ अगर डर, चिन्ता (एंग्जाइटीज़), भावुकता या गुलाम मानसिकता से उत्पन्न हो रही हैं तो उनके ख़िलाफ़ भी वे दृढ़ प्रतिरोध का परिचय दे रही हैं। आधुनिकता ने हर सर्जनात्मक व बौद्धिक मनुष्य को यह सन्देश प्रदान किया है कि वह स्वतन्त्रता को अर्जित करने के बदले एकाकी नीरस जीवन की बाध्यता को स्वीकार कर ले। वह स्वतन्त्रता के साथ–साथ जीवन के कोमल रिश्तों को किसी तरह से बचा ले जाने का संघर्ष करता रहे, पर उस संघर्ष में विफल होने के लिए तैयार रहे। इसी द्वन्द्व का विस्तार यह था कि वह घर–परिवार व परम्परा के सुरक्षित जीवन को चुने या उन बाहरी असुरक्षाओं को जो आत्मनिर्भरता से जुड़े संघर्ष की प्रक्रिया में पैदा होती रहती हैं। भारत जैसे विभिन्न क़िस्म की परम्पराओं की बर्बरता वाले तथा अराजक देश में पुरुषों के लिए भी घर–परिवार की सीमा से बाहर आकर आत्मनिर्भर होना भयावह अनुभव प्रदान करता है। नये रोज़गार को तलाशकर उसके अनुसार नयी जीवनचर्या व जीवन–शैली को विकसित करना कठिन चुनाव होता है। ऐसे में स्त्रियों के संघर्ष की तो कल्पना की ही जा सकती है। मन्नू भण्डारी की कई कहानियाँ नौकरियों तथा समाज में अपना स्वतन्त्र स्थान खोज रही स्त्री की कठिन जद्दोजहद को दिखाती हैं। ये कहानियाँ इतनी एकरेखीय नहीं है कि संघर्ष और जीत के फ़िल्मी फार्मूलों को कोई उनमें आसानी से खोज निकाले। इनमें चित्रित स्त्रियाँ उन्हीं आम भारतीय स्त्रियों जैसी ही हैं जो परिवार के सुरक्षित जीवन व स्वतन्त्रता की एक साथ माँग कर रही हैं। जैसे कि उनकी दो कहानियाँ हैं–'यही सच है' तथा 'हार'। इनमें पहली कहानी की नायिका को कलकत्ता के महाविद्यालय में नौकरी चाहिए और वह इसके लिए पूर्व

प्रेमी की निस्संकोच सहायता लेती है। दूसरी कहानी 'हार' में वह अपने ही पति के ख़िलाफ़ चुनाव प्रचार करती है और चुनाव में हराने के लिए उसकी सार्वजनिक रूप से निन्दा करने में भी नहीं हिचकती है। पर दोनों कहानियाँ बाद में अपने पुरुष के पास लौटकर भावनात्मक सन्तोष हासिल करने वाली स्त्रियों की कहानियाँ बन जाती हैं। यह सच है कि मन्नू भण्डारी ने बागी, विद्रोही या कारवाँ से बिछड़ी स्त्रियों की कहानियाँ लिखने में ज़्यादा रुचि नहीं प्रदर्शित की है। ख़ासतौर पर यौन सम्बन्धों के मामले में वे परम्परावाद को प्रतिष्ठित करती हैं। इसका कारण यह है कि सत्तर के दशक की इन नायिकाओं की प्राथमिकताएँ पूरी तरह परम्परावादी थीं और देह विमर्श की क्रान्तिकारी बातें अभी उनकी चेतना का हिस्सा नहीं बन सकी हैं। वे विभिन्न मर्यादाओं को उतना ही तोड़ सकती हैं जितना समाज से उनका तालमेल हमेशा के लिए नष्ट न हो सके। इसीलिए आज के युग में उनकी कहानियों की नायिकाओं का दब्बूपन और संकोच कई बार झल्लाहट पैदा करता है। लगता है कि लेखिका कुछ भी साहसिक या बोल्ड दिखाने के स्थान पर कहानी में नैतिक दुविधाओं का नैरेटिव गढ़ने की कला विकसित कर रही है। वे दुविधाएँ स्त्री मनोदशा का स्वाभाविक चित्रण कम बल्कि स्वयं लेखिका की मध्यवर्गीय रूढ़िगत सोच का परिणाम हैं। वह लेखकीय दृष्टि समाज से आगे चलने का गौरव अर्जित करने के स्थान पर समाज को प्रतिबिम्बित करने के लेखकीय दायित्व को जबरन ओढ़े बैठी है। इसीलिए लेखिका अपने चरित्रों की यौन पिपासाओं, व्यभिचार की कामनाओं या जोख़िम लेने की इच्छाओं को तो प्रकट करती हैं पर उन नायिकाओं को बाद में फिर से 'नार्मल हिन्दू वीमेन लाइफ़' के सांचे में ढाल देती हैं। उदाहरण देखना हो तो उनकी कहानी 'स्त्री सुबोधिनी' को पढ़ा जा सकता है। इसमें एक लड़की का अपने शादीशुदा बॉस से प्रेम प्रसंग चल रहा है और वह प्रसंग आठ साल तक चलता है। उसे अपनी इच्छाओं की तलाश है जिन्हें जबरन दबा दिया गया है। वह इच्छाओं को फिर से जन्म देने की इच्छा रखती है। वह अनुभव करने लगती है कि मनुष्य केवल इच्छाओं से ही संचालित नहीं होता है बल्कि वह इच्छाओं को पैदा करने की इच्छा भी धारण करता है। दाग देहलवी के शेर में कहें तो–'ना–उम्मीदी बढ़ गयी है इस कदर/आरजू की आरजू होने लगी है। बाद में वह उससे अलग होती है तो पछतावा ज़ाहिर करते हुए अलग होती है। इसके बाद कहानी का अन्त 'न कोई डर न कोई घोटाला, जब

लगा हो प्रेम में शादी का ताला' जैसी नसीहत प्रदान करते वाक्य के साथ होता है। कहानी अपने क्राफ्ट, कथ्य और भाषा में यादगार कहानी है पर अन्त में जाकर लेखिका के सामाजिक पूर्वग्रह की शिकार होती है जिसमें वह सन्देश देने लगती है कि विवाहेतर प्रेम प्रसंग से स्त्रियों को बचना चाहिए। उससे हज़ारों मासूम लड़कियों को चेतावनी जारी कर दी जाती है। लड़की के भीतर प्रेम के लिए लप–लप भाव, अपने उच्च अधिकारी से प्रेम, आठ साल तक बिताये मधुर पल और लड़की का प्रायश्चित्त दिखाकर भी अगर लेखिका कहानी को ख़त्म कर देती तो शायद वह ज़्यादा सृजनात्मक परिणति को प्राप्त करती। पर मध्यकालीन सन्तों–सूफियों की तरह उपदेश व नसीहत देने का लोभ आधुनिक काल के लेखकों में भी पूरी तरह समाप्त नहीं हुआ है। वास्तविकता यह है कि समाज अनगिनत प्रेम प्रसंगों, गुप्त बेवफ़ाइयों और रहस्यमय यौन–सन्तुष्टियों के बीच ही इतने सालों से चल रहा है। उनमें धोखा, छल और कुण्ठाएँ भरी पड़ी हैं। पर लेखक इस यथार्थ को प्रकट करने के बदले अगर पाठकों को नैतिक–व्यावहारिक शिक्षा देने वाले बड़े भाईसाहब या अभिभावक की तरह व्यवहार करेगा, तो वह कहानी–कला के साथ न्याय नहीं कर पायेगा। उपदेश, सावधानी के सन्देश या स्त्री–सुरक्षा की गाइडबुक की तरह लिखी जाने वाली कथाएँ स्त्रियों की क़स्बाई मानसिकता की प्रतीक होती हैं जिनमें आधुनिकता का डर भी व्यक्त होता है। इस मानसिकता व डर के कारण स्त्री की यौन शुचिता से जुड़ी पुरानी सामाजिक प्रवृत्तियाँ ही श्रेष्ठ आदर्श के रूप में प्रस्तुत होती हैं। वैसे भी, भारत में आधुनिकता तथा पुरानी सामाजिक प्रवृत्तियों के मध्य तीखे संघर्ष के स्थान पर उन्हें समानान्तर रूप से अपने अस्तित्व को कायम करने और लम्बे समय तक समानान्तर रूप से कार्यरत रहने की छूट मिलती रही है। इसलिए जब इनके मध्य किसी ऐतिहासिक चरण या समाज की वस्तुस्थितियों के कारण टकराव की स्थिति आती है तो वह दौर केवल नाटकीय विवाद, समझौतावादी समाधान या बहस तक सीमित रह जाता है। न तो आधुनिकता किसी प्रकार से परम्परा को कमज़ोर करती है, न परम्परा एक सीमा से ज़्यादा आधुनिकता पर प्रहार करती है। इस प्रकार समाज कभी आधुनिकता की शर्तों पर परम्परा को स्वीकार कर लेता है, कभी परम्परा को बड़े भाई की हैसियत प्रदान कर आधुनिकता को स्वीकार कर लेता है।

मन्नू भण्डारी की कथाएँ स्वातन्त्र्योत्तर नेहरूयुगीन समाज की कथाएँ हैं

जिसमें समाज में स्त्री–स्वतन्त्रता की गति अभी धीमी है। बाहर की भौतिक स्थितियाँ शहरों में स्त्रियों के परम्परागत बन्धनों को बहुत धीमी रफ़्तार से ढीला करने को तैयार हो गयी हैं पर बहुत सारी स्वाभाविक आज़ादियाँ अभी भी रिस्क, जोख़िम या उच्छृंखलता की श्रेणी में रखी जाती हैं। यह साठ से अस्सी के दशक का वह युग है जिसमें मुक्ति व समानता के बारे में बड़े लोकतान्त्रिक विचारों को समाज ने पैदा कर लिया है। उनसे अच्छी तरह परिचित भी हो गया हैं। पर आधुनिक विचार व्यापक जीवन जगत में किसी स्वतन्त्र सामाजिक शक्ति का रूप ग्रहण करने के स्थान पर अभी बौद्धिकों की चेतना व कल्पना में अधिक निवास बनाकर रहते हैं। एक बड़े वर्ग के लिए आधुनिकतावादी विचार अभी 'एफोर्डेबल' नहीं हो सके हैं। इसी कारण मन्नू भण्डारी की कहानियों में स्त्री पात्र किसी गहरे भीतरी द्वन्द्व से निर्मित होते हैं। उनकी उलझनें और विद्रोही दुविधाएँ ही उनके चरित्र का सबसे सशक्त आधार बन जाती हैं। अपने विचारों में अस्थिर, बेचैन और परस्पर विरोधी मनःस्थितियों के कारण स्वयं से जूझती स्त्रियाँ कहानियों में कलाकृति का रूप ग्रहण कर लेती हैं। उन्हीं द्वन्द्वों के माध्यम से मुक्ति की सामाजिक–सांस्कृतिक दावेदारियों की तरफ़ तेज़ी से आकृष्ट होती स्त्रियों की तस्वीर भी उभरती है।

पहाड़, जनजीवन और जाति

शेखर जोशी हिन्दी के उन दुर्लभ कथाकारों में हैं जिन्होंने आज़ादी के बाद के पहाड़ी जनजीवन के विविध विषयों को अपनी कथावस्तु के केन्द्र में रखा है। प्रचलित छायावादी भावबोध हो अथवा संस्कृत काव्यशैली की परम्परा, सभी में पहाड़ केवल प्राकृतिक सौन्दर्य, सुरम्य देवस्थल, साहसपूर्ण रोमांस और सैलानियों का केन्द्र बताया जाता रहा है या फिर ध्वंस और विनाश के ख़तरों के स्रोत के रूप में। एक तरफ़ उन्हें तन्त्र–मन्त्र का कोई दुर्गम स्थल माना जाता रहा है तो दूसरी ओर मानव सौन्दर्य से लेकर प्रकृति सौन्दर्य तक का अथाह ख़ज़ाना। आश्चर्य नहीं कि कालिदास की प्रसिद्ध कृति 'मेघदूत' में यक्ष अपनी प्रिया के पास भेजने से पहले मेघ को जो निर्देश देता है उसमें यह भी शामिल है कि हिमालय की भूमि पर तन्त्र–मन्त्र योग का बहुत प्रचार है और मेघ को निर्देश है कि वह उनके चक्कर में न पड़े। इसी तरह मेघ से हिमालय के सौन्दर्य की प्रशंसा ख़ासतौर पर वहाँ की युवतियों के रूप–सौन्दर्य की प्रशंसा करते हुए कहा गया है कि वहाँ कीचक जाति के बाँस मिलते हैं और उनसे निकलने वाली मधुर ध्वनियाँ तथा किन्नर युवतियों का त्रिपुर विजय–गान मिलकर अपूर्व सौन्दर्य की रचना करते हैं। यानी भयावह ध्वंस तथा अपूर्व सौन्दर्य की एक साथ उपस्थिति की कवि–कल्पनाएँ। पर आधुनिक कथाओं ने केवल मैदानी इलाक़ों के जीवन ही नहीं बल्कि पहाड़ों के दुर्गम जीवन को भी रहस्यमुक्त करने का काम किया है। पर्वत–पहाड़ों को रोमांच व रोमांस के लिए उपयोग किये जाने वाले सुरम्य स्थल के स्थान पर कठिन मानवीय जीवन, जटिल सामाजिक बनावट और संघर्षरत परिवारों के रूप में पहचानने की प्रवृत्तियाँ विकसित होने लगीं। वह भी हिमालय के बारे में उन कथाओं और यात्रा संस्मरणों के बीच से जिनमें मनुष्य से अधिक प्रकृति पर ध्यान दिया गया है और प्रायः तो मनुष्य को प्रकृति का हिस्सा

समझकर आत्मतोष पैदा करने का प्रयास किया गया। पर पहाड़ स्वयं में 'हाशिये के जीवन' और भिन्न सांस्कृतिक संरचनाओं का प्रतीक है, यह मुख्यधारा के मैदानी क्षेत्र वाले साहित्यकारों के लिए समझना मुश्किल रहा है। यहाँ पहाड़ी जीवन केवल मुख्यधारा की साहित्य–संस्कृति में अभिव्यक्ति के अयोग्य ही नहीं मान लिया जाता है, बल्कि कथाओं–कविताओं में प्रायः मिथ्या ढंग से आह्लादकारी तथा विकृत उपभोगपरक दृष्टि के कारण ग़लत ढंग से पीढ़ी–दर–पीढ़ी व्यक्त होता चला जाता है।

नयी कहानी आन्दोलन के प्रतिष्ठित कथाकार शेखर जोशी की कहानियाँ जादुई शब्द–संयोजन व प्रायोजित अभियानों का शिकार बने पहाड़ी जनजीवन को बहुत सारे आवरणों से मुक्त करने का काम करती हैं। वे सैलानियों के नज़रिये से नहीं बल्कि पहाड़वासियों के नज़रिये से वहाँ के जीवन के सुखद और दुखद पक्षों तथा उसके यथार्थ की भीतरी परतों को हमारे सामने उजागर करने का काम करती हैं। उनकी कहानियों में उभरा पहाड़ उत्तराखण्ड की संस्कृति से सम्बन्धित है। उनमें टूटते परिवार, बेरोज़गारी, ग़रीबी तथा जातिगत उत्पीड़न के कहीं खिले हुए, तो कहीं उदास चित्रों के विविध रंग समाहित हैं।लोकसंस्कृति के विविध रूप उनकी कथाओं में उपस्थित हैं पर वह अलग–थलग, सजावटी या केवल बाहरी प्रभाव पैदा करने वाला सौन्दर्य नहीं है बल्कि संघर्षशील मनुष्य के जीवन से जुड़ा हुआ प्रतीत होता है। हिन्दी कहानी की यह व्यापक विषय बहुलता ही रही है जिसने अत्यन्त बहुलतावादी और भिन्न–भिन्न संस्कृति वाली समाज को कथात्मक धरातल पर व्यक्त कर दिया।

इस लेख में पहाड़ और उसके जीवन को व्यक्त करने वाली उनकी तीन प्रमुख कहानियों का चयन किया गया है। ये कहानियाँ हैं–'समर्पण', 'हलवाहा' और 'गलता लोहा'। उनकी दूसरी कई कथाएँ भी ठेठ पहाड़ी जीवन पर हैं जैसे 'कोसी का घटवार', 'परिक्रमा', 'देबिया', 'बोझ' और 'गोपुलीबुबु' आदि। पर इन तीन कहानियों का चयन इस आधार पर किया गया है कि इन तीनों में पहाड़ी जनजीवन में मौजूद जाति–व्यवस्था के दंश और जाति के कारण अवरुद्ध होते जीवन से बग़ावत के कथ्य मौजूद हैं। इनमें मानव समाज के परम्परागत जाति–व्यवस्था से टकराव के बड़े तीखे और मर्मस्पर्शी चित्र उभरे हैं। जातियों की क्षरणशील कर्मकाण्डी स्थिति, नये व्यवसायों के उदय की स्थिति तथा जजमान–पुरोहित सम्बन्धों का अन्त कथानक में साफ़ तौर पर दिखता है। शेखर जोशी ने परिवारों पर

पड़ने वाले विघटनकारी प्रभावों तथा टूटते–बिखरते परिवारों की कहानियाँ लिखी हैं, पर ग्रामीण समाज–चित्रण में उन्होंने जाति के प्रश्न को कहीं प्रत्यक्ष तो कहीं सूक्ष्म संकेतों के माध्यम से उठाया है। उनके चित्रण में आतंक फैलाने वाली किसी वैज्ञानिक अकादमिक दृष्टि की कठोरता नहीं बल्कि शब्द शिल्प के साधक लेखक की सच्ची संवेदना झलकती है। प्रसिद्ध कन्नड़ लेखक यू.आर. अनन्तमूर्ति ने कभी लिखा था–'समाज को समझने की एक पद्धति सिलसिलेवार, अकादमिक और द्वन्द्वात्मक होती है तो दूसरी पद्धति रूपकात्मक और काव्यात्मक होती है।' उन्होंने अपनी रचनाओं को दूसरी पद्धति से जोड़कर देखा था। शेखर जोशी के यहाँ अद्‌भुत रूप से द्वन्द्वात्मक और रूपकात्मक पद्धति का गठजोड़ मिलता है। साहित्यकारों में वैज्ञानिक दृष्टि के विकास पर बल दिया जाता हो पर अनाड़ी लेखकों के हाथ में पड़कर यह कथित वैज्ञानिक दृष्टि साहित्य–सृजन की पूरी संस्कृति को यान्त्रिक या सारहीन बना सकती है। सच्ची साहित्यिकता व उदारता को अवरुद्ध कर सकती है। पर शेखर जोशी की कहानियाँ सहृदयता और वैज्ञानिकता दोनों को बड़ी सूक्ष्मता और कुशलता से निभा ले जाती हैं। इसीलिए वे छोटी कथाओं के माध्यम से जाति के प्रश्न को उलटने–पलटने और उससे जूझने को उदात्त मानवीय संवेदना के विस्तार का ही अंग समझते हैं।

जाति भारत की केवल स्थिर या स्थायी नहीं बल्कि गतिशील सचाई रही है और वह हिन्दू धर्म–जीवन–शैली के मूल निर्माणक तत्त्वों में रही है। हर युग में जाति को दृढ़ करने वाली और उससे मोहभंग महसूस करने वाली शक्तियाँ रही हैं। इसी तरह हर युग में जाति और भौतिक वास्तविकता में सम्बन्ध भी अलग–अलग रहा है। शेखर जोशी जिस कालखण्ड में रच रहे थे, उस दौर में जाति के विभिन्न पारम्परिक पक्षों को क़ानूनन अस्वीकारा जा चुका था और उससे जुड़े परम्परागत विश्वास स्वयं उच्च जातियों के लिए नुकसानदेह सिद्ध होने लगे थे। जाति–व्यवस्था का लाभार्थी हिस्सा स्वयं ही जाति की बाध्यकारी मान्यताओं से विचलित होने लगा था और जीवनयापन के नये तरीक़ों की खोज करना अनिवार्य कर्म होता जा रहा था। इस सन्दर्भ में उनकी 'हलवाहा' जाति–संरचना की ख़त्म होती प्रासंगिकता को चित्रित करती है। उच्च जाति का जीवानन्द गाँव में थोड़ी–सी ज़मीन का मालिक है पर उसे अब खेत में गुड़ाई, हल चलाने या फसल काटने के लिए मज़दूर नहीं मिलते। उच्च जाति का मनुष्य होने के कारण यह

अन्धविश्वास आड़े आता है कि अगर उसने ख़ुद हल छू लिया तो भारी विपत्ति आ सकती है। अपने खेत में, अपने हाथ से, अपना हल चलाकर, अपनी ज़मीन को जोतना भी कुलघातक होने का सूचक माना जाता है। गाँव के आसपास सड़कें बनने के कारण ज़्यादातर मज़दूर वहाँ जाकर नकद जीविका कमाने लगे हैं। ठेकेदारों की नयी बिरादरी पैदा हो चुकी है जो गाँव में मौजूद श्रमिकों को गाँव से बाहर निकालकर ले जाने लगी है। गाँव के ही साधन सम्पन्न पट्टीदार बद्री प्रधान इस मौक़े का लाभ उठाकर जीवानन्द की ज़मीन को हड़पना चाहते हैं और उस पर दबाव डालते रहते हैं। अन्त में निराश होकर, थक–हारकर जीवानन्द स्वयं हल लेकर अपनी ज़मीन जोतने का फ़ैसला करता है। कहानी का अन्त बद्री प्रधान की इस मनोदशा के चित्रण से होता है–'जो कुछ उन्होंने देखा उसे देखकर उन्हें सहसा विश्वास नहीं हुआ और क्रोध, घृणा तथा ग्लानि के कारण उनका सारा शरीर काँपने लगा–कुलघातक जिबुआ स्वयं हल चला रहा था। फाल की टेढ़ी–मेढ़ी लकीरें उसके नौसिखियेपन की गवाही दे रही थीं।' इस तरह जीवन के विराट और विस्तृत चित्रफलक के मध्य वे स्थानीय सत्य को इस मानवीय सहानुभूति के साथ ग्रहण करते हैं कि पूरा चित्रफलक भी आलोकित हो जाता है। वह सत्य है श्रम के मूल्य को लेकर उच्च जातियों की मान्यताओं में तेज़ी से परिवर्तन और वर्णव्यवस्था के शीराजे के टूटकर बिखरने की शुरुआत। इसमें सवर्ण समाज का लेखक जाति–व्यवस्था के बन्धनों से सवर्णों के विद्रोह और पराजय को दिखाकर एक नयी बहस को आरम्भ करता है। दलितों ने ऐसी सैकड़ों कथाएँ लिखी हैं जिसमें वे वर्णव्यवस्था के उत्पीड़न को व्यक्त करते हैं, पर शेखर जोशी ने ऐसी कथाएँ लिखी हैं जिनमें बोझ बन चुकी पुरानी व्यवस्था को तोड़ने की मजबूरी ख़ुद सवर्णों को अपने आगे खड़ी दिखने लगती है। अन्तर बस इतना है कि दलितों ने उत्पीड़न और अमानवीय व्यवस्था के बोझ के कारण जाति से विद्रोह किया, तो सवर्णों ने बदलते युग–समाज में उस उत्पीड़नकारी तन्त्र को बनाये रखने की अपनी अक्षमता का अनुभव कर जाति–व्यवस्था को अगर पूरी तरह नकारा नहीं तो कम–से–कम उनके कुछ हिस्सों को बदलना व संशोधित करना ज़रूरी समझा। वे खेती–किसानी से निम्न जातियों के पलायन और पहले की तरह सस्ता श्रम न मिल पाने के कारण स्वयं खेती–किसानी में शामिल होने लगे। यह सही है कि पिरामिड जैसी सामाजिक संरचना में ऊपरी पायदान पर बैठे लोगों में

निचले स्थान पर बैठे लोगों के प्रति उपेक्षा तथा घृणा कम नहीं हुई है। पर नुकीला अहसास भी है कि जात–पाँत की पुरानी संरचना दरक रही है। ऊँच–नीच के विश्वासों से जुड़ी विभाजक रेखाओं को मिटाने वाली हवाएँ तेज़ी से गाँवों में प्रवेश कर रही हैं।

शेखर जोशी की एक अन्य कहानी 'गलता लोहा' भी दिखाती है कि किस प्रकार शारीरिक श्रम को बुरा समझने, कुछ कामों से सवर्णों की घृणा और जातिगत अभिमान की समस्त कुरीतियाँ नयी बनती सामाजिक व्यवस्था में निरर्थक ही नहीं बल्कि अनर्थकारी परिणाम देने वाली हो चुकी हैं। श्रम के विचार को जाति के विचार से मुक्त करने का समय आ चुका है। श्रम के प्रति उपेक्षा तथा हिक़ारत भरे दृष्टिकोण को त्यागने से अब न केवल लोकतान्त्रिक समाज निर्मित होगा, बल्कि निजी जीवन में भी समृद्धि, वैभव, विकास व सम्मान का प्रवेश होगा। पहले जहाँ उच्च जातियों को लगता था कि जीवन–रक्षा तथा सामाजिक प्रतिष्ठा को बनाये रखने के लिए श्रम से दूरी ज़रूरी है और जाति–व्यवस्था से जुड़े कर्मकाण्ड इसका समर्थन करते थे, वहीं अब उच्च जातियों को श्रम के प्रति नकारात्मक भाव रखने की भारी क़ीमत चुकानी पड़ रही है। पीढ़ियों के परिवर्तन के साथ वे जातीय श्रेष्ठता बोध को संकट की तरह देखने लगे हैं और ख़ुद को बदलने के लिए तैयार कर रहे हैं। कई बार तो शहरों में धक्के खाने पर उन्हें रोज़गार या कमाई के साधन नहीं मिलते हैं। ऐसे में गाँव लौटकर आना पड़ता है। गाँव में लौटकर उन्हें पता चलता है कि उन्हें श्रम और दस्तकारी से जुड़ी हुई पर कर्मकाण्डीय दृष्टि से निम्न समझी जाने वाली जातियों से कितना कुछ सीखने की आवश्यकता है। जातियों ने जातिधर्म से च्युत व्यक्ति के बहिष्कार की परम्परा के बल पर भी सदियों तक अपने को बनाये रखा है। पर अब बहिष्कार, दण्ड–जुर्माना भरवाने, हुक्का–पानी बन्द करने या रोटी–बेटी का रिश्ता समाप्त करने का पूरा तन्त्र हिल चुका है। बदलते हुए समाज को अब धर्मशास्त्रीय या पौराणिक–जातिवादी समझ से नियन्त्रित नहीं किया जा सकता है। बदलावों केसाथ–साथ चलने के लिए अपनी ही जड़ मान्यताओं को तोड़ने–बदलने की मजबूरी है। रेणु की कहानी के 'पंचलाइट' प्रसंग की तरह जिसमें बाहरी टोले से आकर बसा गोधन जब पंचलाइट को जलाता है तो सब उसके सातों ख़ून माफ़ कर देते हैं और 'सलीमा का गाना' गाने की भी छूट दे देते हैं। शहर से आयी एक मामूली से पंचलाइट जाति–पंचायत की सारी

निरंकुशताओं की हवा निकाल देती है। कुल मिलाकर हिन्दी कथा–परम्परा में जाति–व्यवस्था व उसे लागू कराने वाली पंचायतों की पूरी संरचना को दरकते–गिरते आसानी से देखा जा सकता है। उत्तर भारतीय समाज में वक़्त की नज़ाकत समझकर लोग अपनी सोच बदल रहे हैं हालाँकि इस काम में उन्हें अभी समय लग रहा है। शेखर जोशी की 'गलता लोहा' में शिल्पकार यानी लोहार जाति के धनराम और पुरोहित घराने से जुड़े मोहन की कहानी है। धनराम अपने को बचपन से मोहन से हीन मानने लगा था। इस प्रचण्ड हीनता बोध के कारण उसे तेरह का पहाड़ा याद करना जीवन का सबसे मुश्किल काम प्रतीत होने लगता है और मास्टर त्रिलोकी सिंह उस पर या तो बेंत बरसाते हैं या ज़बान की कठोर चाबुक लगाते हुए कहते हैं–'तेरे दिमाग़ में तो लोहा भरा है रे! विद्या का ताप कहाँ लगेगा इसमें?' मास्टर साहब एक ओर तो धनराम को नीचा दिखाते तो दूसरी ओर विप्रपुत्र होने के कारण मोहन के बारे में भविष्यवाणियाँ करते कि वह एक दिन बड़ा आदमी बनेगा। पर क़िस्मत का चक्र ऐसा चलता है कि मोहन शहर जाकर भी ठीक से नहीं पढ़ पाता है और न रोज़गार प्राप्त कर पाता है। उसका बाप वंशीधर लोगों से झूठ बोलता फिरता है कि मोहन की सरकारी सचिवालय में नियुक्ति हो गयी है और जल्द ही विभागीय परीक्षा देकर वह बड़े पद पर पहुँच जायेगा। जबकि धनराम अपने लोहारी के धन्धे से काफ़ी हद तक सन्तुष्ट तथा आत्मनिर्भर जीवन बिताने में समर्थ हो जाता है। हर तरफ़ से असफल होने पर मोहन गाँव लौट आता है और एक दिन धनराम से मिलता है तो वह धनराम के श्रम के प्रति सराहना भाव से भर उठता है। जातिगत अभिमान त्यागकर खुद लोहे की छड़ को भट्टी में गलाने में धनराम की मदद करने लगता है। कहानी का अन्त इन पंक्तियों से होता है–'धनराम की संकोच, असमंजस और धर्मसंकट की स्थिति से उदासीन मोहन सन्तुष्ट भाव से अपने लोहे के छल्ले की त्रुटिहीन गोलाई की जाँच कर रहा था। उसने धनराम की ओर अपनी कारीगरी की स्वीकृति पाने की मुद्रा में देखा। उसकी आँखों में एक सर्जक की चमक थी–जिसमें न स्पर्धा थी और न ही किसी प्रकार की हार–जीत का भाव।' ब्राह्मणों का पुत्र अब लोहार जाति के लड़के के साथ समानता की इच्छा प्रकट कर रहा है। शेखर जोशी की यह कहानी अमरकांत की 'डिप्टी कलक्टरी' की याद दिलाती है जिसमें शकलदीप बाबू और नारायण के रूप में बाप–बेटे की कथा है। फ़र्क़ इतना है कि

कथा के अन्त में बेटा डिप्टी कलेक्टर न बन पाने के कारण चारपाई पर चित पड़ा दिखाया जाता है। शकलदीप बाबू जब अपने लड़के के कमरे में झाँकते हैं तो देखते हैं–'चारपाई पर कोई व्यक्ति दोनों हाथ बाँधे चित पड़ा था।' जबकि 'गलता लोहा' में मोहन बड़ा अफ़सर बनने के सपने से पीछा छुड़ाकर मेहनत–मज़दूरी के बल पर स्वाभिमान के साथ जीने की इच्छा को विकसित कर लेता है।

नयी कहानी आन्दोलन ने युवाओं के भटकाव, उखड़ेपन, बेघरपन या 'मिसफिट' होते जाने की विडम्बना को प्रस्तुत करने की कोशिश की थी। पर युवाओं के जीवन में भटकाव से ज़्यादा बड़ी समस्या रही है किसी 'अन्य' के निर्देश और इशारों पर चलने की बाध्यता। उनका जीवन उतना भटका हुआ नहीं है, जितना दूसरों के आदेश या अपेक्षाओं के अनुसार चलने के लिए अभिशप्त है। भटकाव का प्रश्न कुछ स्वतन्त्रचेता और आत्मलिप्त युवाओं का प्रश्न था, जबकि घर–समाज की दासता से जुड़ा प्रश्न तो करोड़ों युवाओं के जीवन को होम करता था। उनकी दुनिया धर्म–अन्धविश्वास, बिरादरी और बेरोज़गारी की चारदीवारी में घुटकर निस्तेज़ व निरर्थक हो जाती थी। वे केवल कविताओं के संसार में स्वतन्त्रता के दीवाने, उपासक या पुजारी की तरह दिखते थे। कथाएँ चूँकि यथार्थ के अधिक निकट होती हैं इसलिए युवाओं की काल्पनिक स्वतन्त्रता या उनकी स्वैराचारी वृत्ति का वहाँ चित्रण अधिक मुश्किल था। युवा–मन का भटकाव कई बार मुश्किल से मिली आधी–अधूरी आज़ादी और उस आज़ादी के साथ किसी प्रकार की सुरक्षा न होने का परिणाम था। वे आज़ाद कर दिये जाते थे, पर उनकी आज़ादी के साथ किसी प्रकार का सम्मान या प्रतिष्ठा नहीं जुड़ी होती थी। शेखर जोशी जैसे रचनाकारों ने इसीलिए युवाओं के भटकाव के बजाय सामाजिक व्यवस्था में युवाओं की विकल्पहीन क़ैद और जानलेवा स्वप्नहीनता की समस्या पर समर्थ रचनाएँ लिखी हैं। गाँव–देहात की व्यवस्था में वह और भी ज़्यादा विकल्पहीनता के शिकार हैं और विकल्पहीनता ने उनके जीवन को रस–प्राणहीन बना दिया है।ज़्यादा कटु सचाई तो यह थी कि भारत का शहरीकरण विचित्र विडम्बनाओं की गिरफ़्त में रहा और इस बारे में कई समाजशास्त्रियों ने शोध किये हैं। जैसे कि योगेन्द्र सिंह ने अपनी प्रसिद्ध पुस्तक 'मॉडर्नाइज़ेशन ऑफ़ इंडियन ट्रेडिशन' में बताया है कि भारत के शहरीकरण की प्रक्रिया को यान्त्रिक ढंग से आधुनिकीकरण या धर्मनिरपेक्षता के मूल्यों से नहीं

जोड़कर देखा जा सकता है क्योंकि जो पारम्परिक अभिजन शहरों में आकर रहने लगा वह आधुनिकता व परम्परा के सम्बन्धों के बारे में ज़्यादा सचेत था और उन सम्बन्धों की निरन्तर चर्चा करने पर बल देता था। इसीलिए शहरीकरण की प्रक्रिया में भी पुरानी 'महान परम्परा' (Great Tradition) यानी शास्त्र व वर्णव्यवस्था सम्मत मूल्य व विचारधाराएँ आसानी से अपना स्थान बना लेती थीं।

हिन्दी कहानियों में कुछ एक ऐसी ही कहानियाँ हैं जिन्होंने व्यवस्था में असफल हो चुके युवाओं की जीवन–त्रासदियों को व्यक्त किया और उनकी अपराजेय जीजीविषा को भी उभारा है। इनमें प्रायः युवा किसी अन्य के द्वारा थोपी महत्त्वाकांक्षा का शिकार हो जाता है। उस महत्त्वाकांक्षा तथा यथार्थ की मुठभेड़ के बीच जब परास्त होता है तो परास्त होने के बाद की सहज व स्वाभाविक जीवन जीने की स्वतन्त्रता भी प्राप्त करता है। परास्त होने के बाद लाचार या दयनीय नहीं होता है, बल्कि फिर से शरीर की राख और धूल को झाड़कर उठ खड़ा होता है। वह फिर से आँसुओं के खारे समन्दर से बाहर निकलकर जीवन की पतवार को सँभालने लगा है। ऊँची उड़ान के स्वप्नों को दफनाकर ज़मीन पर क़दम रखने की कोशिशें कर रहा है।

शेखर जोशी की ही एक अन्य कहानी 'समर्पण' भी गाँव में बदलते जाति–सम्बन्धों के बारे में हमारी अन्तर्दृष्टि को समृद्ध करती है। गाँवों में जातिवाद व जाति पर टिकी परम्पराएँ हैं पर किन भौतिक स्थितियों के आगे वे पुराने रूपों में ही सीमित रहती हैं, कहानी इसी का चित्रण करती है। मनुष्यों के बीच के सम्बन्ध अनिवार्य रूप से इसलिए नहीं बदल पा रहे हैं क्योंकि गाँव के सारे आर्थिक संसाधन सामन्ती समाज व्यवस्था के नियन्त्रण में हैं। जाति के बारे में पुरानी मान्यताओं के बने व टिके रहने का सबसे बड़ा कारण यही है कि गाँव की खेती–किसानी से लेकर पूजा–पाठ सभी पर ब्राह्मणों का क़ब्ज़ा है। गाँव के शिल्पकार जाति के लोग इस बात से प्रसन्न हैं कि उन्हें ब्राह्मणों के सर्वश्रेष्ठ गोत्र वाले कुल का दास होने का सौभाग्य प्राप्त है। कहानी में उत्तराखण्ड के एक पहाड़ी गाँव में एक दिन घोड़े पर माल लादकर दूर–दूर तक जाने वाले बचुवा की मुलाक़ात एक जाति–उन्मूलक समाज सुधारक से हो जाती है, जो स्वयं निम्न जाति का है। गाँव की ही एक दुकान में बचुवा उनके साथ चाय पीकर जब परम्परा के अनुसार ख़ुद अपना और उनका गिलास धोकर रखता है तो

वे समाज सुधारक उससे कहते हैं–'देखिए आप अपना चाय का गिलास धोकर लायें मुझे बहुत बुरा लगा। आगे से आप कभी ऐसा मत कीजिए ब्राह्मण–क्षत्री का गिलास यह दुकानदार धो सकता है, तो आपका क्यों नहीं धो सकता?' इसी तरह वह ख़ुद को 'पण्डित जी' के नाम से पुकारे जाने पर क्रोधित होते हैं और कहते हैं कि मुझे सेवक कहकर पुकारो। इन सेवक जी का परिचय यह बताकर दिया गया है कि वे गाँव–गाँव में घूमकर धार्मिक समानता का प्रचार करते हैं और उनका दृढ़ विश्वास है कि यदि अछूत लोग भी यज्ञोपवीत धारण कर लें तो वे भी उच्च वर्ग की श्रेणी में आ जायेंगे। अपने बारे में वह कहते हैं–'मेरा कोई स्वारथ नहीं है। यमेले–यम्पी बनकर लखनऊ–दिल्ली की सैर करनी होती तो आजतक ऐसा कर लेता। भगवान के आशीर्वाद से आप जैसे हज़ारों भाई मेरे साथ हैं जो चाहें तो मुझे जवाहरलाल नेहरू की बगल में बैठा दें। लेकिन नहीं। मेरा अपना अलग रास्ता है!' इन्हीं सेवक जी की प्रेरणा पर गाँव के सारे शिल्पकार और दूसरे हलवाहे शरीर पर मोटा–पीला जनेऊ धारण कर लेते हैं। एम.एन. श्रीनिवासन जैसे समाजशास्त्रियों ने जिसे 'संस्कृतिकरण' की अवधारणा के रूप में देखा है, लगभग वही स्थितियाँ कथा के गाँव की हैं। फ़र्क़ यह है कि वे उच्च जातियों के कर्मकाण्डों–संस्कारों को अपनाकर अपने जाति–गोत्र को ऊँचा बनाने की सांस्कृतिक चेष्टा के साथ–साथ प्रतिरोध–संघर्ष की आन्दोलनधर्मी राजनीति के विकास का समानान्तर प्रयास भी कर रही हैं। गाँव की निम्न जातियाँ स्वयं को ब्राह्मण बनाने लगी हैं और कुछ कर्मकाण्डों को सीखने की चेष्टा कर कर्मकाण्डीय प्रस्थिति को उच्च करने का स्वप्न देखने लगी हैं। वे मालिकों के चौके के बाहर बैठकर खाने से इनकार करने लगी हैं और खेत में अपने साथ अपनी रोटियाँ ले जाने की योजना बना रही हैं। उन्हें अब अपमानजनक नामों से पुकारा जाना अच्छा नहीं लगता और भभककर पूछते हैं–'ठाकुर! पूरा नाम लिखने में स्याही ज़्यादा ख़र्च हो जायेगी?' इसी तरह ब्राह्मणों के नल से पानी भरने की ज़िद भी करने लगे हैं। हर तरफ़ प्रतिरोध और तनाव। गाँव में पैदा हो चुकी नयी परिस्थितियाँ। यह ग़ैर–बराबरी के ख़िलाफ़ शुरु किया गया प्रतिरोध है जो जाति–व्यवस्था से जुड़े कुछ प्रतीकों जैसे यज्ञोपवीत धारण करने, संस्कारित नाम रखने आदि पर निम्न जातियों के अधिकार को भी स्थापित करना चाहता है।

दूसरी ओर मालिक टोले के बाबू–बबुओं को बुरा तो लगता है और

वे इन 'नये ब्राह्मणों' का मज़ाक़ उड़ाते हैं। वे इन नये ब्राह्मणों से पूछने लगते हैं कि उन्हें पण्डितों–ब्राह्मणों की तरह कुछ संस्कृत मन्त्र आते हैं या नहीं। उधर, गाँव के बड़े–बूढ़ों के क्रोध का रूप यह है–'मालकिनों और बबुवाओं के लिए शिल्पकारों का विद्रोह साधारण–सी हँसी–मज़ाक़ की घटना हुई हो, लेकिन बड़े–बूढ़े मालिक लोगों का मन इस परिवर्तन से सहसा आतंकित हो उठा। उन लोगों के स्वभाव में अचानक ही चिड़चिड़ापन आ गया। मन का आक्रोश घर के लोगों को झिड़कने–फटकारने में व्यक्त करते।' परिवर्तनों को अस्वीकार करने के कारण पैदा व्यापक चिड़चिड़ापन एक नया सामाजिक सत्य है जिसे लोग देखकर भी अनदेखा कर रहे हैं। पर निम्न जातियों की क्रान्ति अन्त में ग्रामीण यथार्थ की पत्थर की दीवार से टकराकर चकनाचूर हो जाती है। उत्पादन और संसाधनों के स्तर पर उच्च जातियों पर निर्भरता और विचार–संस्कृति के स्तर पर आत्मनिर्भरता का अन्तर्विरोध भयानक रूप ग्रहण कर लेता है। शिल्पकार जाति के लोग मालिक टोले पर अपने खानपान के लिए निर्भर थे और उनकी हालत का संवेदनशील चित्रण इस रूप में किया गया है–'जेठ–बैसाख की तपती दोपहर में हल चलाकर दिन के भोजन के लिए रोटियाँ लेने हलवाहे लोग मालिक टोले में आते, तो घरों के बरामदों में बच्चों की थाली में जाईफूल के ढेर से सफ़ेद, मह–मह महकते हुए भात और पिघले सोने–सी मसूर की दाल को वे लोग देखते और एकटक देखते ही रह जाते। मालकिनें मडुवा गेहूँ की पाँच–छह मोटी–मोटी रोटियाँ बेडुवा रोटियाँ चौलाई या ओगल की भाजी, नमक–मिर्च के साथ हाथ में डाल जातीं, तो अखरोट के पेड की छाँह में प्रत्येक कौर पानी की घूँट के साथ निगलना दूभर हो जाता।' अदभुत देशज शब्दों और शब्द–चित्रों का प्रयोग करते हुए कहानीकार विद्रोहियों की आत्मा की टूटन को दिखाता है। जो लोग ब्राह्मणों की बराबरी का दावा करने निकले थे, भूख–अभाव उन्हें समर्पण करने के लिए विवश कर देते हैं। वे चोरी–छिपे मालिक टोले में जाकर भात लाने लगते हैं और उनका विद्रोह ठण्डा पड़ने लगता है। गाँव के ही एक लोहार के शरीर पर जब जनेऊ के कारण पसीना जमा होने से दाने निकल आते हैं तो गाँव का वैद्य उसे ईश्वर के कोप और बिना अनुष्ठान किये जनेऊ धारण करने का परिणाम बताकर लोगों को और डरा देता है। अन्त में लोहार जाति के सभी लोग नदी में जाकर अपने यज्ञोपवीत को समर्पित कर देते हैं। कहानी के ढेर सारे राजनीतिक सन्देश

भी हैं क्योंकि लोहारों का यज्ञोपवीत धारण करना संस्कृति की राजनीति में शामिल होने जैसा है। वे सांस्कृतिक प्रतीकों के स्तर पर प्रतिरोध कर गाँव के राजनीतिक–सामाजिक शक्ति सन्तुलन को सुधारना चाह रहे हैं। पर चूँकि अभी आर्थिक संरचना में बदलाव नहीं आये हैं, इसलिए निम्न जातियों का सांस्कृतिक विद्रोह भी असफल हो जाता है। जातियों का सम्बन्ध केवल धर्मग्रन्थ से नहीं रहा है बल्कि उत्पादन के साधनों से भी रहा है। जाति–व्यवस्था ने उत्पादन के साधनों पर असमान नियन्त्रण को जन्म दिया था और आर्थिक सम्बन्धों का निर्माण भी किया। इसीलिए जब तक नवीन शहरी व्यवसाय व खुली भर्ती प्रक्रिया नहीं विकसित हुई और गाँव से शहर की ओर पलायन नहीं बढ़ा, जाति–अस्मिता के आन्दोलन भी सफल नहीं हो सके। 'समर्पण' कहानी के सही पाठ से ही यह पता लगाया जा सकता है कि दमित–दलित जातियों द्वारा पुरानी संरचना से बाहर निकलना अभी कठिन है। वे ब्राह्मणवादी प्रतीकों पर अधिकार प्राप्त करने के प्रयासों में भी कामयाब नहीं हो पा रही हैं, भले ही उनके प्रयास प्रतिरोध के मूल्यों के ऐतिहासिक विकासक्रम को प्रकट करते हों। कम्युनिस्ट आन्दोलन पर लोग यह आरोप लगाते हैं कि उन्होंने वर्ग के स्थान पर जाति को महत्त्व नहीं दिया। इसी तरह उन्होंने जातियों की गोलबन्दी को अपने आन्दोलन का आधार नहीं बनाया। केवल शहरी मज़दूर वर्ग को ही सर्वहारा की तरह देखकर उसके आधार पर सांगठनिक राजनीति में भरोसा करते रहे। लेकिन वर्णव्यवस्था में क़ैद ग्रामीण समाज में कोई क्रान्ति इसलिए असम्भव थी क्योंकि जाति आधारित सामाजिक व्यवस्था के टूटने की प्रक्रिया बहुत धीमी थी। जातियों के आधार पर गठित समाज विभिन्न दमित जातियों को उत्पादन की प्रक्रिया से जोड़कर रखता था। इन दमित जातियों के लिए विद्रोह या क्रान्ति का अर्थ था उस उत्पादन की संरचना से बाहर निकल आना और इससे उनका जीवन और असुरक्षित हो सकता था। जातियाँ उत्पादन की प्रक्रिया से जुड़ी थीं और उत्पादन के रूपों के बदलाव के साथ ही उन्हें मुक्त होना था। 'समर्पण' जैसी कहानी दिखाती है कि किस तरह से निम्न जातियों का संघर्ष अन्त में इसलिए व्यर्थ चला जाता है क्योंकि लौटकर उन्हें उसी मालिक टोले के लोगों के पास आना पड़ता है जो भूमि–कृषि सम्बन्धों में उच्चतर स्थिति में है।

किसी लेखक की कहानी–कला की उत्कृष्टता की परख कहानी में नाटकीयता, विचार–वस्तु, प्रभावान्विति, चरित्र व भाषा के समुचित

सन्तुलन के आधार पर होती है। रामचन्द्र शुक्ल ने जिसे तुलसीदास की महाकाव्यात्मक प्रतिभा का मूल्यांकन करते हुए 'कथा–काव्य के सब अवयवों का उचित समीकरण' कहा था, वह बड़ी विचार–दृष्टि को केन्द्र में रखकर लिखी गयी लघु कहानी के लिए भी उतना ही महत्त्वपूर्ण हो सकता है। आवश्यकता पड़ने पर कथा में नाट्य विशेषताओं और उससे जुड़े बिम्बों का प्रयोग किया जा सके, इसका भी ख़याल रखना होता है। 'समर्पण' कहानी भी अपनी गम्भीर विषयवस्तु में नाटकीय सौन्दर्य को पैदा करती चलती है। पर आश्चर्य होता है कि 'दाज्यू', 'बदबू' या 'कोसी का घटवार' जैसी कहानियों का नाम ही शेखर जोशी के सन्दर्भ में बार–बार क्यों लिया जाता है और 'समर्पण' जैसी सशक्त कथानक वाली कहानी की चर्चा तक नहीं होती। हिन्दी के कथाप्रेमी समाज का इस तरह से कुछ कहानीकारों तक ही नहीं, बल्कि कुछ कहानीकारों की कुछ ही कहानियों तक सीमित रह जाना घनघोर विडम्बना का सूचक है और साथ ही उसकी रुचियों के संकीर्ण होते चले जाने का भी।

स्वातन्त्र्योत्तर भारत के कथा-बिम्ब

भीष्म साहनी की कथाएँ पढ़ना समाज के जटिल और सुदूर अनजान इलाक़ों में फैले अन्तःकरण में प्रवेश करना है। समाज का अन्तःकरण केवल उतना भर नहीं होता, जितना हमारा उसके विषय में ज्ञान और बोध होता है, बल्कि उससे कहीं अधिक जटिल हो सकता है। समाज केवल हमारी समझदारी की सीमा तक सीमित होता तो क्या था! सौभाग्य से वह हमारे संचित विवेक और ज्ञान से कहीं ज़्यादा विस्तार रखता है। भीष्म जी की कथाएँ उस सामाजिक अन्तःकरण का निर्माण करने वाले बहुत से ऐतिहासिक और सामाजिक पक्षों के बारे में हमारे पूर्वग्रहों को तोड़ती हैं और उसके बारे में विश्वसनीय अन्तर्दृष्टि प्रदान करती हैं। यह भी ग़ौर करने लायक बात है कि भीष्म साहनी की कहानियाँ केवल लेखक के अहं, भावावेग, भय या अधूरेपन की भावुक कथा बनकर नहीं रह जाती हैं। बल्कि उन्हें पढ़कर लगता है कि बहुत सारे लोग, इधर–उधर फैले व बिखरे संसार से आकर, एक स्थान पर एकत्र हो गये हैं और स्वयं ही अपने–अपने हिस्से की पराजय व उम्मीद को जीते हुए अपने ढंग से अपनी कथाएँ कह रहे हैं। ऐसा प्रतीत होता है जैसे लेखक हर कहानी में किसी कोने में बैठकर, रहस्यमय ख़ामोशी ओढ़कर, उन्हें अपनी बातें कहते देख रहा है और मन्द–मन्द मुस्करा रहा है। भीष्म जी के सफल कथाकार होने का कारण भी यही है कि वे पात्रों तथा कथानक को बहुत तल्लीनता से गढ़ते हैं लेकिन उन पर लेखक के व्यक्तित्व को हावी नहीं होने देते हैं। न तो वे लेखक के पूर्वग्रहों का बोझ ढोते प्रतीत होते हैं और न लेखक के सामाजिक जीवन के ज्ञान की सीमा को प्रकट करते हैं। ऐसा भी नहीं लगता कि कथा को लेखक केवल आत्मनिवेदन या आत्मकथा की तरह प्रयोग कर रहा है। अक्सर कच्ची समझ या कम जीवनानुभवों वाले लेखक अपनी हर रचना को आत्मनिवेदन बना देते

हैं। समाज के साथ उनका सम्बन्ध कितना कमज़ोर और सीमित है, उनकी ही कथाएँ चीख़–चीख़कर इसकी गवाही देती हैं। हर रचना को आत्मनिवेदन बनाने से रचना ही नहीं पाठक की संवेदना भी विकसित होने से वंचित हो जाती है। लोग कथा के स्थान पर आत्मकथा अधिक लिखने लगते हैं जिससे कहानी में भावनात्मक घुटन पैदा होने लगती है और यह घुटन रचना में स्वयं लेखक की अत्यधिक उपस्थिति के कारण पैदा होती है। साँस लेना अत्यन्त दुस्साध्य हो जाता है। पाठक के चित्त पर युग के यथार्थ के बिम्ब उभरने के स्थान पर लेखक की कुण्ठाओं का कीचड़ चिपक जाता है। यह सही है कि कथाएँ लेखक की भावनाओं को व्यक्त करती हैं पर कहानी किसी लेखक के भावजगत का विस्तार भर नहीं होती है। उसमें वस्तुगत सत्य और सामाजिक जीवन का भी प्रवेश ज़रूरी है।

भीष्म जी को श्रेष्ठ रचनाकार की श्रेणी में पहुँचाने में उनकी एक और प्रतिभा का बड़ा योगदान है। वह प्रतिभा है कथा में सायास किसी छद्म क़िस्म की वैचारिक बहस, भाषण या क्रान्ति के लिए जगह बनाने की कोशिश न करना। नैरेटर, कथावाचक, प्रथम पुरुष या अन्य पुरुष सर्वनाम घटना या चरित्र का वर्णन और स्थिति का ब्योरा देते हुए आश्चर्यजनक तटस्थता का परिचय देता है। कहानी के लिखे जाने और उसके पाठ निर्माण की प्रक्रिया में 'लेखक की मृत्यु' की इतनी ज़रूरत नहीं होती है जितनी लेखक की तटस्थता और उस तटस्थता का अनुभव करने की। भीष्म साहनी के यहाँ लेखकीय तटस्थता अपनी सर्वोत्कृष्ट ऊँचाई को स्पर्श करती है। इसीलिए उनकी कहानियों में लेखकीय मंतव्यों को प्रकट करने वाले सर्वनामों के स्थान पर पात्रों का इतना विशाल संसार हमें दिखने लगता है जिसमें साधारण व्यापारी, बूढ़ी औरतें, स्वतन्त्रता सेनानी, नौजवान, बच्चे, मज़दूरनें, अफ़सर, साइकिल व खोमचे वाले आदि सभी अपनी कहानी सुनाते हुए नज़र आते हैं। समाज के ये सारे लोग भीष्म जी की कलम से जन्म लेते हुए भी अपने किरदार में इतने वास्तविक, स्वतन्त्र और स्वायत्त नज़र आते हैं कि लगता ही नहीं कि कल्पना–प्रसूत पात्र हैं। कलम इन्हें जन्म देने के बाद जैसे किसी नेपथ्य में चली जाती है। भीष्म साहनी समर्थ कलाकार हैं और व्यापक जनजीवन के प्रति संवेदनशील भी। इन दोनों गुणों का दुर्लभ संयोग उनके कथा–साहित्य में बहुत शान से सिर उठाकर खड़ा नज़र आता है।

भीष्म साहनी की कहानियाँ हालाँकि स्वातन्त्र्योत्तर भारत में मध्यवर्ग के अधिक निकट हैं पर वे अपने कथा–विषय को केवल मध्यवर्ग तक ही सीमित नहीं रखते हैं जैसाकि नयी कहानी आन्दोलन के दौर के कहानीकारों ने किया था। वे मध्यवर्ग की कथा कहते हैं पर मध्यवर्ग के बाहर जो बदहवास भागती, उलझती, रोती–चिल्लाती दुनिया है, उसकी ओर से आँख नहीं फेर लेते हैं। मध्यवर्ग की कथाओं के माध्यम से वे व्यापक जनजीवन से जुड़ते हैं और अपने पाठकों को भी उसी ढंग से उस व्यापक जनजीवन से जोड़ देने में सफलता प्राप्त कर लेते हैं। उनमें कहानी को लेकर यह फ़लसफ़ा गढ़ने का शौक़ भी नहीं दिखता कि अनुभूति की सीमा ही साहित्यिक अभिव्यक्ति की सीमा होती है। यानी अनुभूति के दायरे के बाहर साहित्य की रचना नहीं करनी चाहिए–अनुभूति न हो गयी, बाबा जी की माला या मन्त्र हो गया कि उसके बाहर कुछ है ही नहीं। अनुभूति अगर जीवन में महत्त्व रखती है तो समझ, विचार, ज्ञान या दृष्टि जैसी चीज़ें भी वैसा ही महत्त्व रखती हैं। उनकी बहुचर्चित कहानियाँ हैं–'अमृतसर आ गया है', 'वांड्.चू', 'चीफ़ की दावत', 'झूमर', 'त्रास', 'कुछ और साल', 'ओ हरामज़ादे' तथा 'यादें' इत्यादि। इन्हें पढ़कर लगेगा कि मध्यवर्ग के जितने स्तर हैं, उसके भीतर की जितनी विविधता और व्यापकता है, जितने भिन्न–भिन्न प्रकार के सामाजिक द्वन्द्व हैं, उन सभी को आप अपनी नंगी आँखों से देख रहे हैं। यहाँ पर देखना केवल अलसाया हुए निष्क्रिय विलास नहीं है बल्कि इस देखने के माध्यम से, दृश्य–ग्रहण से, हमारी सुप्त संवेदनाएँ फिर से जागने लगती हैं। हमारी अपनी आँख को जैसे ताज़गी से भरी नयी दृष्टि प्राप्त हो चुकी है और हम सामने के दृश्यबन्ध के अनदेखे पहलुओं को भी देख पा रहे हैं।

'अमृतसर आ गया है' साम्प्रदायिकता पर लिखी गयी क्लासिक कहानी है। कृश्न चन्दर ने उर्दू में 'पेशावर एक्सप्रेस' नामक कहानी भी लिखी थी जिसमें एक ट्रेन द्वारा दंगों, ख़ूनख़राबे, लूट आदि की आपबीती सुनाई गयी थी। इसमें पेशावर से बम्बई आयी ट्रेन सोचती है–'मैं लकड़ी की एक बेजान गाड़ी हूँ पर फिर भी चाहती हूँ कि इस ख़ून और गोश्त और नफ़रत के बोझ से मुझे मत लादा जाये ''अमृतसर आ गया है' कहानी में ट्रेन नहीं बल्कि लेखक ख़ुद घटनाओं का नैरेटर है। कहानी पढ़कर आपको पता चलेगा कि कैसे हालात के दबावों में इन्सानियत को हारना पड़ता है और एक वहशी प्रतिशोध हर किसी

की चेतना को अपनी गिरफ़्त में ले लेता है। ट्रेन पर हिन्दी फ़िल्मों में बहुत सारे रोमांटिक गीत लिखे गये हैं। ट्रेन को मनुष्य के निजी जीवन प्रसंगों व दिल की रोमांचकारी भावनाओं को व्यक्त करने की 'साइट' के तौर पर इस्तेमाल किया गया है। पर यहाँ एक ऐसी ट्रेन है जो कृश्न चन्दर की पेशावर एक्सप्रेस की तरह ही विभाजन की त्रासदी को अपने हर डिब्बे में ढो रही है। यह पाकिस्तान से भारत आ रही है और ऐसा लगता है जैसे एक अन्धकार से दूसरे अन्धकार में प्रवेश कर रही है। बोझिल से अनिश्चित वातावरण में लोग सफ़र काट रहे हैं। ट्रेन की गति कभी धीमी भी पड़ती है तो लोग एक–दूसरे को शंका की निगाह से घूरने लगते हैं। सभी के मन में आशंका है कि कहीं किसी सहयात्री के भीतर ही कोई हत्यारा या दंगाई न जाग उठे। खिड़की के बाहर किसी नगर के जलने और शोलों के उठने का दृश्य देखने वाला हर मुसाफ़िर आसपास भी मौत को मँडराते महसूस करता है। ट्रेन कहीं रुकती है तो लोग पूछने लगते हैं कि पीछे क्या हुआ, कहाँ दंगा हुआ! लगता है कि हिन्दू और मुस्लिम साम्प्रदायिकता ने हर मनुष्य के अन्दर प्रतिशोध का भाव पैदा कर दिया है, जो घात लगाकर किसी की जान लेना चाहता है। ट्रेन में एक बूढ़ी स्त्री है जो बड़ी विवश दशा में कहती है–'वे रब्ब दियो बन्दयो, कुज होश करो।' मनुष्य अब अपनी सारी स्वतन्त्र सामाजिक पहचानें खोकर किसी धर्म या मज़हब के निरंकुश प्रतीक में बदल दिया गया है। वह उदारता और दया के उज्जवल सद्‌गुणों के स्थान पर क्रूरता–कठोरता की कालिमा से पहचाना जाने लगा है। भगवान और अल्लाह का नाम रटने वाले भी भीतर तक ज़हरीले कीड़े या हिंस्र पशुओं की तरह बुरी तरह निर्दयी हो चुके हैं। पराक्रम की नयी परिभाषा गढ़ी जा रही है जिसमें विधर्मी की हत्या करना पराक्रम हो गया है, बाक़ी सब बुजदिली और नामर्दी। कहानी बड़े सूक्ष्म अन्दाज़ में साम्प्रदायिक वातावरण का मनोवैज्ञानिक विश्लेषण भी करती है। एक निर्मित हो चुके साम्प्रदायिक मानस के बेहद बुरे परिणामों और उसकी हिंसा करने की भूख को उजागर करती है। कैसे धीरे–धीरे एक साधारण–सा शख़्स खूँखार साम्प्रदायिक प्रतिशोध–भाव की चपेट में आता है, इसे व्यक्त करती है। आमतौर पर कथाओं में किसी एक पक्ष की साम्प्रदायिकता ज़्यादा उभरती है पर इस कहानी की विशिष्ट कथा–संरचना में पहले तो पठानों के माध्यम से मुस्लिम साम्प्रदायिकता और फिर एक हिन्दू बाबू के

माध्यम से हिन्दुओं के मन में घर बनाकर बैठी हिन्दू साम्प्रदायिकता का चित्र उभरता है। देश का विभाजन साम्प्रदायिक भावनाओं का परिणाम था, पर इस विभाजन ने साम्प्रदायिक भावनाओं को राष्ट्रीयता के साथ जोड़ दिया। इस कारण बहुत सारे अपराध 'अनिवार्य बुराई' की तरह देखे जाने लगे हैं। विभिन्न विचारकों ने सरकार, राजनीति, टैक्स–प्रणाली, मीडिया आदि कई चीज़ों को अलग–अलग समय में 'नेसेसरी इविल' यानी अनिवार्य बुराई कहा है। पर कहानी में विभाजन का वह दौर है जहाँ लोमहर्षक अपराध, रक्तपात या अन्य घिनौने काण्ड भी अनिवार्य बुराई के तर्क की आड़ में गुम हो जाते हैं। राष्ट्र निर्माताओं ने बड़ी चालाकी से जनमानस में साम्प्रदायिकता को एक अनिवार्य बुराई और अटल नियति के रूप में पेश करने में कामयाबी हासिल कर ली है। दंगों के बारे में कभी आशीष नन्दी ने कहा था–'अब दंगों के पीछे भी वेबेरियन रैशनेलिटी (Weberian Rationality) काम करने लगी है। बड़े सेक्युलर ढंग से 'डिज़ाइनर दंगे' (Designer Riots) होते हैं जिनका धर्म से नहीं बल्कि राजनीतिक नफ़े–नुकसान से सम्बन्ध होता है। किसी चार्टर्ड एकाउंटेंट की शैली में दंगों की गणितीय योजना बनती है और उसके लाभ–हानि का समूचा ब्योरा तैयार होता है।' इस प्रकार चाहे भारत–विभाजन कराने के लिए साम्प्रदायिक हिंसा की योजना तैयार की गयी हो या वर्तमान में होने वाली साम्प्रदायिक हिंसा, सभी के पीछे चार्टर्ड एकाउंटेंट वाली सुचिन्तित सोच और रणनीति छिपी होती है। इस बात को न समझने वाले लोग धर्म के नाम पर नफ़रत पालते हैं और लड़ते–कटते रहते हैं।

भीष्म साहनी की एक और कहानी है 'झूमर'। यह कहानी एक ऐसे पूर्व स्वतन्त्रता सेनानी की है जिसकी युवावस्था अंग्रेज़ों से संघर्ष करने, क्रान्तिकारी गतिविधि में हिस्सा लेने और लोगों को संगठित करने में व्यतीत होती है। बहुत पहले बंगाल के दुर्भिक्ष पर आयोजित नाटक में वह एक स्त्री को अपने कान के सोने के झूमर दान करते देख प्रेरित हो गया था और रंगकर्म में कूद पड़ा था। यह ऐतिहासिक तथ्य है कि 1943 के बंगाल के अकाल ने लोगों को हिलाकर रख दिया था और नाटक व रंगमच जैसे सांस्कृतिक कर्म पर गहरा प्रभाव डाला था। रंगकर्मियों की नयी टोलियाँ गठित हो गयी थीं जिन्होंने नाटक के प्रदर्शन किये और साथ ही अकाल पीड़ितों के लिए चन्दा एकत्र किया। इसी प्रकार

स्वतन्त्रता आन्दोलन के दिनों में जेलयात्रा करने वाले लोग प्रायः मार्क्सवाद के विचार से शिक्षित होकर जेल के बाहर आते थे। इस कहानी में इन दोनों ही सचाइयों पर प्रकाश डाला गया है। और इस अर्थ में सम्भवतः हिन्दी की अनोखी कथा है। हिन्दी की कोई ऐसी कहानी नहीं याद आती जिसमें दोनों क़िस्म के ऐतिहासिक यथार्थ कथा–विन्यास में संग–संग उपस्थित हों। कथानायक अर्जुनदास पहले तो बंगाल दुर्भिक्ष पर आयोजित नाटक को देखकर रंगकर्म से जुड़ता है फिर बम्बई के नौसेना विद्रोह में दो साल की जेल काटने के दौरान मार्क्सवादी बनकर जेल से बाहर आता है। पर यह ऐसा समाज है जहाँ पुनर्जागरण, एनलाइटेनमेंट व आधुनिकता के गर्भ से परिवर्तन की किसी ठोस प्रक्रिया का जन्म नहीं हुआ है। ऐसे समाज में आदर्शवाद के रास्ते पर चलना आत्मघात की तैयारी करने जैसा लगता है। आदर्शवाद को दुःखान्त का सामना अधिक करना पड़ता है। प्रौढ़ अवस्था में आकर कथानायक अर्जुनदास अनुभव करने लगता है कि उसने अपने जीवन को आदर्शवाद में गर्क कर दिया और स्वांतः सुखाय जीवन ही जीता रहा न उसे कुछ प्राप्त हुआ, न देश को। वह देखता है कि जिन्होंने स्वतन्त्रता की लड़ाई लड़ी वे आज़ादी के बाद अब ठेके और तरह–तरह के लाइसेंस हथियाने में लगे हैं। एक बार स्वतन्त्रता सेनानियों के कार्यक्रम में हिस्सा लेने दिल्ली जाता है। वहाँ यह देखकर क्षुब्ध हो जाता है कि कुछ घण्टे या मिनट के लिए किसी जुलूस में शामिल होने वाले या एक दिन के लिए गिरफ़्तार होने वाले लोग भी स्वतन्त्रता सेनानियों के लिए आवंटित भत्ते को हासिल करने की होड़ में लगे हैं। इस होड़ को देख वह स्वतन्त्रता सेनानी भत्ता लेने से मना कर देता है। अपने आप से कहता है–'क्या मैं इसलिए जेल गया था कि एक दिन मैं उसके लिए भत्ता माँगूँगा?' पर ज़्यादा दुःख उसे इस बात का होता था कि उसके ही बेटा और बेटी उसके आदर्शवाद की खिल्ली उड़ाते थे। कुल मिलाकर वह अपने जीवन से काफ़ी निराश प्रतीत होता है। नयी पीढ़ी के आदर्शवाद को देखकर वह मन मसोसकर रह जाता है और सोचता है कि उन्हें भी अन्त में उसी की तरह हताश होना पड़ेगा। पर कहानी में क्लाइमैक्स भीष्म की कथाशैली की पहचान रहा है। वे कहानी के कथानक को कई बार मंद गति से बहते पानी की तरह बहने देते हैं पर अन्त में आकर उसे एकदम ही अलग ढंग की गति और मोड़ प्रदान कर देते हैं कहानी किसी अनपेक्षित नाटकीय अन्त से

बचते हुए भी नाटकीयता का आभास दिलाती है। इस कहानी में भी वे अर्जुनदास की सारी निराशा और दुविधा का नया पक्ष प्रस्तुत करते हैं। वे दिखाते हैं कि आदर्शवादियों की निराशा वास्तव में सामाजिक सत्य से उनके कटते जाने का स्वाभाविक परिणाम होती है। वे अपनी कमज़ोरियों को अपने आदर्शों पर थोपने लगते हैं। अपने जीवन तथा भावनाओं के साथ अन्याय होने की पीड़ा के बारे में सोचते–सोचते वास्तविक पीड़ा से कई गुना बड़ी आत्मपीड़ा को विकसित कर लेते हैं। अर्जुनदास सोचते रहते हैं कि उन्होंने आदर्शवाद के कारण परिवार के साथ अन्याय किया और पत्नी को भी उसके वांछित सुख नहीं प्रदान किये। पर अन्त में एक प्रसंग आता है–एक नाटक के कार्यक्रम में लोग चन्दा एकत्र करने आते हैं तो उनकी अधेड़ पत्नी बड़े सहज व उदार भाव से अपने सोने के झूमर उतारकर दान कर देती है। तब उन्हें यह अहसास होता है कि अपने आदर्शवाद के कारण जिस पत्नी के साथ अन्याय होने की बात सोचकर वे मन में पश्चात्ताप पालते रहे हैं, वैसी कोई उलझन या व्यथा पत्नी में मन में नहीं है। वह उनकी उलाहना व आलोचना करते हुए भी मन–ही–मन उनके आदर्शों को स्वीकार कर चुकी होती है। कुल मिलाकर यह कहानी उन चरित्रों पर है जो व्यर्थ के आत्मधिक्कार के शिकार रहने लगते हैं। ऐसा इसलिए होता है क्योंकि उनकी मानसिक भावनाएँ बाहरी स्थितियों से जुड़ने के स्थान पर अन्तर्मुखी हो जाती हैं और अपने ही अतीत के बारे में ग़लत–सलत काल्पनिक धारणाएँ गढ़ने लगती हैं। वे समाज में चहुँओर पतन को देख–देखकर स्वयं को निराशावादी बना लेते हैं। पर यह देखने में नाकाम हो जाते हैं कि हर युग में पतनशील तथा पतनशीलता से लड़ने वाली शक्तियाँ मौजूद होती हैं। वे शक्तियाँ कभी नौजवानों के आदर्शवाद के रूप में सामने आती हैं तो कभी जनान्दोलनों के रूप में। उनके मन के कोने में बैठा भ्रम धीरे–धीरे विशाल होता जाता है कि उन्होंने अपने लिए आन्दोलन व आदर्श का रास्ता चुनकर परिजनों के साथ अन्याय किया है और इसके लिए परिजनों के आक्रोश का सामना करना पड़ रहा है। इसके ठीक उलट सचाई यह भी होती है समाज ही नहीं बल्कि परिजनों का एक हिस्सा इसी कारण उनका सम्मान करता है और उनके आदर्शों के अनुकूल चलने के लिए स्वयं भले पूरी तरह तैयार न हो, पर उन आदर्शों की आवश्यकता को समझता है। हिन्दी में आदर्शवाद से मोहभंग को लेकर लिखी कहानियों की लम्बी सूची है। पर

यह कहानी आदर्शवाद व मूल्यों से मोहभंग के बेतुकेपन और निरर्थकता को प्रकट करती है।

भीष्म साहनी ने अपनी कथाओं में समाज की वृद्ध स्त्रियों, रिटायर्ड लोगों और बुज़ुर्गों पर ख़ास संवेदनशीलता से लिखा है। उन्होंने इस धारणा को कहानी में तोड़ा है कि साहित्य में केवल विरह, प्रेम या रोमान के सहारे ही सशक्त स्त्री चरित्र को गढ़ा जा सकता है। उन्होंने समाज की दुर्बल वृद्ध स्त्रियों के अकेलेपन तथा उपेक्षा को जिस प्रकार से चित्रित किया, उसका हिन्दी साहित्य में कोई सानी नहीं है। समाज में यह ख़ुदगर्जी चारो तरफ़ फैली होती है कि जो काम का है, या जो किसी को कुछ प्रदान कर सकता है, केवल उसी को सम्मानपूर्वक जीने का हक़ है। पूँजीवाद ने उत्पादन, लाभ, निवेश या योजना के अर्थशास्त्रीय गणित के दबाव में इन्सान को मुक़म्मल ढंग से समझना न केवल मुश्किल बना दिया है बल्कि इस बारे में किसी भी समझ को विकसित करने के रास्ते भी एक–एक कर बन्द कर दिये हैं। इसी के समानान्तर यह विश्वास भी कायम है कि चूँकि वृद्ध लोग जवान लोगों के कार्य में बाधक होते हैं और इसीलिए उन्हें सामाजिक जीवन में अधिक–से–अधिक अदृश्य स्थिति में रखना चाहिए। भीष्म जी की दो कहानियाँ इस विषय का बड़ा ही मार्मिक वर्णन करती हैं। 'चीफ़ की दावत' और 'यादें'। चीफ़ की दावत कहानी में शामनाथ की बूढ़ी पंजाबी माँ है जिसे उसका बेटा ही घर में निर्वासित करना चाहता है। माँ को अपने दफ़्तर के चीफ़ की निगाहों से बचाना चाहता है। उसे घर में किसी कोने में धकेल देना चाहता है ताकि पार्टी की मौज मस्ती, चुहल में बाधा न पड़े। समाज के वृद्धजनों पर लिखी गयी हिन्दी की सर्वाधिक मार्मिक कथा की इन पंक्तियों को देखिए जिसमें घर का मालिक अपने चीफ़ के स्वागत की तैयारी कर रहा है–'आख़िर पाँच बजते–बजते तैयारी मुक़म्मल होने लगी। कुर्सियाँ, मेज़, तिपाइयाँ, नैपकिन, फूल, सब बरामदे में पहुँच गये, ड्रिंक का इन्तज़ाम बैठक में कर दिया गया। अब घर का फालतू सामान अलमारियों के पीछे और पलंगों के नीचे छिपाया जाने लगा। तभी शामनाथ के सामने सहसा एक अड़चन खड़ी हो गयी, माँ का क्या होगा? 'यहाँ कहानी–कला की चमक और परिपक्वता देखिए–कहानी को प्रभाव पैदा करने के मामले में एक ऐसी लय मिलती है जैसे प्रत्यंचा से निकले तीर को। जिस समय घर का फालतू और पुराना सामान छिपाया जा रहा है, उसी समय यह प्रश्न

उठना–'माँ का क्या होगा? 'यह प्रश्न शामनाथ अपनी पत्नी से अंग्रेज़ी में पूछते हैं, जैसे अंग्रेज़ी में पूछने से वे ज़्यादा शीघ्रता से समस्या का हल प्राप्त कर लेंगे! जैसे अंग्रेज़ी में सोचने और बोलने से उन्हें अपने ही कुत्सित भावों के बोझ से राहत मिल जायेगी। माँ जब उसे याद दिलाती है कि उसके जेवर भी उसकी पढ़ाई में बिक गये तो वे चिड़चिड़ा उठते हैं। हिन्दी में एक स्त्री विमर्श समाज की वृद्ध स्त्रियों के जीवन को केन्द्र में रखकर आरम्भ करना चाहिए। इसके लिए हो सके तो स्वाधीनता, यौन–सम्बन्ध, प्रजनन, जेंडर आधारित उत्पीड़न के विमर्श के दायरे को थोड़ा और विस्तृत कर उसमें उम्रदराज स्त्रियों के जीवन सम्बन्धी प्रश्नों को सम्मिलित करना चाहिए।

भीष्म जी की एक और कहानी है–वांड़्.चू। यह कहानी बौद्ध धर्म के प्रति जिज्ञासा और भक्ति लेकर चीन से भारत आकर यहाँ बसने वाले एक व्यक्ति की है। भीष्म जी ने राष्ट्रीय सीमाओं को अपने जीवनकाल में बनते, टूटते और पुनर्रचित होते देखा था। लोगों के मेहनत से बनाये घर भी उन्हें सुरक्षा प्रदान करने में नाकाम हो जाते हैं और वे अपनी ही ज़मीन पर परदेसी या बाहरी घोषित हो जाते हैं। उन्होंने अनुभव किया था कि राष्ट्र, राष्ट्रवाद, राष्ट्र–सीमा आदि समाज के सामान्य लोगों के लिए भले पूजनीय या आस्था की वस्तु हों लेकिन समाज के सम्पन्न वर्गों और राजनेताओं के हाथों खिलौना बन जाते हैं। राष्ट्र के सांस्कृतिक आधारों को भी राष्ट्र के भौतिक आधारों पर निर्भर रहना पड़ता है। भारत के साम्प्रदायिक विभाजन ने जिस प्रकार करोड़ों लोगों की नागरिकता और निवास को लेकर अमानवीय सन्देह व भयावह समस्याएँ पैदा कर दीं, उसने भीष्म जी की संवेदना में अवश्य ही उथल–पुथल मचा दी होगी। राष्ट्रीय सीमाओं को लेकर छद्म पवित्रता बोध किस प्रकार मानवीय आस्था पर हावी हो जाता है, इसी पर उन्होंने बाद में 'वांड़्.चू' नामक कहानी भी लिखी। वांड़्.चू बौद्ध विहारों के खँडहर और संग्रहालयों में भटकता है, बुद्ध की मूर्तियों को देखकर भावुक हो जाता है। लुम्बिनी तक की यात्रा वह सारे रास्ते हाथ जोड़कर नंगे पैर कर चुका है और सारनाथ में पीपल के पेड़ के नीचे घण्टो नतमस्तक बैठता था। दूर से वांड़्.चू को आते देख लेखक अनुभव करता है–'क्षणभर में मुझे लगा, जैसे वांड़्.चू इतिहास के पन्नों पर से उतरकर आया है। प्राचीनकाल में इसी भाँति देश–विदेश से आने वाले चीवरधारी भिक्षु पहाड़ों और घाटियों

को लाँघकर भारत में आया करते होंगे। अतीत के ऐसे ही रोमांचकारी धुँधलके में मुझे वांड्.चू भी चलता नज़र आया।' कहानी हमें वहाँ ले जाकर छोड़ती है जहाँ हम देखते हैं कि वांड्.चू भारत में दर–ब–दर भटक रहा है, वह चीन के सन्दिग्ध जासूस की तरह देखा जाने लगा, उसके सारे बौद्ध धर्म की पाण्डुलिपियाँ और काग़ज़ात छीन लिए गये हैं। जिस देश में बौद्ध धर्म के प्रति लगाव के कारण वह खिंचा चला आया था, वहीं की सुरक्षा एजेंसियाँ उसे ख़तरनाक शख़्स के रूप में देखने लगी हैं। इन सारी आतंकित करने वाली निगरानियों के कारण वह सारनाथ में ही अपने प्राण त्याग देता है। मरने से पहले उसकी आँखों में धूल उड़ने लगी थी जैसे वह अपने प्रिय धर्म, प्रिय देश और प्रिय परिवेश को धुँधला पड़ता देख रहा हो। भारत–चीन विवाद की पृष्ठभूमि पर हिन्दी में सम्भवतः कोई अन्य कहानी नहीं लिखी गयी है। भीष्म जी की कहानी कला की यह अप्रतिम विशेषता भी रही है कि वे धर्म, राष्ट्र तथा वर्ग आदि की विशाल ऐतिहासिक भाव–संरचनाओं की छतरी के नीच रहने वाली मजबूर और बेबस मनुष्यता को अपना कथ्य विषय बनाते हैं। वे बड़ी बेबाक़ी से भारतीय मध्यवर्ग की नीचताओं का पाखण्ड का उपहास उड़ाते हैं और उतनी ही शालीनता से उसके भीतर की दुविधाओं और विस्थापन के अहसास को चित्रित करते हैं। उन्होंने भारतीय जाति–व्यवस्था को केन्द्र में रखकर कहानियाँ भले न लिखी हों लेकिन जाति और वर्ग के संयुक्त उत्पीड़न के कारण जिन लोगों को सर्वाधिक नारकीय जीवन जीना पड़ रहा है, उनके प्रति उनकी कहानियों में अपार सहानुभूति और रागात्मकता प्रकट हुई है। जैसे कि उनकी कहानी 'गंगो का जाया' या फिर 'माता–विमाता'। ये दोनों ही कथाएँ मज़दूर वर्ग की स्त्रियों पर लिखी गयी हैं और इनमें पहली कहानी गंगो का जाया तो स्पष्टतः चित्रित करती है कि पितृसत्ता और वर्ग, दोनों मिलकर मज़दूर स्त्री के जीवन को अत्यन्त दुःखमय तथा निःसहाय बना देते हैं। वह इतनी निस्सहाय है कि अपने गर्भ के बच्चे के जन्म लेने और इस अन्यायग्रस्त संसार में आने की कल्पना से भी दुःखी होती है।

यह कहना अनुचित न होगा कि भीष्म जी की कहानियाँ पाठकों के साहित्य विवेक, यथार्थ–बोध और साहित्य–संस्कार, इन तीनों का ही परिमार्जन करती हैं। वे समाज के विराट संकट को व्यक्त करती हुई अपने पीछे इस प्रश्न के साथ हमें बेहद अकेला छोड़ देती हैं कि दुनिया में इतने

विराट आन्दोलनों, महापुरुषों, परियोजनाओं और विचारों के बावजूद मनुष्य की बेबसी और पीड़ा कम होने का नाम क्यों नहीं ले रही है! क्यों सबसे वीभत्स और घृणित मनोकामनाओं का जगत मनुष्य के सबसे मानवीय पक्षों को निगल रहा है! इस प्रश्न के साथ हम जिस अकेलेपन से घिर जाते हैं, वहाँ हम अकेले नहीं रहते हैं बल्कि दूसरों से जुड़ी अपनी नियति को पहचानने की बाध्यता को महसूस करते हैं। उस अकेलेपन में हम इस संसार के प्रति अधिक नैतिक और ज़िम्मेदार भी बन जाते हैं।

कहानी : विचार और अवधारणा

विचारधारा, कहानी और समकालीनता

विचारधारा यानी 'आइडियोलॉजी' शब्द का प्रयोग सबसे पहले फ्रांस की 1789 की क्रान्ति के बाद आरम्भ हुआ था। विज्ञान के विकास तथा फ्रांस की क्रान्ति के वैचारिक प्रभाव से यह अनुभव किया जाने लगा था कि विचार की पूरी प्रणाली को अनुभव के आधार पर प्रमाणित किया जा सकता है और एक क़िस्म के 'विचार के विज्ञान' (साइंस ऑफ़ आइडिया) को विकसित किया जा सकता है। फ्रांस की क्रान्ति के पश्चात एँटोयिन देस्तत दी ट्रेसी ने 'आइडियोलॉजी' शब्द का व्यवहार किया। इसके बाद विचारों के विज्ञान को विकसित करने तथा उसकी आलोचना का विकास करने का पूरा बौद्धिक उद्यम विकसित होता दिखने लगा। उसी दौर में 'प्रत्यक्षवाद' का विकास हुआ, जिसमें सामाजिक जीवन को भी प्राकृतिक विज्ञान के दृष्टिकोणों से व्याख्यायित करने का प्रयत्न किया जा रहा था। यह माना गया कि मनुष्य के विचार, कल्पना तथा व्यवहार को कठोर वैज्ञानिक समझदारी के दायरे में लाया जा सकता है। इस प्रकार विचारधारा की अवधारणा का जन्म उन परिस्थितियों में हुआ जब तेज़ औद्योगिकीकरण तथा राज्य–राष्ट्र की धारणा के उदय के कारण पारम्परिक मूल्य–व्यवस्था का क्षरण होने लगा था। एक नये क़िस्म की अथॉरिटी अर्थात सत्ता की आवश्यकता महसूस की जाने लगी थी। विचारधारा ने इस नये प्रकार की सत्ता (अथारिटी) को स्थापित करने में महत्त्वपूर्ण भूमिका निभायी। औद्योगिक क्रान्ति ने पुराने क़िस्म के कृषक समुदायों की नैतिकता, जीवन–शैली, आचार–विचार आदि को अप्रासंगिक बना दिया था तथा विचारधारा ने मनुष्य को नये क़िस्म के नैतिक–सामाजिक उद्देश्य से जोड़ने का कार्य किया।

विचारधारा के जन्म और उसकी समूची विकास प्रक्रिया पर लेखन करने वाले विद्वानों का मत है कि 'औद्योगिक क्रान्ति और उससे सम्बन्धित परिवर्तनों (आधुनिक विज्ञान का उदय, पारम्परिक धर्म का पतन और

आधुनिक विश्व का सामान्य धर्मनिरपेक्षता बोध) ने विचारधारात्मक चिन्तन के सामाजिक आधार व राष्ट्रवादी विकृतियों को निर्मित किया।'[1] रेमंड विलियम्स ने अपनी किताब 'मार्क्सिज्म एंड लिटरेचर' में लिखा है कि आरम्भ में विचारधारा पुराने चले आते तत्त्वमीमांसीय चिन्तन के ख़िलाफ़ विचारों के केन्द्र में मनुष्य को स्थापित करने के उद्देश्य से प्रेरित थी। मनुष्य के बारे में विचार करने की प्रणाली ने व्यवस्थित होकर विचारधारा का रूप ग्रहण कर लिया। विचारधारा की उत्पत्ति, विकास तथा उसमें परिवर्तन के कारण ख़ुद विचारधारा से बाहर मौजूद होते हैं। इसीलिए विचारधारा भले ही समाज की व्याख्या करे पर ख़ुद वह भी स्वायत्त व स्वयंभू न होकर समाज के भीतर से जन्म लेती है।

सामान्य बोध और ज्ञान में विचारधारा शब्द को सबसे अधिक मार्क्सवाद से जोड़कर देखा जाता रहा है। जर्मन विचारक कार्ल मार्क्स और ब्रिटिश विचारक फ्रेडरिख़ एंगल्स के यहाँ मुख्य रूप से विचारधारा शब्द का विस्तृत प्रयोग आरम्भ हो गया था, हालाँकि मार्क्स के लेखन में,ख़ासतौर पर आरम्भिक लेखन में विचारधारा एक नकारात्मक अवधारणा के रूप मे प्रकट हुई। मार्क्स–एंगल्स ने अपनी पुस्तक 'जर्मन आइडियोलॉजी' में माना कि विचारधारा का पूरा क्षेत्र वास्तविक यथार्थ को ढँकने के लिए उपयोग किया जाता है। विचारधारा को उन्होंने वास्तविकता का उलटा चित्र प्रस्तुत करने वाली शक्ति के रूप में देखा और उसके लिए 'कैमरा ऑब्सक्योरा' शब्द का भी इस्तेमाल किया, जिसका अर्थ होता है कि किसी दीवार पर वास्तविक चीज़ों की उलटी छवि या चित्र को पैदा करना। मार्क्स का यह भी मानना था कि नैतिकता, धर्म और तत्त्वमीमांसा के अंग के रूप में जो विचारधारा काम करती है, वह भौतिक–आर्थिक जीवन के अन्तर्विरोधों पर आवरण डालने का काम करती है। यथार्थ को बिगड़े रूप में पेश करने, तोड़ने–मरोड़ने तथा उसकी सचाई को झुठलाने की ज़िम्मेदारी उसी के ऊपर होती है। वह विशुद्ध भ्रम या विशुद्ध स्वप्न की तरह होती है। जिस प्रकार नींद में देखे जाने वाले सपने होते हैं, जिसमें बहुत सारी वास्तविक चीज़ें असम्बद्ध ढंग से जुड़ जाती हैं, उसी प्रकार विचारधारा में मनमाने ढंग से स्थितियों को आपस में जोड़ा जाता है। कई बार पूरी तरह से उलटे–पुलटे ढंग से, जो व्यवस्थित चिन्तन के नाम पर अव्यवस्था (डिसऑर्डर) को व्यक्त करता है। जीवन की वास्तविक दशाओं को विचारधारा में नहीं व्यक्त किया जाता बल्कि जीवन–दशाओं से ख़ुद

मनुष्य या समाज का जैसा भ्रान्तिपूर्ण या विकारग्रस्त सम्बन्ध होता है, वह विचारधारा में प्रकट होता है। विचारधारा को व्यक्ति की वास्तविकता से वास्तविक सम्बन्ध नहीं, बल्कि वास्तविकता से काल्पनिक सम्बन्धों का निर्माण करने वाली चेतना के रूप में देखा जाता है। नियन्त्रण और दमन की सभी प्रक्रियाएँ उसी के ज़रिये घटित होती हैं।

एनलाइटेनमेंट (प्रबोधनकाल) की पूरी परम्परा में विचारधारा को यथार्थ का धुँधला व भ्रामक बोध उत्पन्न करने वाली शक्ति के रूप में देखा गया जो विभिन्न प्रकार के हितों (मृत्यु व प्राकृतिक शक्तियों के भय से मुक्ति, शक्ति प्राप्त करने से जुड़े स्वार्थ आदि) से जुड़ी होती है।[2] पर सवाल यह उठता है कि मनुष्य स्वयं ही क्यों वास्तविकता से विलग करने वाली, उसके बारे में भ्रम पालने वाली विचारधाराओं पर आश्रित होता है! वह क्यों ऐसे विचार चुनता है जो सत्य के निकट लाने के स्थान पर उससे दूर ले जाने का काम करते हैं! मार्क्स ने माना है कि मनुष्य स्वयं ही सत्य से विलग करने वाली अथवा काल्पनिक दुनिया में ले जाने वाली व्याख्याओं का चयन करता है क्योंकि उनके अस्तित्व की स्थितियाँ ही ऐसी होती हैं जो यथार्थ से परायेपन या अलगाव (एलियनेशन) को पैदा करती हैं। अलगाव का शिकार हो चुका व्यक्ति अलगाव को अधिक बढ़ाने वाले विचार की ओर आकृष्ट होता है। जीवन में ख़ुद को अलग–थलग महसूस कर रहा व्यक्ति जिस विचारधारा की गिरफ़्त में होता है, वह विचारधारा भी उसके अलगाव को बढ़ाती है।

यूरोप में 'विचारधारा' शब्द की यात्रा लगातार जारी रही है तथा उसका नये नये प्रकार से विश्लेषण भी होता रहा लेनिन, ग्राम्शी, अल्थ्यूजर, कार्ल मैनहीम से लेकर डेनियल बेल और टेरी ईगलटन तक सभी विचारधारा का अर्थ–विस्तार करने वाली परम्परा के लेखक के रूप में जाने जाते हैं। मार्क्स के विचारधारा सम्बन्धी सीमित व नकारात्मक विश्लेषण से अलग लेनिन ने रूस में विचारधारा के लिए 'द स्ट्रगल ऑफ़ द प्रोलिटेरियेट क्लास' शब्दों का प्रयोग किया। विचारधारा को सर्वहारा वर्ग के संघर्ष का सबसे उन्नत हथियार बताया। हंगरी मूल के विचारक जार्ज लुकाच ने वास्तविक चेतना और यथार्थ का सही ज्ञान विकसित करने वाली सम्भावित चेतना (potential consciousness) का भेद किया था और चेतना के इन दोनों ही रूपों को विचारधारा के सन्दर्भ में परिभाषित किया। इसी प्रकार लुई अलथ्यूजर ने विचारधारा को केवल अमूर्त भाव या चेतना के स्थान

पर भौतिक वस्तु के रूप में देखा है। वह लिखते हैं–'एक विचारधारा हमेशा एक उपकरण और उसके इस्तेमाल के रूप में अपना अस्तित्व बनाये रखती है। उसका अस्तित्व पूरी तरह से भौतिक रूप में होता है। यह सही है कि एक उपकरण तथा उसके प्रयोगों के रूप में विचारधारा का भौतिक रूप किसी फुटपाथ के पत्थर या राइफ़ल की तरह नहीं होता है। पर नव–अरस्तूवादी (मार्क्स भी अरस्तू का बहुत सम्मान करते थे) कहलाने का जोखिम उठाकर कहना चाहूँगा कि यह बहुत भिन्न–भिन्न रूपों में रहती है और वे रूप अपनी अन्तिम परिणति में ठोस वस्तु यानी भौतिक रूप में होते हैं।'[3]

विचारधारा पर विचार करने वालों का मानना है कि विचारधारा का अस्तित्व कर्म को निर्देशित करने तथा दुविधाओं के बीच मार्गदर्शन करने पर टिका होता है। कोरा विचार या भावना उसका आधार नहीं होते हैं, बल्कि मनुष्य के ठोस फ़ैसले, कर्म तथा विभिन्न सामाजिक कार्यों में हिस्सेदारी से विचारधारा का ज्ञान होता है। हालाँकि ख़ुद विचारधारा से संचालित व्यक्ति का यही प्रयास रहता है कि वह जो कार्य कर रहा है, उन्हें स्वतन्त्र विचार या स्वतन्त्र इच्छा के रूप में देखा जाये उसके कार्यों को विचारधारा से मुक्त मानकर देखा जाये वह सब कुछ 'फ्री विल' से करता दिखे जिसमें न तो परम्परा–धर्म का निर्धारणवाद हो और न आधुनिक विचारधाराओं का असर। विचारधारा का इस्तेमाल केवल दूसरों के काम की व्याख्या के लिए हो, न कि ख़ुद के कार्यों तथा निर्णयों के लिए अन्य लोगों, ख़ासतौर पर विरोधियों के कार्यों को, विचारधारा की गिरफ़्त में फँसा हुआ देखा जाये, पर अपनी बौद्धिक गतिविधियों को मौलिक चेतना की अभिव्यक्ति के रूप में समझे जाने की वकालत की जाये इस प्रकार विचारधारा प्रायः किसी 'अन्य' के कर्म की व्याख्या के लिए प्रयोग की जाती है, ख़ुद प्रत्येक व्यक्ति अपने कार्यों को किसी विचारधारा से न केवल बाहर रखना चाहता है बल्कि विचारधारा के अनुसार अपने कार्यों की व्याख्या को नापसन्द करता है। अल्थ्यूजर के वाक्यों से ही फिर इस बात को इस प्रकार समझ सकते हैं–'यह सभी जानते हैं कि विचारधारा के अनुसार आचरण करना एक ऐसा आरोप है जो केवल दूसरों पर लागू होता है। कोई इन्सान इसे ख़ुद नहीं स्वीकारता कि वह विचारधारा से बँधा है (जब तक कि वह पूरी तरह से स्पिनोजावादी या मार्क्सवादी न हो)। विचारधारा का प्रभाव यह भी होता है कि यह विचारधारा के विचारधारात्मक रूप को नकारती है।

विचारधारा का पालन करने वाला कभी यह नहीं कहता कि मेरी सोच और कार्य विचारधारात्मक है।'[4]

विचारधारा को दमन, नियन्त्रण, विषम आर्थिक सम्बन्ध तथा शक्ति के उपयोग की प्रणाली के समानान्तर विभिन्न सामाजिक घटनाओं के अर्थ स्पष्ट करने, सामाजिक जीवन में मूल्यों का प्रयोग करने या विभिन्न प्रतीकों–चिह्नों की व्यवस्था के रूप में भी देखा गया। वैश्विक धरातल पर विचारधारा की राजनीतिक अभिव्यक्तियों की व्याख्या भी चलती रहती है। जैसे कि अपनी पुस्तक 'ऑडियालॉजी : ऐन इंट्रोडक्शन' में टेरी ईगलटन ने अमेरिकी समाजशास्त्रियों के विचारधारा के प्रति पूर्वग्रह से भरे दृष्टिकोण के बारे में बताया है। उन्होंने लिखा है कि किस प्रकार दूसरे महायुद्ध के बाद विचारधारा पर आधारित शासन को एक कठोर, लचीलेपन से रहित तथा वैचारिक साज़िश के रूप में प्रस्तुत किया गया, जबकि खुले, उदार तथा व्यावहारिक दृष्टिकोण की प्रशंसा की गयी। सोवियत संघ को विचारधारा से अनुशासित और अमेरिका को व्यावहारिक देश बनाकर पेश किया गया, जबकि उसी दौर में अमेरिका दुनिया की लोकतान्त्रिक रूप में एक के बाद एक निर्वाचित सरकारों का तख्तापलट कर रहा था। विचारधारा को मिथ्या चेतना बताने तथा उसे वर्चस्वशाली समूह की वैचारिक रणनीति, विश्वास धारण करने तथा अर्थग्रहण की व्यवस्था बताया गया। साथ ही 'सहमति के उत्पादन' के तन्त्र की तरह देखा गया। कुल मिलाकर 19वीं सदी से आरम्भ हुई विचारधारा की बहस ने सामाजिक जीवन के विभिन्न समूहों के बीच के विषम सम्बन्धों तथा राज्य–नागरिक सम्बन्ध की समस्याओं को उद्घाटित करने का कार्य किया है। इस विश्वव्यापी बहस का प्रभाव साहित्य पर पड़ा।

21वीं सदी में भले ही विचारधारा व साहित्य के सम्बन्धों पर बहसें तीव्र, कटुताभरी या आवेगपूर्ण ढंग से घटित होती न दिख रही हों, पर यह सच है कि इन सम्बन्धों से जुड़े प्रश्नों को साहित्य आज भी अनदेखा नहीं कर सकता है। 'विचारधारा का अन्त' नामक पद का प्रभाव राजनीति पर भले ही उतना न पड़ा हो, पर अकादमिक जगत में इसका व्यापक प्रभाव पड़ा। राजनीति में निरन्तर राजनीतिक विचारधाराओं के प्रयोग भी हो रहे हैं, और पुरानी विचारधाराएँ स्वयं को बदलकर, यानी अपना 'री–कनफिगरेशन' कर, अपना स्थान बनाने का प्रयास कर रही हैं। पर साहित्य, दर्शन व मानविकी से सम्बन्धित विषयों में विचारधारा शब्द के प्रयोग से हिचक दिखायी देती

है। सम्भवतः इसका कारण विमर्श नामक शब्द का प्रचार–प्रसार अधिक है जिसका प्रयोग मिशेल फूको ने विचारधारा शब्द की सीमाओं को उद्‌घाटित करते हुए किया है। उन्होंने माना है कि विचारधारा केवल वर्ग, राजनीतिक सत्ता–तन्त्र, संसद और सेना आदि कीव्याख्या करती है। इसमें जटिल और सूक्ष्म स्तरों पर मौजूद शक्ति व दमन की संरचनाओं को अनदेखा कर दिया जाता है। सत्ता व शक्ति का प्रयोग मामूली शारीरिक हावभाव से लेकर भाषिक व्यवहार में भी होता है जिसकी व्याख्या केवल 'डिस्कोर्स' के ज़रिये सम्भव हो सकती है। मिशेल फूको ने लिखा है–'शक्ति केवल संसद या सैन्यबलों तक सीमित नहीं रहती बल्कि शक्ति का विस्तार सूक्ष्म तथा बेहद अस्पष्ट नेटवर्क के भीतर तक होता है और इन जटिल संरचनाओं में बहुत अन्तरंग सम्बन्धों से लेकर मामूली संकेत व इशारों तक में इसकी व्याप्ति हो सकती है।'[5]

इस प्रकार विमर्श ने भाषा के भीतर के संवाद, ख़ास ढंग से सोचने–विचारने, धारणाएँ गढ़ने तथा व्यवहार आदि को समेकित रूप से समझने की बौद्धिक चेष्टाएँ कीं, जिनमें व्यापक विचार–दृष्टि से लेकर सीमित–संकीर्ण विचार–दृष्टि का भी उपयोग किया गया। रूसी विचारक वी.एन. वोलोशिनोव (1895–1936) को विमर्शवादी सिद्धान्त, जो भाषा के भीतर सामाजिक शक्ति की संरचनाओं का विश्लेषण करता है, का पितामह कहा जाता है। ऊपरी तौर पर लगता है कि विचारधारा और विमर्श, दोनों ही शक्ति के विविध रूपों का अध्ययन करते हैं। पर असल में विमर्शों को ख़ास तरह का सम्प्रेषणात्मक व्यवहार माना जाता है जिनके ज़रिये विचारधारा का इस्तेमाल होता है। विचारधारा को भी विमर्श माना जा सकता है, पर विमर्श का दायरा अधिक व्यापक हो सकता है। विमर्श इस दावे को छोड़ देता है कि वह यथार्थ का प्रतिनिधि है। उसकी रुचि इसमें रहती है कि यथार्थ के बारे में धारणाओं की निर्मित कैसे होती है और उन धारणाओं को कैसे संरक्षित करने और लोकप्रिय बनाने का काम किया जाता है। जबकि विचारधारा ये दोनों ही कार्य, यथार्थ का प्रतिनिधि होने व यथार्थ के बारे में धारणाओं के निर्माण का विश्लेषण करने का काम कर सकती है। आधुनिकतावाद के अगले चरण के रूप में जिस उत्तर–आधुनिकता की कल्पना की गयी, उसमें विमर्श को विचारधारा के स्थान पर स्थापित करने का चलन भी बढ़ा। विमर्शवादी विश्लेषण ये दावा कर सकते हैं कि विचारधारा ने ऐतिहासिक–सामाजिक घटनाओं का अध्ययन करते समय

किसी पक्ष को कम या ज़्यादा महत्त्व देने, चुनने–छोड़ने, कल्पना का प्रयोग करने आदि के कारण यथार्थ की पूरी तस्वीर नहीं प्रस्तुत की है। विमर्श मानता है कि सभी घटनाओं या स्थितियों के अर्थ मूल रूप से भाषा से उपजते हैं, न कि ठोस बाहरी ऐतिहासिक परम्परा से। इसलिए अर्थों की विविधता व बहुलता विमर्श के केन्द्र में रहती है। इस प्रकार विचारधारा से विमर्श की यात्रा वास्तव में अर्थ के अनुसन्धान का 'भाषिक घुमाव' है जिसमें साइन, सिग्नेफ़ायर, सिग्नीफ़ाइड तथा सिग्नेफ़िकेशन की पूरी व्यवस्था का सिमियाट्रिक नज़रिये से अध्ययन किया जाता है।

विमर्श की इस रूप में भी परिभाषा दी जा सकती है कि 'एक निश्चित सामाजिक सन्दर्भ में भाषा के ज़रिये किसी एक विषय के इर्द–गिर्द सम्पन्न बहस द्वारा व्याख्याओं, तात्पर्यों और मान्यताओं के निर्माण की प्रक्रिया का नाम विमर्श है।' इस प्रकार विचारधारा को राजनीतिक–वैयक्तिक लक्ष्य की स्पष्टता, सार्वभौमिक तर्क की खोज, सामाजिक रूपान्तरण की परियोजना और निजी स्तर पर विचार ग्रहण करने की प्रक्रिया का हिस्सा माना जाता है। विमर्श में तर्कवाद के स्थान पर मनोविज्ञान, संवाद, किसी परिदृश्य या सिद्धान्त के बारे में मौखिक अभिव्यक्ति का प्रयोग, परिवर्तन के स्थान पर जागरूकता पैदा करना, निजी विचार के स्थान पर अन्य के द्वारा प्रस्तुत व्याख्या पर ध्यान देना आदि प्रवृत्तियाँ शामिल रहती हैं। विमर्श को ऐसी चीज़ के रूप में भी देखा जाता है जिसके माध्यम से क्रान्तिकारी राजनीतिक चिन्तक अपनी रेडिकल सोच से पीछा छुड़ाकर सुधारवादी वामपन्थ की जमात में शामिल होने का प्रयास करते हैं।तब उन्हें अपने वैचारिक अतीत से न केवल पीछा छुड़ाते हुए बल्कि उसे छिपाने का प्रयास करते भी दिखाया जाता है। मिशेल फूको की पहली पुस्तक 'मेंटल इलनेस एंड साइकोलॉजी' (1954) में मनोरोगों को पूँजीवाद से उत्पन्न अलगाव से जोड़कर देखा गया था। पर बाद के संस्करणों में फूको ने पूँजीवाद जैसे शब्द से अपने को अलग करने के लिए इस धारणा को पूरी तरह बदल दिया और पुस्तक के कई अंशों को हटा दिया था।

विचारधारा और विमर्श की अवधारणा का विकास कई अन्य शब्दों के समानान्तर विकास पर टिका रहा है। कई अन्य बीज शब्दों जैसे 'सोसायटी', 'इकोनॉमी' या 'कल्चर' आदि का भी तीन सौ साल के भीतर ही विकास हुआ है। अधिकांश आधुनिक विचारों व विचारधाराओं की बुनियाद इन्हीं शब्दों के प्रयोग पर टिकी है। जैसे कि रेमंड विलियम्स ने इन शब्दों के

प्रयोग के बारे में लिखा है–'सोसायटी शब्द से पहले बिरादरी, साहचर्य, कुल आदि का चलन था और बाद में सोसायटी यानी समाज नामक शब्द ने बृहत्तर सामान्य व्यवस्था व सामान्य कार्यप्रणाली का रूप ग्रहण किया। इसी प्रकार इकोनामी यानी अर्थव्यवस्था से पहले तो केवल घरेलू कामों या सामुदायिक कार्यों के संचालन का बोध होता था, और 17वीं सदी के बाद उत्पादन, वितरण या विनिमय की व्यवस्था के रूप में इसका प्रयोग शुरू हुआ। इसी प्रकार 'कल्चर' लैटिन के 'कल्ट' शब्द से उत्पन्न हुआ जिसका मतलब था जोतना, देखभाल करना आदि। यह पहले कृषि, पशुपालन आदि से जुड़ा था और बाद में इसका इस्तेमाल मानव समाज व उसकी क्षमताओं के विकास के लिए किया गया।' इन्हीं शब्दों का व्यापक इस्तेमाल विचारधारा, साहित्य और बौद्धिक कार्यों में होने लगा और जिन शब्दों का विकास ठीक से अठारहवीं सदी या उसके बाद हुआ, उनके ज़रिये दो–तीन हज़ार वर्ष पूर्व के इतिहास की व्याख्या करना भी आरम्भ हो गया। कई अन्य शब्द जैसे 'इंडिविजुअल', जोकि समाज से व्यक्ति के अनिवार्य जुड़ावों के कारण 'इनडिवाइज़ेबल' शब्दों से उत्पन्न हुआ था, वह समाज के ख़िलाफ़ व्यक्ति (इंडिविजुअल) या सोसायटी बनाम इंडिविजुअल की तरह देखा जाने लगा। इसी प्रकार 'लिटरेचर' शब्द मूलतः लिटरेट यानी पढ़ने और पढ़ने में समर्थ व्यक्ति से जन्मा और बाद में छपाई की तकनीक के ज़रिये निश्चित गुणवत्ता तथा विशेषता वाले लेखन के लिए इसका इस्तेमाल आरम्भ हुआ। इसे काल्पनिक, सृजनात्मक कर्म माना जाने लगा। रेमंड विलियम्स ने लिखा है–'लिटरेचर की आधुनिक अवधारणा का जन्म 18वीं सदी से पूर्व नहीं हुआ था और 19वीं सदी में जाकर यह पूरी तरह से विकसित हुई। हालाँकि पुनर्जागरण के दौर से यह विकासमान अवस्था में थी और अंग्रेज़ी में यह शब्द लैटिन के लितेरा या वर्णमाला के लेटर (अक्षर) शब्द से चौदहवीं सदी में आ गया था।' इस प्रकार अंग्रेज़ी के बहुत सारे शब्द जैसे सोसायटी, कल्चर, लिटरेचर या आइडियोलॉजी मुख्यतः 17वीं सदी के बाद ही व्यापक अर्थों में प्रचलन में आये और इसी से जुड़ी बहुत सारी नयी धारणाएँ व दृष्टिकोण मानव समाज में प्रवेश करते हैं। साहित्य रचनाएँ, ख़ासतौर पर अंग्रेज़ी यूरोपियन साहित्य, इन्हीं शब्दों पर आधारित था और ये शब्द ख़ास ऐतिहासिक अवस्था में अर्थसम्पन्न होने की प्रक्रिया से गुज़रे हैं। इसका सीधा मतलब है कि साहित्य विभिन्न शब्द–प्रयोगों के पीछे काम कर रहे ऐतिहासिक तथा विचारधारात्मक

प्रभावों से बँधा होता है। साहित्य उन शब्दों का संचयन व संकलन है जो इतिहास की गति तथा विचारधारा के असर से नये–नये अर्थ ग्रहण करते हैं, इसलिए साहित्य न तो विचारधारा से निरपेक्ष रहता है, न इतिहास से।

अब यह सब कुछ वर्णित होने के बाद सवाल है कि आधुनिक कहानी ने किस प्रकार से विचारधाराओं की मदद ली है! कहानियाँ विचारधारा से खुले तौर पर गठजोड़ न करने के बावजूद उसके साथपरोक्ष या सूक्ष्म संगति स्थापित करती हैं या नहीं! यह कहना आसान होता है कि लेखक ने विचारधारा से मुक्त होकर मौलिक ढंग से सोचने या लिखने का जोखिम उठाया है। नामवर सिंह ने एक समय नयी कहानी आन्दोलन के लेखकों का प्रमुख गुण यही बताया था कि आज़ादी के बाद उन्होंने विचारधारात्मक आग्रह त्याग दिये और जीवन से ख़ुद को जोड़ने में सफलता प्राप्त की। उन्होंने 'कहानी : नयी कहानी में' लिखा भी–'आज़ादी ने एकबारगी अनेक रूढ़ विचारधाराओं को निस्सार साबित कर दिया। अकेला अनुभव भले ही बहुत दूर तक न ले जाये, लेकिन उस समय निजी अनुभव ही लेखक को एकमात्र सहारा मालूम हुआ।' पर जिन कहानियों को जीवन की कहानी की तरह प्रस्तुत किया गया, वे स्वयं बहुत सारे दूसरे शब्दों जैसे मोहभंग, तनाव, विस्थापन आदि के निकट थीं। वे कहानियाँ मनुष्य और व्यवस्था के टकराव को दिखाती थीं। टकराव तथा विवशता की स्थितियाँ ठोस विचारधारात्मक प्रेरणाओं से भले न संचालित हों, लेकिन उन्हीं कहानियों के माध्यम से समाज के बहुत सारे मानवविरोधी विचारों का पर्दाफ़ाश होता दिखता था। कुछ साल पहले आयी रघुनन्दन त्रिवेदी की कहानी 'इन्द्रजाल' में यही स्थिति है जिसमें एक अदना–सा इन्सान बाज़ार के ग्लैमर व चमक के आगे भौंचक है और वह बाज़ार की चमक की निरर्थकता को पहचानता भी है। पूरा विज्ञापन जगत सुबह से शाम तक कथानायक सदानन्द के दिमाग़ पर सवार रहता है और उसे हर तरफ़ विज्ञापन में दिखने वाली सुन्दर, कामातुर स्त्रियाँ ही दिखती हैं। वह बुरी तरह से भ्रमित होकर वासनाओं की पूर्ति की कल्पनाएँ करता है और बाज़ार से निकली मांसल ख़ूबसूरत स्त्री की आखेटक छवि के पीछे भागता रहता है। वह अब न किसी आदर्श, न किसी विचार, न किसी निजी लक्ष्य या न किसी धर्म–संस्कृति के पीछे भाग रहा है। वह केवल सुन्दर और आकर्षक मृग मरीचिकाओं के पीछे भाग रहा है और बार–बार चोट खा रहा है। यह कहानी भूमण्डलीकरण के बाद पनपी नयी बाज़ार संस्कृति की सारी चालाकियों

को उजागर कर देती है जिसमें बाज़ार ने जीवन के हर पक्ष को अपने भीतर क़ैद कर लिया है और वह 'सुपर–आइडियोलॉजी' में बदल गया है। रोज़ ही टूट–फूट, अस्थिरता, गिरावट का शिकार हो रहा बाज़ार किस प्रकार लुभावनी, मुलायम, रेशमी इच्छाएँ जगाने वाली अजेय विचारधारा की तरह हम पर हावी होता है, यह कहानी इसी सच को उद्‌घाटित करती है। इस जैसी कई कहानियों को केवल चरित्र की दुविधा या यातना की तरह पढ़ा जा सकता है और बाज़ार की विचारधारा का विरोध करने वाली कहानी के तौर पर भी। बाज़ार की निरर्थकता, निस्सारता तथा षड्यन्त्र का हिस्सा बनते हुए भी उसका विरोध वही कर सकता है जो बाज़ार की सीमाओं को पहचानता है और यहीं पर विचारधारा की महत्त्वपूर्ण भूमिका होती है। इन कथाओं को केवल 'मानवीय स्थितियाँ' या 'जीवन–यथार्थ' बताना कहानीकार की नयी विचार–दृष्टि के महत्त्व को अनदेखा करना है। कहानियाँ समाज में जारी विभिन्न वैचारिक परिवर्तनों और वैचारिक प्रतिरोधों से सम्बद्ध होने में गर्व महसूस करती हैं। शायद ही साहित्य की कोई विधा समाज के परिवर्तनों व प्रतिरोधों से जुड़ने में स्वयं को इतना सार्थक महसूस करती है, जितना कहानी। इसीलिए उनमें लेखक की निजी अनुभूति की विशिष्टता और समाज के वैचारिक बदलाव की झलक, एक साथ उपस्थिति होते हैं। कथा के मंच से किसी एक को हटा देने से दूसरा किरदार भी बेअसर हो जाता है।

आधुनिक हिन्दी कथाओं में इन्सानी ज़िन्दगी को पीड़ा पहुँचाने वाली प्रतिकूलताओं का विस्तार से वर्णन किया जाता है। भारतीय परिवेश में वर्ण–जाति की समस्याएँ किस प्रकार मानवीय जीवन को गरिमाहीन तथा असुरक्षित बनाती हैं, इसका चित्रण करते हुए कहानी विचार–केन्द्रित संरचना का रूप ग्रहण करती रही है। समाज में ब्राह्मणवाद का विरोध करते हुए जिस दलित आन्दोलन का विकास हुआ, वह दलित आन्दोलन कथाओं से भी अपनी विचारधारा का विकास करता है। इन कथाओं ने अपने चरित्रों की हताशा व पराजय को दिखाते हुए ही दलित प्रतिरोध व आन्दोलन की ज़रूरत को रेखांकित किया है। चरण सिंह पथिक की कहानी है–मूँछ। यह फ़ौज की छुट्टी से लौटे युवक की कहानी है जो जाटव जाति का है। वह हीरोहोंडा मोटरसाइकिल पर बैठकर अपनी पत्नी को दूसरे गाँव से लाने निकलता है लेकिन फँस जाता है गूजरों व मीणा के आरक्षण माँग के हिंसक आन्दोलन में। पहले उसे मीणा जनजाति का

समझकर गूजर समाज के लोग पीटते हैं और फिर मीणा समाज के लोग गूजर समझकर। वह अन्त में अधमरी हालत में पेड़ के नीचे पड़ा दिखाया जाता है। इस कहानी में प्रचलित क़िस्म के अन्तर्द्वन्द्व नहीं हैं, न चरित्र की आत्मपीड़ा से भरा कोई भव्य रेखांकन। कुल मिलाकर अमानुषिक हो चुकी परिस्थितियों का वर्णन है जिसमें जाति युद्धों ने साम्प्रदायिक दंगों जैसा ही भयावह रूप ले लिया है। कथाकार चरित्र पर होने वाली हिंसा का ऐसा लोमहर्षक चित्रण करता है कि पाठक का कलेजा काँप उठे। पर अन्त में जो बात निकलकर आती है, वह यह कि जाति केवल मनुष्यों का समूह नहीं है, बल्कि एक विचारधारात्मक सचाई है और वह इसी रूप में दूसरों के सामने स्वयं को पेश करती है। जातियाँ परस्पर पृथक समूह की तरह हैं जो आरक्षण, स्तरीकरण, आन्तरिक एकता व राजनीतिक दबाव समूह बनने के महत्त्व को समझ रही हैं। इसीलिए उनके द्वारा की जा रही व्यापक हिंसा कहानी में केवल सामान्य अपराध, क्षणभर की घटना, निजी विचलन नहीं बल्कि तन्त्र के भीतर से जन्मी सुनियोजित हिंसा के रूप में प्रकट होती है।

यह भारत जैसे देश में आधुनिकता की अवधारणा की दुर्दशा की भी अभिव्यक्ति है। आधुनिकता ने नये क़िस्म की राष्ट्रीय–राजनीतिक संस्थाओं को जन्म देने का कार्य किया है और उसने उन संस्थाओं में आधुनिक क़िस्म के मूल्यों जैसे प्रेक्षण, वस्तुगत चिन्तन, वैज्ञानिक चिन्तन आदि को प्रमोट करने की कोशिश की है। पर संसार के बहुत सारे देशों में पश्चिमी ज्ञानोदय (एनलाइटेनमेंट) के असर से आधुनिक संस्थाओं का ढाँचा तो स्थापित हो जाता है लेकिन उनके माध्यम से आधुनिक मूल्यों की अभिव्यक्ति नहीं होती है। जिन समाजों में आधुनिक मूल्यों का व्यापक आधार नहीं होता है, वहाँ संस्थाओं के आधुनिक ढाँचे में उन मूल्यों का रिसाव नहीं हो पाता है। इस प्रकार ज्ञानोदय का विश्व में एक–सा समान स्तर का प्रभाव नहीं पड़ा है। वह असमान रूप से लागू होता रहा और उसके लागू होने की प्रक्रिया में ज्ञानोदय तथा आधुनिकता के मूल्यों का अपर्याप्त, सीमित तथा बेहद आंशिक रूप सामने आता रहा है। और अधिकांश हिस्सों में उसके असर से यह अन्तर्विरोध विकसित हुआ है कि आधुनिक संस्था का ढाँचा तो विकसित हुआ पर वह आधुनिक मूल्य नहीं प्रदान कर सका है। इस रूप में संसार के विभिन्न हिस्सों का साहित्य आधुनिकता के साथ अलग सम्बन्धों का विकास करता है। इसलिए भी क्योंकि हर समाज इतिहास

के भिन्न चरण में होता है। विश्व में विभिन्न प्रकार की उत्पादन प्रणालियाँ एक साथ सक्रिय रहती हैं और उन विभिन्न प्रणालियों को देखकर यह अन्दाज़ा लगाया जा सकता है कि किस प्रकार उत्पादन के साधन यानी किसी समाज का आर्थिक आधार ही उस समाज में वर्गों की बनावट और उसकी संस्कृति दोनों को तय करने का कार्य करता है। इतिहास की गति सभी समाजों में एक चाल की नहीं होती है। विभिन्न समाजों का इतिहास के अलग–अलग चरणों में होना साबित करता है कि विभिन्न समाजों के परिवर्तन की दिशा अन्ततः इसलिए एक दिशा में नहीं दिखती क्योंकि कोई विचारधारा उसकी इस रूप में व्याख्या कर रही है; बल्कि इसलिए दिखती है क्योंकि इतिहास के अग्रिम यानी'एडवांस्ड स्टेज' पर पहुँच चुके समाज शेष समाजों की ऐतिहासिक गति या उनकी ऐतिहासिक नियति को बलपूर्वक प्रभावित करते हैं और उसे मनचाही दिशा में मोड़ने का काम करते हैं। विष्णु पुराण में भले कहा गया हो–'न खल्वन्यत्र मर्त्यानां कर्मभूमौ विधीयते।' अर्थात इस देश के अतिरिक्त किसी अन्य भूमि पर मनुष्यों के लिए कर्म का कोई विधान नहीं है। पर सत्य यही है कि विभिन्न देशों की भूमियाँ व संस्कृतियाँ कर्म करने वाले प्राणियों से भरी रही हैं और वे एक–दूसरे के इतिहास व वर्तमान को प्रभावित करती हैं। इस रूप में इतिहास भी स्वतन्त्र पुरुष या स्वाधीन रियासत नहीं होता है बल्कि वह किसी नदी की तरह होता है जिसे विचार, युद्ध अथवा पूँजी के शक्तिशाली हस्तक्षेपों के माध्यम से किसी भी दिशा में मोड़ा जाता रहा है। इस कारण विश्व के किसी ख़ास कोने में इतिहास के किसी ख़ास रूप को न तो कोई स्थायित्व प्राप्त होता है, न उसे किसी प्रकार का अमरत्व प्राप्त होता है। इन प्रक्रियाओं का असर कथा–साहित्य पर इस रूप में पड़ा है कि इतिहास की नश्वरता के कारण एक ओर कहानियाँ समाज में तेज़ी से बदलते मूल्यों का दर्पण बनती हैं तो दूसरी ओर कहानियाँ परिवर्तनों के बुरे रूप, विकृति, फॉल–आउट के आगे मनुष्य की असहायता को व्यक्त करती हैं। कहानियों में इन विषयों से प्रभावित कथावस्तु किसी समाज के आन्तरिक जीवन को भले प्रकट करती हैं पर वे वैश्विक इतिहास–प्रक्रिया से प्रभावित होती हैं।

कई अन्य कथाएँ जैसे कैलाश बनवासी की 'बडी ख़बर' या सुभाषचन्द्र कुशवाहा की कहानी 'घरभरन की माई' भी पाठक को भयावह सामाजिक हिंसा के बीच ले जाकर खड़ा कर देती हैं। कथातत्त्व में वर्णित चरित्रों की

मासूमियत किन्हीं बड़े षड्यन्त्रों को बेपर्द करने के काम आती है। कहानी निजी जीवन पर उन तत्त्वों के बढ़ते हमलों को प्रकट करती है जिनके लिए मनुष्यता भी घिसा–पिटा, फालतू व अप्रासंगिक विचार बनकर रह गया है। 'बड़ी ख़बर' में एक छोटी–सी घटना है जिसमें स्कूल शिक्षक एक बैंक में आता है तो वहाँ एलईडी टीवी पर चल रहे ख़बरिया चैनल को देख हतप्रभ रह जाता है। चैनल पर भड़काने और दहशत में डालने वाली ख़बरें चल रही हैं और बैंक में लोग कामकाज में व्यस्त हैं। चैनल के लाख प्रयास के बावजूद बुझे–बुझे और थके–थके से लोगों में उत्तेजना फिर भी नहीं पैदा हो रही और वे ऐसी ख़बरों में कोई उत्सुकता नहीं दिखा रहे हैं। पर चैनलों को लग रहा कि वे कोई महान देशप्रेम जगा रहे हैं। उधर बैंक में दो बच्चे खेल रहे हैं और कथानायक, जो नैरेटर भी हैं, टीवी चैनल की ख़बरों की जगह उन बच्चों के खेल में ज़्यादा रुचि लेता है। बाहर खिली धूप की तरह उनका बचपन पूरी तरह से उजाले से भरा दिखता है जबकि टीवी चैनल अन्धकार फैलाते लगते हैं। चैनलों से निकल रही कथित 'बड़ी ख़बर' को जानना अब किसी के रौब, गुण्डई या साज़िश के साथ सहयोग करने जैसा हो गया है जबकि आसपास के छोटे, सरल व भोले यथार्थ को स्वीकारना ही अब मनुष्य के रूप में स्वयं को पहचानने का एकमात्र तरीका बचा है। यह मनुष्य के सरल जीवन के ख़िलाफ़ संचार माध्यमों के विचारधारात्मक षड्यन्त्र का अस्वीकार है।

इसी दौर में ऐसी कथाओं की रचना भी हुई है जिनमें सीधे–सीधे सरकार के जनविरोधी निर्णयों और सनक भरे कार्यों की आलोचना हुई है। स्थानीय जीवन में सरकारी तन्त्र का प्रवेश विनाशकारी साबित होता दिखाया गया है। सरकार को अपराधियों की तरह काम करने वाली शक्ति के रूप में नागरिक आबादी की शान्ति–सुरक्षा भंग करते पेश किया गया है। यह देश में सरकार के नाम पर तानाशाही के प्रति सहिष्णु होना तथा उसे धीरे–धीरे स्थापित किये जाने का सूचक है। सुभाषचन्द्र कुशवाहा की कहानी 'घरभरन की माई' ऐसी ही कथा है जो नोटबन्दी के सनक भरे तुगलकी निर्णय के कारण लोगों के जीवन में आयी अराजकता, अफरा–तफरी, मौत और बेबसी पर लिखी गयी है। कहानी का अधिकांश हिस्सा तो घरभरन नामक बेटे की झगड़ालू माँ पर है जिसके कारण घर–परिवार के बहू–बेटे परेशान रहते हैं, पर कहानी हज़ार–पाँच सौ के नोट पर रोक लग जाने से उपजी दारुण स्थितियों की ओर मुड़ जाती

है। बैंक के सामने लम्बी–लम्बी क़तारें लगी हैं और लोग गुदड़ी लिए रात भर बैंकों के सामने खुले में सोते हैं ताकि सुबह नम्बर आ सके। गाँव के उच्च जाति के पण्डित लोग ग़रीबों को समझा रहे हैं कि काला धन निकल आने के बाद सभी के खाते में पैसा आ जायेगा, तब तक कष्ट सह लेना चाहिए। पर वास्तविकता यही है कि नोटबन्दी के कारण घर में जमा रुपये बेकार हो जाते हैं और घर की बहू की डिलिवरी करने से निजी अस्पताल इनकार कर देता है। उसकी मृत्यु हो जाती है और घर से लोगों की दहाड़ें मारकर रोने की आवाज़ सुनाई देती है। कहानी का सत्ताविरोधी बिन्दु मुखर न होते हुए भी लोगों की पस्तहाली तथा दुःख के चित्रण के कारण बहुत तीव्रता से उभरता है और पूरी कहानी नोटबन्दी जैसे अमानवीय निर्णय के विचारधारात्मक प्रतिवाद का रूप ग्रहण कर लेती है। शायद ही हिन्दी में नोटबन्दी के फ़ैसले पर कोई ऐसी मार्मिक, प्रभावशाली कहानी लिखी गयी है।

21वीं सदी में ही रचित और प्रकाशित उदय प्रकाश की कहानी 'दिल्ली की दीवार', जो दिसम्बर 2001 के हंस पत्रिका के अंक में प्रकाशित हुई थी, उसने एक समय पाठकों को चौंका दिया था। एक चुस्त कथानक वाली कहानी जिसने भारत में काले धन की भयावहता तथा उससे जुड़े अपराधों, पुलिस मुठभेड़ों तथा ग़लत धन्धों पर लोगों का ध्यान आकृष्ट किया था। कहानी का केन्द्रीय वाक्य है–'यहाँ हर रोज़ आने वाला आदमी अचानक ही एक दिन अनुपस्थित हो जाता है और फिर भविष्य में कभी नज़र नहीं आता है।' पूरी कथा कमज़ोर, अशक्त जनों, निर्धनों के अचानक लापता हो जाने के सच को दिखाने के लिए लिखी गयी है। इसका कथानायक रामनिवास पसिया, जो सफाई कर्मचारी था और जिसके हाथ अचानक से दीवार में छिपाकर रखा गया करोड़ों का काला धन लग जाता है, वह एक झूठी पुलिस मुठभेड़ में मार गिराया जाता है। उदय प्रकाश की कहानी में 'नैरेटर' की भूमिका बहुत महत्त्वपूर्ण होती है जो कहानी का दृष्टिकोण (पॉइंट ऑफ़ व्यू) स्पष्ट करने के लिए पूरी कहानी में मौजूद रहता है और कहानी को अतीत, वर्तमान तथा भविष्य में ले जाता है। पर साथ ही कथा–चरित्र का भी रूप धारण कर लेता है और पाठक के साथ बहुत निकट का आत्मीय सम्बन्ध स्थापित करता है। पाठक केवल यह नहीं महसूस करता कि लेखक क्या कहना चाह रहा बल्कि उसके दिमाग़ में यह सवाल भी जन्मता है कि 'नैरेटर' क्यों ख़ास ढंग से स्थितियों

की व्याख्या कर रहा है। वह पाठक से सीधे बात करता है। वह उत्तम पुरुष के रूप में एक आत्मसजग नैरेटर होता है जो कहानी में आये ठोस यथार्थ में अपनी भाषाई नाटकीयता से रूमानी प्रभाव प्रदान करता है। पाठक कहानी की समाप्ति के बाद आसपास की दुनिया को एक जादुई चमत्कार से भरा महसूस करता है और यह कार्य नैरेटर की भावोत्तेजक उपस्थिति से सम्भव हो पाता है। नैरेटर हर अन्तराल पर प्रकट होकर यह दावा करता है कि वह वस्तुगत तरीक़े से परिस्थितियों को समझ पा रहा है और कथा के चरित्रों की त्रासदी, भोलेपन, साधारणता तथा भटकाव का इस्तेमाल भी वह यथार्थ की वस्तुगत व्याख्या के लिए करता है। 'दिल्ली की दीवार' पूरी तरह से विचारधारा केन्द्रित कथा है तथा ग़रीब, निम्नवर्ग, बेरोज़गारों, ठेले–चायवालों की दुनिया को उजागर करते हुए महानगर में नागरिकता के सवाल को उठाती है। इसका नैरेटर न तो कहानी के भीतर से उपजा है और न काल्पनिक है, बल्कि आरम्भ से पृथक अस्तित्व रखता है तथा लेखक के व्यक्तित्व का विस्तार है। वह ग़रीब व लावारिस अनागरिकों की जीवन सम्बन्धी कठिनाइयों का मुकम्मल वर्णन करने के लिए उन्हीं के बीच का हिस्सा बन जाता है ताकि वह कथा में भागीदारी करता दिखे। वह दिल्ली के साहित्यिक–सांस्कृतिक जीवन पर भी नुकीले शब्दबाण छोड़ने का कोई मौक़ा नहीं छोड़ता है। रामनिवास की हत्या करने वालों के समूह के बारे में कहानी इस प्रकार बताती है–'वे देशभर में सांस्कृतिक–साहित्यिक आयोजन करते हैं और पुरस्कार आदि बाँटते हैं। राजधानी में निकलने वाले अख़बारों और पत्रिकाओं में उनके फ़ोटो आप अक्सर देखते होंगे। ये लोग अब हमारी आप की तरह आदमी नहीं रह गये हैं। वे मिल–जुलकर एक–दूसरे को ब्रांड या सुपरस्टार में बदल चुके हैं। अगर आप कविता–कहानी पढ़ते हों, तो आपने महसूस किया होगा कि आजकल उनकी समीक्षा या आलोचना के भीतर से शराब की बेतहाशा गन्ध आ रही है और वाक्यों के नीचे मुर्गों, बकरों और निर्दोष मनुष्यों की हड्डियों का ढेर दिखायी दे रहा है। अगर आप अपनी झाड़ू की मूँठ से इस साहित्य को ठोंके, तो वही खोखल आपको यहाँ भी दिखायी देगा, जिसके भीतर नोटों की गड्डियाँ भरी हैं। पाप और षड्यन्त्र का अपवित्र काला धन।'

जब लेखक का उद्देश्य स्पष्ट तौर पर पीड़ित तथा शोषित के चेहरे स्पष्ट करना हो, या जब वह तीखे–तंज भरे कथनों से सामाजिक तन्त्र पर प्रहार कर रहा हो, या जब वह मानवाधिकार–स्वतन्त्रता जैसे मूल्यों के

लफ़्फ़ाज़ी में बदल जाने की विडम्बना को प्रकट करना चाह रहा हो तो वह यक़ीनन कहानी के विचारधारात्मक पाठ को प्रेरित करता है। उसकी कहानी में वर्णित मानव–जीवन व मानव सम्बन्ध सामान्य भावनाओं से नहीं बल्कि व्यापक दृष्टि के तारों से जुड़े हुए प्रतीत होते हैं। वह कहानी की संरचना में केवल यथार्थ को चित्रित नहीं करता बल्कि यथार्थ की व्याख्या की तहें भी जमाता चलता है। सत्ता,समाज तथा शक्ति के सम्बन्धों की व्याख्या करने के जो बौद्धिक प्रयास पिछले दो सौ सालों में हुए हैं, लेखक उनसे अनभिज्ञ बने रहने के स्थान पर उनका लाभ उठाते हुए कथा–रचना करता है। वह बहुसंख्यक जनता के दुःख–सुख, उसके प्रतिरोध, डिक्टेटरशिप या लोकतन्त्र को नष्ट करने वाली राजनीतिक सोच का परिचय रखने वाला बौद्धिक प्राणी होता है। उसकी यह बौद्धिकता जब कथाओं में उतरती है तो वह कथा का सुख प्रदान करने के साथ–साथ पाठकों का बौद्धिक विकास करती है। लेखक के सरल, पारदर्शी, नरम, आत्मीयता से भरे कथोपकथनों के नीचे जो वैचारिकता का दृढ़ आधार होता है, पाठक उसका अनुभव कर कथा के माध्यम से विचार व विचारधारा को भी आत्मसात करता है। पूरी कथा समाज के बारे में लेखक के विचारों की श्रृंखला को निर्मित करती है और यह विचारशील 'नैरेटर' भी सामाजिक सत्यों व घटनाओं को जानने–समझने के बारे में सामान्य मानवीय क्षमताओं से पार जाता हुआ प्रतीत होता है। वह कहानी में अभिव्यक्त बौद्धिक–दार्शनिक विचारों के भार को अपने कन्धे पर उठाये रखता है। उसके कन्धे पर लदा यह भार पाठक के मन में ख़ास क़िस्म उत्सुकता को जगाता है। उत्सुकता इस बात को लेकर कि अब आगामी घटनाएँ किस प्रकार से व्याख्यायित होंगी, चरित्र किस प्रकार नयी परिस्थिति में फँसा दिखायी देगा जिससे समाज की विडम्बना प्रकट होगी। इस प्रकार कथा के बाक़ी तत्त्व कहानी में धँसी हुई तथा निरन्तर बनी रहने वाली विचार–श्रृंखला को मज़बूत समर्थन देते लगते हैं। जैसे पौराणिक कथाएँ–जातक कथाएँ धर्म की विचारधारा का प्रसार करती थीं, उसी प्रकार आधुनिक कथाएँ समानता, प्रतिरोध और लोकतन्त्र की विचारधारा को पाठकों तक ले जाती हैं।

प्रचलित लोक कथाओं में कथाकार किसी दस्तकार या शिल्पकार की तरह था जो परम्परा में धँसा था और हर चली आती कथा को अपने ढंग से कहता–सुनाता था। इसे कथा के पुनःकथन (re-telling) की तरह देखा जाता था। वाल्टर बेंजामिन ने इस कथा शैली पर लिखा था–'हमने

लघु कथा का विकास होते देखा है जिसने मौखिक परम्परा से अपने को अलग कर लिया। उस परम्परा से जिसमें कथा के पुनःकथन के माध्यम से किसी पहले की कथा पर महीन तथा पारदर्शी आशयों का नया रूप गढ़ा जाता था और इस प्रकार से किसी कहानी को नयी दृष्टि से प्रस्तुत किया जाता था।'[6] वाल्टर बेंजामिन ने आधुनिक लघुकथा के विकास को 'शाश्वत के विचार' (Idea of eternity) के अन्त से भी जोड़कर देखा था। इस प्रकार आधुनिक कथाशैली लेखक की निजी सत्ता को स्थापित करती है और साथ ही ज़्यादा स्पष्ट ढंग से विचार करने के तरीक़े, विचारधारा तथा वैचारिक चेतना को कहानी में प्रवेश दिलाती है। आज जो भी कथाएँ विभिन्न विषयों पर रचित हो रही हैं, जैसे स्त्री, दलित, साम्प्रदायिकता, गाँव–देहात, पर्यावरण आदि पर–क्या वे कथाएँ चालीस साल पहले लिखी जा सकती थीं? बदले हुए दृष्टिकोण का सम्बन्ध विचारधारा से सीधे तौर पर हो सकता है, या वह परोक्ष रूप से होता है। इसी प्रकार विचारधारा को सामने रखकर लिखी गयी सैकड़ों कहानियों को छोड़ भी दें तो बहुत सूक्ष्म स्तर पर, कई बार तो बग़ैर किसी सजगता या सचेत ढंग से, विचारधाराएँ कहानियों पर असर डालती रही हैं। जैसे कि अज्ञेय की कहानी है 'रोज़'। इसमें स्त्री के जिस नीरस, उदास तथा यान्त्रिक जीवन का चित्रण किया गया है, उस ढंग का चित्रण क्या कभी गाँधीवादी विचारधारा, मार्क्सवाद, पश्चिम के नारीवादी आन्दोलनों से स्त्री के बारे में बदली दृष्टि के बग़ैर हो सकता था? क्या किसी सामन्ती समाज में स्त्री की उदासी का चित्र उभर सकता था। रीतिकाल की स्त्री मुख्यतः कर्ता के रूप में नहीं है, उसकी समस्त यौनिकता पर पुरुष का नियन्त्रण था। क्या वहाँ कभी बच्चे सँभालती, झल्लाती, व्यथित होती स्त्री का चित्र उभर सकता था। एक स्त्री की जिजीविषा और उससे जुड़े संकटों को पहचानने की दृष्टि अर्जित करना भी समाज की किसी लम्बी वैचारिक यात्रा का नतीजा हो सकता है। इसलिए केवल यह देखना काफ़ी नहीं होता कि कोई लेखक विचारधारा को स्वीकृति या अस्वीकृति देता है या नहीं। यह देखना भी आलोचकीय कर्म है कि वह विचारधारा के प्रभाव को किस सीमा तक अचेतन रूपों में आत्मसात करता है और विचारधारा को नकारने के बावजूद रचनात्मक लेखन में उसका इस्तेमाल करता है। उसकी रचना किस सीमा तक विचारधारा नामक उसी शक्ति से प्रभावित होती है, जिसे वह स्वीकार करने से बचता है। किस प्रकार उसकी संवेदना पूरी

तरह से स्वतन्त्र होने के भ्रम को पालने के बावजूद बहुत सारे वैचारिक बन्धनों के बीच ही, उन्हीं में से विकल्पों का चयन कर, रचनाकर्म करने के लिए बाध्य होती है। रचनाकार को रोटी, रोज़गार, इश्क़ और दमन की चुनौतियों से जूझते चरित्रों को निर्मित करना होता है और इन चरित्रों को गढ़ते हुए वह यह भी जानता है कि दुनिया की सारी कलाएँ अन्ततः रोटी के प्रश्नों से ज़्यादा जटिल नहीं हैं। मंटो ने लिखा है–'लोग कला को इतना ऊँचा रुतबा देते हैं कि इसके झण्डे सातवें आसमान में मिला देते हैं, मगर क्या यह हक़ीक़त नहीं कि हर श्रेष्ठ और महान चीज़ एक सूखी रोटी की मोहताज है।' एक अदद रोटी की तलाश की छटपटाहट बहुत सारी अमीरी और विलासिता को नंगा कर देती है। क्या प्रेमचन्द के 1936 के प्रगतिशील लेखक संघ की स्थापना के मौक़े पर दिये गये भाषण का वह वाक्य हमें याद नहीं आता कि–'हमें सुन्दरता की कसौटी बदलनी होगी। अभी तक यह कसौटी अमीरी और विलासिता के रंग की थी।'

कहानी और विचारधारा के प्रश्न अगर बहुत सुलझे हुए नहीं है तो बहुत उलझे हुए भी नहीं है। विचारधारा के अनुसार हर समय कहानी का मूल्यांकन करना ग़लत है तो विचारधारा की भूमिका को अलग रखकर कहानी को केवल अनुभव, बोध, प्रेक्षण, कला दृष्टि के आधार पर समझना भी कहानी की अधूरी व्याख्या है। विचारधारा लेखक के भीतर सचेत या अचेत रूप से मौजूद है और वह उसकी रचनाशीलता का हिस्सा होती है। किसी कृति में विचारधारा ठोस, सुसंगत, व्यवस्थित रूप में हो यह ज़रूरी नहीं है। वह असम्बद्ध, परस्पर विरोधी रूपों में या धुँधलेपन के साथ भी हो सकती है। विचारधारा कहानी की दिशा, चरित्र या कथानक को निर्धारित नहीं करती है पर वह कहानी की समग्र संवेदना के भीतर से प्रस्फुटित होती है और इसे वही पाठक या आलोचक समझ पाता है जो विचारधारा की संकीर्ण किताबी व्याख्या करने के स्थान पर उसे जीवन परम्परा, सामाजिक संस्कार या वर्ग–जाति से जुड़ी जीवन्त प्रेरणाओं के आधार पर समझता है। कहानी में विचारधारा की उपस्थिति या विचारधारात्मक लेखन का विरोध मानवतावाद या मानवीय अनुभूति की पवित्रता के आधार पर होता है। पर देखने में यह आता है कि मानवतावाद या अनुभूति स्वयं में जितने पर्याप्त दिखते हैं, उतने होते नहीं है। मानवतावाद तथा मानव अनुभूति को भी अपनी ज़मीन तलाशनी पड़ती है और अक्सर किसी युग के विचारधारात्मक संघर्ष का लाभ उठाकार मानवतावाद तथा अनुभव जगत

अपना विकास करने का प्रयास करते हैं। कथाकार या कलाकर्मी स्वतन्त्र चेतना से अपनी सृजनात्मकता को चमकाने के साथ ही युग के वैचारिक संघर्षों की मदद से भी अपनी रचनाओं को समृद्ध करते हैं।

कहानीकार को विचारधारा के एक और पक्ष का सामना करना पड़ता है। वह है मूल्य–बोध व विचारधारा के सम्बन्ध तथा उनके फ़र्क़ को समझना। पुरातनपन्थी तथा प्रतिक्रियावादी विचारधाराओं के भीतर से भी कई बार मानवतावादी और करुणासम्पन्न मूल्यों की अभिव्यक्ति होती है और वे मूल्य वस्तुतः पुरातनपन्थी सोच को आवरण प्रदान करने का काम करते हैं। ऊपरी तौर पर मानवीयता का चेहरा प्रस्तुत करने वाले मूल्य पिछड़ी हुई सोच व विचारधारा को बढ़ावा देने का काम करते हैं। उनके प्रभाव में आया मनुष्य करुणा तथा दया के मूल्यों पर विश्वास तो कर लेता है पर वह अन्ततः विचारधारा के वास्तविक रूपों के द्वारा ठगा जाता है या फिर वह ख़ास विचारधारा को आत्मसात कर दूसरों को ठगने का काम करता है। वह फ्रॉड या झूठ को भी इसलिए नहीं समझ पाता क्योंकि वह जिन मूल्यों पर यक़ीन करता है, वे मूल्य ही किसी समस्याग्रस्त विचारधारा के पोषक होते हैं और वह विचारधारा अपने ही वास्तविक रूपों को बहुत मखमली पर्दे में ढँककर रखती है। इसलिए मनुष्य को केवल मूल्यों का ही पालन नहीं करना होता है बल्कि उसे यह भी देखना होता है कि जिस विचारधारा से इन मूल्यों को ग्रहण कर रहा है, वह किन सामाजिक–राजनीतिक उद्देश्यों से स्वयं को जोड़ती है। कहीं ऐसा न हो कि दया–करुणा के मूल्यों को लेखक उस दक्षिणपन्थी विचारधारा से ग्रहण करने लग जाये जो मुख्यतः समाज में ग़ैर–बराबरी को बढ़ावा देती हो। हिटलर तथा मुसोलिनी से लेकर बड़े–बड़े तानाशाहों ने बहुत मानवीय आदर्शों की बातें कहीं हैं पर अन्ततः उनकी विचारधारा विनाशकारी साबित हुई है। इसी प्रकार बहुत महान त्याग या सादगी की बातें तो मठों के बाबा जी भी कर लेते हैं और लोग उनके उपदेशों का प्रभाव ग्रहण कर समाज का भला करने से ज़्यादा अपना व दूसरों का नुकसान ही करते हैं। ऐसे में लेखक को दूसरों की नहीं बल्कि अपनी विचारधारा की निगरानी का काम भी करना पड़ता है। वह जिन मूल्यों से अपनी रचनाओं को उत्प्रेरित करना चाहता है, वे मूल्य किस विचारधारा से अपना सम्बन्ध स्थापित करते हैं, इस पर उसे सोचना पड़ता है।

कहानी से विचारधारा के सम्बन्ध की पड़ताल को उन लोगों ने ज़्यादा

मुश्किल बना दिया है जो कहानी में विषय के 'ट्रीटमेंट' और कहानी की व्यापक संवेदना, दोनों में ही विचारधारा की खोज करने की जल्दबाज़ी करते हैं। वे विचारधारा के बाहर कहानी के अस्तित्व को स्वीकार ही नहीं कर सकते जबकि सत्य यह होता है कि कोई सृजनात्मक कृति न तो पूरी तरह से विचारधारा के भीतर होती है, न पूरी तरह से उससे बाहर। वह न तो उससे बंधी होती है, न पूरी तरह उससे मुक्त। विचारधारा से उसका सम्बन्ध स्पष्ट हो सकता है तो वह अदृश्य तारों से बँधा हुआ भी हो सकता है। कहानी के रूपगत ढाँचे व कथानक में आसानी से विचारधारा को खोजा न जा सकने के बावजूद वह वहाँ पर मौजूद रह सकती है। इस प्रकार कहानी विचारधारा से मुक्त रहते हुए भी विचारधारा का प्रयोग कर सकती है और विचारधारा का पूरी तरह से हिस्सा होते हुए भी उससे बाहर जा सकती है। विचारधारा उसका केन्द्र न होकर परिधि हो सकती है और उसके महीन, सांकेतिक, प्रतीकात्मक या सूक्ष्म रूप कहानी में बिखरे हुए हो सकते हैं जिसे लेखक या तो सजग रूप से व्यक्त कर रहा हो या फिर उसकी अनिच्छा के बावजूद वे प्रकट हो रहे हों। कहानी में यथार्थ ही प्रतीकात्मक ढंग से या रूपकों में नहीं व्यक्त होता, बल्कि समाज की विभिन्न विचारधाराएँ भी प्रतीक, रूपक या भाषिक संकेतों में ढलकर सामने आ सकती हैं। यह भी सम्भव है कि विचारधारा के निर्माणशील रूप के विषय में कहानी संकेत दे रही हो और उसके चरित्र किसी बनते हुए यथार्थ शामिल होकर या तो यह जता रहे हों कि समाज की विचारधारात्मक दिशा क्या होने वाली है या फिर वे किसी यथार्थ के शिकार होकर यह जता रहे हों कि समाज को किस क़िस्म की विचारधारा की ज़रूरत है ताकि उस यथार्थ का विकल्प खोजा जा सके। चरित्रों की दुविधा, संकोच या उनके कार्य किसी निर्वात में घटित होने के स्थान पर किसी ऐसे निर्णय या चयन की दिशा में घटित हो रहे हों जो समाज की वैचारिक दिशा से जुड़ता हो। या फिर चरित्र अपनी समस्त विवशता या असहायता के कारण यह व्यक्त कर रहे हों कि समाज मानवीय उद्देश्यों की पूर्ति की दृष्टि से अभी अपूर्ण है और उसे किन्हीं विचारधारात्मक हस्तक्षेपों की ज़रूरत है। गोगोल की 1842 ई. की प्रसिद्ध कहानी है 'ओवर कोट'। इसकी प्रशंसा में दोस्तोएवस्की ने लिखा था—'हम सभी गोगोल के ओवरकोट से निकले हैं।' इसी कहानी का पात्र अकाकी अकाकीयेविच बड़ी मुश्किल से सिलाये गये एक गरम कोट की चोरी और अधिकारी की डाँट की दहशत में

मरता है। मरने से पहले बार–बार महामहिम शब्द को बुड़बुड़ाता रहता है। कहानीकार लिखता है–'अकाकी अकाकियेविच की लाश को ले जाकर कब्र में लिटा दिया गया। और सेंट पीट्सबर्ग की ज़िन्दगी उसके बिना उसी तरह चलती रही जैसे उसका कोई अस्तित्व ही न रहा हो।' कहानीकार एक सामान्य व्यक्ति की समूची दुर्दशा का वर्णन करते हुए दिखाता है कि देश–समाज का कुछ नहीं बिगड़ रहा सब कुछ सामान्य है, पूर्ववत है। एक असहाय व्यक्ति का जीवन नष्ट होने से समाज का कोई घाटा नहीं हो रहा है। पर वास्तव में वह यह टिप्पणी कर देश–समाज की दुर्दशा पर ही सख़्त टिप्पणी कर रहा होता है। वह व्यक्ति की पीड़ा व अभाव के माध्यम से समाज के घिनौनेपन को उजागर करता है। किसी चरित्र की निजी त्रासदी के वर्णन में पूरे समाज की कमियाँ, कमज़ोरियाँ और उसका अधूरापन झलकता है और इस प्रकार से सामाजिक व्यवस्था की विडम्बना को प्रकट करना यूरोपीय प्रबोधनकाल के विचारों का परिणाम था जिसमें मनुष्य को संसार का केन्द्र मानने का मानववादी विचार तेज़ी से विकसित हो रहा था। ज़ाहिर है कि मानववाद स्वयं में विचारधारा है। ऐसी विचारधारा जिसने शिल्प–स्थापत्य, कला–संस्कृति, विज्ञान, विचार सभी को व्यापक स्तर पर प्रभावित किया। यह इतिहास का तथ्य है कि यूरोप में ख़ासकर फ्रांस, इंग्लैंड तथा रूस में ऐसे कथाकार बहुत थे जिन्होंने सामाजिक–राजनीतिक उथल–पुथल के विचारों ही नहीं बल्कि समाज में फैली झूठी शान, सफलता के घमण्ड और घटिया आभिजात्य के विषय को अपनी सृजनात्मकता में शामिल किया और उनके अनदेखे कारणों को अपने कथानकों में उद्‌घाटित भी किया। फ्लाबेयर और बाल्ज़ाक की बुर्जुआ वर्ग के प्रति घृणा जगज़ाहिर है और इंग्लैंड के महान साहित्य–आलोचक रॉल्फ फ़ाक्स ने अपनी किताब 'उपन्यास और लोकजीवन' में फ्रेंच लेखक गुस्ताव फ्लाबेयर के बारे में लिखा–'बुर्जुआ वर्ग से घृणा और हिक़ारत ही फ्लाबेयर के हृदय की सर्वोपरि भावना थी। वह अपने पत्रों पर बुर्जुआ फोबस (बुर्जुआ वर्ग से घृणा करने वाला) के नाम से हस्ताक्षर करते थे और अपने रचनात्मक कार्यों के सुदीर्घ वर्षों में, जोकि उन्होंने इस घृणित वर्ग के जीवन से सम्बन्धित एक अकेला उपन्यास लिखने में ख़र्च किये, उन्हें भारी शारीरिक तथा मानसिक वेदना सहनी पड़ी।' बहुत छोटी कहानियों से लेकर बड़े आकार के उपन्यासों तक में बुर्जुआ वर्ग और साथ ही परिवेश की भयंकर जहालत पर संवेदनशील कथाएँ रची जाती

रही हैं। चेखव की कहानी 'दुःख' में एक ग़रीब कोचवान को पूरे शहर में जिसमें ढेरों अमीर, व्यापारी, वकील और नशे में धुत बिगड़ैल लड़के घूम रहे हैं, वहाँ कोई ऐसा नहीं मिलता तो उसकी मदद भले न कर सके लेकिन एक हफ्ते पहले हुई उसके बेटे की मृत्यु के बारे में कम–से–कम सुन ले। अन्त में वह अपने ही घोड़े के आगे रो पड़ता है और उसे अपना दुःख सुनाने के लिए मजबूर हो जाता है। यह वह पतित संवेदनाओं वाला रूस है जहाँ भयानक सर्दी की रात में कोचवान की दुःखभरी गाथा को सुनने के लिए कोई हाड़–मांस का इन्सान तैयार नहीं है। यह एक मानव की आँख से गिरा आँसू है और वह आँसू जारशाही वाले रूस में इन्सान के साथ व्यवस्था के सबसे भयानक अन्याय का सबसे मार्मिक रूपक है।

इन कथाओं ने वर्तमान के स्थिर, सभ्य या नरम रूपों नहीं बल्कि उसकी बहुत तनावयुक्त, खुरदरे तथा तपा देने वाली सचाइयों को सामने रखा है और अक्सर केवल चरित्रों की निजी विशेषताएँ नहीं बल्कि समाज की वैचारिक प्रतिध्वनियाँ उनमें सुनी जा सकती हैं। हर कहानी किसी–न–किसी स्तर पर समाज की वैचारिक ध्वनियों की प्रतिध्वनि होती है। चरित्र अचानक से किसी अनजान–अनभिज्ञ यथार्थ की तरफ़ चलकर आते हैं और उनकी गतिविधियाँ प्रकट करती हैं कि वे किसी विचारधारा के ज़रिये निर्मित होते यथार्थ के पक्ष में जाकर खड़े हो गये हैं। वे लगातार किसी दिशा में आगे की ओर बढ़ते दिखते हैं और उनकी गति या दिशा का सम्बन्ध लेखक की चेतना से होता है। वे किसी वास्तविकता, किसी बाहरी सत्य, किसी नवीन स्थिति या किसी सामाजिक द्वन्द्व का या तो तटस्थ ढंग से साक्षात्कार करते हैं या फिर वे स्वयं को उससे जुड़ा हुआ पाते हैं। इस तरह चरित्रों का जिस दिशा में विकास होता है, वे जिन नयी प्रेरणाओं से गुज़रते हैं या वे जिन नाटकीय स्थितियों में प्रवेश करते हैं वह सभी कुछ किसी लेखक की विचारधारा से प्रभावित हो सकता है। वे कथानक में सामने आते हैं, सामान्य ढंग से बोलते व काम करते नज़र आते हैं और फिर अचानक ख़ास ढंग से उनका व्यवहार बदल जाता है। लेखक ख़ास दृष्टिकोण का प्रयोग करते हुए चरित्र के व्यवहार में बदलाव को अंकित करता है। उसका कथाचरित्र कथा की सीमा के भीतर अपने निर्णयों व गतिविधियों से पाठक को हतप्रभ करता है, और प्रेरित भी। जैसे कि प्रेमचन्द की अल्पचर्चित कहानी 'मैकू' को ले सकते हैं जो हंस में 1930 में प्रकाशित हुई, पर प्रतिबन्धित हो गयी थी। कहानी में कादिर

और मैकू नामक दो पात्र हैं जो शराबखाने जाते हैं। वहाँ कांग्रेस के वॉलंटियर शराब पीने का अहिंसक ढंग से विरोध कर रहे हैं। मैकू आगे बढ़कर एक कांग्रेसी कार्यकर्ता को पीटता है पर बाद में वह पश्चात्ताप करता है और स्वयं ही शराबखाने के मटकों को तोड़ता है और ठेकेदार की पिटाई करता है। इस प्रकार तत्कालीन राजनीतिक प्रवृत्तियों के बारे में जागरूकता को व्यक्त करते हुए कहानी एक निश्चित निष्कर्ष पर समाप्त होती है। यानी कथाचरित्र की कल्पना सामाजिक परिवर्तन व समाज निर्माण की कल्पनाओं से जुड़ी होती है। आमतौर पर किसी सामाजिक विषय पर लिख रहे कहानीकार की कल्पनाएँ या तो समाज के वैचारिक भटकाव को प्रकट करती हैं, या समाज के वैचारिक संकल्प को। यह सम्भव है कि कोई कहानीकार जीवनानुभवों, स्मृतियों, भावबोध, शोध आदि की मदद ले रहा हो लेकिन वह जब इन सारी चीज़ों के आधार पर जिस कथानक का ढाँचा निर्मित करे, उसमें उसकी जीवनदृष्टि तो उजागर हो, साथ में उसके बहुत सारे विचारधारात्मक आग्रह भी या तो स्पष्ट रूप से प्रकट हों या फिर युग के मुख्य विचारधारात्मक मुहावरे की शक्ल में सामने आयें। किसी युग की वर्चस्वशाली विचारधारा बहुत सारे क्षेत्रों में विभाजित होती है जैसे धर्म, अर्थव्यवस्था, राज्य संचालन, मानवीय समता, लैंगिक दृष्टिकोण आदि में। कहानीकार विषय को वर्णित करते हुए जिस रास्ते पर कथानक का विकास करता है उसमें विचारधारा का किसी एक क्षेत्रीय तत्त्व के रूप में उभरना सम्भव हो सकता है और लेखक किसी विचारधारा के किसी एक तत्त्व या पहलू का प्रयोग करते हुए यह दावा कर सकता है कि वह पूरी विचारधारा का चूँकि प्रयोग नहीं कर रहा, इसलिए उसका लेखन विचारधारा–मुक्त है। पर विचारधारा एक शक्तिशाली तत्त्व है और समग्रता, आंशिकता, सूक्ष्मता, स्थूलता, व्यापकता, अस्पष्टता आदि विविध रूपों में वह प्रकट हो सकती है। अध्यात्म की भाषा में कहें तो ईश्वर भी निर्गुण, साकार, सूक्ष्म, स्थूल, लीलाधारी या नामरूप किसी भी तरह से व्यक्त होकर अपने होने का अहसास कराते हैं। फ्रेंच उपन्यासकार गुस्ताव फ्लाबेयर ने अपने एक पत्र में लिखा था–'लेखक को अपनी कृति में उसी भाँति रहना चाहिए जैसे कि भगवान ब्रह्माण्ड में रहते हैं, सर्वत्र वर्तमान लेकिन कहीं भी दृष्टिगोचर नहीं।' यही हालत लेखक की विचारधारा की हो सकती है जो कृति में सर्वत्र छायी होती है लेकिन कहीं भी साफ़ ढंग से दिखाई नहीं देती है।

किसी कहानी में विचारधारा की विविध क़िस्म की अभिव्यक्तियाँ उपस्थित रहती हैं। विचारधारा को अगर हम संसार के बारे में सुसम्बद्ध चिन्तन के रूप में समझते हैं तो यह भी देख सकते हैं कि कहानी का एक दायित्व चिन्तन को प्रेरित करना भी होता है। पाठक की रुचि को उकसाने के बाद कहानी उसे विविध विवरणों, घटनाक्रमों तथा स्थितियों के बीच से गुज़ारकर ले जाती है और अन्त में समाज के बारे में उसकी चिन्तन–प्रणाली पर असर डालती है। कथा का पाठक केवल मनोरंजन, सुख, आनन्द की मनोदशा को अर्जित कर अपने को सन्तुष्ट नहीं पाता है बल्कि वह किसी समस्या या जीवन के किसी पक्ष पर विचारपूर्ण मनोदशा को भी अर्जित करता है।कहानी में वैचारिक रुचि किसी–न–किसी रूप में उसकी संचित विचारधारा या फिर उसकी विचारधारा की खोज सम्बन्धी ज़रूरत को प्रभावित करती है। कहानी का विचारधारात्मक पाठ करना और कहानी की रचना प्रक्रिया में विचारधारा की मौजूदगी का विश्लेषण करना, दोनों अलग–अलग चीज़ें हैं। कहानी की रचना प्रक्रिया प्रत्यक्ष भोगे अनुभव या अनुभूत सत्य पर प्रायः आधारित होती है। एक और चीज़ कहानी की रचना प्रक्रिया को समृद्ध करती है और वह होती है कहानी को किसी उन्नत आदर्श या मूल्य से जोड़कर प्रस्तुत करने की स्वाभाविक चाह। ऐसे में अनुभूत सत्य या भोगा हुआ यथार्थ सपाट तरीक़े से अभिव्यक्त नहीं हो पाता और उसमें किसी आदर्श या सामाजिक मूल्य की उपस्थिति महसूस की जा सकती है।

कथाकारों ने, ख़ासतौर पर नयी कहानी आन्दोलन में किसी विचारधारा या आदर्श के प्रति कमिटमेंट के स्थान पर सत्य, युग, समय, ईमानदारी या अनुभव के प्रति कमिटेड होने की बातें कही जाती थीं। इन सारे शब्दों का प्रयोग विचारधारा या आदर्शवाद के विकल्प के रूप में जब किया जाता था तो इन्हें केवल वैकल्पिक शब्द नहीं बल्कि वैकल्पिक लेखकीय संवेदना के साथ जोड़कर पेश किया जाता था। यथार्थ को साधन और किसी विचारधारा–आदर्श को साध्य मानने के स्थान पर यथार्थ को ही साध्य मानने का दावा था। मोहन राकेश ने एक साक्षात्कार में कहा था–'मेरी दृष्टि में यथार्थ को ऐतिहासिक कार्य–कारण की शृंखला में रखकर ही, उसकी वास्तविकता में जाना जा सकता है। इस दृष्टि से मैं आज के यथार्थ को बीते हुए कल और आने वाले कल से काटकर नहीं देख सकता।' इस प्रकार यथार्थ को यथातथ्य से अलगाते हुए उसे ऐतिहासिक कार्य–कारण

परम्परा में रखकर देखना और उसके प्रति कमिटेड होना, यह स्वतन्त्रता के बाद के कई लेखकों की प्रवृत्ति बनी। विचारधारा से स्वयं को अलगाने की लेखकों की इन बातों को गम्भीरता से लेना चाहिए। किसी विचारधारा का महन्त बनने के जोश में आकर इसका मज़ाक़ उड़ाना गम्भीर बहस की हत्या करने की मानसिकता को प्रकट करना है। मार्क्सवाद के असर से यह मान लिया जाता है कि लेखन भी आर्थिक संस्कृति का हिस्सा है और संस्कृति एक अधिरचना के रूप में अर्थव्यवस्था के आधार पर टिकी होती है। आधार ही अधिरचना को निर्धारित करता है इसलिए लेखक को जल्द–से–जल्द पहचान लेना चाहिए कि उसका समस्त लेखन सारी स्वतन्त्रता सम्बन्धी उद्‌घोषणाओं के बावजूद समाज के 'आधार' यानी आर्थिक–भौतिक दशाओं की अभिव्यक्ति है। लेखन व संस्कृति को लेकर हिन्दी में बहसें भी हुई हैं और इस बात पर विचार हुआ कि क्या सचमुच सारा लेखन या संस्कृति कर्म किन्हीं बाहर की शक्तियों से निर्धारित होता है। नामवर सिंह ने अपने 'रेमंड विलियम्स : आधार और अधिरचना के सवाल' शीर्षक लेख में लिखा है–'रेमंड विलियम्स ने इस क्रिया से जुड़े हुए अर्थों के ऐतिहासिक अनुषंगों के प्रति आत्मसजग करते हुए यह सुझाव रखा है कि हमें निर्धारण (डिटरमिनेशन) को पूर्वकल्पित, पूर्वनिर्दिष्ट तथा नियन्त्रित वाचिक अर्थों की अपेक्षा सीमा निर्धारण तथा दबाव डालने के अर्थ में ग्रहण करना चाहिए' अर्थात यह तो माना जा सकता है कि भौतिक–आर्थिक दशाएँ संस्कृति पर ख़ास तरह का दबाव डालती हैं लेकिन पूरी तरह उसे निर्धारित नहीं करती हैं। यहाँ दबाव डालने के सत्य को स्वीकार करते हुए भी निर्धारणवाद शब्द के इस्तेमाल, जिसमें ख़ास तरह का नियतिवाद झलकता है, से हम बच सकते हैं। लेखक को भी अनुभव होगा कि उसका सारा लेखन केवल अर्थव्यवस्था और उत्पादन–सम्बन्धों से जुड़ी भौतिक स्थिति का विस्तार नहीं है, बल्कि वह अपनी क्षमता के अनुसार प्रदत्त परिस्थितियों में स्वतन्त्र लेखन भी करता है। लेखक के लिए स्वाधीनता एक बड़ा मूल्य है और अगर उसे विचारधारा के नाम पर स्वाधीनता के छिन जाने का ख़तरा सताता है, तो उसके डर या आशंका को ख़ारिज करने के स्थान पर उसे सहानुभूति से समझना चाहिए।

प्रायः विचारधारा के आधार पर साहित्यिक मूल्यांकन करने वालों ने अपनी उच्च कला–दृष्टि को लेकर अच्छे उदाहरण नहीं प्रस्तुत किये हैं।

न ही उन्होंने उदारता का परिचय दिया है। उनकी उदारता या कलाप्रेम केवल विचारधारा को मानने तथा उसके निर्देशों के अनुसार लेखन करने वालों के प्रति दिखता है। विचारधारा की गुलामी को ठुकराने या उसकी सीमा से बाहर के लेखन के प्रति उनमें कई बार तो बहुत ही नकारात्मक रवैया दिखायी देता है और यह नकारात्मक रवैया उन्हें बहुत सारे नये–पुराने लेखन के बारे में स्थायी अज्ञानता का शिकार बनाता है। लेखन में वे रणनीति, स्ट्रैटजी, वर्चस्व से जुड़ी चतुराई व काइयापन का प्रदर्शन करने लगते हैं जिससे एक संवेदनशील व ईमानदार लेखक को तकलीफ़ होती है और वह इन सयाने लोगों से दूर जाने में भलाई समझता है। एक लेखक को विचार के लिए भटकना पड़ता है, कष्ट उठाने पड़ते हैं, उसे रचना में ढालने में बहुत संघर्ष करना पड़ता है। पर उसके इस कष्ट तथा संघर्ष को समझने के स्थान पर अगर किसी विचारधारा की नक़ली कसौटी पर उसके लेखन को देखा जाने लगे तो वह बहुत हतोत्साहित हो सकता है, सम्भव है कि आत्मदमन की दिशा में मुड़ जाये। अक्सर ही विचारधारा को लेकर अति उत्साहित लोगों की विचारधारा को आरोपित करने में जितनी रुचि रहती है, उतनी रुचि उनकी विचारधारात्मक साहित्य की सीमाओं पर ईमानदारी से बात करने में नहीं रहती है। वे विचारधारा को गतिशील यथार्थ की तरह नहीं देखते हैं। उसकी सीमाओं पर बहस करने के लिए ख़ुद कभी तैयार नहीं रहते हैं। पर लेखक से अपेक्षा रखते हैं कि वह विचारधारा की कसौटी पर अपने लेखन की सीमाओं पर हमेशा ही बहस के लिए तैयार रहे। विचारधारा के अनुसार लेखक की आलोचना करने के लिए स्वयं विचारधारा को असहमति व बहस के आन्तरिक लोकतन्त्र का विकास करना पड़ता है। किसी विचारधारा के भीतर असहमति, आलोचना तथा सैद्धान्तिक विवादों को स्वीकृति देने की परम्परा निहित होती है। उस परम्परा से जुड़े लोग इसीलिए बड़ी आसानी से अपनी ही विचारध ारा के विविध पक्षों के बारे में बेहिचक विरोध भी प्रकट कर सकते हैं तथा अपने विरोध को सुव्यवस्थित बौद्धिक आधार प्रदान कर देते हैं। नामवर सिंह द्वारा जार्ज लुकाच की आलोचना, रामविलास शर्मा द्वारा कई वामपन्थी लेखकों की आलोचना या यूरोपियन मार्क्सवाद के द्वारा क्लासिक मार्क्सवाद से असहमति उसी परम्परा का हिस्सा रहे हैं। पर विचारधारा के भीतर आन्तरिक असहमति, विवाद–संवाद और बहस की भीतरी परम्परा के

शिथिल पड़ जाने के बाद या विचारधारा के स्वयं ही शिथिल पड़ जाने के बाद उस विचारधारा की कई मान्यताओं तथा विचारों को साहसपूर्ण चुनौती देना कठिन होता चला जाता है। जो यह चुनौती स्वीकार करता है, उसे ख़ुद विचारधारा के अंधभक्तों की आक्रामक–अपमानजनक अन्धभक्ति का सामना करना पड़ता है। ऐसा बुरा वक़्त आ जाता है कि विचारधारा के अनुयायी विचारधारा के बहुत सारे सकारात्मक बिन्दुओं को विस्मृत कर केवल उसे मूर्ति, नारियल–फूल, मन्दिर या पवित्र जल की तरह अपने मन में लेकर घूमने लगते हैं। इस प्रकार जो विचारधारा अपने भीतर से उपजे हर विचार को खण्डन–विखण्डन या बहस के योग्य मानती है, वही विचारधारा आगे चलकर वैचारिक असहमतियों की अभिव्यक्ति के कार्य को बेहद मुश्किल बना देती है। खण्डन या अस्वीकार करने की प्रवृत्ति कमज़ोर पड़ने पर उस विचारधारा के बहुत सारे वैचारिक पक्ष ग़लत या अतार्किक होते हुए भी बहुत अनुल्लंघनीय या शक्तिशाली प्रतीत होने लगते हैं। विचारधारा के भीतर बहस व आत्मालोचना की परम्परा कमज़ोर पड़ने पर विचारधारा या तो साहित्यिक मूल्यांकन की क्षमता को खो देती है, या उसके मूल्यांकन प्रायोजित या अप्रासंगिक प्रतीत होने लगता है। यह भी समझना चाहिए कि स्वाधीनता, ईमानदारी तथा निजी अनुभव के प्रति कमिटमेंट जैसे तर्कों का अपना महत्त्व इस रूप में हमेशा रहेगा कि लेखक इन्हीं के सहारे सृजन के लिए प्रेरित होता है। वह अपनी व अन्य की संवेदना से सम्बन्ध बनाने का अवसर भी इन्हीं के सहारे प्राप्त करता है।

विचारधारा से प्रत्यक्ष रूप से संचालित लेखन की उम्र तथा प्रभाव अक्सर कम होता है क्योंकि वहाँ रचनात्मकता से समझौता किये जाने का ख़तरा होता है। लेकिन विचारधारा की अस्वीकृति या अरुचिकर अतिरेकों के बावजूद विचारधारा फिर भी साहित्य–कला का पीछा नहीं छोड़ती, न ही साहित्य–कला विचारधारा से पूर्ण निरपेक्ष हो जाने की अवस्था को प्राप्त कर पाती है। वह इसलिए कि चूँकि पूरा समाज ही किसी–न–किसी रूप में 'वैल्यू सिस्टम' पर टिका होता है इसलिए कहानी या तो उसी मूल्य व्यवस्था का विस्तार करती है, या उसकी आलोचना प्रस्तुत करती है। वाल्टर बेंजामिन के ही शब्दों का सहारा लेकर कहें तो कहा जा सकता है कि 'कलाएँ केवल आलोचनाओं को पैदा नहीं करती हैं, बल्कि स्वयं आलोचनात्मक कर्म की तरह होती हैं।' कहानीकारों का तथाकथित 'यथार्थ'

अन्ततः इसी मूल्य–प्रणाली का अंग होता है। कहानी कई बार मूल्यों का विरोध करती है या वह सावधानी से बीच का रास्ता निकालती है। जैसे प्रेम–विषयक कथाएँ ऐसी भी हैं जो सामाजिक रूढ़ियों के ख़िलाफ़ होती हैं। जिनमें जाति–वर्ग या अन्य क़िस्म के अन्याय का उद्घाटन होता है। वहीं ऐसी प्रेम कथाएँ भी लिखी गयी हैं जिनमें संयोग या परिस्थितिवश प्रेम दिखाया जाता है पर किसी रूढ़ि–मर्यादा को भंग नहीं करना पड़ता। इस प्रकार कथानक के भीतर आलोचना, प्रतिरोध व सामंजस्य के बहुत सारे तत्त्व निहित होते हैं और ये सारे तत्त्व कहानी के विचारधारा से सम्बन्ध की खोज के लिए एक आधार उपलब्ध कराते हैं। यह भी समझना ज़रूरी है कि केवल विचारधारा के बल पर अच्छी कहानी नहीं लिखी जा सकती है। ऐसा नहीं हो सकता कि एक ही विचारधारा कई कहानीकारों को पढ़ा दी जाये और सभी एक ही तरह की श्रेष्ठ कहानी लिखने लग जायें। रामविलास शर्मा जैसे प्रतिबद्ध मार्क्सवादी को भी विचारधारा के यान्त्रिक प्रयोग के ख़िलाफ़ 'परम्परा का मूल्यांकन' में लिखना पड़ा था–'साहित्यकार आपसी सहयोग से लाभ उठाते हैं पर अभी तक उस तकनीक का पता नहीं लगाया जा सका जिससे लोगों को सिखाकर साहित्य का सामूहिक उत्पादन किया जा सके।'

उपरोक्त तर्कों का सारांश यही है कि कहानी तथा विचारधारा के सम्बन्ध जटिल, सूक्ष्म तथा बहुस्तरीय होते हैं। किसी कहानी की रचना तथा आस्वादन की प्रक्रिया में विचारधारा गायब रहते हुए भी कहीं उपस्थित रह सकती है। उसका सूक्ष्म, परोक्ष या अदृश्य रूप कहानी–कला पर अपना असर दिखाता है। वह अपने युग की विचारधारा से सापेक्ष रूप से स्वाधीन रहते हुए भी उसके प्रभावों को ग्रहण करती है। कहानी का मानव–मूल्यों, करुणा, समानता या आधुनिकता के प्रति निष्ठावान होना भी विचारधारा के प्रभाव से हो सकता है, या उसके प्रभाव के बग़ैर भी। संसार के किसी भी कोने में हर युग की विचारधारा होती है जिससे शासक वर्ग समाज पर नियन्त्रण करता है और शासित वर्ग तथा उसकी जीवन–स्थितियाँ या तो विचारधारा से नियन्त्रित होती हैं अथवा उससे बाहर जाने का मार्ग तलाशती हैं। पूँजी, राजनीति, नौकरशाही, वर्ग, जाति, धर्म, परिवार, उपासना–स्थल सभी किसी विचारधारा के अधीन काम करने वाली संरचनाएँ होती हैं। समाज की विभिन्न संरचनाएँ अराजक या अव्यवस्थित ढंग से काम करने के स्थान पर विचारधारा के अनुशासन में रहती हैं तथा उसका भरपूर

लाभ अथवा हानि उठाती हैं। इन संरचनाओं से टकराने या इनके साथ सहयोग करने की प्रक्रिया में साहित्यिक लेखन भी विचारधारा की शक्ति से अच्छे अथवा बुरे ढंग से प्रभावित होता है। समाज में कहानी या दूसरी साहित्यिक विधाएँ विचारधारा की अधीनता न स्वीकार करने के बावजूद विचारधाराओं की उपस्थिति, उनके निर्माण, विध्वंस तथा लोकव्यापी रूपों से पाठकों को परिचित कराती हैं।

सन्दर्भ

1. नीलसन–वेस्टर्न पॉलिटिकल थॉट्स, पियर्सन, नोएडा–2007
2. मैपिंग आइडियोलॉजी, संपा–स्लावोज जेजेक, वारसो, लन्दन, 1994
3. लुई अल्थ्यूजर आइडियोलॉजी एंड द स्टेट, वर्सो, लन्दन, 2008, पृ.–40–41
4. वही, पृ.: 49
5. टेरी ईगलटन–आइडियोलॉजी : ऐन इंट्रोडक्शन, पृ. 7
6. वाल्टर बेंजामिन–मॉडर्न क्रिटिसिज़्म एंड लिटरेरी थ्योरी–(संपा. डेविड लाज), पियर्सन, दिल्ली, पृ. 18

यथार्थवाद का विकास और साहित्य

कहानियों की आलोचना लिए के यथार्थवाद के प्रतिमान का सहारा लिया जाता है। हालाँकि रोमान, जादुई यथार्थवाद, तिलिस्म, फैंटेसी, कल्पना, यूटोपिया आदि दूसरी कथा–प्रवृत्तियाँ उसी तरह से प्रभावशाली रही हैं। पर कथा–साहित्य को यथार्थवाद से प्रभावित मानने वाले स्वयं यथार्थवाद के ऊपर पड़े ऐतिहासिक प्रभावों या यथार्थवाद के रूपान्तरण पर ख़ास चर्चा नहीं करते हैं। उनके लिए यथार्थवाद कोई आसमान से उतरी प्रवृत्ति है, जिसे गद्य साहित्य की हर विधा पर हुकूमत करनी है जबकि ऐसा है नहीं। यथार्थवाद स्वयं इतिहास की प्रक्रिया से निकली चीज़ है और वह जिस तरह से कथा–साहित्य को प्रभावित करता है, उसी प्रकार वह स्वयं भी इतिहास की स्थितियों से प्रभावित होता रहा है।

साहित्य में यथार्थवाद का आगमन 19वीं सदी की परिघटना है। इस यथार्थवाद की देह पर कई क्रान्तियों जैसे औद्योगिक–वैज्ञानिक क्रान्ति, फ्रांस की 1848 की क्रान्ति, रूसी क्रान्ति, भारत की साम्राज्यवाद विरोधी क्रान्ति के गहरे रंग मौजूद हैं। यथार्थवाद के ऐतिहासिक विकास को इसलिए भी जानना आवश्यक है क्योंकि इसने सत्य, वास्तविकता और विश्व के बारे में समझ को बुनियादी तौर पर बदला और साहित्य–कला को व्यापक रूप से प्रभावित किया है। आज भी विमर्शवाद, नारीवाद, उत्तर–औपनिवेशिकता, प्रगतिशील साहित्य आदि जितनी साहित्यिक दृष्टियाँ हैं, उनके भीतर यथार्थवाद के नये, मिले–जुले तथा पुराने तत्त्व मौजूद हैं। जादुई यथार्थवाद को या साहित्य में यथार्थवादी शैली को नकारने वाले उत्तर आधुनिकतावाद को भी अपने अस्तित्व की ज़रूरत को सिद्ध करने के लिए यथार्थवाद की व्याख्या करनी पड़ती है।

19वीं सदी में विश्व की सत्य प्रतिकृति, इहलौकिक विचार–दृष्टि, मध्य व निम्न मध्यवर्ग के जीवन की अभिव्यक्ति तथा साधारणपन की स्वीकृति

के साथ जो यथार्थवाद विकसित हो रहा था, उसके विकास के पीछे कुछ ठोस दार्शनिक जगत के विचार भी सक्रिय थे। जान लॉक और रेने देकार्त आदि की दार्शनिक प्रस्थापनाओं और पुनर्जागरण से निकली यह धारणा कि मानवीय समाज–परिवेश केवल ईश्वरीय सत्ता की अभिव्यक्ति नहीं बल्कि मानव की स्वतन्त्र कल्पना व प्रयास का परिणाम है, इसने यथार्थवाद की बुनियाद को निर्मित करने का काम किया। प्राचीन समाजों में माना जाता था कि मनुष्य अपनी इन्द्रियों तथा अनुभव से नहीं बल्कि किसी मानवेतर शक्ति के हस्तक्षेप से यथार्थ को जान सकता है। पर 18वीं सदी के बाद दार्शनिकों ने यह कहना आरम्भ कर दिया कि मनुष्य अपने ऐन्द्रिक अनुभव तथा प्रयासों से अपने परिवेश को व्यक्त कर सकता है, तथा किसी बहुत बड़ी मानवेतर शक्ति के समक्ष अधीनता स्वीकार करते हुए भी अपनी सीमित दुनिया का अवलोकन कर सकता है। यह विश्वास किया जाने लगा कि ईश्वर के अस्तित्व पर विचार करना या उसे जाने लेने का दावा अहंकारपूर्ण है, मनुष्य अपने समाज–परिवेश को जानने का प्रयास करे तो वही सच्ची विनम्रता है। आयन वाट्स ने अपनी पुस्तक 'उपन्यास का उदय' में लिखा है–'वास्तव में आधुनिक यथार्थवाद का आरम्भ इस मान्यता से होता है कि व्यक्ति के द्वारा अपनी इन्द्रियों के माध्यम से सत्य का अन्वेषण सम्भव है। इसका मूल देकार्त और लॉक के दर्शन में है जिसे अठारहवीं सदी के मध्य टॉमस रीड द्वारा व्यवस्थित रूप दिया गया था।' इस प्रकार यह माना जाता रहा है कि जब ऐसी परिस्थितियाँ निर्मित हुईं, जिनमें धर्म या चर्च से सम्बन्धित नौकरशाही के द्वारा थोपे गये सत्य से परे जाकर व्यक्तिगत अनुभवों को सत्य की खोज में महत्त्व दिया जाना आरम्भ हुआ तो यथार्थवाद का विकास हुआ। अतीत के नियन्त्रण तथा परम्परानुगामिता से मुक्ति पाकर निजी अनुभव के महत्त्व ने रचनाकारों को यथार्थ से जोड़ने का काम किया। इसने नये विषयों को जन्म दिया जो पुरानी मिथकीय–दन्तकथाओं, रूढ़िग्रस्त कथानकों तथा चमत्कारों से भिन्न थे। आयन वाट्स ने उपन्यास विधा के सहारे इस यथार्थवाद को समझाते हुए आगे कुछ और बातें इस प्रकार जोड़ी हैं–

'पुरानी साहित्यिक विधाओं में परम्परा का अनुकरण ही सामान्य सत्य की कसौटी था। उदाहरणतः प्राचीन एवं पुनर्जागरण युग के महाकाव्यों में कथानक अतीत के इतिहास अथवा दन्तकथाओं पर आधारित थे और लेखन के प्रतिपादन की योग्यता शैली के निर्धारित भावों के अनुसार साहित्यिक

सौष्ठव प्रदर्शित करने से आँकी जाती थी। इस साहित्यिक रूढ़िवाद को प्रथम और सबसे बड़ी चुनौती उपन्यास से मिली। इसका प्रमुख सिद्धान्त व्यक्तिगत अनुभवों के प्रति सचाई है, ये व्यक्तिगत अनुभव सदैव विशिष्ट होते हैं, अतः नवीन भी। इस प्रकार उपन्यास संस्कृति का ऐसा तर्कपूर्ण साहित्यिक माध्यम है जिसने गत कुछ शताब्दियों में मौलिकता अथवा नवीनता को महत्त्व दिया है। अतः इस विधा का नॉवेल के नाम से अभिहित करना सार्थक ही है क्योंकि इससे नवीनता की विशिष्टता प्रतिबिम्बित होती है।'

यथार्थवाद में गहरी रुचि रखने वाले जानते हैं कि जिस रियलिज़्म शब्द की तर्ज पर यह गढ़ा गया है, वह रियलिज़्म शब्द अपनी उत्पत्ति में फ्रेंच मूल का है। 19वीं सदी में सर्वप्रथम चित्रकला के क्षेत्र में इसका प्रयोग होना आरम्भ हुआ था। 1855 में फ्रेंच चित्रकार गुस्ताव कार्बेत ने पेरिस में लगी अपनी चित्र प्रदर्शनी ड्यू रियालिज्मे (Du Realisme) लगायी। इसके अगले ही साल एडमंड डुरेंती ने 'रियालिज्मे' नामक पत्र भी निकाल दिया और एक पुस्तकाकार खण्ड में भी इसी नाम से प्रकाशित कर दिया। देखते–देखते यह शब्द चल पड़ा, हालाँकि इसके असल निहितार्थ अभी पूरी तरह से स्पष्ट नहीं थे। कुछ लोगों ने इस बात की ओर ध्यान दिलाया है कि फ्रांस के समानान्तर इंग्लैंड में भी रियलिज़्म शब्द का प्रयोग होता था। वहाँ जी.एच.लेविस को इस शब्द के प्रयोग को आरम्भ करने का श्रेय प्रदान किया जाता है। पर फ्रांस को, जहाँ रियलिज़्म शब्द की उत्पत्ति हुई, यथार्थवादी रचनाओं के विकास का भी श्रेय दिया जाता है। इसके कई कारण रहे हैं जैसे कि प्रधान कारण था कि इंग्लैंड के लेखकों को लगता था कि उनके यहाँ पहले से ही यथार्थवादी साहित्य दृष्टि है। उन्हें अलग से यथार्थवाद को विकसित करने की ज़रूरत महसूस नहीं हुई। फिर इंग्लैंड व फ्रांस–जर्मनी की दार्शनिक परम्परा में अन्तर था। फ्रांस–जर्मनी की तुलना में इंग्लैंड में अमूर्त ढंग से विषय पर विचार करने की परम्परा बहुत सशक्त नहीं थी और वहाँ पर मध्यवर्गीय नैतिकता के अंकुश अधिक थे। इसलिए जोला या फ्लाबेयर की तरह का यथार्थवाद उन्हें ठीक से स्वीकार्य नहीं हो सकता था और न वे इस बारे में अधिक बहस करना पसन्द करते थे। इन कारणों से यथार्थवाद को लेकर वास्तविक बहस तथा उसकी चिन्ता करने का काम फ्रांस में हुआ, जबकि इंग्लैंड के लेखक इसे आविष्कृत करने की चीज़ मानने के स्थान पर इसे धीरे–धीरे

पूर्ववर्ती इतिहास से ही विकसित होते देख रहे थे। मार्क्स और एंगल्स ने भी अगर यथार्थवाद का प्रतिमान किसी को बनाया तो वह चार्ल्स डिकेंस या विलियम थैकरे जैसे अंग्रेज़ी लेखकों की रचनाएँ नहीं थीं बल्कि फ्रांस के लेखक बाल्ज़ाक की कृतियाँ थीं। जर्मन मूल के मार्क्स को फ्रांस में विकसित हो रही यथार्थवाद जैसी नयी अमूर्त रचना प्रणाली अधिक ग्राह्य हुई और उन्होंने विचारधारा तथा यथार्थवाद के सम्बन्धों पर तफ़सील से लिखना मंजूर किया। उनके साथी एंगल्स को यथार्थवाद 'बूढ़े बाल्जाक का भव्यतम गुण' लगता था। मार्क्स–एंगल्स को ख़ुद भी नहीं पसन्द था कि कोई उपन्यास के नाम पर समाजवादी उपन्यास या उद्देश्यमूलक उपन्यास लिखकर चला आयें एंगल्स ने किसी रचना पर लेखक द्वारा अपने विचार आरोपित करने की प्रवृत्ति का खण्डन किया। उन्होंने लिखा–'लेखक के विचार जितने छिपे रहें, कला की कृति उतनी ही अच्छी होती है। मैं जिस यथार्थवाद की बात कर रहा हूँ, वह लेखक के दृष्टिकोण के बावजूद उभर सकता है। एक मिसाल दूँ। बाल्ज़ाक, जिन्हें मैं अतीत, वर्तमान तथा भविष्य के तमाम जोलाओं की तुलना में यथार्थवाद का कहीं बड़ा आचार्य मानता हूँ, मानवीय कामदी में फ्रांसीसी समाज का ख़ासतौर पर पेरिस की दुनिया का सबसे अद्‌भुत यथार्थवादी इतिहास हमारे सामने पेश करते हैं।' इन पंक्तियों के आगे वह और विस्तार से लिखते हैं–'यह सच है कि बाल्ज़ाक अपने राजनीतिक दृष्टिकोण के मामले में लेजिटिमिस्ट थे, उनकी महान कृति उच्च समाज के असाध्य क्षय के बारे में सतत शोकगीत है। उनकी सारी सहानुभूति उस वर्ग के साथ है, जिसके नसीब में विलोप होना लिखा हुआ है।' इस प्रकार मार्क्स–एंगल्स ने अपनी पुस्तकों तथा पत्र–व्यवहार में लगातार यथार्थवाद का पक्ष लिया और इसी ने आगे चलकर लुकाच की प्रस्थापनाओं का बुनियादी आधार तैयार किया।

फ्रांस शुरु में यथार्थवादी साहित्य का केन्द्र बना, पर यथार्थवाद अन्य यूरोपीय देशों में भी विकसित हुआ। इस यथार्थवाद पर निश्चित ही औद्योगिक पूँजीवाद, विज्ञान की खोजों, मानववाद तथा सामाजिक विज्ञान के विकास का प्रभाव था। औद्योगिक पूँजीवाद ने समकालीनता पर बल दिया क्योंकि फैक्टरी में बनी वस्तु उपभोक्ता को उस कालखण्ड में रुचि लेने में विवश करती है जिसमें वस्तु का उत्पादन, उपभोग तथा वितरण होना होता है। ज़्यादा तेज़ी से उत्पादन व उपभोग मानवीय चेतना को असीमित कालखण्डों तथा पुराने विचारों–आस्थाओं में भटकने के स्थान

पर सीमित, अनुभवयोग्य कालखण्ड की तरफ़ खींचता है। इसका असर साहित्य पर दिखा जहाँ समकालीनता एक बड़ा मूल्य बन गयी और इसने इंद्रिय तथा अनुभव की सीमा में आने वाले यथार्थ को नये सिरे से प्रासंगिक बना दिया। यथार्थवाद का सम्बन्ध यूरोप में 14वीं सदी से विकसित हो रहे मानववाद से भी था। मानववाद ने मानव को तर्क, ज्ञान के विकास व स्वतन्त्र निर्णय ले सकने वाली शक्ति के रूप में प्रस्तुत किया और इस मानववाद ने धार्मिक सत्ता को चुनौती दी। सत्य की प्राप्ति के लिए मनुष्य के प्रयत्न व अनुभव पर आस्था रखने को पाप मानने की धारणा को नकार दिया गया। यह भी माना गया कि मनुष्य अपने जीवन व प्रकृति के सारे सौन्दर्य का भोग कर सकता है और उसका जीवन पापपूर्ण नहीं है जैसाकि बाइबिल की व्याख्या करने वाले पादरी और चर्च के उपदेश बताते रहे हैं।

साहित्यिक इतिहास देखें तो रोमांटिसिज़्म, यथार्थवाद और आधुनिकतावाद का क्रम नज़र आता है। अपने दौर में यथार्थवाद मुख्यतः रोमांटिसिज़्म का विरोध करते हुए विकसित हुआ था जबकि इससे पहले 18वीं सदी के अन्त में रोमांटिसिज़्म का जन्म अभिजात प्रवृत्तियों और औद्योगिक क्रान्ति के परिणामों का विरोध करते हुए हुआ था। 20वीं सदी की शुरुआत के साथ ही यथार्थवाद का विरोध करते हुए आधुनिकतावाद विकसित हुआ। यथार्थवाद और आधुनिकतावाद में मुख्य अन्तर यथार्थ के प्रति दृष्टिकोण और उसकी अभिव्यक्ति को लेकर था। यथार्थवाद में माना जाता था कि यथार्थ को वस्तुगत तथा निष्पक्ष ढंग से व्यक्त किया जा सकता है। अलंकारहीन पात्रानुकूल साधारण भाषा, मध्य व निम्नमध्यवर्ग के जीवन का चित्रण, उच्च वर्ग के प्रति व्यंग्यात्मक दृष्टिकोण, रोज़मर्रा के जीवन का वर्णन इस यथार्थवाद की विशेषता थे। इसमें माना जाता था कि यथार्थ लेखक या कलाकार की इच्छा से मुक्त है और लेखक–कलाकार यथार्थ में नज़र आती हर प्रत्यक्ष चीज़ों को बारीकी से व्यक्त करता है। इसीलिए 19वीं सदी के फ्रेंच, अंग्रेज़ी या रूसी उपन्यासों में किसी चरित्र या परिवेश के बहुत ही लम्बे–लम्बे सूक्ष्म वर्णन किये जाते थे, जो अक्सर अनावश्यक भी होते थे। इसके विपरीत आधुनिकतावाद ने आन्तरिक भाव, स्ट्रीम ऑफ़ कॉन्शसनेस, व्यक्ति के अलगाव, निराशा, नायकहीनता, असम्बद्ध कथा संरचना, अन्तर्द्वन्द्व आदि पर बल दिया। भाषा की बोझिलता व जटिलता भी इसके पहलू थे। तोल्सतोय, जॉर्ज इलियट, गुस्ताव फ्लाबेयर

और मार्क ट्वेन यथार्थवादी लेखकों में गिने जाते थे तो टी.एस.इलियट, हेमिंग्वे, विलियम फॉकनर आदि आधुनिकतावादी लेखक थे।

हिन्दी में इतिहास लेखन करने वाले आरम्भिक विद्वानों ने यथार्थवाद के प्रति काफ़ी सहानुभूति जतायी। प्रेमचन्द का साहित्य हिन्दी में यथार्थवादी लेखन की सर्वश्रेष्ठ अभिव्यक्ति है, हालाँकि वे आदर्शवाद से स्वयं को अलग रखने के विरोधी रहे। इस प्रकार हिन्दी रचनाकार 20वीं सदी के जिस दौर में लिखने–पढ़ने का काम करते थे, वह भारतीय साहित्य में यथार्थवाद के विकास की सदी थी। यूरोप में भले 19वीं सदी में इसका आगमन हो गया और जब तक भारत में वह यथार्थवाद पहुँचा, तब तक ख़ुद यूरोप में यथार्थवाद का ह्रास होने लगा था। यूरोप में यथार्थवाद के अन्त की अनौपचारिक घोषणा 1900 के आसपास कर दी गयी थी तथा उसके बाद 1900 से 1930 के बीच के समय को आधुनिकतावाद का समय माना जाता है। लेकिन ग़ैर–यूरोपीय समाजों ख़ासतौर पर भारत में 1900 ई. के बाद यथार्थवाद विकसित होता है और यथार्थवाद के इस विलम्बित आगमन को हंगरी के मार्क्सवादी आलोचक जॉर्ज लुकाच ने विभिन्न देशों की असमान भौतिक स्थितियों से जोड़कर देखा था। इसमें विश्व के किसी एक देश में विकसित विचार का अन्य देश या समाज में उन्नयन अथवा विकास बाद के ऐतिहासिक चरण में देखा जाता है क्योंकि वह स्थितियाँ देर से परिपक्व होती हैं। जॉर्ज लुकाच ने इस 'आधुनिकतावाद' का खुलकर विरोध भी किया और 'रियलिज़्म इन द बैलेंस' (1938) नामक निबन्ध लिखकर टामस मान जैसे लेखकों के पारम्परिक यथार्थवाद का पक्ष लिया और आधुनिकतावाद के अन्तर्गत जो भी 'एक्सप्रेशनिज़्म', 'सरियलिज़्म' या 'नेचुरलिज़्म' नामक सम्प्रदाय पैदा हो रहे थे, उनकी ऐतिहासिक अनिवार्यता स्वीकार करते हुए भी उन्हें 'क्रान्तिकारी शक्ति' से रहित माना। जॉर्ज लुकाच ने आधुनिकतावाद के ख़िलाफ़ लगातार आलोचनात्मक यथार्थवाद का पक्ष लिया। आधुनिकतावाद के साथ उन्हें यह समस्या लगती थी कि वह समग्रता में पूरे समाज को नहीं देखता था और आधुनिकतावाद का मानना था कि जैसे पूँजीवाद बहुत खण्डित व विकेन्द्रित है, उसी प्रकार विश्व भी विखण्डित है। पर लुकाच को इस बात पर ही आपत्ति थी कि समाज विखण्डित या अस्थिर है और जो ऐसा कहता था, वे उसकी राजनीति पर प्रश्न खड़े करने लगते थे।

आधुनिकतावाद ने लेखक–कलाकार की चेतना व संसार को निजी

चेतना के सहारे व्यक्त करने पर जिस प्रकार से बल दिया, वह लुकाच के अनुसार संसार के बारे में वस्तुगत दृष्टि को नकारना था, जो यथार्थवाद तथा यथार्थ की समाजवादी व्याख्या को असम्भव बनाता था। लुकाच ने माना कि आधुनिकतावाद साहित्य को 'दृष्टिकोण के बोध' (सेंस ऑफ़ पर्सपेक्टिव) से मुक्त कर देता है। इस प्रकार वामपक्ष के जो लोग आधुनिकतावाद के समर्थक होते हैं, वे यथार्थ को ग्रहण करने से चूक जाते हैं और इस तथ्य को अनदेखा कर देते हैं कि पूँजीवादी विचारधारा तथा माडर्निज़्म आपस में मिले-जुले ही होते हैं। लुकाच मानते थे कि मनुष्य को केवल उसके उचित सन्दर्भ व काल (Context) में समझा जा सकता है। उसके अस्तित्व के सवालों को सामाजिक-ऐतिहासिक वातावरण से अलग नहीं किया जा सकता है। इसीलिए उन्होंने कहा कि बुर्जुआ आलोचनात्मक यथार्थवाद ही साहित्य के लिए सर्वश्रेष्ठ विकल्प है। समाजवादी यथार्थवाद भी एक अच्छा विकल्प हो सकता था पर बुर्जुआ आलोचनात्मक यथार्थवाद की उपलब्धियों के आगे वह कमज़ोर साबित हुआ। आलोचनात्मक यथार्थवाद से जुड़े लेखकों की वर्गीय स्थिति बुर्जुआ वर्ग से जुड़ी थी, पर यथार्थ को चित्रित करने के लिए उन्होंने उस वर्ग का अतिक्रमण किया। लुकाच ने 'टाइप' यानी चरित्रों की प्रतिनिधिमूलकता पर ज़ोर दिया जो कि आयरन वाट्य के यथार्थवाद की इस अवधारणा के भी ख़िलाफ़ था कि उपन्यास प्रामाणिक ढंग से व्यक्ति के जीवनचित्र को पेश करता है और यह व्यक्ति सामान्य-साधारण या औसत न होकर विशिष्ट होता है। लुकाच की यथार्थवाद सम्बन्धी समझ ऐसे चरित्रों (जिसे वह 'टाइप' कहते हैं) से जुड़ी है जो किसी युग या कालखण्ड को उजागर कर देते हैं। बहुत अधिक निजता या बहुत अधिक समाजशास्त्रीयता साहित्य को ऐसे ऊँचे धरातल पर ले जाने से रोकते हैं, जहाँ पर पहुँचकर वह अपने पाठक को भी युग का साक्षात्कार करा सकता है। लुकाच के अनुसार-

'यथार्थवाद का मानना है कि साहित्य प्राणहीन ढंग की औसत चीज़ों का चित्रण नहीं कर सकता, जैसाकि प्रकृतवादी यानी नेचुरलिस्ट मानते हैं। न ही वह केवल विशिष्ट व्यक्ति की कथा लिख सकता है जो अन्ततः अपने 'स्व' को शून्य में विलीन करता है। यथार्थवाद का मुख्य सम्बन्ध 'टाइप' के निर्माण से है जिसमें सामान्य तथा विशिष्ट चीज़ें चरित्रों तथा स्थितियों के माध्यम से एक-दूसरे में घुल-मिल जाती हैं। जो चीज़ टाइप को टाइप बनाती है, वह केवल स्थितियों या गुणों का औसत संकलन

नहीं है, न केवल व्यक्ति–चरित्र की अभिव्यक्ति है भले ही वह कितनी गहराई से व्यक्त हो। जो चीज़ साहित्य में टाइप को महत्त्वपूर्ण बनाती है वह यह कि उसमें मानवीय सामाजिक तत्त्व अपने पूर्ण विकास की दशा में झलक जाते हैं। उनमें निहित सारी सम्भावनाएँ उमड़कर सामने आती हैं, उनकी अतिवादी स्थितियों का अतिवादिता से भरा चित्रण होता है। उनकी सर्वश्रेष्ठता के साथ मनुष्य और उसके युग की सीमाएँ चित्रित होती हैं। इस प्रकार सच्चा यथार्थवाद मनुष्य व उसके समाज को सम्पूर्ण इकाई के रूप में पेश करता है, न कि उनके मात्र एक या दूसरे पहलू को। इस कसौटी पर ऐसी सभी कला–प्रवृत्तियाँ जो या तो केवल अन्तर्मुखता से जुड़ी हैं, या फिर पूरी तरह से बहिर्मुखता से, वे स्वयं भी महत्त्व की दृष्टि से दरिद्र होती हैं और यथार्थ की समझ को बिगाड़ती हैं।'

भारत में इसी कालखण्ड में रामचन्द्र शुक्ल या हजारी प्रसाद द्विवेदी के इतिहास लेखन में रहस्यवाद या कला–साहित्य में मध्यकालीन मूल्यों के स्थान पर यथार्थवाद के समर्थन की प्रत्यक्ष चेष्टा नज़र आती है। हजारी प्रसाद द्विवेदी ने अपनी पुस्तक 'हिन्दी साहित्य–उद्‌भव और विकास' में लिखा–'यथार्थवाद का मूल सिद्धान्त है, वस्तु को उसके यथार्थ के रूप में चित्रित करना। न तो उसे कल्पना के द्वारा चित्रित रंगों से अनुरंजित करना, और न धार्मिक–नैतिक आदर्श के लिए उसे काँट–छाँटकर उपस्थित करने। यूरोपीय साहित्य में रियलिज़्म का व्यवहार रोमांटिसिज़्म (स्वच्छन्दतावाद) और आइडियलिज़्म (आदर्शवाद) के विरुद्ध अर्थ में हुआ।'

इसी दौर में रामचन्द्र शुक्ल का निबन्ध 'कविता क्या है' (1909) भी यथार्थवाद की बहुत सारी मान्यताओं को साहित्य में स्थापित करता नज़र आता है, हालाँकि उसकी सीमा यह है कि वह कभी अध्यात्मवाद की तरफ़ भागता है तो कभी ठेठ रूमानियत की तरफ़। रामायण, मेघदूत, रामचरितमानस या सूरसागर के वे प्रशंसक थे, इसलिए जीवन के सारे यथार्थ को वे इन ग्रन्थों के माध्यम से स्थापित करते थे, जो कि ज़ाहिर तौर पर पश्चिम की नयी उपन्यास रचनाओं से एकदम भिन्न कोटि का था। पुराने मध्यकालीन साहित्य के मूल्यांकन के लिए उन्होंने जिस विशिष्ट शब्दावली का निर्माण किया है, उस पर यथार्थवादी प्रतिमानों की छाप स्पष्ट दिखती है। जैसे तुलसीदास के मूल्यांकन के लिए लोकधर्म, लोकसंग्रह, सर्वांगपूर्णता या मार्मिक स्थलों की पहचान आदि जिन शब्दावलियों का प्रयोग किया है, उस पर यथार्थवाद की स्पष्ट झलक मौजूद है। साहित्य

के मूल्यांकन में उन्होंने बार–बार जिस प्रकार 'जनता की चित्तवृत्ति' 'जनता की रुचि', 'जनता की सहानुभूति' आदि शब्दों का प्रयोग किया है, वह भी साहित्य में यथार्थवादी भावबोध के विकास का सूचक है। उनकी 'हिन्दी साहित्य का इतिहास' पुस्तक के कालविभाग वाले आरम्भिक खण्ड की पंक्ति यही है–'जबकि प्रत्येक देश का साहित्य वहाँ की जनता की चित्तवृत्ति का संचित प्रतिबिम्ब होता है, तब यह निश्चित है कि जनता की चित्तवृत्ति में परिवर्तन के साथ–साथ साहित्य के स्वरूप में भी परिवर्तन होता चला जाता है। आदि से अन्त तक इन्हीं चित्तवृत्तियों की परम्परा को परखते हुए साहित्य परम्परा के साथ उसका सामंजस्य दिखाना ही साहित्य का इतिहास कहलाता है।' जनता और उसकी चित्तवृत्तियों पर इतना बल यूरोपीय मानववाद और यथार्थवाद से जाने–अनजाने जुड़ा प्रतीत होता है। पर शेष विश्व साहित्य के यथार्थवाद और हिन्दी आलोचना–साहित्य आदि के यथार्थवाद में फ़र्क़ यह है कि हिन्दी में यथार्थवाद को आलोचकों द्वारा कविता के माध्यम से प्रतिष्ठित किया जा रहा था, जबकि फ्रांस, इंग्लैंड व रूस में वह मुख्यतः गद्य साहित्य के माध्यम से स्थापित हुआ। रामचन्द्र शुक्ल के अपने लेखन पर आधुनिकता व यथार्थवाद का प्रभाव तो है पर इन चीज़ों को लेकर कोई स्पष्ट दृष्टिकोण उन्होंने विकसित नहीं किया है। इसीलिए उनके लेखन में अन्तर्विरोध भी बहुत अधिक हैं। भारतेन्दुयुगीन लेखन में भाषा के विकास, विनोदप्रियता, पत्रिका प्रकाशन या विधाओं के विकास पर तो लिखते हैं, लेकिन उस समय के लेखन आधुनिकतावाद या समाज सुधार के आन्दोलनों पर चुप रह जाते हैं। ज़्यादा से ज़्यादा वे भारतेन्दु युग के साहित्य की अन्तर्वस्तु की प्रशंसा 'साहित्य को नवीन मार्ग दिखाने', 'शिक्षित जनता के साहचर्य में लाने', 'जीवन व साहित्य के विच्छेद को दूर' करने तथा 'साहित्य को नये–नये विषयों की ओर प्रवृत्त करने' के आधार पर करते हैं। उनके द्वारा किये गये भारतेन्दु युग के मूल्यांकन से पता ही नहीं चलता कि उस समय बंगाल व महाराष्ट्र में कोई नवजागरण चल रहा था और भारतेन्दु युग के रचनाकार उससे कुछ सीमा तक प्रभावित थे। बाद में रामविलास शर्मा को अलग से इस पक्ष पर लिखना पड़ा। रामचन्द्र शुक्ल की सारी चिन्ता उच्चादर्शों के क्षरण व पुनर्स्थापना से जुड़ी थी इसलिए वे साहित्य को रीतिकालीन विलास से मुक्त कराना चाहते थे। पर मुक्त कराकर आधुनिक जीवन की ओर नहीं लाते हैं बल्कि उनके आगे प्राचीन धार्मिक–साहित्यिक ग्रन्थों की कसौटियाँ

तैयार कर देते हैं। उनकी चिन्ता में श्रेष्ठ, आदर्शवादी तथा मर्यादा से बँधे मनुष्य की खोज भी शामिल है। वह चाहते हैं कि ऐसे मनुष्य को गढ़ने का काम साहित्य भी करे। किसी कृति में चरित्र–चित्रण करने का अर्थ वह महान चरित्र और चारित्रिक गुणों की शिक्षा देने से लेते थे। उनके मर्यादित हिन्दू सवर्ण मन में अच्छे व बुरे चरित्र की स्पष्ट कोटियाँ पहले से बनी हुई थीं और वे उसके अनुसार महाकाव्यों के चरित्रों पर गद्गद हो लेते थे। ये सारे उद्देश्य 19वीं सदी की यथार्थवादी रचनाओं के नहीं थे, न समाजवादी यथार्थवाद के और न ही आधुनिकतावादी रचनाओं के। लेकिन इस समस्या के बावजूद रामचन्द्र शुक्ल अपने निबन्ध में कविता के माध्यम से यथार्थवाद के पक्षों को सूचित भी कर रहे हैं, हालाँकि यह पता करना मुश्किल है कि वे अपने समकालीन जॉर्ज लुकाच की मान्यताओं या पुस्तकों से परिचित थे भी या नहीं। इसे समझने के लिए हमें रामचन्द्र शुक्ल के बारे में ही प्रसिद्ध हो गयी कुछ पंक्तियों जैसे–'कविता मनुष्य के सृष्टि के साथ रागात्मक सम्बन्धों की रक्षा करती है'–से बाहर निकलना पड़ेगा। आम पाठकों को लगता है कि रामचन्द्र शुक्ल ने केवल कविता की भूमिका इतनी बतायी कि वह सृष्टि के सौदर्य का अनुभव करने या रागात्मक सम्बन्धों की रक्षा करती है। लेकिन शुक्ल जी की दृष्टि वहाँ है जहाँ वे आन्तरिक तथा बाह्य, दोनों चीज़ों के वर्णन को कविता की शक्ति मानते हैं। वह लिखते हैं–'यदि किसी अत्यन्त सुन्दर पुरुष या स्त्री के रूपमात्र का वर्णन कर हम छोड़ देते हैं तो चित्र अपूर्ण होगा, यदि हम साथ ही हृदय की दृढ़ता और सत्यप्रियता अथवा कोमलता और स्नेहशीलता आदि की भी झलक दिखायें तो उस वर्णन में सजीवता आ जायेगी।' यानी मनुष्य के आन्तरिक जीवन और बाहरी जीवन की संगति। इस बात को उन्होंने उपन्यास के सन्दर्भ में भी कहा। जो उपन्यास चुना वह था बंकिम चन्द्र चटोपाध्याय का पहला बंगला उपन्यास 'दुर्गेशनन्दिनी' और उसके चरित्र जगत सिंह, तिलोत्तमा और आयशा। जिस बात पर बल है, वह यह कि मनुष्य की भीतरी व बाहरी दुनिया की समग्रता को दिखाने को रचनाकार का बड़ा गुण मानना। वह लिखते हैं–'जिस बंकिम की लेखनी ने गढ़ के ऊपर बैठी हुई राजकुमारी तिलोत्तमा के अंग–प्रत्यंग की शोभा को अंकित किया है उसी ने आयशा के अन्तःकरण की अपूर्व सात्विक ज्योति को दिखाकर पाठकों को चमत्कृत किया है। बाह्य सौन्दर्य के अवलोकन से हमारी आत्मा को जिस प्रकार सन्तोष होता है उसी

प्रकार मानसिक सौन्दर्य से भी।' इन पंक्तियों में यथार्थवाद की क्लासिक बहस की झलक मिलती है जो उन दिनों उपन्यासों के सन्दर्भ में पश्चिम में चल रही थी। इसी निबन्ध में साधारण चीज़ों से कविता के सम्बन्ध के बारे में प्रशंसामूलक टिप्पणी मिलती है, पर वह रोमांटिसिज़्म के अधिक निकट है, न कि यथार्थवाद के। रामचन्द्र शुक्ल के साहित्यिक प्रतिमान क्लासिसिज़्म, रोमांटिसिज़्म और यथार्थवाद की जटिल एकता से तैयार हुए थे। जिस तरह अपने समय में अंग्रेज़ी लेखक वर्ड्सवर्थ अपने घर के पास से ट्रेन लाइन गुज़रने पर दुःखी हो गये थे, उसी प्रकार रामचन्द्र शुक्ल भी रोमांटिक लेखकों की तरह कल–कारखाने, गोदाम–स्टेशन आदि से चिढ़े हुए दिखते थे और मानते थे कि वन–पर्वत, नदी–नाले, खेत–झोंपड़े आदि से जैसा रस–परिपाक सम्भव है वह मशीनी चीज़ों से नहीं।

हिन्दी में यथार्थवाद पर सबसे व्यवस्थित बहस रामविलास शर्मा ने आरम्भ की। रामविलास शर्मा यथार्थवाद के बारे में मानते थे कि वह हिन्दी में प्रगतिशील लेखक संघ की स्थापना से पहले से विकसित होता चला आ रहा था। वह भारतेन्दु की रचनाओं, रामचन्द्र शुक्ल द्वारा रीतिकालीन कविता के विरोध, प्रेमचन्द द्वारा सन् 30 के बाद के यथार्थ चित्रण और बलभद्र प्रसाद दीक्षित पढ़ीस जैसे अवधी कवियों की कविताओं के माध्यम से उभर रहा था। रामविलास शर्मा की आलोचना शैली में किसी विरोधी की उपस्थिति ज़रूरी होती थी। इसी शैली के अनुसार उन्हें यथार्थवाद के मुख्य विरोधी वे लेखक लगते थे जो मध्यवर्ग के आसपास मँडराते थे और उनकी सेक्स की समस्याओं में उलझ जाते थे। किसी रचना में सेक्स का चित्रण देखकर रामविलास शर्मा की कलम गुस्से से काँपने लगती थी। उनके अनुसार अगर मध्यवर्ग का चित्रण करना है तो उसमें सेक्स या प्रेम नहीं दिखाना चाहिए। लेकिन फ्रांस में यथार्थवाद के सबसे बड़े प्रतीक फ्लाबेयर के उपन्यास 'मादाम बावरी' में सेक्स और प्रेम का ही विषय प्रमुख था और इस विषय को उठाने के कारण लेखक को मुक़दमेबाज़ी का सामना भी करना पड़ा। जिस यथार्थवाद के कारण बाल्जाक के उपन्यासों की एंगल्स तारीफ़ करते थे, उन्हीं बाल्ज़ाक के कुछ उपन्यास खण्ड जैसे 'द गर्ल विद द गोल्डन आई' में सेक्स व वासना ही प्रमुख थीम के रूप में मौजूद है। इस अन्तर्विरोध का मुख्य कारण यह था कि रामविलास शर्मा बहुत निर्णायक ढंग से मानते थे कि भारत में यथार्थवाद का सम्बन्ध केवल मज़दूर–किसान की समस्याओं के चित्रण की नियति से बँधा है और वे

बार–बार जिस 'जनता' शब्द को दोहराते थे, वह 'जनता' उनके लिए वह थी जो साम्यवाद की प्रेरणा से जनसंघर्ष करने के लिए ऐतिहासिक रूप में कटिबद्ध थी। इस प्रकार हिन्दी में यथार्थवाद एक साहित्यिक प्रवृत्ति के स्थान पर आरम्भ में ही राजनीतिक प्रवृत्ति का अंग बनकर रह गयी। उन्होंने यथार्थवाद को स्वतन्त्र रूप से चुनी या विकसित होने वाली प्रवृत्ति के स्थान पर विचारधारा के संघर्ष से जोड़ दिया था। यथार्थवाद को केवल विचारधारा के संघर्ष का हिस्सा बनाकर वह उसका नुकसान कर रहे थे, या उसका भला यह उन्हें ख़ुद नहीं पता था। तब तक रूस में आधिकारिक रूप से समाजवादी विचारधारा का प्रयोग होने लगा था और रामविलास शर्मा की यथार्थवाद सम्बन्धी समझ पर 19वीं सदी के यूरोप के आलोचनात्मक यथार्थवाद के स्थान पर समाजवादी यथार्थवाद का साफ़ असर दिखता है। प्रेमचन्द के साहित्य को सामने रखकर उन्होंने यथार्थवाद का मानक तैयार कर लिया था और जनता की उनकी परिकल्पना प्रेमचन्द द्वारा रचित उपन्यासों में चित्रित जनता के ही निकट थी। यथार्थवाद का अर्थ उनके लिए ऐसी कलात्मक वस्तु का निर्माण था जो जड़ न होकर सचेत व सम्बद्ध इकाई के रूप मे हमारे सामने आती है। कुल मिलाकर रामविलास शर्मा के यथार्थवाद की स्पष्ट सीमाएँ थीं जैसे मध्यवर्ग का बहुत मशीनी चित्रण करने की ज़िद, यथार्थवाद को केवल विचारधारात्मक संघर्ष का हिस्सा समझना या फिर यथार्थवाद को जड़ प्रतिमान बनने से रोकने की विफलता। रामविलास शर्मा के इस यथार्थवाद के ख़िलाफ़ नयी कहानी आन्दोलन ने विद्रोह कर दिया था। हालाँकि किसी भी पढे–लिखे व सन्तुलित दृष्टि की चिन्ता करने वाले आलोचक की तरह रामविलास शर्मा यथार्थवाद को जड़ सिद्धान्त बन जाने के ख़तरे के प्रति सचेत थे। ख़ासतौर पर साहित्य के कलापक्ष पर भी ध्यान देने के हिमायती थी और उन्होंने लिखा भी–'अनेक लेखक कला के प्रति उदासीन रहकर साहित्य को प्रभावशाली बनने से रोकते हैं। वे यह भूल जाते हैं कि लकड़ी का खिलौना बनाने के लिए भी थोड़ी–बहुत शिक्षा की ज़रूरत होती है। साहित्य रचने के लिए भाषा सीखने, कहानी, उपन्यास या पद्य रचना का कौशल सीखने की तरफ़ वे ध्यान नहीं देते हैं। उनके अन्दर अराजकता की भावना काम करती है कि यह कौशल अपने आप आ जायेगा। ख़ासतौर पर भाषा की तरफ़ लापरवाही हमारे प्रगतिशील लेखकों का आम दोष है। यह दोष दूर करके ही हम अपने साहित्य को प्रभावशाली बना सकेंगे।' यह कशमकश

तो साफ़ दिखती है कि जो यथार्थवादी साहित्य रचा जाये, वह कला–भाषा की कसौटी पर भी खरा हो। लेकिन गड़बड़झाला यह हुआ कि प्रयोगों को खलनायक की तरह प्रस्तुत कर दिया गया। पश्चिम के लगभग सभी लेखकों जैसे टामस मान व प्रीस्टले के यहाँ भाषा सम्बन्धी व्यापक प्रयोग मिलते हैं। पर हिन्दी में प्रयोगवादियों की कला पर इतने प्रहार कर दिये गये कि यथार्थवादियों के मन में भी भय समा गया कि कहीं वे भाषा या कला में नवीन प्रयोग कर यथार्थवाद की 'ऑफ़िशियल' धारा से विचलित न हो जायें। रामविलास शर्मा के शब्द देखिए–'कला के नाम पर हमारे यहाँ तरह–तरह के 'प्रयोग' हो रहे हैं जिन्हें देखकर लगता है कि इनके सामने सुन्दर कला के अच्छे नमूने रहे ही नहीं हैं।' वह अच्छे नमूने क्या हैं? वे अच्छे नमूने हैं सूर, तुलसी और प्रेमचन्द। इसके बाद अगर किसी ने भाषा या कला के स्तर पर प्रयोग करने की चेष्टा की तो वह 'कलाहीन विकृतियाँ' बनकर रह गयीं। एक तरफ़ रामविलास शर्मा माँग कर रहे हैं कि यथार्थवादी लेखक ठीक से भाषा की निपुणता हासिल करें तो दूसरी ओर वे भाषा सम्बन्धी प्रयोगों पर आपत्ति उठाते थे। कुल मिलाकर रामविलास शर्मा ने हिन्दी में यथार्थवाद की पूरी बहस को वैचारिक तेवर प्रदान करने का ऐतिहासिक कार्य किया लेकिन उसे विवादास्पद बना दिया। हिन्दी में यथार्थवाद किसी राजनीतिक–वैचारिक परियोजना का हिस्सा बनकर रह गया। वह भयंकर वैचारिक खींचतान तथा सरलीकरण का ऐसा शिकार हुआ कि आज तक उससे ठीक से उबर नहीं पाया है। पर पुराने विवादों व सीमाओं के बाद वर्तमान में यथार्थवाद का एकदम भिन्न रूप तेज़ी से विकसित हो रहा है जिसमें लेखक लगातार सामाजिक जीवन की सचाइयों को प्रकट कर रहे हैं। विचारधारात्मक दुराग्रहों को हवा देने वाली आलोचकों की पीढ़ी के समाप्त होने के बाद साहित्य को यथार्थ व यथार्थवाद के बारे में लिखने व समझने का ज़्यादा अवसर मिल रहा है। आज उदय प्रकाश, शिवमूर्ति, अखिलेश जैसे लेखकों की वरिष्ठ पीढ़ियाँ और कई युवतर पीढ़ी बहुत कलात्मक बारीकी और जागरूकता से जीवन के बड़े व्यापक चित्रों से कथा–साहित्य को समृद्ध कर रही हैं। अब हम इतना तो मान सकते हैं कि यह बिलकुल ज़रूरी नहीं होता कि जब यथार्थवाद पर बड़ी बारीक बहसें हो रही हों, तभी महान यथार्थवादी साहित्य रचा जा रहा हो। आज यथार्थवाद पर बहुत कम और लगभग नगण्य बहस होने के बावजूद

स्वाभाविक संवेदना से जो विषय कथा–साहित्य में उतरकर आ रहे हैं, वे हमारे यथार्थवादी साहित्य की सबसे अनमोल उपलब्धियाँ हैं।

सन्दर्भ

1. मार्क्स–एंगल्स–साहित्य तथा कला, प्रगति प्रकाशन मास्को, 1981
2. रामविलास शर्मा–मार्क्सवाद और प्रगतिशील साहित्य, वाणी प्रकाशन दिल्ली, 2008
3. इयान वाट–उपन्यास का उदय, हरियाणा साहित्य अकादमी, पंचकूला, 1990
4. स्टीवेन अर्नशा–बिगनिंग रियलिज़्म, वीवा बुक्स, दिल्ली, 2010
5. रामचन्द्र शुक्ल–चिन्तामणि, भाग–3, राजकमल प्रकाशन, दिल्ली, 2004

हिन्दी कथाओं में मज़दूर वर्ग

हिन्दी के कथा–साहित्य में इन दिनों विभिन्न अस्मिताओं की चर्चा होती है जैसे दलित, स्त्री, अल्पसंख्यक या थर्ड जेंडर आदि की। लोकतन्त्र के राजनीतिक व सांस्कृतिक, दोनों पक्षों के विकास में इन अस्मिता–सम्बन्धी चर्चाओं की महत्त्वपूर्ण भूमिका रही है। पर इन अस्मितावादी चर्चाओं में बहुत सारे दूसरे प्रश्न कई बार या तो उपेक्षित कर दिये गये या उन्हें किसी बृहत्तर अस्मिता सम्बन्धी चर्चा में केवल हाशिये का स्थान प्रदान किया गया। जैसे कि आर्थिक सवाल व वर्ग–विषमता के सवाल, जो कुछ दशक पहले तक साहित्य के केन्द्र में थे, वे सवाल लगभग लुप्त हो गये इन्हीं में था मज़दूर, कारीगर, किसान या खेतिहर आबादी का सवाल। इन विषयों पर जो कथाएँ रची गयीं, वे कथाएँ भी हिन्दी पाठ्यक्रम व आलोचना की दुनिया में लुप्त होती चली गयीं। ख़ुद कथा–साहित्य में मज़दूर का प्रश्न विचित्र या अजूबा क़िस्म का प्रश्न बन गया और उन पर लिखना किसी गुम हो चुके, अदृश्य हो चुके या दीवार के दूसरी तरफ़ रहने वाले लोगों की ख़बर लेने जैसा हो गया। मज़दूरों–कामगारों के जीवन पर लिखना भी लेखक को जासूस बना देता है क्योंकि वह किसी ऐसे वर्ग की जीवनगाथा लिखता है, जिसके बारे में उसका परिचय या जुड़ाव बहुत कामचलाऊ या तात्कालिक होता है। इस प्रकार के लेखन में जासूसी करने जैसा रोमांच तो मिल सकता था पर जिसकी जासूसी की जाती थी, उसकी जीवन–कथा कितनी बिकेगी, इसके बारे में कहना मुश्किल था। जबकि बाह्य यथार्थ एकदम विपरीत है। दुनिया भर में गाँव से जुड़ी आबादी को उजाड़कर उसे मज़दूर वर्ग में धकेलने की पिछले दो सौ सालों में मुहिम–सी चलती रही है। मौजूदा व्यवस्था हर किसी को मज़दूर बनाने की इच्छा पाले बैठी है। दस्तकार, कारीगर, किसान, अनपढ़ लड़के–लड़कियाँ सभी श्रम के विशाल बाज़ार में धकेल दिये गये हैं।

अमेरिका में तो इसी प्रश्न पर गृहयुद्ध हुआ था कि दास प्रथा के अन्तर्गत कृषि से जुड़े मज़दूरों को मुक्त कर आधुनिक उद्योग–धन्धों व कारखानों में लगाया जा सके। भारत में भी बहुत ख़ामोशी और सुस्त गति से वही अहिंसक गृहयुद्ध चल रहा है।

स्वतन्त्रता के बाद हिन्दी साहित्य में ज़ोर–शोर से मध्यवर्ग केन्द्र में आता है, पर यह उपेक्षणीय तथ्य नहीं है कि हिन्दी लेखकों का बड़ा वर्ग मज़दूरों के प्रश्न या कामगार–संवेदना से प्रेरित लेखन भी करता रहा है। वह भी उस परिवेश में जहाँ लेखक का सीधा सम्बन्ध उस प्रकार से सीधे फैक्टरी मज़दूरों या विभिन्न क़िस्म के मज़दूरों से उतना नहीं रहा है, जितना मध्यवर्ग या ग्रामीण जीवन से जुड़ा होने के कारण किसानों के वर्ग से। हिन्दी प्रदेश में कानपुर जैसे एकाध नगरों को छोड़कर औद्योगिक रूप से कोई नगर विकसित नहीं हुआ और हिन्दी प्रदेश में इसलिए कहानियों में औद्योगिक मज़दूर का प्रश्न ख़ास अहमियत नहीं हासिल कर सका। लेकिन भारत में मज़दूर का अर्थ केवल औद्योगिक मज़दूर नहीं है, बल्कि उसकी बहुत सारी श्रेणियाँ हैं, इसलिए लेखकों का सामना मज़दूरों के जीवन से होता रहा। गोदान में अगर होरी किसान है तो उसका बेटा गोबर मज़दूर। वह बड़े सपने लेकर शहर जाता है, वहाँ मज़दूरी शुरु करता है ताकि गाँव लौटकर सबको उपहार दे सके। पर वहाँ मिल मालिक उसका बुरी तरह शोषण करते हैं। हड़ताल होने पर टिड्डी दल की तरह नये लोग मिल के गेट पर आधे से कम वेतन पर मज़दूरी के लिए तैयार मिलते हैं। गोबर की स्थिति का चित्रण करते हुए प्रेमचन्द ने लिखा है–'गोबर को वहाँ बड़े सबेरे जाना पड़ता और दिन–भर के बाद जब वह दिया जले लौटता, तो उसकी देह में ज़रा भी जान नहीं रहती थी। घर पर भी उसे इससे कम मेहनत न करनी पड़ती थी। लेकिन वहाँ उसे ज़रा भी थकान न होती थी। बीच–बीच में वह हँस–बोल भी लेता था। फिर उस खुले मैदान में, उन्मुक्त आकाश के नीचे, जैसे उसकी क्षति पूरी हो जाती थी। वहाँ उसकी देह चाहे जितना काम करे, मन स्वच्छन्द रहता था। यहाँ देह की उतनी मेहनत न होने पर भी जैसे उस कोलाहल, उस गति और तूफ़ानी शोर का उस पर बोझ लदा रहता था।' प्रेमचन्द अपने उपन्यास में मिल मज़दूर की वास्तविक दशा का वर्णन कर एक प्रकार से मज़दूरों पर साहित्य लेखन की नींव तैयार कर रहे थे।

साम्यवादी आन्दोलन के प्रभाव ने सामान्य लेखक को अपने ग्रामीण

जीवन से बाहर भारत के विभिन्न महानगरों में चल रहे मज़दूर आन्दोलनों से जोड़ा। जवाहर लाल नेहरू ने अपनी किताब 'डिस्कवरी ऑफ़ इंडिया' में भारत में बड़े उद्योगों के आरम्भ के साथ सर्वहारा व मज़दूर वर्ग के उदय के बारे में कुछ अन्तर्दृष्टिपूर्ण विश्लेषण प्रस्तुत किये हैं। उन्होंने लिखा है– '1911 में जमशेद जी टाटा भारत में भारी उद्योग की नींव डाल रहे थे। उसी के समानान्तर सर्वहारा वर्ग का उदय हो रहा था जो भारत की विशाल कृषक आबादी से निकलकर आये थे। भूखे–बेकार किसानों से निकले ये अकुशल श्रमिक किसी भी हालत में ज़िन्दा रहने की कोशिश करते थे और उनकी किसी माँग पर ध्यान नहीं दिया जाता था। लेकिन रूसी क्रान्ति के बाद यह सम्भव हुआ कि उनके अधिकारों, संगठित होने की आवश्यकता आदि पर ध्यान दिया जाने लगा।' नेहरूद्वारा 'भारत : एक खोज' पुस्तक में लिखे शब्दों में –'Russian revolution had forced people to attach importance to the industrial proletariat'. रूसी क्रान्ति के सम्बन्ध में नेहरू के इन शब्दों को याद करना इसलिए भी ज़रूरी है क्योंकि रूसी क्रान्ति के सौ साल पूरे होने पर पूरी दुनिया में नये सिरे से इसके प्रभाव तथा ऐतिहासिक महत्त्व पर चर्चा हो रही है।

हिन्दी की कई कथाओं में खेतिहर मज़दूर, घरेलू मज़दूर, ईंट–गारा ढोने वाले मज़दूर आदि का जीवन विषयवस्तु के रूप में उभरता रहा हिन्दी में मज़दूरों के जीवन पर लिखी गयी प्रमुख कहानियों की विविध दृष्टियों और विविध साहित्यिक आग्रहों के साथ सूची बनाई जा सकती है। इस बहुलता को ध्यान में रखते हुए कुछ प्रमुख कथाएँ इस प्रकार से गिनी जा सकती हैं–बदबू, उस्ताद (शेखर जोशी), धनुष–टंकार व भूखे रीछ (संजीव), मेघना का निर्णय (मिथिलेश्वर), पंच व मुस्कान (इसराइल), काम के पहिये (कामतानाथ), गोड़पोछनां (जयनन्दन), कामरेड का कोट (सृंजय), तिरियाचरित्तर (शिवमूर्ति), कष्ट (मनोज कुमार पाण्डे)।

शेखर जोशी को पहाड़ी जीवन के साथ–साथ कामगार वर्ग की समस्याओं व जीवन से जुड़ा कथाकार भी माना जाता है। अपनी प्रसिद्ध कहानी 'बदबू' में उन्होंने बहुत गहरी संवेदनशीलता के साथ मज़दूरों की उस अवस्था का चित्रण किया है जब वे अपनी ही अमानवीय स्थिति को न केवल सहन करना सीख जाते हैं, बल्कि अमानवीय स्थितियों की पीड़ा का अनुभव करने की संवेदना को भी खो देते हैं। उनकी समस्त इन्द्रियों का हरण हो जाता है और वे केवल मानव–देह भर बचते हैं जिसका

उपयोग श्रम प्रदान करने में होता है। कल कारखानों में मशीनें तो बहुत आधुनिक होती हैं, पर उनके ज़रिये शोषण बहुत ही प्राचीन–बर्बर तरीक़ों से होता है। मैनेजरों की वेषभूषा व भाषा भी बहुत आधुनिक है पर उन्हें मज़दूरों को आधुनिक समाज के अधिकार देने से चिढ़ है। इस कहानी का पात्र जब मज़दूर के रूप में नयी–नयी नौकरी शुरु करता है तो उसे अपने हाथ से उठने वाली कैरोसिन तेल की बदबू से घृणा होती है, उसका जी मिचलाता है। उसके साथी उसे समझाते हैं–'पहले पहल हम भी ऐसे ही सूँघा करे थे। पर अब तो ससुरा पता ही नहीं लगता। कितनी बार तो साबुन नहीं मिलता। ऐसे ही पोंछ–पाछकर रोटी खाने बैठ जाते हैं।' उनकी बातें सुनकर उनके बीच आया नया मज़दूर भयभीत हो जाता है। उसे भय लगता है कि क्या एक दिन वह भी हाथों से उठती भयंकर दुर्गन्ध को महसूस करना बन्द कर देगा। कहानी में अन्त में होता भी यही है कि वह कैरोसिन तेल की बदबू का अनुभव करना बन्द कर देता है। उसे अहसास होता है कि उसकी घ्राणेन्द्रियों ने अब तेल की दुर्गन्ध के साथ समझौता कर लिया है। यह कहानी फैक्टरी मज़दूरों की दशा, मनोविज्ञान और भौतिक हालात पर लिखी गयी हिन्दी की सम्भवतः सबसे गहरी चोट करने वाली कहानी है। फैक्ट्रियों में मज़दूरों की तलाशी, उनके साथ दुर्व्यवहार और उन्हें अपराधी साबित करने का जो पूरा संगठित तन्त्र काम करता है, यह कहानी उसे बड़ी सहजता से बेपर्द करती है। शेखर जोशी की ही एक और कहानी 'उस्ताद' भी गाड़ियों की मरम्मत करने वाली वर्कशाप में मज़दूरों के आपसी रिश्तों, प्रतिद्वन्द्विता तथा सहानुभूति पर आधारित है। मज़दूरों के केवल अपने मालिकों से ही नहीं बल्कि आपसी झगड़े भी बहुत होते हैं और मज़दूर–केन्द्रित कई कहानियों में इसे गहरी संवेदनशीलता के साथ व्यक्त किया गया है। कहानी में एक पढ़े–लिखे बेरोज़गार इन्सान को कारखाने में गाड़ियों की मरम्मत का काम सीखना पड़ता है। वहाँ उसकी मुलाक़ात एक वृद्ध मिस्त्री से होती है जिसे लोग उस्ताद के नाम से बुलाते हैं। वे उस्ताद जी बाक़ी सारा काम सिखा देते हैं पर वे वालटैम बाँधना यानी इंजन को फिट करना नहीं बताना चाहते हैं। उनके हाथ में यह बड़ा हुनर होता है और आसानी से किसी को सिखाने के लिए तैयार नहीं हैं। कथानायक को भी वह झिड़क देते हैं। पर अन्ततः वही नायक नौकरी छोड़कर ट्रेन में बैठता है तो उस्ताद जी आकर उसे वालटैम लगाना सिखाकर चले जाते हैं। दरअसल उस्ताद को अपनी

निपुणता व कौशल का अभिमान था और वे चाहते थे कि लोग उनका सम्मान करें, उनकी डाँट–फटकार सुनें, थोड़ा कामकाज का अनुभव और लें तब उनसे वह काम सीखें जिसके लिए उन्हें उस्ताद माना जाता है। मैकेनिकल काम सिखाने का उनका अन्दाज़ ठीक वैसे ही था जैसे कोई अपने शागिर्द को संगीत या चित्रकला की ट्रेनिंग देता है। जब तक देख न लें कि उसमें शिष्य बनने का गुण है, उसे सिखाया नहीं जा सकता है। कथाओं में मनोविज्ञान व यथार्थवाद की परस्पर विरोधी श्रेणियाँ पाठ्यक्रमों के लिए तैयार की जाती हैं पर वास्तव में किसी प्रतिभाशाली लेखक के लिए ऐसी श्रेणियों का कोई मूल्य नहीं होता है। यथार्थवादी कहानियों ने मनोवैज्ञानिक कथा शिल्प के पक्षों को ग्रहण किया है और चरित्रों के केवल बाहरी जीवन पर दृष्टि केन्द्रित करने के स्थान पर चरित्रों के मन में उठते–गिरते, बहते–सूखते भावों को भी पकड़ने का प्रयास किया है। इन मज़दूर वर्ग की कहानियों ने इस मिथक को भंग किया है कि गहरे भाव केवल मध्यवर्ग की कहानियों में ही मौजूद हैं, और मज़दूर वर्ग की कहानियों में केवल बाह्य उत्पीड़क परिवेश की अभिव्यक्ति के अतिरिक्त कुछ भी नहीं व्यक्त किया जा सकता है। बाह्य परिवेश और आन्तरिक भाव के द्वैत को कई कहानीकारों ने मज़दूरों पर रचित कथाओं में सफलतापूर्वक तोड़ा है।

कथाकार संजीव ने अपने जीवन का बड़ा हिस्सा बंगाल व बिहार की सीमा से सटे इलाक़ों में व्यतीत किया है और वहाँ मज़दूरों के जीवन को निकट से देखा है। वे अपने को 'जनता के बीच भटकने वाले यायावर लेखक' के रूप में देखते हैं। ऐसा लेखक जो साहित्य–कला को मनोरंजन तथा मौज–मस्ती में रिड्यूस कर देने के ख़िलाफ़ खड़ा है। जो मानता है कि साहित्य की लड़ाई आम आदमी को गुलाम बनाने वाली शक्तियों से है। मज़दूरों पर उनकी प्रमुख कथाओं में 'भूखे रीछ' और 'धनुष टंकार' का स्मरण किया जा सकता है। संजीव ने मज़दूर आन्दोलन के भितरघात, टकराव, दलाली तथा स्पर्धा के मुद्दों को बारीकी से उठाया है। जैसे कि उनकी कहानी 'धनुष टंकार' में ऐसी मज़दूरिन का चित्र है जो फैक्टरी से निकाले गये मज़दूरों की बहाली के लिए अनशन कर रही है। जब प्रबन्धन समझौता कर लेता है और उनकी बहाली होती है तो वही मज़दूर नेता देखती है कि उसके साथ बलात्कार करने वाला व्यक्ति भी बहाल होने जा रहा है। अपराधी स्वभाव का वह व्यक्ति मज़दूरों के आन्दोलन का लाभ उठाकर वापस नौकरी में आता है। मज़दूरों की जीत के उपलक्ष्य में कुछ

लोग मज़दूर का नेतृत्व करने वाली स्त्री नेता को रस पिलाकर उसका अनशन तोड़ने का आयोजन करते हैं। पर वह ख़ुद ही उनके आने से पहले अनशन तोड़कर यह सन्देश देती है कि उसका संघर्ष अब नये सिरे से आरम्भ होने जा रहा है। संजीव की 'भूखे रीछ' कहानी का कथानक श्रमिकों में अवसरवाद व लालच पैदा करने के प्रयासों का भण्डाफोड़ करता है। इसमें अंग्रेज़ हाकिम के घर में बलात्कार की शिकार मुस्लिम लड़की की शादी मज़दूर रामलाल से होती है। पर शादी के बाद उसके पेट से पैदा हुई लड़की अपनी शक्ल–सूरत में अंग्रेज़ ही होती है। रामलाल किसी प्रकार क़र्ज़ लेकर अपने बेटे की नौकरी पक्की करने का प्रयास करता है, पर विफल रहता है। जीवन के घोर अभाव तथा संघर्ष के बारे में वह सोचता है–'उसे लगता है वह भी जल्द ही 'इस्किराप' हो जायेगा। जब आया था, चेहरा कैसा कसा हुआ था। बाल कैसे काले थे। अब तो इस ढीले चेहरे और खिचड़ी बालों में वह चेहरा कब का खप चुका है। सिर्फ़ इस कारखाने ने उसके पन्द्रह साल निगल लिए हैं। जवानी के क़ीमती पन्द्रह साल। और बदले में दिया क्या है! इस पन्द्रह साल के सफ़र में ऐसा मुक़ाम भी नहीं आया कि कभी इत्मीनान से पेट भरने और तन ढँकने की ज़रूरतों को भी पूरा कर सके।' उधर उसकी अंग्रेज़ रंग–रूप वाली लड़की की आबरू ख़तरे में पड़ जाती है। एक दिन फैक्टरी में पार्शियल लॉकआउट होता है और उसके ख़िलाफ़ मज़दूरों का आन्दोलन आरम्भ हो जाता है। रामलाल अपनी नौकरी के भय से उसमें शामिल नहीं होता है। पर एक दिन एक दलाल मज़दूर नेता आकर उससे नौकरी की सुरक्षा के बदले में उसकी बेटी का सौदा करने का प्रस्ताव रखता है और रामलाल उसकी पिटाई कर देता है। वह इस घटना के बाद अपना भय त्याग देता है और सपरिवार मज़दूर आन्दोलन में सम्मिलित हो जाता है।

मज़दूरों की ज़िन्दगी पर कहानी लिखने वालों में कथाकार इसराइल भी प्रमुख रहे हैं, हालाँकि इसराइल के नाम को लोग धीरे–धीरे भूल गये हैं। वह भी आज़ादी के बाद के उन रचनाकारों में थे जो मानते थे कि संघर्षशील जनों या आमजनों की कथा लिखने वाला रचनाकार मज़दूरों की कथा लिखे बग़ैर नहीं रह सकता। पूँजी व सत्ता के उत्पीड़न को लगातार सहने के कारण मज़दूर ही वास्तविक विद्रोह के नायक हो सकते हैं। ख़ुद मज़दूर परिवार में जन्मे इसराइल ने मज़दूरों को अपना 'निजी कुल–ख़ानदान' कहकर भी पुकारा है जिनके प्रति उनका कलाकार

समर्पित है। अपने पहले कहानी संग्रह फ़र्क़ (1978) में इसराइल ने लिखा था–'एक मार्क्सवादी के रूप में मेरे कलाकार ने सीखा है कि सिर्फ़ वही सच नहीं है जो सामने है, बल्कि वह भी सच है, जो दूर कहीं अनागत की कोख में जन्म लेने के लिए कसमसा रहा है। उस अनागत सच तक पहुँचने की प्रक्रिया को तीव्र करने के संघर्ष को समर्पित मेरे कलाकार की चेतना अगर तीसरी आँख की तरह अपने पात्रों में उपस्थित नज़र आती है, तो यह मेरी सफलता है।' इसराइल की कथाएँ कला व कथानक की दृष्टि से कोई बहुत विशिष्ट नहीं थीं, लेकिन इस लिहाज़ से ज़रूर थीं कि उन्होंने कारखाना श्रमिकों के विभिन्न पक्षों के बारे में सजगता से लेखन का प्रयास किया। छोटे अकुशल मज़दूरों की बड़ी समस्या उनके ऊपर क़र्ज़ का बोझ होता है और आमतौर पर कारखाने से वेतन लेकर निकलते ही कोई न कोई साहूकार उसे दबोच लेता है। किसान के क़र्ज़ से कम भयावह मज़दूर की क़र्ज़ सम्बन्धी समस्या नहीं होती है। वहाँ भी सूद और मूल धन के बीच कभी कोई रिश्ता नहीं रहता। मज़दूर लगातार सूद चुकाता रहता है और उधर मूलधन उसके आर्थिक बन्धन को बरकरार रखता है। इसराइल की कहानी है 'पंच'। कहानी में कथानायक कारखाने से अपना वेतन लेकर निकलता है तभी महाजन फैक्टरी के गेट पर ही उसे रोक लेता है। कथा नायक जुठन के मन में महाजन के लिए घृणा है क्योंकि वह जानता है कि वह सूद लेकर केवल उसे नये–नये क़र्ज़ देना चाहता है। यूनियन के नेता हों या लेबर अफ़सर, किसी पर उसे भरोसा नहीं रह गया है। वह पैसा चुकाने से मना कर देता है तो वही महाजन कुछ लोगों को एकत्र कर उन्हें पंच बना देता है। वह उनकी बात भी सुनने से इनकार कर देता है और पंच बने लोग सारी न्याय व्यवस्था या क़ानून आदि भूलकर उसकी पिटाई कर देते हैं। इसी प्रकार इसराइल ने 'मुस्कान' तथा 'एक और विदाई' नामक कहानियाँ भी रची हैं। 'मुस्कान' में अंग्रेज़ों के कारखाने में आयी महिला लेबर अफ़सर की निर्ममता का चित्रण है जिसे मज़दूर देखकर प्रसन्न होते हैं, पर वही उनके विरुद्ध सख्त कार्रवाइयाँ करती है। 'एक और विदाई' में एक मज़दूर नेता का चित्रण है जो अवसरवाद की पराकाष्ठा पर पहुँच जाता है। वह कम्युनिस्ट पार्टी व लाल झण्डे का भी अपने लाभ के लिए उपयोग करना चाहता है। मज़दूरों के लिए चन्दा एकत्र करने के नाम पर अपने को फ़ायदा पहुँचाता है। उसे कम्पनी से निकाल दिया जाता है तो वह उम्मीद करता है कि लोग उसे

औपचारिक ढंग से विदा करेंगे पर उसके भ्रष्ट चरित्र के कारण उसके साथ के मज़दूर उससे पूरी तरह से विलग हो चुके हैं। यानी, मज़दूर केन्द्रित कहानियों में मज़दूरों के संघर्ष के साथ–साथ मज़दूरों की नेतागिरी के नाम पर दलाली, भ्रष्टाचार, अवसरवाद आदि के यथार्थ को भी अनदेखा नहीं किया जा सकता था और इसराइल की कुछ कथाओं ने इस विषय को संजीदगी के साथ उठाया है। उन्होंने मज़दूरों के यूनियन दफ़्तर जलाने, घरों में आग लगाने व मज़दूर नेताओं की धर–पकड़ व हत्या विषय पर 'लोग ज़िन्दा हैं' नामक कथा की रचना की है। इसमे पुलिस व गुण्डे मिलकर हड़ताली मज़दूरों पर हमले करते हैं। इस कहानी की विशेष बात है कि इसमें स्त्री मज़दूर नेता का भी चित्रण है जो मज़दूरों के साथ गेट मीटिंग करती है, उनकी क्लास लेती है। जेल में उसे भयावह यातनाएँ दी जाती हैं। जेल में मिली यातना की आपबीती वह इस प्रकार सुनाती है–'मुझको इतना नंगा रखा गया कि शर्म की परिभाषा बदल गयी। मुझे लगा कि जानवरों के सामने नंगे ओर पर्दे का कोई अर्थ नहीं है। क्योंकि वे नंगे और पर्दे का भेद नहीं कर सकते हैं।' मज़दूरों पर केन्द्रित कथाएँ प्रायः आज़ादी के बाद पनपी नौकरशाही, सरकार, कम्पनियों की सत्ता व पुलिस के अत्याचारों को ज़्यादा स्पष्टता से उभारती हैं, बनिस्बत उन कथाओं के जिनमें मध्यवर्ग केन्द्र में मौजूद होता है।

मज़दूर स्त्रियों पर ही जयनन्दन की कथा 'गोड़पोछना' भी है। यह कहानी स्त्री जीवन पर श्रम तथा स्त्री अस्मिता के दोहरे बोझ को चित्रित करती है। वह अपनी वर्गीय और लैंगिक स्थिति, दोनों के हाथों उत्पीड़ित होती रहती है।उसकी मुक्ति पूँजीवादी अर्थव्यवस्था को समाप्त किये बग़ैर सम्भव नहीं है क्योंकि यह अर्थव्यवस्था उसके श्रम को जैसे ही बाज़ार में ख़रीदफरोख़्त की 'वस्तु' बनाती है, वैसे ही उसकी देह भी वस्तु में परिवर्तित हो जाती है। कहानी में मज़दूर स्त्री है जिसका पति स्टील फैक्टरी में काम करता है। घटनाओं का दुश्चक्र ऐसा है कि उसका पति अपाहिज हो जाता है और वह स्टील फैक्टरी में तरह–तरह से शोषण की शिकार होती है। उसके स्वाभिमान को कुचलने और यौन–उत्पीड़न के लिए साज़िशें होती हैं। निजी कम्पनी एक ओर तो 'ओजस्विनी' नामक सशक्त स्त्रियों का संगठन बनाती है ताकि अपनी छवि ठीक रखे और ज़्यादा से ज़्यादा नेताओं से कम्पनी का सम्पर्क बने। दूसरी ओर फैक्टरी में सैकड़ों मज़दूर स्त्रियों का शोषण होता है। कहानी का अन्त किंचित नाटकीय तथा फ़िल्मी

है जिसमें कथा नायिका अपने बुलडोजर को फैक्टरी मालिक की कार पर चढ़ाकर उसका अन्त कर देती है। गाँव की स्त्री मज़दूरों, ख़ासतौर पर ईंट–भट्टा व्यवसाय में काम करने वालों पर शिवमूर्ति ने 'तिरियाचरित्तर' नामक कथा की भी रचना की थी जिसे काफ़ी ख्याति प्राप्त हुई। उसमें विमली को गाँव के ईंट–भट्टे में काम करना पड़ता है और आधे से अधिक गाँव की जीविका इसी भट्टे से गुलज़ार होती है। गाँवों में एक समय औरतों की मज़दूरी को बुरा माना जाता था लेकिन औरतों ने अपना घर चलाने के लिए बड़े पैमाने पर इन ईंट–भट्टों की ओर रुख किया। विमली सोचती है–'कितनी बार तो बुलाने आ चुका है भट्टे का मुंशी गाँव की औरतों लड़कियों को। वह कल से भट्टे पर नाम लिखा देगी...जितनी ईंट ढोओ, उतना पैसा। ठेके पर!' बदलती अपेक्षाओं व जीवन–शैली के कारण गाँवों में कृषि व्यवस्था ने लोगों का पालन–पोषण करने की क्षमता को खो दिया है। ये कहानी भी विमली के रूप में गाँवों में श्रम तथा कृषि–अर्थव्यवस्था के अन्तर्विरोध को दिखाती है।

भारत में मज़दूर और किसान या गाँव और शहर परस्पर विरोध में नहीं खड़े हैं। एक ही साधनहीन, विपन्न व्यक्ति कभी किसान होता है, कभी मज़दूर बन जाता है। कभी वह ग्रामीण व्यवस्था के भीतर रहता है तो कभी शहरी औद्योगिक संरचना का हिस्सा बन जाता है। इसका लाभ भी समाज के शक्तिशाली उद्योगपतियों ने कुछ स्थानों पर उठाया है। उन्होंने शहरी मज़दूरों के ग़ुस्से को रोकने के लिए ग्रामीण सामन्तवाद का हथियार प्रयोग किया है। उन्हें क़ाबू में करने के गाँव में चले आ रहे जाति–युद्ध का रणनीतिक उपयोग किया है। बहुत सारे मज़दूर सुबह शहर जाते हैं और शाम को गाँव लौटते हैं। शहर में अगर वे किसी आन्दोलन में हिस्सेदारी करते हैं, तो उन पर लगाम लगाने के लिए गाँव की पुरानी दबंग जातियों–वर्गों का सहारा लेने से भी उद्योगपति नहीं हिचकता है। इसे सामन्तवाद व पूँजीवाद की दोस्ती भी कह सकते हैं जो मज़दूरों के ख़िलाफ़ और पक्की हो जाती है। मिथिलेश्वर की कहानी 'मेघना का निर्णय' ऐसी ही कहानी है। इसमें ईंट–गारा ढोने वाले, मिस्त्री का काम करने वाले मज़दूर रोज़ सुबह की ट्रेन पकड़कर शहर जाते हैं। वहाँ पर अपनी मज़दूरी न मिलने पर जब वे धरना–हिंसा पर उतर आते हैं तो उनकी शिकायत गाँव के शक्तिशाली लोगों से की जाती है। वे शक्तिशाली जातियाँ उन निम्न जाति के मज़दूरों पर लगाम कसती हैं। पर कथापात्र

मेघना फ़ैसला कर लेता है कि अब वह शहर में लड़ेगा और गाँव में भी। वह मन–ही–मन सोचता दिखता है–'शहर के मालिक के साथ गाँव के बाबू भी मिल गये हैं। हम गाँव के बाबुओं के बनिहार, चरवाह तो नहीं कि वे अपना रोब हमें दिखायेंगे। हम उनकी ज़मीन पर नहीं बसे हैं। उनसे हमारा कुछ लेना–देना भी नहीं है, वे लाख मनमानी करते हैं, तब भी हम उनके बीच नहीं जाते हैं...हमें जान की बाज़ी लगाकर भी उनका जवाब देना होगा, नही तो वे हर बार इसी तरह शहर के मालिकों से मिलकर हमें दबाते रहेंगे।' कहानी के अन्त में वह रेलवे स्टेशन पर अपने साथियो के लौटने की प्रतीक्षा करता दिखता है ताकि वह उन्हें संगठित कर गाँव में लड़े, और शहर में भी।

सृंजय की बहुचर्चित कथा 'कामरेड का कोट' प्रत्यक्षतः मज़दूर जीवन पर नहीं है लेकिन इसमें मज़दूरों की हत्या और उसके पश्चात वामपन्थी नेताओं के आचरण की विडम्बना को प्रकट किया गया है। कहानी में ठाकुर जाति के ज़मींदार चार मज़दूरों की हत्या कर उनकी लाश पीपल के पेड़ पर लटका देते हैं। जहाँ यह हत्या होती है, वहाँ वामदलों का गहरा प्रभाव है। उनकी बैठक होती है जिसमें दूसरे प्रदेशों के बड़े वामपन्थी व आन्दोलन की राजनीति में सुदीक्षित क़िस्म के लोग सम्मिलित होते हैं। उन मज़दूरों की हत्या से विचलित कमलाकान्त उपाध्याय नामक पात्र भी उसमें सम्मिलित होते हैं। वहाँ उनका सामना ऐसे वाम नेता से होता है जो क्षेत्र की भाषा नहीं जानते और अंग्रेज़ी बोलते हैं। मीटिंग में भारत और रूस से सम्बन्धों की बातें होने लगती हैं। रूस की यात्रा से लौटे कामरेड अपना सुन्दर कोट अन्य लोगों को दिखाते हैं। मज़दूरों की हत्या के लिए मज़दूरों और उन्हें लड़ने के लिए प्रेरित करने वालों पर ही व्यंग्य कसा जा रहा है। चार मज़दूर नेताओं की हत्या के प्रश्न को उपेक्षित कर लिट्टी–चोखे की दावत हो रही है। उस दावत में कमलाकान्त महसूस करता है–'कमलाकान्त का दिल बुझ–सा गया था क्षुब्ध मन से वह कौर तोड़ते जा रहे थे। खाने का दिखावा करते हुए भोजन एकदम बेस्वाद लग रहा था जैसे उन मज़दूरों के श्राद्ध का अन्न खा रहे हों।' स्थानीय स्तर पर वामपन्थी नेताओं के दिखावे, दोहरे चरित्र और बौद्धिक विलास को यह कहानी सशक्त कथानक के माध्यम से प्रकट करने में सफल होती है। कथा के अन्त में कमलाकान्त अपने रूसी लाल कोट पर इतराने वाले अंग्रेज़ी भाषी कामरेड से कहते हैं–'आप जादुई कोट पहनकर सैद्धान्तिक किताबें

लिखिए, परवाह मत कीजिए कि कोई बात गाँव के लोगों की समझ में आयी या नहीं। हमें हमारी हालत पर छोड़ दीजिए, हम ख़ुद निबट लेंगे।'

कामतानाथ की कहानी 'काम के पहिए' में भी रूस की यात्राओं और मज़दूर आन्दोलन के नेताओं के सम्बन्ध उजागर हुए हैं। इस कहानी में भी चालीस साल तक कानपुर की लाल इमली फैक्टरी में मज़दूरों के लिए लड़ने वाले नेता के मन की कसमसाहट प्रकट हुई है। उनके साथ के लोग बहुत अच्छे पदों व प्रतिष्ठा को प्राप्त कर लेते हैं, वे केवल मज़दूर नेता भर रह जाते हैं। उनकी उपलब्धि केवल यह रहती है कि उन्हें एक बार रूस की यात्रा करने का मौक़ा मिल जाता है। वहाँ से लौटकर कुछ समय तो उन पर नशा–सा छाया रहता है पर अन्ततः फिर से ज़मीनी वास्तविकता पर लौट आते हैं। फैक्टरी में मज़दूरों के बीच उनकी काफ़ी विश्वसनीयता है और उनके एक आह्वान पर मज़दूर हड़ताल के लिए जी–जान से मैदान में कूद पड़ते हैं। कह सकते हैं कि मज़दूरों की कहानियाँ केवल मज़दूरों की दशाओं तक सीमित नहीं बल्कि मज़दूरों से जुड़े आन्दोलन, उनके नेताओं के चरित्र तथा उनकी कुर्बानियों को भी सामने लाती हैं। भारतीय समाज में चूँकि मज़दूरों की स्थिति में देशज विशेषताएँ भी शामिल होती हैं, इसलिए मज़दूरों की कथाओं का भी इकहरा, सपाट, अन्तर्विरोधहीन चित्रण करना सम्भव नहीं है। उनका जीवन श्रम के सवालों से जूझता है। साथ ही उनके श्रम, शोषण तथा प्रतिरोध के आधार पर राजनीति करने वालों से भी उतनी ही गहराई से जुड़ा रहता है।

कुछ कहानियाँ ऐसी भी रची गयी हैं जिनमें मध्यवर्ग के नौजवानों को किसी ग़लत निर्णय, भटकाव या आत्मनिर्भरता की ज़िद के कारण मज़दूरों के बीच जाना पड़ता है और वहीं अपनी जीविका को खोजना पड़ता है। ये कहानियाँ मज़दूर और मज़दूरी के यथार्थ को चित्रित करने में विशेष तरीक़े से सफल होती हैं। ऐसी ही एक कहानी है मनोज कुमार पाण्डेय की–कष्ट। इस कहानी में बी.ए. में पढ़ रहा नौजवान घर में पिता से अनबन के पश्चात एक अचार मिल में बहुत ही कठिन परिस्थितियों के बीच नौकरी करता है। वह अपने को धीमे–धीमे किसी घिनौने जानवर में बदलता हुआ महसूस करता है। वह आत्महत्या की सोचता है पर दूसरे मज़दूरों के बीच रहकर उसे ज्ञान होता है कि वह तो केवल शौक़ या ज़िद के कारण यह काम कर रहा है जबकि अन्य लोग, जिनमें उसकी माँ की उम्र की कई स्त्रियाँ भी शामिल हैं, मजबूरी में इस यातना को सह

रहे हैं। कहानी के अन्त में वह मिल से त्याग–पत्र दे देता है। छोड़कर जाने लगता है तो मिल मालिक उसे भद्दी–सी गाली देता है, पर वह उस गाली पर अनसुना कर देता है। वह कहता है–'मुझे गाली बकी गयी थी पर मुझे कुछ ख़ास दिक्क़त नहीं हुई। मुझे मालिक की तिलमिलाहट अच्छी लगी। उसे बहुत कष्ट था।'

हिन्दी में मज़दूरों के जीवन व उनके आन्दोलनों पर केन्द्रित कथाएँ वास्तव में भारतीय लोकतन्त्र की विफलता की कथाएँ हैं। यह नहीं भूलना चाहिए कि मज़दूरों के विस्थापन, बेकारी, असुरक्षा आदि की कथाओं को समझे बग़ैर स्वातन्त्र्योत्तर भारत के ज़मीनी यथार्थ को नहीं जाना जा सकता है। ये कथाएँ महानगरों और अंग्रेज़ियत के परस्पर सहयोग से तैयार उदारवाद की भी आलोचक हैं। उस 'लिब्रलिज़्म' यानी उदारपन्थी दृष्टिकोण की जिसमें मज़दूरों के मुद्दे कभी महत्त्व नहीं रखते थे। भारत की उदार संस्कृति ने अगर एक ओर मनुष्य को नये ढंग के विचारों को सीखने तथा उन्हें व्यक्त करने का मौक़ा उपलब्ध कराया है, तो उसी उदारता ने बहुत सारे विचारों के प्रवाह को बाधित भी किया है। उदारता ने अपने ढंग की अनुदारता को प्रोत्साहित किया है जिसने समाज के क्रान्तिकारी रूपान्तरण, स्त्री–पुरुष सम्बन्धों में रेडिकल बदलाव तथा मौलिक विचारों को अपना शिकार बनाया है। उदारता ने मनुष्य के विचार की सीमाओं का विस्तार किया है, पर उसने विचार की सीमाओं के निर्धारण का काम भी किया है। उदारता ने मनुष्य को सर्वधर्मसमभाव या धर्मनिरपेक्षता से जोड़ने का कार्य किया है, पर उसी ने मनुष्य को एक सीमा से अधिक धर्म या परम्परा की सत्ता को नकारने के लिए दण्डित किये जाने के भय को भी बनाये रखा है। उदारता ने अगर शान्ति व अहिंसा के मूल्यों का प्रचार किया है, तो उदारता ने शान्ति–अहिंसा के मूल्यों की रूढ़िवादी परिभाषा तैयार कर बहुत सारे विवादित, विरोधी और मानवतावादी विचारों पर पाबन्दी भी लगायी है।

इस प्रकार भारतीय समाज की उदारता ने केवल समाज को बदलने में भूमिका नहीं निभायी है बल्कि उसने समाज को जड़ तथा परिवर्तनविरोधी बनाये रखने में अपनी भूमिका अदा की है। इस सांस्कृतिक उदारपन्थी दृष्टि की भाँति आज के आर्थिक उदारवादी वातावरण में भी आर्थिक विकास के सारे बड़े और डरावने अंग्रेज़ी शब्द जैसे एफिशियंसी, गवर्नेंस, फिसकल स्ट्रक्चर, डिसइनवेस्टमेंट इस तरह प्रयोग होते हैं कि उनमें

कामगारों–मज़दूरों का कोई नामोंनिशान तक नहीं होता है। अर्थशास्त्र की समूची शब्दावली में सब कुछ है, केवल मज़दूर नहीं है। इन्हीं कारणों से भारतीय समाज में पूँजी और धर्म की चमकती रेखाओं के इर्द–गिर्द यातना व अन्धकार की बहुत–सी दास्तानें छिपी हैं। आधुनिक युग ने मशीन पर उत्पादन को तो सम्भव बनाया है, पर उसी युग ने एक बड़े सर्वहारा वर्ग को जन्म दिया जो उन मशीनों की यन्त्रणा को भुगत रहा है। जब भी आधुनिक भारत के चित्र को कैनवास पर रंगों से भरा जायेगा तो उसमें धूसर–मटमैले रंग अधिक होंगे जो मूलतः इस वर्ग की पीड़ा का रूपक होंगे। हिन्दी कथाओं में मज़दूरों के गन्दले हाथ, मटमैले वस्त्र–चेहरे, उदास आँखें झाँक रही हैं और हमें उन आँखों से उठते प्रश्नों का सामना करना पड़ेगा।

औपन्यासिकता, नावेला और लम्बी कथाएँ

लम्बी कहानियों में भी क्या औपन्यासिकता के तत्त्व ढूँढ़े जा सकते हैं? यह अपने में प्रश्न है और संशय भी। इसकी एक वजह यह है कि उपन्यास–विधा स्वयं परिवर्तनों के बीच है और कहानी भी। विधाओं का बना–बनाया ढाँचा, जोकि पिछले डेढ़ सौ सालों में विकसित हुआ था, वह वर्तमान में नाकाफ़ी प्रतीत होने लगा है।इतिहास केवल मनुष्यों को नहीं बल्कि मनुष्य के द्वारा विकसित कलाओं को भी बदलता है। इसके नाकाफ़ीपन के अहसास को कुछ साल पीछे जाकर भी ढूँढ़ा जा सकता है जहाँ विनोद कुमार शुक्ल जैसे उपन्यासकार हैं जिन्होंने बाद के उपन्यासों को कविता की फैंटेसी के निकट लाकर खड़ा कर दिया और ऐसे वर्तमान कहानीकार भी हैं जिन्होंने लम्बी कहानियों को 'नावेला' (Novella) या लघु उपन्यास की तरह पढ़ने और वैसी ही औपन्यासिक संवेदना से सिंचित करने का सफल प्रयास किया। ज़रूरी नहीं कि इस तरह के अतिक्रमण या प्रयोग सफल ही हों पर कई बार प्रयोग की आवेगमयी व विद्रोही आकांक्षा सफलता की परवाह कम करती है। लम्बी कहानियाँ लिखने वाले कई रचनाकारों के आत्मकथनों से भी उजागर होता रहा कि वे अपनी कहानियों को 'नावेला' के ही निकट रखकर देख रहे हैं। उन्हें गल्प, आख्यायिका, शार्ट स्टोरी जैसे नामकरण प्राप्त करने वाली कहानियों में अपनी संवेदनात्मक मनःस्थितियों और वर्णन–क्षमता को सीमित करने से असहमति है। कथा–अभिव्यक्ति के रूढ़ रूपों तक सीमित होना उन्हें आत्मछलना की स्थिति लगने लगती है। इसीलिए लम्बी कहानियों की विधा की ओर तेज़ी से खिंचते हैं और अपनी रचनात्मक ऊर्जा से इन दावों को लगभग असंगत सिद्ध कर देते हैं कि कल्पना के स्तर पर कोई सामान्य उपन्यास ही समृद्ध होता है और रूप–संरचना–कथ्य के स्तर पर लम्बी कथाएँ या नावेला कम कल्पनाशील होते हैं। इसीलिए भारतीय साहित्य हो या विश्व साहित्य, तनाव भरी

कथावस्तु की खोज कहानियों के लघु रूपों से विद्रोह करती रही। हालाँकि परिभाषाओं में फिर भी यही माना जाता रहा कि नावेला जीवन की द्वन्द्व पूर्ण स्थितियों को उसी तरह से व्यक्त नहीं कर पाते हैं, जैसे उपन्यास व्यक्त करते हैं। अध्यायों और उपकथाओं के अभाव को दिखाकर भी यह जताया गया कि वे उपन्यास के जैसी ऊँचाई को स्पर्श नहीं कर पाते हैं। नावेला की तरह ही नावेलेट (Novelette) की भी अवधारणा रही है और उसे शब्दसीमा के स्तर पर नावेला तथा लघु कथा के बीच कहीं रखा गया तो अन्तर्वस्तु के स्तर परव्यापक भाव लेकर चलने के स्थान पर 'सामान्य निजी भावों' की अभिव्यक्ति करने वाला माध्यम माना गया। यूरोप ख़ासकर इटली और फ्रांस की रचनाओं में नावेल तथा नावेलेट, दोनों के ख़ासतौर पर ढेरों उदाहरण मौजूद हैं।

लम्बी कहानियाँ अपने रचनात्मक उत्कर्ष में दिखाती हैं कि कथाकारों ने कथा के 'नैरेशन' में विस्तार को भी कला की तरह साधने की चेष्टा की है। विस्तार केवल बेढंगे ब्योरों को कहानी पर थोपने का नाम नहीं बल्कि कहानी की कथावस्तु (प्लॉट) को इस तरह सँजोने का नाम है कि ज़्यादा बड़ा यथार्थ–बोध और परिदृश्य–बोध उत्पन्न किया जा सके। इसी तरह लम्बी कहानियाँ केवल उपन्यास लेखन की रिहर्सल नहीं बल्कि उन्हें स्वायत्त और स्वतन्त्र विधा की तरह साधने का भी सर्जनात्मक परिणाम हैं। वह मानव नियति के भयावह प्रश्नों से साक्षात्कार है और उसके लिए कथा–विस्तार का सजग चुनाव है। लम्बी कहानियों की औपन्यासिकता पर चर्चा विधाओं के परिभाषागत विभाजन और बाद में उन विभाजनों को फिर से बौद्धिक रूप से प्रश्नांकित करने की प्रक्रिया का ही हिस्सा है। उपन्यास अगर यथार्थ को केवल विस्तार में नहीं बल्कि किसी बड़े विजन को व्यक्त करने की चेष्टा हैं, तो लम्बी कथाएँ भी कई बार वैसी ही किसी चेष्टा का परिणाम हैं।

वैसे हमने कहानियों के बारे में जो परिभाषाएँ निर्धारित की थीं, उनमें किसी कहानी को पढ़ने में मिनटों का भी हिसाब लगाना आरम्भ कर दिया था। यानी परिभाषा प्रेमियों ने कहानी की यह भी परिभाषा तय की थी कि कहानी को 20 से 30 मिनट में समाप्त कि जा सके, तभी वह कहानी है। इसी तरह यह सर्वप्रचलित परिभाषा भी थी कि कहानी केवल किसी एकल मनःस्थिति को व्यक्त करती है और उसमें विस्तार उसकी ख़ूबी नहीं बल्कि दोष को उजागर करता है। कथानक, चरित्र, संवाद आदि कथा

तत्त्वों के आधार पर कहानी की देह पर चीर–फाड़ करने वालों ने स्वयं को कहानी को समझे बग़ैर उसका विश्लेषण करने के अहंकार से भर दिया। हमने अपने पैने–नुकीले औज़ारों पर मुग्ध होना आरम्भ कर दिया और कहानी की संरचना का माइक्रोस्कोपिक अध्ययन करने की प्रविधि विकसित करने के बारे में ख़ासतौर पर आश्वस्त हो गये पर यथार्थवाद को मानदण्ड बनाकर तैयार किये गये। इन आलोचकीय औज़ारों से वे कहानी छूट जाती थीं, जो यथार्थवाद की प्रचलित शैली से बाहर थीं। इसीलिए ढेरों कहानियाँ ऐसी भी रहीं जहाँ प्रायः अर्थ केवल विश्लेषण से नहीं मिलता बल्कि विश्लेषण को स्थगित कर कहानी के भाव से संवाद करने से मिलता है। गमीनत है कि बाद में इन कथातत्त्वों का कहानी पर यान्त्रिक आरोपण कम हुआ है वरना तो ढेरों कथालोचक केवल विद्यार्थियों के उपयोग वाली सामग्री तैयार कर कथालोचना का कल्याण करने के अभियान में व्यस्त हो गये थे।

पर लम्बी कहानियों का इतिहास, कम–से–कम भारत में, उपन्यासों के इतिहास से ज़्यादा पुराना है। अगर इंशाअल्ला खाँ की 'रानी केतकी की कहानी' को ही देखें तो वह अपनी संरचना में किसी लघु कथा से दूर बड़े अधपके रूप में लम्बी कहानी ही है जिसमें फालतू के ब्योरे भी बहुत हैं। कहानी की संरचना से पता चलता है कि कहानी पर से ध्यान हटाकर अनावश्यक वर्णनों से कहानी भले लम्बी हो जाये, पर कहानी अपनी दिशा खो देती है। पर बाद में 20वीं सदी में लम्बी कहानियों का दौर बख़ूबी चल निकला और लेखकों ने इसके पक्ष में अपने मन्तव्यों को भी ज़ाहिर किया। हिन्दी में लम्बी कहानियाँ निर्मल वर्मा ने भी कई लिखी हैं और 'परिन्दे' नामक लम्बी कहानी को नयी कहानी आन्दोलन की पहली सफल कहानी का दर्जा भी दिया गया। निर्मल वर्मा ने अपनी इन लम्बी कहानियों को बाक़ी कहानियों से अलग भी किया और घोषणा कर दी कि इन लम्बी कहानियों में छोटी कहानियों का संयम और उपन्यास की उन्मुक्तता, दोनों ही गुण आ गये हैं। उन्होंने अपनी लम्बी कथाओं में इन दोनों गुणों के अद्भुत सम्मिश्रण से पैदा 'लिरिकल सौन्दर्य' को जन्म लेते पाया। अपनी लम्बी कहानियों को उपन्यास की तरह देखने का आग्रह निर्मल वर्मा ने कभी नहीं किया पर उन्हें यह अवश्य लगता था कि उनकी ऐसी लम्बी कहानियाँ जैसे लन्दन की एक रात, परिन्दे, कौव्वे और काला पानी, सूखा आदि उनकी शेष कहानियों से भिन्न हैं और कहानियों की बँधी–बँधायी

सीमा का अतिक्रमण करने की उनमें प्रज्वलित प्रवृत्तियाँ हैं। वे उपन्यास की सीमा को छूने की तरफ़ अपने पैर बढ़ाती हैं। लम्बी कहानियों का अलग से संग्रह तैयार करते हुए, जो बाद में ज्ञानपीठ से छपकर आया, उसमें वह बड़ी साफ़गोई से कहते हैं–

'अपनी लम्बी कहानियों के लिए मेरे भीतर कुछ वैसा ही त्रास भरा स्नेह रहा है जैसा शायद उन माओं का अपने बच्चे के लिए, जो बिना उसके चाहे लम्बे होते जाते हैं–जबकि उम्र में छोटे ही रहते हैं। ऐसी कहानियों को क्या कहा जाये जो कहानी की लगी बँधी सीमा का उल्लंघन तो कर लेती हैं, किन्तु उपन्यास के बड़प्पन में जाने का साहस नहीं कर पाती हैं।'

लम्बी कहानियाँ लिखने वाले निर्मल वर्मा ने कभी यह नहीं माना कि वे किसी लम्बी कहानी की विधा पर प्रयोग कर रहे हैं। या लम्बी कहानी को किसी विशिष्ट विधा की तरह स्थापित करना उनका उद्देश्य है। उनकी लम्बी कहानियाँ उनके उपन्यासों की संवेदना को किंचित संक्षिप्त तथा एकाग्र ढंग से ही कहानियों में स्थापित करती है। वे किसी आत्मस्वीकृति की तरह यह बताते हैं कि 'मैंने जानबूझकर लम्बी कहानियाँ नहीं लिखीं–वे मनमाने ढंग से अपने आप लम्बी होती गयीं।' इसी के साथ यह भी मानते थे कि–'अंग्रेज़ी का 'नावेला' शायद मेरे आशय के सबसे निकट आता है, जिसे उन्नीसवीं सदी के रूसी कथाकारों ने इतनी कुशलता के साथ साधा था। तोल्सतोय की कहानी 'इवान इलिच की मृत्यु', तुर्गनेव की अनेक सुन्दर उपन्यासिकाएँ और चेखव की 'वार्ड नम्बर छह' ऐसी कहानियों के श्रेष्ठ उदाहरण हैं जो कहानी और उपन्यास के बीच की ज़मीन पर एक अनूठी कथ्यात्मक विधा रचती हैं।'

सक्रिय सर्जनशील प्रतिभा किस तरह से एक विधा ही नहीं, बल्कि विधा के रूढ़िवादी शिल्प की क़ैद से छटपटाती है और उसके भीतर प्रयोगशीलता की नियति को स्वीकारने के लिए विवश होती है, निर्मल वर्मा का यह कथन इसका सबसे बड़ा उदाहरण है। इसीलिए उनकी कहानी उन्हें नावेला के निकट पहुँचती हुई लगी। कहानियों की आन्तरिक गतिशीलता को नियन्त्रित करने के स्थान पर उसके व्यापकतम रूप को प्राप्त करने के लिए ही अपना ख़ास 'पर्सपैक्टिव' भी निर्धारित कर लिया।

पर अगर दुनिया के महान उपन्यासकारों व कहानीकारों पर नज़र डालें तो पता चलता है कि कहानियाँ उन्होंने भी काफ़ी लम्बी–लम्बी लिखीं जो लम्बे उपन्यास लिख रहे थे। निश्चित ही लम्बे उपन्यास लिखने की क्षमता

तथा संवेदना का भी लम्बी कहानियों के जन्म लेने, लोकप्रिय होने और उसे स्वीकारे जाने के पीछे महत्त्वपूर्ण कारण रहा होगा। उपन्यासों की महाकाया तैयार करने वाले रूसी लेखकों की लम्बी कहानियाँ तो विश्वप्रसिद्ध हैं हीं। दोस्तोएवस्की ने लम्बी कथाओं का अम्बार लगा दिया तो तोल्सतोय ने भी लम्बी कथाओं की रचना की और उनकी प्रसिद्ध कहानी, 'इवान इलिच की मौत' तो वास्तव में किसी लम्बी कथा तथा लघु उपन्यास के बीच की ही विधा है। यह एक ऐसे पात्र की कथा है जो जीवन के अन्त में आकर अनुभव करता है कि उसने जिस पद–प्रतिष्ठा के लिए अपनी कोमल भावनाओं तथा सही मूल्यों की उपेक्षा की, उसी पद–प्रतिष्ठा ने जीवन को निरर्थक तथा बेहद उबाऊ बनाने में अपना योगदान दिया। कमर–पेट की बीमारी के कारण पल–पल मरते नायक की निगाहें पूरी दुनिया के सत्य का नये तरह से साक्षात्कार कर रही हैं और वह अपनी मृत्यु के अनुभव के क्षणों में संसार की बहुत सारी जीवित दिखने वाली चीज़ों को सड़ते–मरते और खोखला होते देख रहा है। पूरी कहानी सहज कथारस, करुणा सम्पन्न दृष्टि और औपन्यासिकता से बनी गठीली देह की तरह प्रतीत होती है। वह केवल इवान इलिच नामक व्यक्ति की त्रासदी को ही सामने नहीं लाती बल्कि तत्कालीन रूस के सरकारी परिवेश को भी अपनी अर्थ–गरिमा के बल पर जीवन्त कर देती है। कथापात्र के माध्यम से रूस के सरकारी दफ़्तरों और ईर्ष्या–होड़ का पूरा चित्र हमारी आँखों में लहराने लगता है। यह ऐसा निरन्तर क्षरणशील संसार है जहाँ किसी की मृत्य किसी व्यक्ति की नहीं बल्कि किसी प्रतियोगी की मृत्यु है और मृत्यु के बाद ख़ाली हो जाने वाले स्थान को हड़पने की स्पर्धा है। किसी की वेदना के प्रति सहानुभूति दिखाना भी खोखले व्यावहारिक कर्म से अधिक कुछ नहीं रह गया है। कहानी का यथार्थवादी ढाँचा किसी उपन्यास के वृहद स्वरूप का ही अंश प्रतीत होने लगता है। हमारे देश में इसी तरह बंगलाभाषी रचनाकार रवीन्द्रनाथ टैगोर ने 'नष्ट नीड़' तथा 'रासमणि का बेटा' जैसी लम्बी कहानियाँ लिखी हैं जिनमें देश की सामान्य नैतिक और सांस्कृतिक स्थितियों को प्रतिबिम्बित करने के लिए कहानी के फॉर्म को खींचकर बड़ा कर दिया गया है। इसका लाभ यह हुआ कि कहानी का ढाँचा टूटा नहीं और साथ ही रूढ़ भी नहीं हुआ। ढाँचे को तोड़े बग़ैर उसमें अपनी बड़ी होती संवेदना के लिए जगह निर्मित कर पाना भी समर्थ रचनाकार का ही सबसे अनिवार्य कौशल होता है। वैसे, ऐसे चिन्तक–आलोचक भी कम

नहीं है जो रूप–विन्यास और संरचना को ध्वस्त करने का आह्वान सबसे पहले करते हैं, पर विकल्प सुझाने के नाम पर मौनव्रत ले लेते हैं। ये ध्वस्तवादी आलोचक बड़ी मेहनत से अप्रासंगिक शब्दजालों का उत्पादन करते हैं। वे शिल्प को पुरातनपन्थी बताकर ही अपने किसी यूटोपियन ख़याल को जता पाते हैं। उनका काम क्रान्तिकारिता प्रमाणित करने के नाम पर चुस्त–चौंकाऊ फ़िक़रे उछालना होता है। उन्हें लपककर अत्यधिक गम्भीरता से लेने वालों की कमी नहीं है। जैसे कि हाल ही में नया फ़िक़रा उछला, जो कि कविता के बारे में था, पर अन्य विधाओं पर भी लागू होता है। कहा गया कि कविता की संरचना आज़ादी के बाद से जड़ हो गयी है और उसमें भावनात्मक–संवेदनात्मक प्रतिक्रियाएँ तो समा सकती हैं पर कोई नया विजन नहीं लाया जा सकता है। इसलिए कविता की रूढ़–बासी संरचना को तोड़ डालो। निराला ने किसी समय छन्दमुक्त कविता चलाई थी पर अब तो बग़ैर विचारे कविता की संरचना को ही ललकारने लगते है। बेचारी कविता और उसकी संरचना, जो अब किसी विजन को ढोने में असमर्थ हो चली है। कमीज़ इतनी कसी हुई सिल दी गयी कि देह को विकसित होने का मौक़ा नहीं मिल रहा। सुना तो यह गया था कि विजन बड़ा हो तो संरचना अपने आप बदल जाती है पर यहाँ तो संरचना को ही अन्तिम मान लिया गया। ऐसा महान फ़िक़रा उछालने वालों से सिर्फ़ इतना ही कहा जा सकता है कि कविता की संरचना ख़ास भारतीय समाज के अनुरूप बनी थी जो पिछले साठ साल में किसी ऐतिहासिक छलाँग के बाद नये क्रान्तिकारी रूप में नहीं पहुँचा बल्कि यह वही भारतीय समाज रहा जो 20वीं सदी में तैयार हुआ था। जब सामन्तयुगीन समाज से हम पूँजीवाद में पहुँचे या पूँजीवाद से समाजवाद में प्रवेश करते हैं, तब समाज की संरचनाएँ बदलती हैं और साहित्य का रूप भी। पर 'विश्वग्राम' बनने के शोर–शराबे के बावजूद भारतीय समाज में ऐसा कोई नाटकीय बदलाव आया नहीं। अगर आ भी रहा है तो वह साहित्य की नयी संरचनाओं तो विकसित होने का अवसर देकर नहीं बल्कि साहित्य की सामाजिक जगह को नष्ट करके आ रहा है। इस परिवर्तनहीनता के कारण ही कविता की संरचनाएँ हमें गत साठ सालों में स्थिर, इकहरी और जड़ ही प्रतीत होने लगीं। यही दशा कमोवेश कहानी और उपन्यास में भी दिखी जहाँ वैसे कोई ख़ास संरचनागत परिवर्तन दोनों में नहीं आये जो प्रेमचन्द के समय में आये या अज्ञेय के कथा–विन्यासों में। कहानियाँ अधिक–से–अधिक

अपने फार्म में केवल लम्बाई या आकार के स्तर पर ही प्रयोग करती रहीं। यथार्थ से जूझता रचनाकार कहानी को उपन्यास का रूप देने के स्थान पर औपन्यासिकता के कुछ आयामों को सफलतापूर्वक कहानी में ढालता रहा।

कहने का अर्थ है कि लम्बी कहानियाँ हमेशा उपन्यास के समानान्तर लिखी जाती रही हैं और उन्होंने पाठकों को उपन्यास की विशालता और छोटी कहानियों की लघुता के बीच का विकल्प प्रदान किया है। कथा के ढाँचे को रूढ़ हो जाने से रोकने और उसे अकारण तोड़ डालने की हड़बड़ी से अलग उन्होंने भिन्न पथ निर्मित किये हैं। कथा कहने के ढंग को शब्दसीमा के अंकुश से जोड़कर देखना चाह रहे लोगों को इन लम्बी कथाओं ने अपनी ही धारणा पर पुनर्विचार करने का अवसर दिया और ये लम्बी कथाएँ ही अक्सर बड़ी कथाएँ बनकर इतिहास में दर्ज होती गयीं। शॉर्ट स्टोरी लिखने वाले रचनाकारों ने औपन्यासिकता से कहानी को अलग करने के स्थान पर औपन्यासिकता के निकट लाकर कहानी को खड़ा कर दिया। यहाँ लघु औपन्यासिकता केवल संरचना या पृष्ठ संख्या का मसला नहीं थी बल्कि यथार्थ के इस अनुभव के निकट भी थी कि शिक्षित मध्यवर्ग का जीवन जिस तरह से जटिल हो रहा है, उसकी ज्ञान संवेदना तथा विश्वबोध जिस तरह से निरन्तर विस्तृत हो रहा है, वहाँ कथा के नाम पर केवल शॉर्ट स्टोरी की विधा बौद्धिकता तथा रचनात्मकता की उसकी माँग को सन्तुष्ट नहीं कर सकती है। यह केवल माँग और आपूर्ति का सरल अर्थशास्त्र न होकर कथा और उसके पाठक के बीच बदलते सूक्ष्म मनोवैज्ञानिक सम्बन्धों की पहचान थी। 'शॉर्ट स्टोरी' की परम्परागत विधा से अलग शिक्षित वर्ग कहानियों से कुछ ज़्यादा अपेक्षाएँ करने लगता है और कहानी के भीतर अगर संक्षिप्तता के बदले औपन्यासिक विस्तार के सीमित लक्षण उसे मिल जाये तो भी वह कहानी को सफल कहानी स्वीकार करने के लिए तैयार हो जाता है। हर चीज़ में मध्यमार्ग पर चलने की अभ्यस्त पत्रिकाओं और प्रकाशन गृह को भी लगने लगता है कि कहानी और उपन्यास के बीच का रास्ता निकल आये तो क्या ही मज़ा है! जब मानव मूल्य चिरस्थायी नहीं हैं तो विधाएँ क्यों अमर होने या अपरिवर्तनशील होने का भ्रम पालें! जब उपन्यास यूरोप से आ सकता है तो कथारूप के स्तर पर 'नावेला' यानी लघु उपन्यास भी आने चाहिए और लम्बी कहानियों की विधा को इस दिशा में सुचिन्तित प्रयास के रूप में प्रस्तुत करना ही चाहिए। जब सब कुछ पाठकों पर ही

निर्भर करता है तब हम भी 'रीडर फ्रेंडली' चीज़ें पेश करने में क्यों पीछे रहें! इसीलिए हिन्दी में पिछले बीस–तीस बरस में आश्चर्यजनक तरीक़े से लम्बी कहानियाँ लोकप्रिय होती चली गयीं।

हिन्दी की केन्द्रीय पत्रिका 'हंस' ने लम्बी कहानियों का नियमित स्तम्भ आरम्भ कर दिया और दस साल के अन्दर ही सवा सौ लम्बी कहानियाँ छप गयीं। बाद में जब 1986 से 2011 के बीच छपी इन लम्बी कहानियों का संकलन तैयार हुआ और छपकर आया तो 'हंस' के सम्पादक राजेन्द्र यादव ने यह सवाल किया–'सवाल यह भी उठा कि कहानी कितने शब्दों बाद लम्बी होती है। या लघु उपन्यास और कहानी में अन्तर क्या है। क्या 'ओल्ड मैन एंड द सी लम्बी' कहानी नहीं है। 'उसने कहा था' क्यों लम्बी कहानी है और 'कफ़न' क्यों सिर्फ़ कहानी या शॉर्ट स्टोरी–जबकि दोनों बड़ी कहानियाँ हैं।'

यहाँ राजेन्द्र यादव ने लम्बी और बड़ी कहानी को अलग मानने से ही इनकार कर दिया जबकि इस पर कोई विवाद ही न था कि छोटी कहानी भी बड़ी कहानी हो सकती है और लम्बी कहानी भी अपने भावगत–अर्थगत रूपों में बौनी कहानी हो सकती है। लम्बी–चौड़ी क़दकाठी के अन्दर दिमाग़ी बौनापन तो हो ही सकता है। ठीक उसी पंक्ति के अन्दाज़ में 'बड़ा हुआ तो क्या हुआ जैसे पेड़ खजूर।' इसी तरह लम्बी कहानी और छोटी कहानी, दोनों ही महाकाव्यात्मक वर्णन तथा औदात्य से सम्पन्न हो सकती हैं। कुल मिलाकर 'हंस' में लम्बी कहानियों को प्रकाशित करने वाले सम्पादक ने लम्बी और शॉर्ट स्टोरी के बीच के अन्तर को मिटाने का प्रयास कर वास्तव में इनके बीच परस्पर संवाद के बावजूद जो कशमकश से भरा तनाव तथा स्पष्ट दिखने वाला भेद है, उसे समझने से ही इनकार कर दिया। यह उस अद्वैतवाद का उदाहरण है जिसमें सब माया है जिसमें सारे जीव–ब्रह्म सब समाये हैं। लेकिन पत्रिका को इस बात का बख़ूबी श्रेय दिया जा सकता है कि उसने 25 साल तक अपनी दृष्टि व आकार में लघु उपन्यास यानी नावेला के निकट प्रतीत होने वाली लम्बी कहानियों की विधा को सशक्त ढंग से स्थापित किया। इसी पत्रिका ने तिरिया चरित्तर (शिवमूर्ति), कामरेड का कोट (सृंजय), धर्मक्षेत्रे कुरुक्षेत्र (दूधनाथ सिंह), और अन्त में प्रार्थना तथा पीली छतरी वाली लड़की (उदय प्रकाश), आर्तनाद (प्रियंवद), गोमा हँसती है (मैत्रेयी पुष्पा) और सूखा (निर्मल वर्मा) जैसी कालजयी कथाएँ पाठकों तक पहुँचाईं। इसे नॉवेल की तुलना में

नावेला यानी लघु उपन्यास के निकट रखकर देखने की कोशिशें भी की जाती रही हैं।इस नावेला में कहानी और उपन्यास दोनों के गुण समाये हुए दिखते हैं और शिल्प में यह कसावट और ख़ास तरह का ढीलापन, दोनों का वहन करता है। अगर उनमें बोर करने का दुर्गुण नहीं है तो अपने अर्थ–विस्तार की शक्ति से जीवन के प्रतीक सत्य को ही नहीं बल्कि मूर्त–ठोस सच की शक्ल से हमें परिचित करा देती हैं। वे केवल आपसे फालतू वक़्त की माँगकरके आपको ज़्यादा मनोरंजन नहीं देती हैं, बल्कि अपने बड़े थीमैटिक प्रयोगों से पाठकों की अवसर देती हैं कि वे अपनी ही संवेदनाओं को फिर से व्यापक बनायें, उन्हें अन्वेषित भी करें।

अगर पीढ़ियों के अन्तर को ध्यान में रखने की परिपाटी का पालन करें तो वर्तमान में भी कई लम्बी कथाएँ आयीं जिन्होंने सहज ही हमारा ध्यान खींचा। इन कहानियों में कथा का विस्तार ही नहीं बल्कि विशेष तरह की सामाजिक चेतना है जो कहानियों को लघु उपन्यासिका का रूप देती है। वे शब्दसीमा के स्तर पर ही नहीं बल्कि कथा–चित्रण के बहुस्तरीय विकास के आधार पर भी किसी छोटे उपन्यास का आस्वादन कराती हैं। मनोज कुमार पाण्डे की 'पानी' कहानी या अल्पना मिश्र की 'स्याही में सुर्खाब के पंख' जैसी कथाएँ हमें लम्बी कहानी व लघु उपन्यास के सम्बन्धों की बारीकी को समझने का फिर से अवसर दिलाती हैं। मनोज पाण्डे की कहानी 'पानी' तो अपने प्रभाव में कहानी की सीमित, संक्षिप्त और एकायामी दुनिया का वास्तव में अतिक्रमण करती है और गाँव के उस जीवन की ओर ले जाती है जहाँ कई कालखण्ड एक साथ हमारी आँखों के आगे नाचने लगते हैं। केवल एक तालाब सुखा देने भर से कैसे गाँव का पूरा सामुदायिक और सांस्कृतिक जीवन अस्त–व्यस्त हो जाता है, गाँव में सूखा–भुखमरी ही नहीं बल्कि अपराध का साम्राज्य कायम होता चला जाता है, इसे कहानी बड़ी बारीकी से सम्प्रेषित करती चलती है। प्रकृति के साथ मानवनिर्मित हिंसा अन्त में स्वयं मानव समाज की ओर ही पलटकर आती है और प्रकृति को 'उपभोग योग्य वस्तु' समझने की आधुनिक सोच अन्ततः मनुष्य के जीवन को संकटग्रस्त बना देती है। पारम्परिक समाज व्यवस्था में शक्तिशाली होने के सबसे बड़े आधारों में जाति–व्यवस्था थी और माना जाता था कि जातियों के कारण समाज में एकजुटता है। पर हक़ीक़त में जातियों के कारण समाज विभाजित होता रहा और वर्तमान में तो जातियाँ ही सामाजिक विखण्डन का सबसे बड़ा स्रोत बन गयीं।

यानी एक ही कहानी जाति–व्यवस्था की जटिलता, प्रकृति के विनाश और आधुनिक विज्ञान के दुरुपयोग के कथानक को साथ लेकर चलती है। कथानक की यह बहुआयामिता ही कहानी को प्रामाणिक अनुभूति के नाम पर चलने वाले फ़ैशन से उबारती है और औपन्यासिक गहराई के निकट भी लाती है।

कहने का यह अर्थ कदापि नहीं है कि हर लम्बी कहानी में उपन्यास की छाया होती है, पर यह ज़रूर है कि कई बार लम्बी कहानियाँ उपन्यास की कसौटियों पर बड़ी ख़ूबसूरती से खरी उतरती दिखने लगती हैं। उनकी औपन्यासिकता केवल कथानक और चरित्रों को उपन्यास की तरह ढालने में नहीं बल्कि बाह्य और आन्तरिक परिवेश को बड़े स्तर पर आलोकित करने पर निर्भर होती है।

❑❑

U-68-18031C